港口物流

GANGKOU WULIU

（第五版）

主　编◎顾永才　高倩倩

首都经济贸易大学出版社
Capital University of Economics and Business Press
·北　京·

图书在版编目(CIP)数据

港口物流 / 顾永才，高倩倩主编．— 5 版．— 北京：首都经济贸易大学出版社，2022.12

ISBN 978-7-5638-3428-0

Ⅰ.①港…　Ⅱ.①顾…　②高…　Ⅲ.①港口-物流-教材　Ⅳ.①U695.2

中国版本图书馆 CIP 数据核字(2022)第 185676 号

港口物流(第五版)

顾永才　高倩倩　主编

责任编辑　陈雪莲

封面设计　砚祥志远·激光照排　TEL：010-65976003

出版发行　首都经济贸易大学出版社

地　　址　北京市朝阳区红庙（邮编 100026）

电　　话　(010)65976483　65065761　65071505(传真)

网　　址　http://www.sjmcb.cueb.edu.cn

经　　销　全国新华书店

照　　排　北京砚祥志远激光照排技术有限公司

印　　刷　北京九州迅驰传媒文化有限公司

成品尺寸　185 毫米×260 毫米　1/16

字　　数　438 千字

印　　张　18

版　　次　2013 年 6 月第 1 版　2016 年 6 月第 2 版　2019 年 1 月第 3 版　2020 年 1 月第 4 版　**2022 年 12 月第 5 版**

印　　次　2025 年 1 月总第 9 次印刷

书　　号　ISBN 978-7-5638-3428-0

定　　价　39.00 元

第五版前言

港口物流是指以港口为物流节点,在依托这个节点形成的服务平台上所进行的综合物流服务的活动。“港口物流”课程主要研究船舶进出港、集装箱进出港和货物进出港的物流活动,重点研究港口物流货物的装卸搬运、运输、拆装箱、仓储管理、包装加工、信息处理、保税、通关商检和其他增值服务的运作,以及货物在港口的流动过程管理,同时注重研究港口大物流、一体化和虚拟物流链等港口物流管理的最新理论及其发展趋势。本书是为高职、高专和应用型、技能型本科院校“港口物流”课程教学而编写的教材。

在本书的编写和修订过程中,我们紧扣本专业课程教学大纲的要求,突出教材的先进性和实训性,以应用为目的,以必需、够用为度,以“任务驱动”“工学结合”为教学指导思想,充分吸取高职、高专和应用型、技能型本科院校在探索培养应用型人才方面取得的成功经验和教学成果来确定课程内容。本书共分为十个项目:认知现代港口;认知现代港口物流;港口物流企业与港口物流园区的运作;港口物流生产的运作;港口货物装卸;港口货物仓储和库场管理;港口理货业务;港口集装箱运输服务;港口货物的通关;港口保税物流。

每个项目都设有项目要求、知识模块、个案分析和复习与思考四个版块。为方便学生学习,在知识讲解中大量运用了图表、案例、例题及链接、注释等形式进行说明,并对个案分析提供了参考答案(本书教学用 PPT 请与首都经济贸易大学出版社联系获取)。

本书旨在使学生了解和掌握从港口物流实践中总结出来的日趋成熟的基本理论、基本知识和基本技能,学会运用港口物流的理论和方法分析解决实际问题,为今后从事港口物流工作打下坚实的基础。为达到这一目标,建议教学中注重文献阅读、课堂讲解、案例分析与讨论的有机结合,注重到港口物流企业进行参观、调研与实习。

本书由顾永才、高倩倩主编。参加资料收集与编写工作的还有侯玉翠、陈幼端、熊利蓉、周诗鸿、陈加强、徐凯、苏倩、徐培中、段凡秀、王虹、林玉枝和吴海燕等。在本书的写作过程中,我们参考了许多相关著述和资料,特向这些作者表示由衷的感谢。由于我们水平有限,书中如有不当与遗漏之处,敬请读者批评指正。

目　录

项目一 认知现代港口

项目要求

1. 认知港口,了解其分类,掌握其构成。
2. 理解港口的特点、功能和发展趋势。
3. 理解港口的代际划分。
4. 熟知中国和世界主要海港以及我国港口的分布。
5. 掌握港口与物流的关系。

项目情景

早在公元三世纪以前,中国北方人民就利用天津一带的天然河流进行水运活动。东汉时期,封建王朝出于军事上运送兵员、转运漕粮的需要,征集民夫,开凿河渠,使诸河相通,合流入海,形成了以海河为主的内河航运网。天津自唐代以来形成海港,海港主要用于装卸、中转和仓储军粮。1860 年,天津被辟为通商口岸,正式对外开埠。由于外国航运业的侵入,天津港口的规模和职能发生了很大的变化,主要是:传统的漕船运输逐渐被大型轮船取代;河运逐渐被海运取代;单一的以漕粮为主的货类逐渐被多样的外贸件杂货(洋货)取代;主权港沦为殖民性港口。天津在开埠后的 80 多年间,一跃成为国内第二大城市,其发展的核心动力就是港口水运通衢五洲,广联四海功能的发挥。1949 年,天津解放,人民政府接收了天津港。1984 年,天津港实行中央和地方政府"双重领导,以地方为主"的管理体制后,天津将港口与天津市综合经济体制改革、建立综合交通运输体系和发展市场经济紧密地结合起来,促进了天津港向社会的全面开放,为旅客、货主和船公司提供全面服务,推动了天津港由封闭型生产向开放型经营管理转化,从单一服务向全面服务、多功能服务转化。天津港港口现代化建设在泊位数量、货物吞吐量等硬件和软件方面取得了很大发展。

2004 年,天津港正式挂牌成立天津港集团有限公司,成为符合现代企业制度要求的港口企业集团。天津港集团有限公司的主营业务包括:以自有资金对港口投资;港区土地开发;装卸搬运;仓储;货物中转联运、分拨;港口理货;客货运输服务;驳运;船舶引领及相关服务;港口设施、设备及港口机械的租赁、维修;商品包装加工;工属具制造;物资供销;船、货代理级船舶供油、供水。天津港集团有限公司致力于使天津港在今后的发展中处于领先地位,一方面要加快深水化、专业化步伐;另一方面要大力提升港口的功能,加快物流中心和商贸中心的建设速度,推动天津港向着集生产、流通、加工制造、贸易、金融、信息交流和服务为一体的现代物流中心的方向发展。

天津港地处渤海湾西端,位于海河下游及其入海口处,是环渤海港口中与华北、西北等内陆地区距离最短的,是首都北京的海上门户,也是亚欧大陆桥最短的东端起点,对外交通十分发达,已形成了颇具规模的立体交通集疏运体系。根据天津港的地理位置、腹地经济发展需求以及在我国和区域综合运输体系中的地位和作用,天津港目前已成为我国沿海主枢纽港和综合运输体系的重要枢纽,是京津冀现代化综合交通网络的重要节点和对外贸易的主要口岸,是华北、西北地区能源物资和原材料运输的主要中转港,是北方地区的集装箱干线港和发展现代物流的重要港口。随着腹地经济的发展,天津港已具备运输组织、装卸仓储、中转换装、临港工业、现代物流、口岸商贸、保税加工及配送、航运及市场信息、综合服务等功能,并将逐步发展成为设施先进、功能完善、运行高效、文明环保的现代化、多功能的综合性港口。

任务1:结合天津港的发展历史谈港口功能的演变以及港口的发展趋势。

任务2:除天津港外,我国还有哪些重要港口,形成了哪些区域港口群?国外有哪些主要港口?

任务3:结合天津港的条件,简述港口在物流体系中的地位。

知识模块

单元一 港口的概念与构成

一、现代港口的概念及其演变

现代港口是经过不断发展而成为集物流与贸易一体化的经济共同体以及现代综合物流中心。

(一)港口的定义

人们通常说的港口,是一个国家或某一地区的门户,是水陆空交通的集结点和枢纽,是工农业产品和外贸进出口物资的集散地,是船舶停泊(飞机起降)、装卸货物、上下旅客和补充给养的场所。

《中华人民共和国港口法》所称的港口,是指具有船舶进出、停泊、靠泊,旅客上下,货物装卸、驳运和储存等功能,具有相应的码头设施,由一定范围的水域和陆域组成的区域。

从物流学的角度来给港口下定义:港口是物流链上一个重要组成部分,具有一定面积的水域和陆域,具有水陆联运设备和条件,供船舶与其他运输工具安全进出和停泊以及货物集散、装卸、存储和驳运,并为船舶与其他运输工具提供补给、修理等技术服务和生活服务的运输枢纽。现代港口不仅是水陆交通的集散地,从本质意义上讲,它更是一个物流基地、物流枢纽和物流节点①,是物流企业的群集。

① 物流节点(logistics nodes)又称物流结点,是指物流网络中连接物流线路的结节之处,所以又称物流结节点。广义的物流节点是指所有进行物资中转、集散和储运的结点,包括港口、空港、火车货运站、公路枢纽、大型公共仓库及现代物流(配送)中心和物流园区等;狭义的物流节点仅指现代物流意义上的物流(配送)中心、物流园区和配送网点。由于港口是联系内陆腹地与海洋运输的界面,因此,人们将港口作为国际物流的一个特殊节点。

本书主要以海港为核心对港口进行阐述。

港口相关的其他概念主要有：

港界：港口范围的边界线，由港口总体规划确定。港界可根据地理环境、航道情况、港口设备以及港内工矿企业的需要进行规定。

港区：经政府批准而划定的水域和陆域，一般分为营运港区和规划港区。

码头：供船舶靠泊、货物装卸和旅客上下的建筑物，是港口的主要组成部分。

泊位：供一艘船舶靠泊的码头长度。泊位的数量与大小是衡量一个港口或码头规模的重要标志。一座码头可能由一个或几个泊位组成，视其布置形式和位置而定。

港口设施：为港口生产、经营而建造和设置的构造物和有关设备，包括港口基础设施和港口经营设施。

（二）港口的基本任务

港口的基本任务有七项。

（1）实现各种运输方式的衔接，加速车、船和货物的周转。

（2）完成货物在不同运输方式之间的装卸、换装作业。

（3）为货物的集散、存储，为旅客的食、宿、上下船等需要提供必要条件和服务。

（4）为船舶提供技术供应服务，如引航、装卸、航修、燃料、淡水、食品供应和其他补给等。

（5）恶劣天气时为船舶提供隐蔽场所。

（6）海难救助服务。

（7）为开展各国间的文化、科技、经济、贸易和旅游等往来与交流活动提供服务。

（三）现代港口的发展演变

最原始的港口是天然港口，有天然掩护的海湾、水湾和河口等场所供船舶停泊。天然港口仅是作为从事船舶装卸活动的场所。随着商业和航运业的发展，天然港口已不能满足经济发展的需要，兴建具有码头、防波堤和装卸机械设备的人工港口变得越来越重要。

现代港口是在船舶的吨位、尺度和吃水日益增大，为建造人工深水港池和进港航道需要采用挖泥机具以后开始发展起来的。19 世纪初出现了以蒸汽机为动力的船舶，船舶的吨位、尺度和吃水日益增大。

港口发展的历程

经过不断发展，现代港口已成为集运输与贸易一体化的经济共同体。现代化的港口不再是一个简单的货物交换场所，而是国际物流链上的一个重要环节，正朝着全方位的增值服务方向发展，成为商品流、资金流、技术流、信息流与人才流汇聚的中心。

从 1992 年开始，联合国贸易与发展会议在有关报告中陆续提出了所谓第一代港口、第二代港口、第三代港口和第四代港口的概念，引发了业界的广泛关注①。第一代港口的主要

① 1992 年，联合国贸易与发展会议在《港口发展和改善港口的现代化管理和组织原则》的研究报告中，把港口按其功能的发展划分为三代；1999 年，联合国贸易与发展会议在《港口通讯》上发表文章《第四代港口》，最早提出了第四代港口的概念；2009 年，国内有学者从港口战略发展的角度提出了第五代港口概念——联营合作子母港，但目前第五代港口在国际上并没有公认的概念。

功能是装卸和仓储；第二代港口的主要功能是提供分拨、配送等增值业务；第三代港口的主要功能是为客户提供全方位、高附加值的物流服务；第四代港口的主要功能是在商业、综合物流枢纽、全程运输服务中心和国际商贸后勤基地的基础上，向海洋生态经济后勤服务基地推进。

1. 第一代港口（19 世纪初至 20 世纪 60 年代）

第一代港口功能定位为纯粹的“仓储、运输中心”，主要提供船舶停靠、海运货物的装卸、转运和仓储等。第一代港口与城市的对外商品交易紧密联系。港口着重体现其在散件杂货装卸、运输方面的功能。

2. 第二代港口（20 世纪 60 年代至 80 年代）

第二代港口增加了工业、商业功能，使港口成为具有使货物产生增值效应的服务中心。装卸业务开始为临港工业服务，并形成了部分专为临海工业服务的港区及工业港，港口对城市经济发展的贡献十分明显，此阶段是港口规模扩大最快的时期，码头专业化、深水化进展明显，但装卸仍是港口的主业，港口的散货作业比重增加，且散货成为有些港口的主要货种。港口地区形成了自己独立的工业区，港口除与运输、贸易的关系十分密切外，港区工业在国民经济中的比重明显加大，港口为工业服务的功能十分突出。因此，第二代港口功能定位为“运输中心 + 服务中心”，除了提供货物的装卸仓储外，还增加了工业和商业活动，使港口具有了货物的增值功能。

3. 第三代港口（20 世纪 80 年代至 90 年代末）

第三代港口适应国际经济、贸易、航运和物流发展的要求，得益于港航信息技术的发展，逐步发展为国际物流中心。此时集装箱运输逐步成熟，港口成为各种运输方式的联运中心。许多港口以发展集装箱运输为重点，力争吸引国际中转货成为国际或地区性枢纽港，此时集装箱吞吐量已成为港口发展水平的重要标志。第三代港口的主要功能是为客户提供全方位、高附加值的物流服务，当然货物装卸、储存和分运仍是港口的主体功能。

4. 第四代港口（进入 21 世纪后）

在经济全球化的环境中，现代物流中心成为港口新的发展目标，港口进入第四代发展阶段。第四代港口①是第三代港口的发展和供应链物流管理的产物。在船舶大型化、泊位航道深水化、码头专业化、装备大型化、高度信息化和网络化的同时，港口还具有生产精细化、敏捷化的特点。第四代港口不断努力拓展综合物流的服务功能，除了具有国际多式联运的枢纽功能外，还是区域或国际性的商贸、金融和信息中心。其主要功能是在商业、综合物流枢纽、全程运输服务中心和国际商贸后勤基地的基础上，向海洋生态经济后勤服务基地推进。第四代港口在第三代港口功能的基础上，参与供应链的分工合作，成为供应链中的一个重要环节，并加强港航、港际之间的结盟，形成网络化结构。

第四代港口概念提出后，港口的发展理念和实践发生了巨大变化。大型海港的发展逐渐突破第四代港口的范围，港口发展的客观现实也为超越第四代港口的发展奠定基础。在此背景下人们提出了第五代港口——联营合作子母港的概念，目的是协助大型海港梳理未来的发

① 1999 年联合国贸易与发展会议将第四代港口定义为“物理空间上分离，但是通过公共经营者或管理部门连接”的组织。这个定义原则性过强，内涵不明确。

展思路。

5. 第五代港口(2007 年以后)

第五代港口以大型海港为母港(中转港),以国际陆港、支线港和设在内陆的港区为子港,形成母港与各个子港共生共荣、联合经营、合作发展的子母港群,以网状的形式在间接经济腹地和直接经济腹地拓展业务,培育内陆地区外贸货源,为内陆地区提供像海港一样的港口服务,促进内陆城市建立国际陆港、发展临港产业区,带动内陆地区外向型经济良好发展。使大型海港突破只在海边转圈发展的模式,树立深入内陆经济腹地、在内陆经济中心城市建立"港口连锁店"的创新思路。

第四代港口的主要特点

第五代港口以集装箱货物运输为主。集装箱运输方式为海港、陆港、内陆港区和支线港口联营合作子母港形式的发展奠定了基础。

第五代港口以海港为母港(中转港),国际陆港、支线港和内陆港区为子港,相互协调配合,争取直接、间接经济腹地货源,拓展港口范围、开展港口业务。其组织特性有二:一是沿海港区、内陆港区、支线港口形成联营合作子母港;二是海港集团总公司与设在内陆的分公司共同经营,海港集团总公司与支线港和经济腹地的国际陆港合作经营。

第五代港口的发展策略有二:一是海港与内陆地区共同"培育内陆外贸货源,增加货源总量,与内陆共生共荣";二是提高服务质量和服务效率,扩大外运份额。方法是在内陆设立港区和分公司陆港合资或合作经营,为内陆地区提供像海港一样的港口服务;海港与国际陆港、支线港协同经营,扩大货源。

港口代际划分是随着经济和贸易的全球化、新产品的引进、新技术和新知识的传播、敏捷生产在制造业的成功应用、行业龙头的转换、产品差异化和市场需求的不确定性,以及港口功能不断转换和升级而出现的。以代际的概念描述港口功能的转变,体现了港口发展的历史进程,也反映出在生产力发展不同阶段中港口所具有的作用。

港口代际的递进是一种历史现象,反映了不同时代经济发展的基本走向。上述港口发展的不同阶段,是根据发达港口的发展进程做出的相对划分,实际上港口各发展阶段相互交叉,难以严格区分。目前,第二代港口仍是世界港口发展的主流,但随着经济全球化、市场国际化和信息网络化,一些大型港口已经开始向第三代港口、第四代港口转型。新加坡港、鹿特丹港等一些世界大港已经步入第四代港口的行列。

作为现代物流节点,港口的发展与物流的发展密不可分,港口的代际层次与港口的物流功能也有极强的关系。从物流角度看,第一代港口是普通的运输节点,强调港口自身的优化;第二代港口是普通的运输节点加上临港贸易与工业,强调自身优化的同时为相关企业提供服务;第三代港口成为现代物流理论下的物流节点,即现代物流中心,具有很强的服务与信息功能;第四代港口具有极强的服务与信息功能,是供应链物流管理下的物流节点。

现代港口的发展趋势

需要指出的是,港口的发展与区域经济振兴和社会进步相关联,港口的发展虽然有其自身的规律,但是各港口的特点和作用存在差异,所以也不是所有港口都按照同样的历程发展,而是要在所处的经济社会环境中走有特色的道路,特别是要寻找新的经济增长点和发展空间,实现跨越式的发展。

二、港口的基本构成

现代港口是由各种水上和陆地建筑物，各种水上及陆上设施（见图 1－1），各种机械、输变电、导航和通信设备等组成的综合体，具体包括航道、港池、锚地、码头、货场、仓库、各种作业设备（运输、加工、修理设备等）、导航系统、通信系统和其他相应的管理与服务系统，现代港口还需要相应的经济腹地与之相配套。总体来说，港口由水域和陆域两大部分组成，各部分相互联系、相互依存、协调一致，共同满足港口作业的需要。

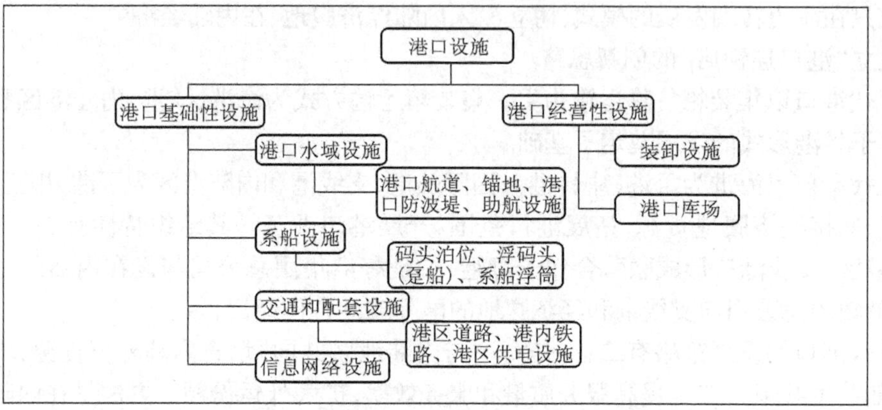

图 1－1　港口设施

水域包括进港航道、锚泊地和港池。天然掩护条件较差的海港须建造防波堤。水域是供船舶航行、运转、锚泊和停泊装卸之用，要求有适当的深度和面积，水流平缓、水面稳静。

陆域岸边建有码头，岸上设港口、堆场、港区铁路和道路，并配有装卸和运输机械，以及其他各种辅助设施和生活设施。陆域是供旅客集散、货物装卸、货物堆存和转载之用，要求有适当的高程、岸线长度和纵深。

港口的基本构成如图 1－2 所示。

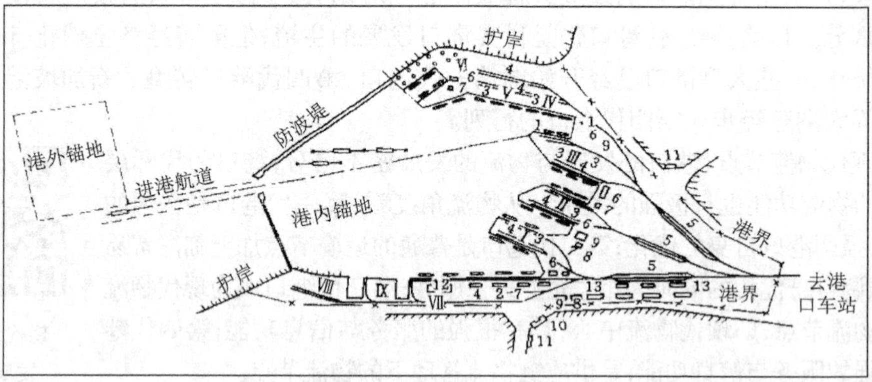

图 1－2　港口平面图

Ⅰ——件杂货码头；Ⅱ——木材码头；Ⅲ——矿石码头；Ⅳ——煤炭码头；Ⅴ——矿物建筑材料码头；Ⅵ——石油码头；Ⅶ——客运码头；Ⅷ——工作船码头及航修站；Ⅸ——工程维修基地；1——导入标志；2——港口仓库；3——露天货场；4——铁路装卸线；5——铁路分区调车场；6——作业区办公室；7——作业区工人休息室；8——工具库房；9——车库；10——港口管理局；11——警卫室；12——客运站；13——储存仓库。

（一）水域

水域通常包括进港航道、锚泊地和港池。

进港航道是船舶进出港区水域并与主航道连接的通道，一般设在天然水深良好，泥沙回淤量小的水域。其布置方向以顺水流成直线形为宜。根据船舶通航的频繁程度可分别采用单行航道或双行航道。大型船舶的航道宽度为 80～300 米，小型船舶为 50～60 米。

锚泊地是指有天然掩护或人工掩护条件、能抵御强风浪的水域，船舶可在此锚泊、等待靠泊码头或离开港口，如装卸锚地、停泊锚地、避风锚地、引水锚地及检疫锚地等。

港池也称码头前水域，是指直接与港口陆域毗连，供船舶靠离码头、临时停泊和调头的水域。港池按构造形式分为开敞式港池、封闭式港池和挖入式港池。港池尺度应根据船舶尺度、船舶靠离码头方式、水流和风向的影响及调头水域布置等确定。开敞式港池内不设闸门或船闸，水面随水位变化而升降。封闭式港池内设有闸门或船闸，用以控制水位，适用于潮差较大的地区。挖入式港池是在岸地上开挖而成，多设在岸线长度不足、地形条件适宜的地方。

（二）陆域

陆域是指港口供货物装卸、堆存、转运和旅客集散之用的陆地面积，一般包括装箱作业地带和辅助作业地带两部分，并包括一定的预留发展地。

陆域上有码头、进港陆上通道（铁路、道路、运输管道等）、港口前方装卸作业区和港口后方区。

港口前方装卸作业区供分配货物，布置码头前沿铁路、道路、装卸机械设备和快速周转货物的仓库或堆场（前方库场）及候船大厅等之用。

港口后方区供布置港内铁路、道路、较长时间堆存货物的仓库或堆场（后方库场）、港口附属设施（车库、停车场、机具修理车间、工具房、变电站和消防站等）以及行政、服务用房屋等之用。

三、港口的技术特征

港口的技术特征主要包括港口水深、码头泊位数、码头岸线长度、港口陆域高程等。

（一）港口水深

港口水深是港口的重要标志之一，它表明港口条件和可供船舶使用的基本界限。增大水深可接纳吃水更大的船舶，但将增加挖泥量，增加港口水工建筑物的造价和维护费用。在保证船舶行驶和停泊安全的前提下，港口各处水深可根据使用要求分别确定，不必完全一致。对有潮港，当进港航道挖泥量过大时，可考虑船舶乘潮进出港。现代港口供大型干货海轮停靠的码头水深 10～15 米，大型油轮码头 10～20 米。

（二）码头泊位数

码头泊位数是指港口码头可同时靠泊船舶的数量。一个泊位是港口装卸作业的一个基本单元。一座码头可能由一个或几个泊位组成，视其布置形式和位置而定。除供装卸货物和上下旅客所需泊位外，在港内还要有辅助船舶和修船码头泊位。

（三）码头岸线长度

码头岸线是码头建筑物靠船一侧的竖向平面与水平面的交线，即停靠船舶的沿岸长度。它是决定码头平面位置和高程的重要基线。构成码头岸线的水工建筑物叫码头建筑物。根据船舶吃水深度和使用性质等的不同，码头岸线一般分为深水岸线、浅水岸线和辅助作业岸线等。港口各类码头岸线的总长度是港口规模的重要标志，说明能同时靠码头作业的船舶数量。

泊位的基本尺度包括码头岸线长度和码头前水深。码头岸线长度应满足船舶安全靠泊作业和系缆的要求，其值为设计船型的船长加上船与船之间必要的安全间隔。

（四）港口陆域高程

高程指的是某点沿铅垂线方向到绝对基面的距离，称绝对高程，简称"高程"。港口陆域高程根据设计高水位加超高值确定，要求在高水位时不淹没港区。为降低工程造价，确定港区陆域高程时，应尽量考虑港区挖、填方量的平衡。港区扩建或改建时，码头前沿高程应和原港区后方陆域高程相适应，以利于道路和铁路车辆运行。同一作业区的各个码头通常采用同一高程。

四、港口的类型

港口的类型是指港口由于规模大小、所在地理位置、用途和受潮汐影响、地位和作用等的不同而形成的不同类别。

港口可按多种方法分类。

（一）按用途分类

按用途分类，港口可分为商港、军港、渔港、工业港和避风港。

商港是为客货运输服务的港口。商港具有停靠船舶、上下客货、供应燃（物）料和修理船舶等所需要的各种设施和条件，是水陆运输的枢纽。商港的规模大小以吞吐量来表示。

军港是专供舰艇停泊、物资供应以及修理之用的港口。

渔港是专供渔船停泊，渔获物的卸船、冷藏、加工、转运以及渔具的补充修理等之用的港口。

工业港是厂矿企业专用的港口；在大型商港中，厂矿企业专用的码头称为货主码头。

避风港专供船舶躲避风暴，并供其取得物料补充或进行维修之用等。

本书所阐述的港口物流，是指与国际物流有关的商港。

（二）按所在位置分类

按所在位置分类，港口可分为内河港、海岸港和河口港。

内河港，简称河港，是位于天然河流或人工运河上的港口，包括湖泊港和水库港，为内河船舶及其客货运输服务。我国太湖、洪泽湖上的小型港口均属此类。

海岸港是建在海岸线上或海湾内的港口，一般位于海岸、海湾或潟湖内，也有离开海岸建在深水海面上的。海岸港主要为近海和远洋船舶及其客货运输服务。

河口港位于河流入海口或受潮汐影响的河口段内，可兼为海船和河船服务。河口港一般有大城市作依托，水陆交通便利，内河水道往往深入内地广阔的经济腹地，承担大量的货流量，故世界上许多大港都建在河口附近，如鹿特丹港、伦敦港、纽约港和上海港等。河口港和海岸港统称海港。

（三）按港口水域在寒冷季节是否冻结分类

按港口水域在寒冷季节是否冻结分类，港口可分为冻港和不冻港。

不冻港是指海水在冬季不结冰，船只可以正常出入的港口。中、低纬度的港口通常为不冻港，但高纬度的港口，受暖流影响也可以是不冻港，如俄罗斯的摩尔曼斯克港口，大连港、旅顺港和秦皇岛港是中国北方的终年不冻港。

（四）按对进口的外国货物是否办理报关手续分类

按对进口的外国货物是否办理报关手续分类，港口可分为报关港和自由港。

报关港要求进口的外国货物的收货人或代理人向海关办理报关手续；自由港对船舶来港装卸货物，以及货物在港区仓储、加工等，不要求交纳税款，也不需经海关人员的检查。德国汉堡港是欧洲重要的自由港；新加坡港、香港港是亚洲的自由港。建立自由港的目的是鼓励和促进国际贸易，使之不受关税的限制。

（五）按装卸货物的种类分类

按装卸货物的种类，港口可分为综合性港口和专业性港口。

综合性港口是指装卸多种货物的港口；专业性港口为装卸某单一货类的港口，如工业港、散货港、石油港、矿石港、煤港和渔港等。

一般说来，由于专业性港口采用专门设备，其装卸效率和能力比综合性港口高，在货物流向稳定、数量大、货类不变的情况下，应多考虑建设专业性港口。

（六）按运港性质分类

按运港性质分类，港口可分为基本港和非基本港。

基本港是运价表规定的班轮公司的船舶一般要定期挂靠的港口。基本港港口设备条件比较好，货载多而稳定，如纽约港、香港港、上海港和深圳港。港口规定为基本港口不再限制货量。运往基本港口的货物一般均为直达运输，无须中途转船。按基本港口运费率向货方收取运费，不得加收转船附加费或直航附加费，并应签发直达提单。

凡基本港以外的港口都称为非基本港。非基本港一般除按基本港口收费外，还需另外加收转船附加费，达到一定货量时则改为加收直航附加费。例如，深圳港是基本港，广西北海港则是非基本港，运往广西钦州港口的货物运费率要在深圳港口运费率的基础上增加转船附加费。

（七）按对国际集装箱运输的作用分类

按对国际集装箱运输的作用分类，港口可分为干线港、支线港和地区性港。

干线港是指世界性的大型枢纽港。国际集装箱运输的干线班轮在这些港挂靠，一次装卸较大数量的集装箱，周围中、小港口的集装箱通过支线运输的方式向这些港口集中或疏散。这类港口的国际集装箱航线、航班数多，设备先进，泊位数量多，装卸效率高，同邻近港口相比有巨大的竞争优势，对集装箱运输的吸引力强。这类港口所吞吐的货物，有相当大的比例不是本港经济腹地所生产和消费的，而是属于转运性质的。这类港口通常拥有固定的航运船队，直接为其服务，它们在国际集装箱运输中占有重要的地位。

支线港是相对于干线港而言的，国际集装箱运输的干线班轮一般不在这些港口挂靠，而只有近洋航线和支线航班船舶在此挂靠作业。这类港口所吞吐的货物，通常均是本港经济腹地所产生和消费的，转运量很少。这类港口与干线港之间有定期的支线航班运输，与其他港口一般没有固定的航运线。

地区性港主要是指国内或更小区域的为船舶运输服务的港口，一般规模较小，经济影响和辐射面有限，吞吐量也较小。集装箱运输船舶很小，其用集中周边地区的集装箱的方法，以频繁的、少量的喂给方式向集装箱干线港或支线港提供箱源。

（八）按规模大小分类

按规模大小，港口可分为特大型港口、大型港口、中型港口和小型港口。

特大型港口年货物吞吐量大于3 000万吨；大型港口年货物吞吐量为1 000万～3 000万吨；中型港口年货物吞吐量为100万～1 000万吨；小型港口年货物吞吐量小于100万吨。

单元二　港口的特点与功能

随着经济全球化进程的加快，港口作为全球运输网络中的重要节点，是对外贸易进出口货物的集散中心，也是国际物流供应链的重要节点与物流通道的枢纽，其功能正在不断地拓展，对于区域经济的发展起着越来越重要的促进作用。

一、港口的特点

港口之所以能在现代国际生产、贸易和物流系统中发挥战略作用，主要是由港口的三个特点决定的。

首先，港口在整个物流供应链上是最大量货物的集结点。经济全球化使国际贸易量快速增加，港口作为海洋运输的起点与终点，无论是集装箱货还是散货，远洋运输总是承担着其中最大的运量，因而港口在整个物流供应链上总是最大量货物的集结点。当需要从事附加的工业、商业和技术活动时，选择在港口这样的集结点进行，往往最能取得规模经济效益。

其次，港口往往是生产要素的最佳结合点。如果两个大陆之间，或者两个相距甚远的国家之间在生产要素方面有着最大的禀赋差异，那么，要把这些生产要素以最有利的方式连接起来，港口往往是最合乎理性的选址。许多国家依赖于进口原材料的钢铁厂往往都建在港口地区，其原因正在于此。在港口地区建设出口工业，利用钢铁作为原材料生产汽车和机械，就可以节省大量成本，增强其产品在国际市场上的竞争力。

最后，港口往往是最重要的信息中心。对于国际物流来说，港口仍然是不同运输方式汇集的最大、最重要的节点。在港口地区落户的有货主、货运代理行、船东、船舶代理行、商品批发部、零售商、包装公司、陆上运输公司、海关、商品检验机构及其他各种有关机构。因此，港口就成为一个重要的信息中心。

二、港口的功能

港口在经济发展中的地位和作用是随着人们对港口功能认识的深化，以及港口对社会经济发展所做出的贡献的增加而不断提高的。现代港口为了适应现代物流服务的需求，拓展了服务功能，港口的功能从单一货运生产到综合物流汇集，从传统货流到货流、商流、金融流、技术流、信息流全面大流通，运输方式也从车船换装到联合运输、联合经营，从传统装卸工艺向以国际集装箱门到门多式联运为主要特征的现代运输方式转变。

港口具有悠久的发展历史，在20世纪中叶之前，其一直是联系水陆运输的枢纽、人员物资的集散地和沟通腹地与海外市场的门户。在国际经济、贸易和运输尚未一体化的时代，生产和贸易被当作两个不相关联的因素，而运输则被分割成许多过程。因此，港口仅执行其传统的装船和卸船的功能，而游离于生产、贸易和运输之外。

20世纪60年代以来，在经济全球化的推动下，受科学技术、管理手段发展的影响，港口已经并正在经历一系列深刻的变革。

首先，随着生产的全球化，港口的交通优势日益突出，在港口及周边地区出现了大量的临港加工制造业，如钢铁、炼油和机械制造等。港口逐步从单一的运输枢纽发展成为重要的产业基地，乃至成为地区经济增长的发动机。现代港口正成为经贸发展的催化剂，它对周围地区和腹地产生巨大的商业辐射作用，推动区域经济和贸易发展。

其次，20世纪80年代之后，随着全球经济竞争与合作的进一步发展，传统的运输服务已经不能满足生产商和经销商日益增长的物流需求，现代物流进入了快速发展的阶段，并逐步深入到了运输、生产和消费等众多环节。由于港口是重要的货物集散地，自然而然也就成为现代物流活动的聚集地和全球供应链网络的重要节点。港口的功能也就逐步向集运输、临港产业和物流等服务为一体的综合性服务中心转变。

现代物流理念的普及以及现代物流实践的要求，使得现代港口从交通运输枢纽转变为内涵更广、层次更高的综合物流运作的中心环节，其功能也正朝着提供全方位的增值服务方向发展。港口正在由传统的装卸、转运业务向包装、加工、仓储、配送、提供信息服务、保税、金融和贸易等高附加值综合物流功能延伸和发展。在综合物流时代，港口的功能发生了很大的变化。功能更加广泛的现代港口，将朝着综合物流中心(运输+转运+储存+装拆箱+仓储管理+加工+信息处理)的方向发展，成为商品流、资金流、技术流、信息流与人才流汇聚的中心。

概括来讲，进入全球综合物流时代后，现代港口主要具备六个“中心”的功能。

(1)物流服务中心。港口首先应该为船舶、汽车、火车、飞机、货物和集装箱提供中转、装卸和仓储等综合物流服务，尤其是在提高多式联运效率和港口竞争能力方面。

(2)商务中心。现代港口应该为用户提供方便的运输、商贸和金融服务，如代理、保险、融资、货代、船代和通关等。

(3)信息与通信服务中心。现代港口不但应该为用户提供市场决策的信息，接受用户咨询，而且要建成电子数据交换(EDI)系统的增值服务网络。

(4)现代产业中心。港口具有生产和服务功能，现代港口应该发挥区位优势，发展相关产业。港口不仅为现代工业提供运输服务，而且也为现代工业的发展提供了理想场所。现代港口区一般集聚了石油化工、汽车、摩托车、造船、飞机制造、电子、机械及自动化设备和家用电器等工业。依托口岸的功能和便利为腹地提供交通运输服务，如江海联运、江海转运、近洋与远洋航运服务(船舶检修、加水加油、装卸)和发展海陆联运；提供区域间和国际贸易服务，如转口贸易、商品贸易展示等；提供自由贸易区服务，如保税仓储、保税展示、保税运输和建立保税工厂等；提供物流配送服务，如仓储、堆存、简单加工、分拣、贴标签、组合、再包装、展览和再出口等；提供进口、出口、加工贸易、投资合作和咨询信息服务，还可以提供旅游、房地产和金融等商业服务。

(5)供应链服务中心。供应链(supply chain)是指生产及流通过程中，涉及将产品或服务提供给最终用户活动的上游与下游企业所形成的网链结构，即将产品从商家送到消费者手中的整个链条。港口在供应链中的核心功能是指港口与物流企业、船公司、腹地制造企业、商贸企业乃至其他港口等合作伙伴继续深化协作互补，沿着供应链进行资源整合，如海关、第三方物流公司、经销商、银行、货运代理公司、腹地工商业等围绕港口构建有机整体，统一资源调配，各环节之间无缝链接，提供更加优质和及时的服务，满足运输市场对港口差异化服务的需求。

(6)后援服务中心。现代港口应该提供人才培训、后勤供应和海员服务及贸易谈判等相关设施，并提供舒适的生活娱乐场所，加强港城一体化关系，优化城市功能。

上述现代港口的功能使港口发挥了简化贸易和物流过程的作用，使港口在现代物流节点上尽量减少间隔和提供最大的增值服务。只有满足了这些条件，并能成功地进行市场营销，港口才能增强竞争力和发展后劲，巩固和提高在综合运输物流链中的地位和作用，也才可能成为腹地经济与贸易发展的重要门户，成为地区物流的枢纽与中心。

单元三　国内外主要港口

世界上的国际贸易海港有2 500多个，位于世界各海洋的要道，各国、各地区的货物聚集在海港并转运到世界各地的大港口。这些港口中，货物吞吐量超过1 000万吨的有100多个，5 000万吨以上的有20多个。目前，世界上货物吞吐量在千万吨以上的大港有80%以上集中在发达国家，它们往往也是大工业中心。发展中国家的港口多是原料出口港，工业不够发达。大西洋拥有的港口数量最多，约占世界的3/4，太平洋约占1/6，印度洋约占1/10。

一、国外主要港口

鹿特丹港(Rotterdam Port)、纽约港(New York Port)、新奥尔良港(New Orleans Port)、神户港(Kobe Port)、横滨港(Yokohama Port)、伦敦港(London Port)、新加坡港(Singapore Port)、汉堡港(Hamburg Port)、安特卫普港(Antwerp Port)和马赛港(Marseille Port)等均为世界大港，在世界货物贸易运输中占有重要地位。

(一)鹿特丹港(Rotterdam Port)

鹿特丹港位于莱茵河和马斯河入海的三角洲，濒临世界海运最繁忙的多佛尔海峡，是西欧水陆交通的要冲，是荷兰和欧盟的货物集散中心，是欧洲最大的港口。运入西欧各国的原油、石油制品、谷物、煤炭和矿石等都经过这里，因此，鹿特丹港有“欧洲门户”之称。该港是国际水陆空交通的重要枢纽，现在有300多条远洋航线连接世界各地，每年约有3.5万艘次远洋货轮在这里停靠，是世界上最大的商品集散中心。

(二)纽约港(New York Port)

纽约港位于纽约州东南部哈得逊河口东岸，濒临大西洋。由于受墨西哥湾暖流的影响，港口全年不冻，是大西洋沿岸的一个天然良港。纽约港有两条主要航道：一条是哈得逊河口外南面的恩布娄斯航道，长16千米，宽610米，维护深度13.72米，由南方或东方进港的船舶经这条航道进入纽约湾驶往各个港区；另一条是长岛海峡和东河，由北方进港的船舶经过这条航道。纽约港腹地广阔，公路网、铁路网、内河航道网和航空运输网四通八达。

（三）新奥尔良港（New Orleans Port）

新奥尔良港是美国南部路易斯安那州的大商埠，在密西西比河畔，离该河在墨西哥湾的入海处 110 英里。该港既是深水远洋港口，又是内河航运集散地。港口南通墨西哥湾，内与密西西比、密苏里、俄亥俄等河相连，腹地广阔，是美国的河、海、陆联运中心。该港口码头总长 40 千米，共 280 多个泊位，全部是深水泊位，码头水深30 ~ 60 英尺不等。新奥尔良港的主要出口货物有机械设备、纸张、粮食、煤炭和硫黄等，进口货物主要是石油、矿石、钢铁、香蕉和甘蔗等。

（四）神户港（Kobe Port）

神户港是日本第一大港。港口共分六个区域，第一、第二区域和其他区域之间被五个防波堤隔开。该港面积为 5 668 万平方米，现有 231 个泊位。

（五）横滨港（Yokohama Port）

横滨是日本第三大城市、重工业中心。横滨港是日本的天然良港之一。港口被两个半岛所包围，其区域面积接近 2 平方英里，海底是带有泥、贝壳的沙底。港内及航道水深 36 ~ 60 英尺，港区面积为6 806万平方米。横滨港的进口货物主要是原油，约占 60%，其次为粮食、矿产品和原盐等。出口货物主要是船舶、汽车等运输机械，约占 40%，其次为机械产品、日用品和化工产品等。

（六）伦敦港（London Port）

伦敦港是西北欧最大的集装箱港，年装卸货量超过 6 000 万吨，经由伦敦港进口的货物占英国进口额的 80%。

伦敦港有三个码头区：皇家码头区、印度与米勒沃尔码头区和提尔伯里码头区。伦敦港的集装箱码头位于提尔伯里码头区。经伦敦港进口的货物有原料、粮食、食品、水果、蔬菜、糖、茶叶、酒类、木材、纸浆、橡胶和皮革等。出口货物主要是工业制造品、汽车、机械和钢材等。

（七）新加坡港（Singapore Port）

新加坡是东南亚重要的工商业城市、世界第四大金融中心。新加坡港位于新加坡的新加坡岛南部沿海，西临马六甲（Malacca）海峡的东南侧，南临新加坡海峡的北侧，是亚太地区最大的转口港，也是世界最大的集装箱港口之一。新加坡港又称狮城、星洲或星岛。该港扼太平洋与印度洋之间的航运要道，战略地位十分重要。自 13 世纪开始，新加坡港就是国际贸易港口，现已发展成为国际著名的转口港。由于地理位置优越，新加坡港已成为 250 多条国际海运航线的中心，每天有 200 多艘海轮进出港。

（八）汉堡港（Hamburg Port）

汉堡港距易北河流入北海的入海口 110 千米，航道水深 11 米以上，大型海轮在此可通行无阻。它有 300 多条国际海运航线与世界各主要港口联系，素有“德国通向世界的门户”之称。在全长 320 千米的河岸上，所建码头长达 65 千米。该港的“海外中心”面积约 11 万平方米，是世界最大的有顶仓库，每天可处理 2.8 万吨出口货物。

（九）安特卫普港（Antwerp Port）

安特卫普是比利时第二大工业中心、北欧北部的贸易中心。安特卫普港是世界著名大港之一，货物吞吐量在 9 000 万吨至 1 亿吨之间，可容纳 10 万吨级的船舶泊靠装卸货物，吃水 47 英尺的船可自由进出。码头起重机的起卸能力为 800 吨，集装箱滚装船的码头泊位有

18 处,港区内还有设备完善的储油仓。

（十）马赛港（Marseille Port）

马赛港是法国最大的海港,位于法国南部地中海利翁湾东岸,背山面海,港深水阔,既无泥沙淤塞,又不为潮汐涨落所限,是地中海沿岸的天然良港。马赛港由贝雷湖、福斯湾及拉弗拉港组成。港口水面达 4 000 多万平方米,码头长 27 千米,有泊位 190 多个,仓库约 170 万平方米,港内有约 80 千米长的铁路和各种现代化装卸设施及优良的导航设备。马赛港主要出口工业制成品,进口以石油、液化天然气为主,此外还进口粮食、油料、咖啡、棉花、化肥、糖、皮革和香料等。

二、中国的港口

中国港口发展回顾

中国拥有 1.8 万千米的大陆海岸线,11 万千米的内河航道,承担着 9% 的国内贸易运输和 85% 以上的外贸货物运输,沿海沿江有 1 460 多个商港。目前,港口已成为中国对外开放的门户和窗口,中国对外开放的港口已有 140 多个,已与 50 多个国家签订了海运协定,已有 30 多个国家的近百家境外航运公司获准在中国港口开辟集装箱班轮航线。自改革开放以来,我国港口以综合优势实现了向"世界港口大国"的跨越,港口货物吞吐量与集装箱吞吐量多年居世界第一。目前,我国在港口规模、筑港技术、装卸设备、信息技术等方面,都已经走到了世界前列,取得了举世瞩目的成就。港口的快速发展,满足了我国水运与对外贸易高速增长的需要,为促进我国的国民经济发展做出了巨大的贡献。但是,我们加快建设与发展现代港口的任务依然十分繁重,我国港口发展中的一些突出矛盾与问题还有待解决,港口的布局与结构还不尽合理,码头的建设、经营的粗放格局,还需要有大的转变。

（一）中国沿海港口布局

三个层次的港口布局、五大区域港口群布局、八大运输系统布局组成了中国沿海港口的总体布局。

1. 三个层次的港口布局

中国形成了主要港口、地区性重要港口和一般港口三个层次的港口布局。全国沿海布局规划了 24 个主要港口,其中还划分有区域性枢纽港口 8 个;24 个地区性重要港口;其余为一般性港口。

2. 五大区域港口群

按地理位置进行区分,中国的沿海港口主要包括:东北沿海港口、华北沿海港口、山东沿海港口、苏浙沪沿海港口、福建沿海港口、粤桂沿海港口、海南沿海港口和港、澳、台地区沿海港口。

随着经济的逐步发展,中国形成了五大港口群,自北向南依次是环渤海地区、长江三角洲地区、东南沿海地区、珠江三角洲地区和西南沿海地区港口群。港口群除发挥装卸集装箱货物的运输功能外,还将参与组织各个物流环节业务活动及彼此之间的衔接与协调,逐步成为全球国际贸易和运输体系中的物流基地。

环渤海地区港口群主要由辽宁、津冀和山东沿海港口群组成,服务于中国北方沿海和内陆地区的社会经济发展。其中,辽宁沿海港口群以大连东北亚国际航运中心和营口港为主,津冀沿海港口群以天津北方国际航运中心和秦皇岛港为主，山东沿海港口群以青岛、烟台和日照港为主。

长江三角洲地区港口群依托上海国际航运中心，以上海港、宁波港、连云港港为主，服务于长江三角洲以及长江沿线地区的经济社会发展。

东南沿海地区港口群以厦门港、福州港为主，服务于福建省和江西等内陆省份部分地区的经济社会发展和对台“三通”的需要。

珠江三角洲地区港口群由粤东和珠江三角洲地区的港口组成，依托香港地区经济、贸易、金融、信息和国际航运中心的优势，在巩固香港国际航运中心地位的同时，以广州港、深圳港、珠海港、汕头港为主，服务于华南、西南部分地区，加强广东省和内陆地区与港澳地区的交流。

西南沿海地区港口群由粤西、广西沿海和海南省的港口组成，以湛江港、防城港、海口港为主，服务于西部地区开发，为海南省扩大与岛外的物资交流提供运输保障。

3. 八大运输系统布局

《全国沿海港口布局规划》确定了涉及国计民生的八个主要货类运输系统的合理布局。

八大运输系统的具体内容如下：

(1)煤炭运输：根据“北煤南运”总体格局，装船港由北方沿海的秦皇岛港、唐山港、天津港、黄骅港、青岛港、日照港和连云港港等组成，卸船港由华东、华南等沿海煤炭消费地区的电力企业专用码头和公用港区煤炭转运设施组成。

(2)石油运输：依托石化企业布点，由 20 万～30 万吨级专业化的进口原油卸船码头和工程中转储运设施以及成品油、天然气中转储运设施组成，并满足国家石油储备要求。

(3)铁矿石运输：临近钢铁企业或与钢铁企业的调整布局相适应，由 20 万～30 万吨级高效、专业化的进口铁矿石卸船码头和工程接卸中转设施组成。

(4)集装箱运输：逐步形成三个层次港口相结合的格局。环渤海地区以大连港、天津港和青岛港为干线港；长江三角洲地区以上海港、宁波港和苏州港为干线港；东南沿海地区以厦门港为干线港；珠江三角洲地区继续保持香港国际航运中心的地位，以深圳港、广州港为干线港；沿海其他港口开展支线或喂给运输。

(5)粮食运输：与中国粮食主要流出区、流入区的地理分布相适应，与粮食流通、储备和物流通道相配套，规模化、集约化和专业化运营发展的粮食运输系统。

(6)商品汽车运输：依托汽车产业布局和内、外贸汽车进、出口口岸，专业化、便捷的商品汽车运输及物流系统。

(7)陆岛运输：以大陆、岛屿间滚装运输为重点，适应沿海岛屿社会经济协调发展的需要。

(8)旅客运输：以人为本，安全、舒适和便捷的旅客运输系统。

(二)中国的主要港口

中国形成了以《全国沿海港口布局规划》《全国内河航道与港口布局规划》等为主体的水运基础设施发展规划体系。港口布局日趋合理、结构不断优化升级，基本形成了布局合理、层次分明、功能齐全、河海兼顾、优势互补、配套设施完善和现代化程度较高的港口体系，大型化、专业化港口设施建设取得显著成就，沿海港口基本建成煤炭、石油、铁矿、粮食和集装箱五大运输系统。

中国内地的主要海港有:上海港、宁波—舟山港、广州港、天津港、大连港、深圳港、秦皇岛港、唐山港、青岛港、黄埔港、连云港港、苏州港、南京港、温州港、营口港、厦门港、湛江港和北海港等。

(1)上海港位于长江三角洲前缘,居中国内地海岸线的中部,扼长江入海口,地处长江东西运输通道与海上南北运输通道的交汇点,是中国沿海的主要枢纽港,是中国对外开放、参与国际经济大循环的重要口岸。上海市外贸物资中99%经由上海港进出,每年完成的外贸吞吐量占全国沿海主要港口的20%左右。

(2)宁波—舟山港位于我国东南沿海,背靠长江经济带与东部沿海经济带"T"型交汇的长江三角洲地区。海域岸线总长4 750千米,规划的港口深水岸线384.9千米。全港划分为甬江、镇海、北仑、穿山、大榭、梅山、象山港、石浦、定海、老塘山、马岙、金塘、沈家门、六横、高亭、衢山、泗礁、绿华山、洋山共十九个港区。宁波—舟山港是中国大陆主要的铁矿、原油、液体化工中转和储存基地,华东地区主要的煤炭中转和储存基地。

(3)天津港地处渤海湾西端,位于海河下游及其入海口处,是环渤海港口中与华北、西北等内陆地区距离最短的港口,是首都北京的海上门户,也是亚欧大陆桥最短的东端起点。天津港是中国华北、西北和京津地区的重要水路交通枢纽,对外交通十分发达,已形成了颇具规模的立体交通集疏运体系。

(4)广州港地处广东省珠江三角洲北部的东江、西江和北江的汇合处,包括黄埔、广州内港、新港及新沙四个港区,是华南地区的国际贸易中枢港。广州港历史悠久,早在2 000多年前的秦汉时期,广州古港就是中国对外贸易的重要港口,是中国古代"海上丝绸之路"的起点之一;1 300多年前的唐宋时期,"广州通海夷道"是世界上最长的远洋航线;至清朝,广州成为中国唯一的对外通商口岸和对外贸易的最大港口。改革开放以来,社会经济飞速发展,广州港发展成为国家综合运输体系的重要枢纽和华南地区对外贸易的重要口岸。

(5)大连港位于辽东半岛南端的大连湾内,港阔水深,冬季不冻,万吨货轮畅通无阻。大连是哈大线的终点,以东北三省为经济腹地,是东北的门户,也是东北地区最重要的综合性外贸口岸。

(6)深圳港位于广东省珠江三角洲南部、珠江入海口伶仃洋东岸,毗邻香港。深圳市260千米的海岸线被九龙半岛分割为东、西两大部分。西部港区位于珠江入海口伶仃洋东岸,水深港阔,天然屏障良好,南距香港20海里,北至广州60海里,经珠江水系可与珠江三角洲水网地区各市、县相连,经香港暗士顿水道可达国内沿海及世界各地港口。西部港口主要服务于珠江三角洲及京广、京九铁路沿线和西江流域腹地。东部港区位于大鹏湾内,海面开阔,风平浪静,是华南地区优良的天然港湾。东部港口以盐田港区为重点,主要服务于京广、京九铁路沿线和东部沿海地区,以集装箱中转为主。

(7)秦皇岛港地处渤海之滨,扼东北、华北之咽喉,是中国北方著名的天然不冻港。这里海岸曲折、港阔水深、风平浪静,泥沙淤积很少,万吨货轮可自由出入。秦皇岛港是世界第一大能源输出港,是中国"北煤南运"大通道的主枢纽港,担负着中国南方的煤炭供应,其煤炭运输量占全国沿海港口下水煤炭的50%。

(8)青岛港位于山东省东南海岸胶州湾内,濒临黄海西侧,由青岛老港区、黄岛油港区、前湾新港区三大港区组成。主要从事集装箱、煤炭、原油、铁矿和粮食等各类进出口货物的装卸服务和国际国内客运服务。青岛港与世界上130多个国家和地区的450多个港口有贸易往来，是太平洋西海岸重要的国际贸易口岸和海上运输枢纽。

(9)连云港港位于江苏省东北沿海海州湾进口南岸，濒临中国黄海的西侧。该港是新亚欧大陆桥的东方桥头堡，西边终点可直达荷兰的鹿特丹港，是华东、中原、西北等11个省区贸易运输最便捷、最经济的出海口岸。该港主要进出口货物有煤炭、水泥、木材、粮食、化肥与化工、机电产品等。

(10)营口港是中国东北地区对外开埠最早的口岸，也是东北及内蒙古东部地区最便捷的出海口，营口港是中国综合交通体系的重要枢纽和沿海主要港口之一，是辽宁中部城市群最近的出海口岸。营口港现辖营口港区、鲅鱼圈港区和正在建设中的仙人岛港区，目前港区主体是鲅鱼圈港区。营口港环境优美，气候温和，港区水深浪缓，不淤不冻，四季通航，是理想的贸易良港。

(11)厦门港位于中国福建省东南沿海九龙江的出海口，港区主要有四个：和平、东渡、高崎及刘五店。

(12)湛江港是新中国成立后自行设计和建造的第一个现代化港口，位于广东省雷州半岛东北部的雷州湾内，为中国天然深水良港。湛江港现有调顺岛、霞海、霞山三个港区，经营石油、矿石、煤炭、化肥、粮食、木材、集装箱、危险品及重大件等多种货物的装卸、储存、中转及客运业务。该港是中国大陆通往欧洲、非洲和东南亚各国航线最短的港口。

案例

某年冬季，受持续寒潮天气影响，渤海湾遭受到30年不遇的冰冻袭击。渤海沿岸各港口中，天津港航道冰封导致船舶无法进出港，青岛遭遇了罕见的海水结冰情况，营口鲅鱼圈渔港以及锦州中心渔港海上已经是“千里冰封”……然而，在渤海湾南端的大连港，船舶却进出正常，码头一片繁忙。为何大连港面对气候的异常和强势的超低温却能“不冻”？主要原因如下：

(1)大连湾三面丘陵环绕，海拔一般较低，但海拔较高的大黑山矗立在大连湾北岸，成为“避风屏障”。

(2)大连港主要港区大连湾和大窑湾都位于黄海一侧，受太平洋暖流的影响，水温较高；水的流动性好，也不易结冰。

(3)大连港集团的码头深水化、大型化，虽然大连海域部分渔港也出现了结冰，但是大连港集团的港区不受影响。大连港的船大都是万吨以上，船的钢板厚，破冰能力较强，即使海面有浮冰，也不会受影响。

(4)大连港港区纬度较低，温度相对环渤海其他港口较高，不容易结冰。大连港港深水阔，离公海较近，容易吸收公海的热量，水越深，流动性越大越不易结冰。

(5)大连港没有内河入海口，同样温度下，相对其他有淡水成分的港口，不容易结冰。

单元四　港口与物流的关系

港口是国际物流链上的一个重要环节，港口和物流的发展是相辅相成、相互促进的关系。

一、物流及国际物流的含义

自从人类出现生产与交换，物流活动也就随之产生了。第二次世界大战后，各国间的经济交往越来越活跃，国际贸易量剧增以及跨国公司的全球化经营战略，对传统的货物运输提出了新的要求，物流进入了国际化发展的轨道。

（一）物流的含义

经济运行通常由生产、流通和消费组成，在生产和消费之间存在着空间阻隔（生产地和消费地不同）、时间阻隔（生产时间和消费时间不同）、所有权阻隔（生产者和消费者不同），但流通可以消除生产和消费之间的这些阻隔，并将它们联系起来。解决前两方面的问题形成了“物流”，解决第三方面的问题便形成了“商流”（如图 1 - 3 所示）。人们对物流的最早认识是从流通领域开始的。

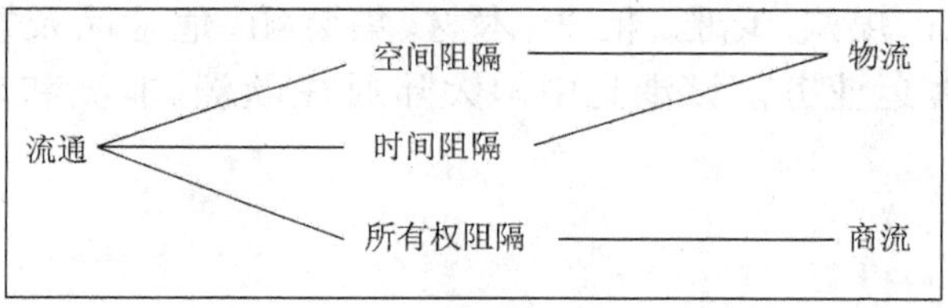

图 1 - 3　流通、物流与商流的关系

随着社会的发展，生产方式的多样化和分工的专业化，人们要实现“物”的交换，于是有了“物”的流通；在“物”的流通过程中，因为人们要实现“物”的所有权转换，就有了“商流”；为了实现“物”的使用价值，就有了“物”由生产地向消费地的转移，从而就产生了“物流”的过程。

不同时期人们对于物流有不同的定义，对物流概念和理论的研究是一个螺旋上升、不断深入的过程。物流管理从最初孤立地看待配送、运输和仓储等各个环节，发展到从总成本角度综合考虑实物分配中的储运等各项活动，到整合企业原材料、半成品和产成品的储运等各环节的管理，提出一体化物流管理的概念，进而发展到 20 世纪 90 年代把物流管理与供应链管理思想相结合，把服务、信息处理融入物流管理的范围中。

1998 年，美国物流管理协会（Council of Logistics Management，CLM）对物流（logistics）的定义是：“物流是供应链活动的一部分，是为满足顾客需要对商品、服务及相关信息从产地到消费地高效、低成本流动和储存而进行的规划、实施、控制过程。”（Logistics is that part of the supply chain process that plans，implements，and controls the efficient，effective flow and storage of goods，services，and related information from the point of origin to the point of consumption in order to meet customers' requirements.）

《中华人民共和国国家标准物流术语》对物流的定义为：“物品从供应地向接受地的实

体流动过程。根据实际需要,将运输、储存、装卸、搬运、包装、流通加工、配送、信息处理等基本功能实施有机结合。”

这一物流定义与美国物流管理协会 1998 年对物流的新定义的主要内容是基本一致的。

结合物流管理思想的发展,我们为物流所做的定义是:物流是供应链[1](supply chain)活动的一部分,是将信息、采购、运输、仓储、保管、装卸搬运以及包装等物流活动综合起来的一种新型的集成式管理,其任务是尽可能降低物流的总成本,为顾客提供最好的服务。从表面上看,尽管物流是采购、检验、仓储、保管、流通加工、分类、盘点、装卸搬运、输送、客户服务、订单处理和成本管理等涉及物从原材料地到最终消费者的一系列活动,但从根本上讲这是企业利润的流动。它可能是创造企业利润的源泉,也可能是吞噬企业利润的“无底黑洞”。如今,物流管理已逐步成为企业在市场中获取和保持竞争优势的有力手段。它构成了企业价值链的基础活动,是生产流通企业的第三利润源泉,是企业取得竞争优势的关键。

(二)国际物流的含义

第二次世界大战以后,国际上的经济交往越来越活跃,国际贸易量剧增,跨国公司的全球化经营战略对传统的货物运输提出了新的要求,物流进入国际化发展的轨道。由于国际分工的日益细化和专业化,任何国家都不能包揽一切专业分工,因而必须有国际合作与交流,随之而来的国际商品、物资的流动便形成了国际物流。

国际物流(international logistics,IL)主要是指国际贸易物流,即原材料、在制品、半成品和制成品在国与国之间的流动和转移,是国内物流的延伸和进一步扩展,是跨国界的、流通范围扩大的物的流通。例如,德国有一家专门经营服装的公司,有 4 000 家专卖店,分布在 50 个国家,每年销售的服装约 5 000 万件。其总部在德国,所有的工作都是通过 60 家代理商进行的。若韩国某一专卖店发现某一款式的服装需要补货,就会立即通知所指定的某一代理商,该代理商立即将此信息通知德国总部,德国总部再把这一信息反馈给配送中心,配送中心便根据专卖店的需求在一定的时间内进行打包、组配和送货,整个国际物流过程可在 10 天内完成。

国际物流常规流程结构可简化为图 1 - 4[2]。

从图 1 - 4 看,一般情况下,一个具体的国际物流常规流程分为 A,B,C 三段,分别为卖方国干线物流、国际物流和买方国干线物流。在 A 段(卖方国干线物流),生产企业可通过多种途径将出口货物运抵装运港口 O,如直达运输或集结后再转运。在 B 段(国际物流),可以从装运港口 O 直接运抵目的港口 D,也可能通过国际转运港进行中转。在 C 段(买方国干线物流),为了把货物交到最终客户手里,也会有多种方式,如直接拨交;通过自有或第三方仓库暂时集结后再转运给客户;通过生产企业在买方国的本地工厂进行拆分或加工后再送给客户。

国际物流活动主要由以下四部分组成:

(1)商品的全球采购,如商品进口和出口。

---

① 供应链包含“供”与“需”两方面,亦可理解为“供需链”。“需方”与“供方”的对应关系称为供应链。物流连接供应链的各个企业,是企业间合作的纽带,它从供方开始,沿着各个环节向需方移动。因此,人们把供应链理解为一条从供应商的供应商到用户的用户的物流链。

② 周道平,李刚. 国际物流成本模型及优化对策研究[J]. 交通运输系统工程与信息,2009(1).

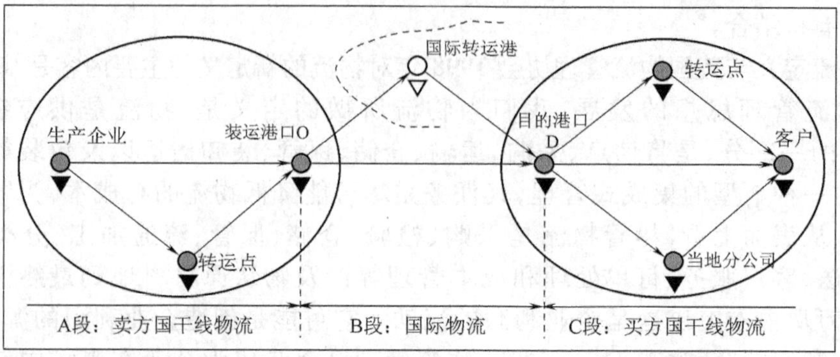

图 1－4　国际物流常规流程结构简图

（2）与国际物流相关的国内物流，如国内运输、仓储、货运保险和包装。

（3）口岸物流，如海关仓库、集装箱场站作业、集装箱货物装卸、组配和加工等。

（4）国际运输、货运保险、转运货物和过境货物的报检与报关等。

上述国际物流活动的主要参与者如图 1－5 所示。

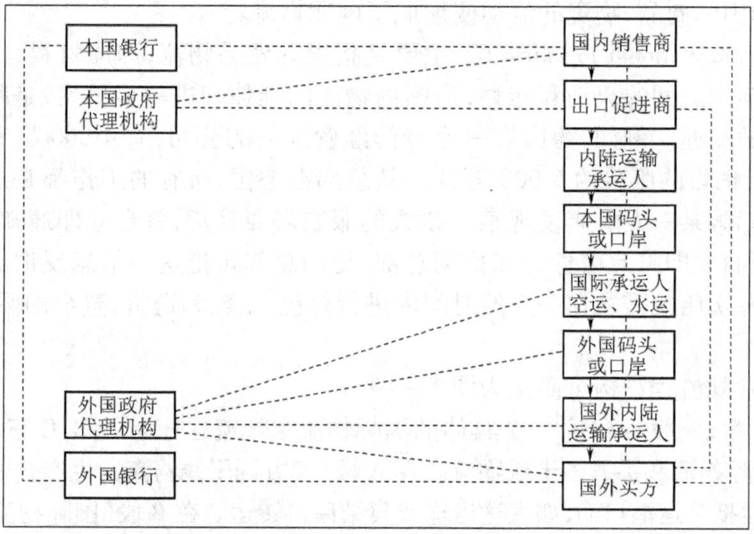

图 1－5　国际物流活动的主要参与者

国际物流实质上是按国际分工协作的原则，依照国际惯例，利用国际化的物流网络、物流设施和物流技术，实现货物在国家间的流动和交换，以促进区域经济的发展和世界资源的优化配置。国际物流的总目标是为国际贸易和跨国经营服务，即选择最佳的方式和路径，以最低的费用和最小的风险，保质、保量、适时地将货物从某国的供应方运到另一国的需求方。

二、港口在物流体系中的地位

港口和物流的发展相辅相成、相互促进。港口因处于陆运和水运两大运输系统的结合点上，在现代物流体系的发展中，具有对各种物流活动进行组织、协调、衔接及配送、仓储、保税、通关和加工等流程服务的优势，而成为现代物流业的桥头堡和国际贸易的重要服务基地与货流分拨配送中心。

（一）港口与物流的关系

港口和物流的发展是相辅相成、相互促进的关系。理解这种关系需要把握以下四点。

1. 港口是现代物流链上一个重要节点，物流的发展离不开港口的服务

物流涉及综合运输，国际货物的物流更以港口为最好的交汇点。不少沿海港口和大的内河港口都是水陆联运的货运中心，是城市交通运输的枢纽。港口以其大进大出的特点成为大量货物的集散地、远洋运输的起点和终点，其独特的地位是开展物流活动的理想场所。现代港口为了适应现代物流服务的需求，拓展了服务功能，已实现从传统货物转运场所到物流、商流、资金流、技术流和信息流全面大流通的汇集点的转变；从港口车船换装点到以港口为中心，以公路、铁路、水路和航空综合运输为特征的现代港口集输运方式的转变；港口已经成为国际现代物流供应链的重要节点和物流流通通道的枢纽。

2. 港口为物流发展创造了更便利的条件

物流是指物品从供应地到接收地的实体流动过程，根据实际需要，将运输、储存、装卸、搬运、包装、流通加工、配送和信息处理等基本功能实施有机结合。港口一般都已拥有良好的基础设施（仓库、堆场和后续用地等）、与外部衔接的通道，以及从事产品装卸、堆存、保管和多式联运的经验；同时，港口还拥有和许多运输企业、代理公司、加工企业和流通企业密切的业务联系。在此基础上构筑物流中心节点不会造成资源浪费，具有投资省、起步快、易上规模的优点。港口拥有先进的设备、码头岸线资源、后方陆域面积较大的堆场或仓库和良好的集疏运系统，这些硬件设施为港口从事现代物流服务奠定了比一般物流业更加良好的基础。

3. 发展物流是港口发挥服务功能的关键要素

港口的传统功能主要表现为单一的货物装卸、运输功能，发展物流使得港口的服务不再是简单的货物装卸中转，使港口以多种方式参与到物流服务中去。加工作业、信息服务、配送服务甚至金融业务都将融入港口物流体系，形成临港经济产业链。港口物流的发展将借助港区联动，充分利用城市的金融、产业、科技、信息和人才优势，依托港口原有区位，扩大临港工业规模，产生产业聚集效应。

国际贸易中，90%以上的货物运输是通过海运实现的。港口作为国际物流供应链的主要节点，能否提供快速、可靠、灵活的综合物流服务，将成为决定其腹地经济乃至一个国家经济发展的关键要素。港口作为现代物流过程中的一个无可替代的重要节点，发展物流能够完成整个物流系统中的基本服务和衍生的增值服务。

4. 物流的发展为港口的进一步发展创造了新的机遇，并不断提出新的要求

（1）对港口大型化发展趋势的要求。为适应现代运输技术的发展，尤其是船舶大型化对港口自然条件和设备要求的提高，加强港口基本建设，扩大港口规模，是当前港口发展的显著特点。如鹿特丹港是世界大港，也是欧洲最大的集装箱港。为了保持世界大港的地位，1995年，鹿特丹港在原有港口规模的基础上，又开发了沃尔和埃姆两个新港区，投资13亿美元增建8个集装箱泊位；投资1.29亿元为近海集装箱运输建设装卸场地和内陆集疏运系

统，并进一步填海造地，作为吸引临港工业和转运货运之用。

(2)对港口集装箱化发展的要求。随着国际集装箱多式联运的开展，件杂货、高值货运输的集装箱化程度越来越高，世界各国也将其主要注意力放到集装箱港口的发展上来，并把集装箱处理量作为衡量港口集装箱化发展和现代化进步的主要标志。集装箱化运输使船舶载箱量越来越大，集中挂靠的港口数目越来越少，国际航运中心越来越靠近集装箱枢纽港，各个港口为占领集装箱市场而投资兴建专业码头，大力改造传统的件杂货码头，以适应港口集装箱化的要求。

(3)对港口现代生产组织高科技化[①]的要求。船舶的大型化与班轮运输经营方式的改变对港口，尤其是枢纽港的运作效率提出了越来越高的要求。世界各国的港口为了谋求自身在国际港口竞争中的地位和利益，都在积极开发新技术，改善装卸工艺，扩充堆场集疏运系统，引进港口先进起卸设备，提高装卸效率，运用无纸化手段，以吸引干线船的挂靠。

(4)对港口拥有的信息化网络能力的要求。港口在处理物流时，相应的运输技术和经营方式需要有关信息系统的支持，以达到供应链各环节的信息准确、快速的传递。港口信息网络化、电子商务、电子数据交换系统及国际互联网的运用已成为港口发展的重要趋势。

(5)对港口城市化协调和可持续性发展的要求。现代物流要求港口建立仓库和物资配送中心，建立和完善农产品与工业品的正常流通和城市商品交换场所。同时，随着现代物流对环境保护要求的提高，港口也需要预防海洋生态与陆路污染，减少空气噪声，维护交通秩序，推行“绿色物流”，打造“低碳港口”，现代港口的发展必须建立在可持续发展的基础上，物流业才能立于不败之地。

总之，物流是港口企业求生存、促发展的必然选择。港口必须融入现代物流体系中，结合得天独厚的自然地理条件建立竞争优势。为适应经济全球化的需要，现代港口需要不断完善其物流职能。

(二)港口在物流体系中的地位

港口是海洋运输的起点与终点。在整个运输链中，港口总是以其最大的集散功能解决地区之间、国家之间大批量货物的交易流通，从而在进行货物仓储、加工或其他商业活动中取得规模效益。在物流活动中，港口以其独特的地域、设备、装卸、仓储、信息和运输集聚的优势，为用户提供方便的运输、商务、保险、金融和信息服务，各地的生产资源和商品通过港口的集散，加速了流通速度，发挥了物流流通的时效、成本和空间协同效应，港口也因此成为区域乃至国际性的商务和物流综合服务中心。

1. 现代港口是整合物流网络链中生产要素的平台

建立现代物流系统需要具有整合生产要素功能的平台，港口作为国内市场与国际市场的接轨点，国内经济与国际经济的交汇点，具有发展成为物流生产要素整合平台的资源优势。要把两个国家之间有着巨大禀赋差异的生产要素以最有利的方式结合，港口往往是最合乎逻辑的选址。世界主要港口基本上都是重要的工业基地。由于港口天然的运输优势，世界许多港口都有“前港口、后工厂”的布局。世界上很多依赖进口原料和原油的大型企业

① 港口高科技化表现在运输方式的现代化，港口装卸工艺合理化，港口装卸机械设备自动化、电气化，港口管理手段现代化。

都建在港口地区,许多实力强大的企业也会选择港口作为发展之地。港口成为货物、资金、技术、人才和信息的汇聚点,充分发挥物流系统的整体功能,整合各种生产要素,使各种资源都可以达到最大的使用效率,发挥 1 + 1 >2 的效果。

2. 现代港口是综合物流中心

实现港口物流化,将功能单一的传统港口发展成为物流园区或物流中心,是现代港口建设和发展的一个重要方向。随着国际多式联运的发展与综合运输链复杂性的增加,港口作为全球综合运输网络的节点,其功能也将更为广泛。现代港口业务在不断地以港口为中心向内陆扩展,如批发、配送、仓储业及自由贸易区,为船舶、火车、汽车及仓储提供综合物流服务,以提高联运效率,成为连续不断的运输链中的综合物流中心。同时,一方面,港口具有商务中心的功能,为客户提供方便的运输、商业和金融服务,如代理、保险和银行等,成为商品流、资金流、技术流、信息流与人才流的汇集中心;另一方面,港口还具有信息中心的功能,在港口落户的有货主、货代、船代、零售商、包装公司、陆上运输公司、海关和商检等有关机构,它们以不同的方式发布自己的信息,使港口汇集了大量的货源信息、技术信息和服务信息,并在港口的辐射范围内传递,形成港口信息中心。

3. 现代港口是海陆间国际物流通道的枢纽

港口既是水陆运输的枢纽,又是水运货物的集散地和远洋运输的起点与终点。综合物流不仅在海上形成了枢纽港的分离,而且在陆上形成了以港口为终端,以内陆的物流中心为集散点,以不同运输方式的多式联运为运输通道的内陆网络体系。在整个物流运输链中,以港口为中心,以公路、铁路、航空和水路综合物流运输为特征的现代港口集疏运方式,发挥了其最大的集散功能,解决地区之间、国家之间大批量货物的交易流通,从而在进行货物仓储、加工或其他商业活动中取得规模效益。

4. 现代港口通过物流系统提供增值服务

现代港口的功能主要体现在以港口的运输和中转功能为依托,建立强大的现代物流系统,进而发展仓储、配送、加工改装和包装等产业,带动整个临港产业带的发展。从现代物流服务的内容看,港口具有十分突出的区位优势。在港口地区建设分拨中心、配送中心和流通加工中心等,提供仓储、装卸、包装、运输、加工、配送、拆装箱和信息处理等一系列增值服务,使港口成为联系陆上腹地和海上腹地的中枢,在枢纽点完成部分物流增值服务并进入下一个物流过程,是国际物流顺畅进行的保证。

在现代物流不断发展的进程中,港口不但可提供货物中转、装卸和仓储等综合物流服务,还可利用其信息与通信网络,为用户提供市场信息与决策信息。港口也是一个人员服务中心,提供贸易谈判条件、人才供应和海员服务等,并提供舒适的生活娱乐空间,强化港城一体化关系。随着国际多式联运与全球综合物流服务的发展,现代港口作为全球运输网络的节点,将朝着全方位的增值服务方向发展。同时,现代港口通过其自身区域优势和由此衍生出来的诸多功能,可简化贸易和物流过程,使港口在现代物流节点上提供最少的间断服务和最大的增值服务。

任务解析

下面根据上述所学知识对项目情景的任务进行简要解析。

任务1：天津港从运送兵员、仓储转运漕粮到对外开埠，传统的漕船运输逐渐被大型轮船取代，单一的以漕粮为主的货类逐渐被多样的外贸件杂货（洋货）取代，直至改革开放后，由封闭型生产向开放型经营管理转化，从单一服务向全面服务、多功能服务转化，不断提升港口自身的功能水平，加快物流中心和商贸中心的建设速度，向着集生产、流通、加工制造、贸易、金融、信息交流和服务为一体的现代物流中心的方向发展。天津港的发展历史是港口功能演变的缩影。传统的港口仅是作为从事船舶装卸活动的场所，现代物流理念的普及以及现代物流实践的要求，使得现代港口由交通运输枢纽转变为内涵更广、层次更高的综合物流运作的中心环节，其功能也正朝着提供全方位的物流增值服务方向（运输＋转运＋储存＋装拆箱＋仓储管理＋加工＋信息处理）发展，使其成为商品流、资金流、技术流、信息流与人才流汇聚的中心。现代港口的发展呈现向大型化、深水化、集装箱化、信息网络化，以及物流服务中心化转化的发展趋势。

任务2：除天津港外，我国还有进入全球港口货物吞吐量前十的宁波—舟山港、上海港、唐山港、广州港、苏州港、青岛港以及其他重要港口，如大连港、深圳港、湛江港、连云港港、苏州港、南京港、温州港、营口港、厦门港、北海港等。随着经济的逐步发展，我国形成了五大港口群，自北向南依次是环渤海地区、长江三角洲地区、东南沿海地区、珠江三角洲地区和西南沿海地区港口群。港口群在发挥装卸集装箱船货物的运输功能外，还将参与组织各个物流环节业务活动及彼此之间的衔接与协调，逐步成为全球国际贸易和运输体系中的物流基地。国外的主要大港有鹿特丹港、纽约港、新奥尔良港、神户港、横滨港、伦敦港、新加坡港、汉堡港、马赛港、安特卫普港等。

任务3：港口因处于陆运和水运两大运输系统的结合点上，在现代物流体系的发展中，具有对各种物流活动进行组织、协调、衔接及配送、仓储、保税、通关、加工等流程服务的优势，逐渐成为现代物流业的桥头堡和国际贸易重要的服务基地与货流分拨配送中心。现代港口是整合物流网络链中生产要素的平台，是综合物流中心，是海陆间国际物流通道的枢纽，通过物流系统提供增值服务。例如，天津港地处渤海湾西端，位于海河下游及其入海口处，是环渤海港口中与华北、西北等内陆地区距离最短的港口，是首都北京的海上门户，也是距亚欧大陆桥最短的东端起点，对外交通十分发达，已形成了颇具规模的立体交通集疏运体系。天津港的地理位置以及物流基础条件使其在我国和区域综合运输体系中具有重要地位和作用，天津港目前已成为我国沿海主枢纽港和综合运输体系的重要枢纽，是京津冀现代化综合交通网络的重要节点和对外贸易的主要口岸，是华北、西北地区能源物资和原材料运输的主要中转港，是北方地区的集装箱干线港和发展现代物流的重要港口。

个案分析

安特卫普港由于地理位置优越，而具有极强的竞争力。安特卫普港位于欧洲北海地区，处于欧洲最大的工业及人口居住区的中心。安特卫普港的内陆集疏运相当发达，同时，在运输的服务质量和价格上具有很大优势，受到众多用户的青睐。港口与100多条公路相连，同时也是欧洲最大的铁路枢纽站。每年挂靠港口的有来自全球100多个国家和地区的大小船只超过16 000艘。有300多条定期班轮航线，可连接世界上800多个港口。年航班总数达到14 000个，每周从安特卫普发出的航班可到达的港口达325个。与欧洲其他港口相比，安特卫普港的装卸费率极具竞争性，由此吸引了大量船公司使用该港口的设备。安特卫普港的生产效率近年来不断提高，高效的集装箱装卸是安特卫普港成功的要素之一，由于采用双吊架系统，新型的集装箱桥吊完全适用于接卸第四代船舶，其作业效率高达每工班350箱。安特卫普港拥有先进的供应链管理及综合物流系统，可以向全欧洲提供全方位的物流服务。安特卫普港的地理位置十分优越，使得不同运输方式的转化十分容易，成为跨欧运输网络多式联运的一个重要节点。世界诸多知名企业在安特卫普港都设有专门的产品分拨、配送中心，不仅为欧洲，也为全球提供高效、优质的物流配送服务。安特卫普港的滚装作业十分发达，安特卫普港已成为全欧主要汽车及各种机械设备的集散中心，同时，滚装码头开展一系列物流增值服务，成为港口发展物流产业的典型。

问题：结合上述资料，阐述港口与物流的关系。

参考答案

【复习与思考】

一、名词解释

港口　码头　自由港　综合性港口　基本港　物流　国际物流

二、简答题

1. 简述港口的基本任务。
2. 简述港口发展的历程。
3. 简述港口的代际划分。
4. 简述现代港口的发展趋势。
5. 简述港口的基本构成。
6. 按对国际集装箱运输的作用，港口分为哪几类？
7. 按运港的性质，港口如何分类？
8. 简述港口的特点。
9. 现代港口主要应具备哪几个“中心”的功能？
10. 列举国外的主要港口（6个以上）。

11. 简述中国沿海港口的布局。
12. 国际物流活动主要由哪几部分组成?
13. 简述港口在物流体系中的地位。

项目二 认知现代港口物流

项目要求

1. 认知港口物流的含义、形成与作用。
2. 理解港口物流的特点与基本功能。
3. 掌握港口物流系统的构成。
4. 理解港口物流的发展模式，并能在实践中应用。

项目情景

日本横滨港是世界亿吨大港之一，也是世界十大集装箱港口之一。港区中部为商港区，与闹市相连，两翼为工业港区，背后为东京、横滨两个工业地带。

横滨港注重依托港口自身条件，并形成良好的服务平台进行物流活动。良好的区位环境为横滨港的物流运作奠定了基础。横滨港位于日本本州东南部神奈川县东部沿海，濒临东京湾的西侧，具有广阔的腹地，港内水域面积7 500多万平方米，港湾伸入陆地，水深港阔，很少受太平洋风浪影响。横滨港的临港产业发达，东京—横滨工业区的造船、飞机制造、汽车制造、化学和轻工业最发达，横滨作为东京—横滨工业区的核心城市，重点发展港口海运业和临港型工业。这为横滨港发展港口物流提供了切入点和潜在动力。横滨港从1982年开始就决定启用物流运营系统进行计算机管理，以迅速而准确地处理不断产生的信息，为管理和营运工作及时地提供所需数据，已开发了船舶进/出港管理系统、临时堆放和货物装卸作业区管理系统、起货点及其他港口公共设施管理系统、费用汇集系统、统计数据预处理系统等。

除此之外，横滨港设施完备，有各种岸吊、集装箱吊、旋回吊、装卸桥浮吊、门吊、牵引及滚装等装卸设施，专有输油管供装卸石油，还有大面积的仓库、货物堆场和木材堆场；横滨港附近建有多功能进口货物中心，提供包括配送、加工、展览和销售等一系列服务；横滨港的进出口通关手续完善，实行港口业务电子化、便利化和效率化，削减申报文件和申报项目，以降低物流成本；横滨港区相继设立了金融特区、信息特区、促进创业型经济再生特区和大型化工物流中转码头。

任务1：何谓港口物流，影响港口物流发展的主要因素有哪些？

任务2：横滨港的港口物流具有哪些基本功能？

任务3：横滨港的港口物流系统由哪些方面组成，具有什么特点？

任务4:港口物流的发展模式有哪些?横滨港的物流发展属于哪种港口物流发展模式?

知识模块

单元一　港口物流的含义、形成与作用

港口物流是一种特殊形态下的综合物流体系。现代物流业的发展促进港口物流业的形成,在港口物流发展的过程中,港口物流已成为物流链上的重要组成部分,担当起物流中心的作用。

一、港口物流的含义

现代港口的功能主要体现在以港口的运输和中转功能为依托,建立强大的现代物流系统,进而发展仓储、配送、加工改装和包装等产业,带动整个临港产业带的发展。现代物流业是临港产业发展的重要支柱产业之一。虽然港口物流的实践在蓬勃发展,但港口物流(port logistics)的概念在国内外物流界还没有得到清晰、准确和统一的界定。严格来讲,港口物流并不是现代物流活动中的一个基本类型,而只是一个具有港口特征的物流概念,在我国的国家标准物流术语中也没有给出港口物流的定义。

(一)港口物流的概念

从港口发展的过程看,港口物流是以港口为中心的货流、信息流、资金流、各种物流作业、多种物流设施和服务功能的集合。

从港口物流的活动内容看,港口物流是以港口为中心的将运输、仓储、装卸搬运、代理、包装加工、配送和信息处理等物流环节有机结合,形成完整的供应链,能为用户提供多功能和一体化的综合物流服务体系。

从港口物流的基本要素看,港口物流是以港口为中心,提供优质载体,合理安排流体的流动顺序,以使流体按科学的流向流动的全过程。

从港口物流的特点看,港口物流是港口为适应现代物流发展的需要而形成的新型产业系统,是中心港口城市利用其自身的口岸优势,以先进的软硬件环境为依托,强化其对港口周边物流活动的辐射能力,突出港口集货、存货和配货的特长,以临港产业为基础,以信息技术为支撑,以优化港口资源整合为目标,发展具有涵盖物流产业链所有环节特点的港口综合服务体系。

从港口物流的服务平台看,港口物流是指依托港口这个节点形成的服务平台上所进行的物流活动。

从产业角度考察,港口物流是特殊形态下将对现代物流理论的研究成果应用于港口产业而形成的综合物流体系。

综合上述从不同角度为港口物流做出的定义,我们认为:港口物流是指以港口为物流节点,利用港口自身的优势,提供货物装卸搬运、运输、拆装箱、仓储管理、包装加工、信息处理、通关商检以及其他增值服务在内的一揽子综合物流服务的活动。即港口物流是指港口作为整个物流过程中的一个重要节点,其依托在这个节点所形成的服务平台所进行的物流活动。

从以上的定义中我们可以看出,港口物流是一种特殊形态下的综合物流体系,其目的就在于完成整个供应链物流系统中基本的物流服务和衍生的增值服务。从本质上讲,港口就是一个物流基地、物流枢纽和物流节点，是物流企业的集群。港口物流企业把港口作为物流过程中的一个无可替代的重要节点，以港口的运输和中转为主要功能，实现货物运输、仓储、配送、加工改装、包装、通关、商检、保险和信息交换等商品流通的全程供应链服务。

（二）港口物流活动的基本要素

港口物流活动与其他物流活动一样，一般具备三个最基本的要素，即流体、载体和流向。

1. 流体

流体是指经过港口的货物。港口物流的目的是实现货物从提供者（如接卸货物时船舶承运人）向接收者（如疏港的铁路经营人等）的流动，在实现这一流动的过程中，有一部分货物需要储存在港口的库场中，这往往是实现有效流动的前提，但是所有经过港口的货物都要经历装卸、搬运等过程来实现空间的移动。因此，总体来说，港内货物处于不断流动的状态中。

流体的价值系数

2. 载体

载体是指流体借以流动的设施与设备。载体分成两类：一类是指基础设施，如航道、码头、港内道路、港池等；另一类是指直接载运流体的设备，如装卸设备、搬运设备等。港口物流载体的状况，尤其是物流基础设施的状况直接决定港口物流的质量、效率和效益。

3. 流向

流向是指港内流体从起点到终点的流动方向。物流的流向一般有四种：一是自然流动，一般要设计合理线路安排货物在港内搬运、装卸的物流方向。二是指定流向，有港口管理机构为了各港区任务的平衡，人为地指定港内货物的流向。三是市场流向，即根据货主或承运人的意图确定货物在港内的流向，例如由货主指定货物在某泊位上装卸。四是实际流向，指在港内物流过程中实际发生的流向。

二、现代港口物流的形成

港口物流的产生和发展并不是偶然的，它是科学技术以及生产力发展到一定阶段的必然产物，是随着港口经济和现代物流的发展，依托贸易的发展和技术的进步逐步形成的。

（一）现代港口物流的形成过程

20 世纪 50 年代以前，国民经济是建立在重化工业的基础上的，世界工业资源分布及生产在全球的不均衡，决定了港口的主要功能在于集散大宗的散货（金属矿石、煤炭）与液体货物（原油及相关产品）。货物运输的特点是小批量、大运量，对于其他相关服务的要求较低，因而整个物流活动的集成尚未形成。

随着高新技术产业的崛起，传统的重化工业在国民经济中的地位日渐减弱。在这一时期，全球海运的三大货物中散货及液体货物在经历了从 20 世纪 50 年代到 20 世纪 70 年代的较快增长之后出现了停滞。而生产的全球化使成品及半成品的全球运输需求增加，与此同时，集装箱运输的出现，传统运输活动的服务质量和效率提高，使运输与装卸、存储、搬运以及信息流通活动的集成逐步形成。

20 世纪 80 年代以来，经济全球化的步伐加快，现代科学技术的发展及网络经济的崛起，对运输提出了更高的要求，它要求实现以满足客户的需求为出发点，进行从起点到终点的原材料、中间产品过程库存、最后产品和相关信息有效流动、储存的全程服务，港口的功能从单一货运生产到综合物流汇集，实现从传统货流、商流、金融流、技术流和信息流全面大流通，运输方式也实现从车船换装到联合运输、联合经营，从传统装卸工艺到以国际集装箱门到门多式联运为主要特征的现代运输方式的转变，至此，港口物流活动真正成熟和发展起来。

纵观港口从第一代港口向第四代港口的发展历程，港口物流的发展经历了如下四个阶段。

1. 传统物流阶段

20 世纪 40 年代以来，物流逐渐得到人们的认识和重视，但自 20 世纪 60 年代末开始，港口一直被认为是纯粹的“运输中心”，其主要功能是“运输、转运、储存”，港口物流处于传统物流阶段。

2. 配送物流阶段

20 世纪 60—80 年代，电子数据交换（EDI）、准时生产方式（JIT）、配送计划以及其他物流技术的不断涌现和应用发展，为物流管理提供了强有力的技术支持和保障。与此同时，集装箱运输的高速发展和集装箱运输船舶的大型化对港口的生产能力和效率提出新的要求，国际贸易的发展也带来了对国际配送的需求，许多大型跨国公司纷纷在各大港口建立“配送中心”，港口物流的发展也逐渐步入集“运输、转运、储存、拆装箱、仓储管理、加工”功能于一体的配送物流阶段。

3. 综合物流阶段

20 世纪 80—90 年代，电子商务发展如火如荼，带来了交易方式的变革，使物流向信息化并进一步向网络化方向发展。此外，专家系统和决策支持系统的推广使物流管理更加趋于智能化。这些发展使现代物流上升到了前所未有的重要地位，现代港口逐渐成为集“商品流、信息流、资金流、人才流”于一体的重要的物流中心。

4. 港口供应链物流阶段

进入 21 世纪以来，经济全球化和现代信息技术、现代物流的发展步入全新的阶段，全球物流、共同配送成为物流发展的重要趋势，现代物流和供应链管理快速发展。这种时代背景强化了港口在综合运输体系以及整个供应链中的作用，促进了港口的转变和发展。港口已经从单一的货物装卸和储存场所转变为物流服务供应链的中心节点，成为世界生产与消费的重要环节。同时，由于港口是通过相连的运输商（船公司和陆上运输商）与世界各地的供应商和消费者相连，从而形成了一条集成多种运输方式和物流形态的港口物流服务供应链。

服务供应链类似于制造供应链，是一种新的企业组织形态和经营方式。制造供应链提供的是各种工业品（有形产品），服务供应链提供的是各类服务（无形产品）。服务供应链是一个由具有高度协同和分布特性的复杂行为构成的社会化系统。港口物流服务供应链（见图 2 - 1）以港口为核心，它利用现代信息技术有效地整合各类物流服务供应商（包括仓储、装卸、报关、运输、流通加工、配送以及金融、信息服务等）、客户（收货人、货代、船代和船公司等）以及相关政府监管机构（港口管理、海关、海事、检验检疫和边防等口岸部门），通过对链上的物流、信息流和资金流等进行有效管理来实现用户价值与服务增值。

（二）现代港口物流形成的必然性

现代港口物流形成的必然性主要表现在两个方面：一是现代物流业的发展促进港口物流业的形成；二是港口自身谋发展也需要发展港口物流。

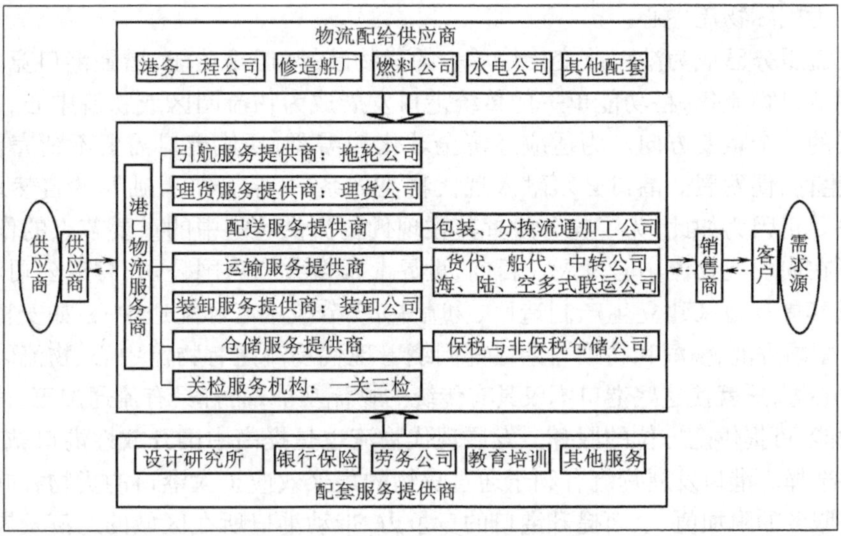

图 2－1　港口物流服务供应链①

1. 现代物流业的发展促进港口物流业的形成

现代物流作为一种先进的组织方式和管理技术得到世界各国政府的高度重视，现代物流产业已在全球范围内迅速发展成为一个极具发展空间和潜力的新兴产业。现代物流的出现和发展为港口的发展拓展了空间。现代物流的发展促使港口以多种方式参与到物流服务中去。

现代物流是以运输为主要环节的综合服务系统，现代物流的核心内容是货物的现代化运输。运输是挖掘企业"第三利润源泉"的核心。在整个运输链中，港口总是以其最大的集散功能解决地区之间、国家之间大批量货物的流通，从而在进行货物仓储、加工或其他商业活动中取得规模效益。港口是海上运输与陆地运输的连接点，是货物中转、换装和集散的场所，港口作为全球综合运输网络的节点，决定了它与生产制造企业、运输企业、仓储企业及销售企业等的密切关系。港口拥有先进的设备、码头岸线资源、后方陆域面积较大的堆场或仓库和良好的集疏运系统，这些硬件设施为港口从事现代物流服务奠定了比一般物流业更好的基础。现代物流供应链中的许多环节都发生在港口，并通过港口的功能来实现。

随着经济全球化、贸易自由化和国际运输市场一体化的形成，尤其是现代物流的发展，港口不再是仅具有传统的装卸、仓储功能，游离于生产、贸易和运输之外的企业，而是经济、贸易发展的催化剂，港口能对周围地区和腹地产生巨大的辐射作用，推动地区乃至世界经济和贸易的发展。

2. 发展物流是港口的需要

现代物流的产生和发展需要以物资和技术作为基础，主要包括：广阔的海上和陆上经济腹地；充足的货源，尤其是集装箱货源；发达的海、陆、空运输网，并能开展多式联运业务；现代的国际贸易港口，其中包括先进的硬件设施、设备及先进的管理技术；现代化的信息网络；

① 史安娜，南岚．港口物流产业集群共生性分析［J］．商业经济与管理，2010(2)．

办理货物通关的海关和商检等单位。港口同时具备上述六方面的条件,因此,现代国际港口自然发展成为国际物流中心。

开展物流服务已成为港口改变传统单一的货物装卸、运输功能,增强港口竞争力的主要方式。实现港口物流化,将功能单一的传统港口发展成为物流园区或物流中心,是现代港口建设和发展的一个重要方向。为适应经济全球化的需要,现代港口需要不断完善其物流职能,才能求生存、促发展。港口必须融入现代物流体系中,结合得天独厚的自然地理条件建立竞争优势。正因为如此,为了充分发挥其在现代物流供应链中的重要节点的作用,越来越多的港口正在向现代物流中心发展。目前,世界上很多大的跨国公司、海运公司和物流企业均在港口及其周围地区建立生产制造厂、物流中心、分拨中心和配送中心,如安特卫普、鹿特丹、新加坡、中国香港、横滨和高雄等港口都围绕着现代物流建有物流中心、物流码头、分拨中心和配送中心等,这就使这些港口不仅具有传统的物流功能,而且具有流通加工、信息情报、销售和展览功能,可提供全方位的服务。发展现代物流也是提高中国开放性港口城市的国际竞争力的重要选择。港口发展物流有利于通过货物的集聚效应扩大港口的货物吞吐量,从而增加港口企业服务的附加值,全面提升港口的竞争力,带动港口所在区域的经济发展,促进区域内外经济往来。

此外,为了追求规模经济,船舶公司争相实施船舶大型化的战略,从而对国际贸易港口的水深、装卸设施、服务水平以及腹地货源等相关因素提出了更大的挑战。为了适应船舶大型化的趋势和基于节约投资成本、节约船舶在港时间以及加快货物流转速度的考虑,发展综合物流服务势必成为港口发展的首选。

(三)港口物流的发展趋势

向国际化、系统化、多功能一体化、信息化、标准化、专业化、规模化和社会化发展,形成高度整合的“大物流”,进一步拓展服务功能的“增值物流”,打造技术密集型的“智能港”以及发展“虚拟物流链控制中心”,是当前港口物流发展的主要特点和趋势。

1. 国际化

经济全球化的趋势,使港口的国际贸易节点的作用更加突出。多数大的港口主要从事国际物流服务,如配送中心对进口商品从代理报关业务、暂时储存、搬运和配送、必要的流通加工到送交消费者手中等各环节进行整合,实现一条龙服务,它甚至还接受订货、代收取资金等。

2. 系统化

当今,经济全球化的趋势日趋明显,物流也朝着集约化、规模化和整体化的方向发展。因此,对于现在的港口物流,我们要有一种整体系统的观念,不能只是关注港口的运作,更多的是要以港口为平台,辐射到与港口贸易有关的各个方面,既要进行港口物流产业内部的整合,也要使其与陆路、航空进行全方位的合作,通过联合规划建立一条通畅的运输渠道,从而进一步降低物流成本,提高效率。

3. 多功能一体化

港口物流的服务功能一直在不断拓展,现代港口大多建设物流园区。港口物流企业依托港口附近的物流园区开展一体化的物流服务,提供货物在港口、海运及其他运输过程中的最佳物流解决方案,包括腹地运输、报关、报检、包装、库存管理、提供金融和保险方面的综合服务。如新加坡港，积极培育港口物流链，把港口发展与加工工业的发展结合起来，为工业提供专业、高效的物流服务，提升了加工工业水平，进而又促进了港口经营效益的提高。港口应将园区建设与吸引外资相结合，将一些临港土地和泊位提供给跨国公司作为专用物流中转基地，鼓励跨国企业在港区建设物流中心、配送中心等。

4. 信息化

高科技在港口物流中的应用力度加大，各种先进的技术，如条形码技术、自动识别技术、自动分拣技术、卫星定位技术、智能仓库、集装箱电子识别技术、物流仿真技术和智能辅助决策技术等在港口物流领域的广泛应用，使港口物流从传统的劳动密集型向技术密集型转变，逐步实现“传统港”向“智能港”“信息港”的转变，实现物流运作方式的现代化，物流工艺的合理化，物流设备的自动化、电气化，从而全面提升港口物流的竞争力。

港口物流建立在港口物流信息平台的基础上，形成了四通八达的信息网络，从而可以缩短信息交换时间，提高作业效率。此外，它还可以发展电子商务，提供网上报关、报检、许可证申请和结算等网上服务。因此，那些可提供良好信息与通信技术基础设施的港口在未来的竞争中将更能显示出优势。港口物流应用先进的物流信息技术和手段，可使运输、装卸、仓储、包装、流通加工、配送及信息处理等活动实现全程的可视化、自动化、无纸化和智能化。

5. 发展社会化

国外港口的物流发展主要以构筑港口物流公共信息服务平台为立足点，以港口腹地的物流企业集聚区为载体，依托港口城市的区域优势、交通优势，规划建设好港区物流园区，促进区域经济的全面发展。港口物流的发展呈现出社会化的趋势。

三、港口物流的作用

港口作为多种运输方式的交汇点，是现代物流业的重要组成部分，依托港口建立的现代物流体系，不仅可以为经济发展提供高效、便捷、可靠的物流服务，也可以增强港口及港口城市的辐射能力和产业带动效应。发挥港口得天独厚的优势，加快港口物流的发展，是有效引导资源的集聚和调配，以及促进经济发展方式转变的重要途径。港口物流带动港口经济，港口经济带动区域经济，而区域经济带动全国经济。所以，港口物流举足轻重，在国民经济发展和区域经济发展中发挥了重要作用。

港口物流在国民经济中的作用主要体现在三个方面。

（一）港口物流是交通运输业的重要组成部分

港口作为多种交通运输方式的聚集点和现代物流链枢纽，发挥了连接内陆和海上物流、辐射国际和国内市场的重要作用，港口物流是交通运输业的重要组成部分，对国民经济有直接和间接的贡献。

1. 港口物流对经济的直接贡献

港口物流对经济的直接贡献主要是指港口生产所直接获得的经济效益。港口是国民经济和地区经济的一部分，与其他行业一样，港口同样产生国内生产总值和国民收入，港口还创造就业机会、上缴国家税收。因此，可以用货运与客运周转量以及国民生产总值的增加值等指标来衡量港口对经济发展的直接贡献。

2. 港口物流对经济的间接贡献

港口物流对经济的间接贡献有两个方面：一是为直接经济活动提供劳务与产品的组织和公司所产生的效益；二是由于港口的生产和发展促进或带动了其他部门的发展而产生的那部分效益。

（二）港口物流在国际物流链中居于中心地位

按照现代物流的观点，港口在现代生产、贸易和运输中处于十分重要的战略地位，这主要因为港口既是水陆运输的枢纽，又是水运货物的集散地、远洋运输的起点与终点。无论是集装箱货还是散装货，远洋运输总是承担着其中最大的运量，因而港口在整个运输链上总是最大的货物集结点。

港口是全球生产要素的最佳结合点。要把两个国家之间有着巨大差异的生产要素以最有利的方式结合，港口往往是最合乎逻辑的选址。世界主要港口基本上都是重要的工业基地。在国际贸易中，港口一直是不同运输方式汇集的最大、最重要的节点。

从现代物流服务的内容来看，港口具有十分突出的区位优势。在现代物流不断发展的进程中，港口不仅可以提供货物中转、装卸和仓储等现代物流服务，还可以利用其信息与通信以及电子网络，为用户提供所需市场与决策信息。港口也是一个人员服务中心，可以提供贸易谈判条件、人才供应和海员服务等，并能提供舒适的生活娱乐空间，强化港城一体化关系。现代港口通过其自身区位优势和由此衍生出来的诸多功能，可简化贸易和物流过程，在现代物流节点上提供最少的间断和最大的增值。

港口物流服务供应链上的港口企业具有得天独厚的地理环境，在供应链上具有明显的优势：①港口是水路、公路和铁路等运输方式的交汇点，是交通运输的枢纽，是货物流通的集散地，其基础设施完善，综合功能齐全；②和港口相关的有货主、货运商、批发商、物流企业、海关、商品检验机构及其他相关机构，它们汇集了大量的货源信息、技术信息和服务信息，使港口成为供应链的信息中心；③港口上下游物流供应链极其明晰，港口能方便地与上下游供应链企业建立战略合作关系。基于这些优势，港口具有供应链上其他企业不可比拟的优势，能够成为整个物流服务供应链的领导者和控制者。

（三）港口物流是港口经济和区域经济发展的重要推动力

港口物流服务不仅涉及港口经济的各个方面，而且与港口周边甚至更大区域范围内的经济和社会发展密切相关。港口物流可以说是跨行业、跨部门、跨地区的基础性行业，具有强大的经济渗透力和带动效应。

国内外的发展经验表明，港口是带动区域经济发展的核心战略资源，港口经济已经成为区域经济发展的重要增长极。很多国家经济发展的重要增长极、经济圈和沿岸经济带，都是依托具有不同功能作用的港口或港口群建成的。中国沿海地区，特别是港口城市及周边区域的发展，成为带动中国经济快速发展的重要增长极，也充分说明了港口和港口经济在区域经济发展中的重要战略地位。

港口发展对经济拉动的乘数效应

实践中，港口物流在区域物流组织中的地位与作用日益突出：一是大型港口以强大的综合服务能力和对区域经济的影响力，成为区域综合运输网络的重要组成部分，同时也是物流发展的重要支撑；二是大型港口的服务功能的多元化与辐射作用，使其成为区域物流组织的中枢，扮演着区域物流中心的角色；三是大型港口处于陆运与水运的连接点，对依托港口的国际、国内贸易所产生的物流服务具有重要的保障作用；四是支持和促进依托城市及腹地区域的经济发展，港口物流通过促进腹地内的各个地区及城市间的物资交流、经济结构与产业结构调整，为它们的发展提供了更多的机遇和更有力的支持；五是支持和促进港口自身及集疏运系统的建设与发展，这使港口与其所在地区的经济之间形成良好的互动发展关系。

单元二　港口物流的特点与基本功能

港口物流的发展过程是由成本理念到利润理念再到综合物流服务理念的转变过程。成本理念追求的是降低物流总成本。利润理念追求的是获取最大利润。而综合物流服务理念除追求商品流通的效率和减少费用外，还注重强化客户的本位服务意识，切实转换经营和管理方式，按现代物流的要求进行整合。现代港口物流是依托港口通过物流产业内部的合作与整合而形成的“大物流”，其功能不断得到完善，特点越来越鲜明。

一、港口物流的特点

以港口为依托形成的港口物流，在实践中综合了国际物流、区域物流、城市物流和海运物流的某些特征，形成了自己的特点。

（一）港口物流的发展体现了整个国家物流发展的总水平

在国际贸易和物流中，港口一直是不同运输方式汇集而成的最大、最重要的节点。国际物流量的90%以上是由海运完成的。港口作为国际供应链的起点和终点，是大量货物的集结点。当需要对货物提供运输、仓储、加工、分拨、包装和信息等一系列增值服务，即物流服务时，选择在港口这一货物集结点进行，最能取得规模经济效益。

港口是全球生产要素的最佳结合点，世界主要港口基本上都是重要的工业基地。在港口地区落户的有货主、货运代理行、船东、船舶代理行、商品批发部、零售商、包装公司、陆上运输公司、海关、商品检验机构以及其他相关机构。港口物流是依托港口通过物流产业内部的合作与整合而形成的“大物流”，同腹地物流相比，港口物流的实践者比较容易接触最先进的技术和管理理念。港口作为国际物流链的中心使得这些先进的技术与管理通过物流链渗透到陆向腹地。

由此可见，一个国家港口物流的发展水平在很大程度上决定了整个国家物流的发展水平。

（二）港口物流具有集散效应与整合效应

1. 港口物流具有集散效应

港口作为国际运输体系的节点，因国际货物的装卸和转运产生了装卸公司、船运公司和陆地运输公司，又因船舶的停靠产生了船舶燃料给养供给、船舶修理和海运保险，在货主和船公司之间还产生了无船承运人、货物代理和报关代理等中介公司；随着现代物流的形成和发展，围绕港口的新型企业则是以物流增值作业为特色的物流园区和物流中心。港口对一个地区或城市的对外开放和发展外向型经济起到了独特的作用，从国际上看，凡是发达的综合性港口，它所依托的城市就发达，且多是区域性、国际性的经济中心。

2. 港口物流具有整合效应

港口物流通过仓储、运输、配送、包装、装卸和流通加工等各种服务使运输企业、仓储企业、货运代理、报关代理、金融和保险等各个主体联系在一起，通过对港口物流的规划与作业，形成高度整合的供应链通道关系，进一步降低物流成本，提高物流效率，为客户提供更满意的服务，不仅实现了港口物流企业内部的整合，而且为与陆域、航空物流的全方位合作创造了条件。

（三）港口物流的发展与集疏运体系、腹地经济等有关

港口物流是一种综合性的物流，不仅依赖于本国经济的发展，而且与腹地经济的发展状况密切相关。腹地经济国内生产总值（GDP）总量、对外贸易的发展状况和该地区的人口密度都直接影响港口物流的吞吐量。另外，腹地的交通运输体系也是影响港口物流的另一重要因素。世界上大多数港口城市都十分重视港口的发展，并制定“以港兴市”的发展战略，鼓励和扶持港口的发展。目前，港口物流已经成为推动港口城市及其腹地发展的重要力量。

港口物流需要完善的集疏运系统。为了提供快速、可靠和灵活的物流服务，港口必须能够提供与海向腹地和陆向腹地相连接的高效集疏运系统。针对当前港口面临陆上铁路，特别是公路集疏运能力不足的问题，港口需要依托所在城市的整体发展布局及规划，将港口集疏运路网与城市交通路网进行有效衔接，并且在进行路网规划设计时考虑城市发展需求，协调港城关系，达到互惠互利的目的。在海上方面扩大与班轮公司、其他港口的合作，增加挂靠点，开辟新航线，实现海上疏运的通畅。

（四）港口物流的发展受国家政策和国际环境的影响

港口物流服务除了一般意义上的物流服务，还包括关检、海上救助和海事法庭等特殊服务。国际和国内政策（如对外贸易政策、出口退税改革、关税与配额变动、“自由港”政策、低碳交通体系建设等）往往在很大程度上决定了港口物流的发展水平。港口经济同周边国家有着不可分割的关系，周边国家的经济发展水平、经济体制、开放政策和外交政策等一系列因素都会影响港口物流的规模。

“一带一路”倡议与港口物流的发展

（五）港口物流需要以高新技术作为产业运营的支撑

现代港口业在发展过程中普遍运用高新技术，这体现在运营管理、装卸工艺等诸多方面。港口为了提高运作效率，将广泛运用电子数据交换技术和信息自动集成技术，信息交换能力的强弱将成为未来港口间竞争的焦点和影响港口物流管理水平提高的关键。建立统一的港口物流信息平台，促进港口物流系统的智能化、柔性化，是港口物流的发展趋势。

二、港口物流的基本功能

港口物流是一种特殊形态下的综合物流体系，其目的在于完成整个供应链物流系统中基本的物流服务和衍生的增值服务。例如，以港口货物的装卸搬运为主的核心服务；为港口货物提供的仓储（包括船舶理货、保税服务）、堆码和流通加工等辅助服务；为货主提供优质、便捷的货物交接及其延伸服务。在现代港口物流不断发展的进程中，现代港口物流的基本功能正在从单一的装卸、仓储和运输等活动的基础上逐步得到拓展和完善。现代港口物流

活动的功能主要包括以下十个方面。

（一）运输和中转功能

运输和中转是港口物流的首要功能。在现代港口物流活动中，运输是构成供应链服务的中心环节。运输功能主要体现为货物的集疏运方式，包括公路运输、铁路运输、水路运输以及不同运输方式之间的转运。

（二）装卸搬运功能

装卸搬运是港口物流实现运输、中转等功能的必需活动，是影响货物流转速度的基本要素。专业化的装载、卸载、提升、运送和码垛等装卸搬运机械，可以提高装卸作业效率，减少作业对商品造成的损毁。

（三）仓储功能

仓储功能是指转运和库存的功能，具体包括各种运输方式转换的临时库存和为原材料、半成品提供的后勤储存和管理服务。经港口进出口的货物品类繁多，对仓储条件的需求也各不相同，因此，港口物流中的仓储设施齐备，才能满足不同货物的要求。

（四）堆场功能

集装箱堆场是现代港口不可或缺的部分，其服务主要包括备用箱储存管理、提箱及还箱服务、重箱堆存、集装箱货物检查以及拆拼箱。

（五）配送功能

港口物流配送是将运输、仓储、装卸、加工、整理、配送和信息等功能进行有机结合，以形成与港口有关的完整的供应链，以期为用户提供多功能、一体化的综合服务。港口物流配送服务应有功能较强的配送系统，同时，由于港口物流的配送范围较广，运输路线长，业务复杂，它还需要配有相应的管理、调度系统。

（六）流通加工功能

流通加工的主要目的是方便生产或销售。港口物流加工是利用港口条件，在配送前更加方便和满足用户对物品的个性化需要和多样化选择，从而发挥和完善港口物流服务的优势。流通加工可提高各种运输手段的运作效率，使货物更好地适应各种运输工具、运输条件及贮存保管的要求或限制，从而加快货运周转，节省运输费用，减少货物损耗。港口流通加工可以根据市场变化，迅速补充完善商品在销售途中的附加功能，改变或增加商品的一些功能，使其具有广泛的适应性和竞争力，促进商品的销售和增值。

港口物流加工的基本形式

（七）信息处理功能

信息处理已经成为港口进行物流运作必不可少的功能之一。港口物流要对大量的、不同种类的、不同客户的和不同流向的货物进行管理、仓储、加工和配送，需要有很强的信息处理能力。港口物流通过利用港口的优势信息资源和通信设施以及 EDI 网络，为用户提供市场与决策信息，其中主要包括物流信息处理、贸易信息处理、金融信息处理和政务信息处理等。港口信息化程度越高，港口物流的效率就越高。

（八）保税性质的口岸功能

在港口区域或部分区域实现保税区的功能，并设有海关、检验检疫等监管机构，为客户提供方便的通关验放服务。

(九)物流服务增值功能

从现代物流服务的内容看,港口具有十分突出的区位优势。在现代物流不断发展的过程中,港口不但可提供货物中转、装卸和仓储等现代物流服务,还可以提供多样化的物流增值服务,例如,提供货物的快速运输、实时跟踪查询和信息处理分析,甚至包括供应链解决方案、企业物流模式设计等物流增值服务。

现代港口物流增值功能的主要表现

(十)其他服务功能

港口物流还应具备其他一些辅助功能,例如,船舶的接待,船舶技术供应,燃料、淡水、一切船用必需品、船员的食品的供应,集装箱的冲洗,船舶的引航、修理,天气恶劣时船舶的隐蔽和海难的救助等。

随着港口物流的不断发展,其功能更为广泛。港口物流不断地以港口为中心向内陆扩展,为客户提供方便的商业和金融服务等综合服务,朝着提供全方位增值服务的方向发展。

单元三　港口物流系统的构成

系统是指两个及以上的要素有机的、有序的和分层次地结合在一起,其各环节状态是可观测的,整体状态是可控制的,整体机能大于要素机能简单加和的要素集合体。按照系统论的原理,港口物流活动本身也是一个系统。港口物流是一个双向的物流系统,它一方面将汇集的海运货物发送到内陆腹地,同时又把内陆运输出来的货物运送到海外(见图2-2)。

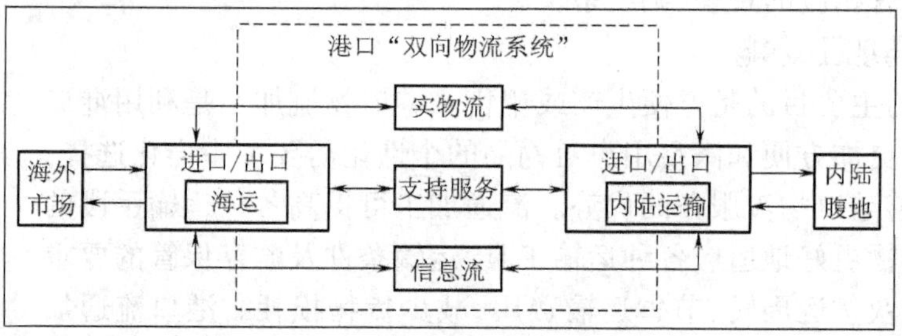

图2-2　港口物流系统

一、港口物流系统的构成

港口物流是一个复杂而巨大的系统,是一种集各种港口物流功能于一体的开放系统。港口物流系统是国际物流和地区综合物流服务链中的重要环节(见图2-3)。

港口作为现代商品集聚与调度运输的物流中心,依靠其在区位上的特殊优势和在基础设施方面建设的条件优势,在经济贸易和综合运输体系中起着越来越重要的作用,逐渐形成了具有自身特性和功能结构的港口物流系统。

港口物流系统是由提供港口物流服务的码头设施、仓储设施、集疏运条件、运输车辆、搬运设备和工具、通信设施和网络、港口作业及管理人员、口岸配套服务设施体系和

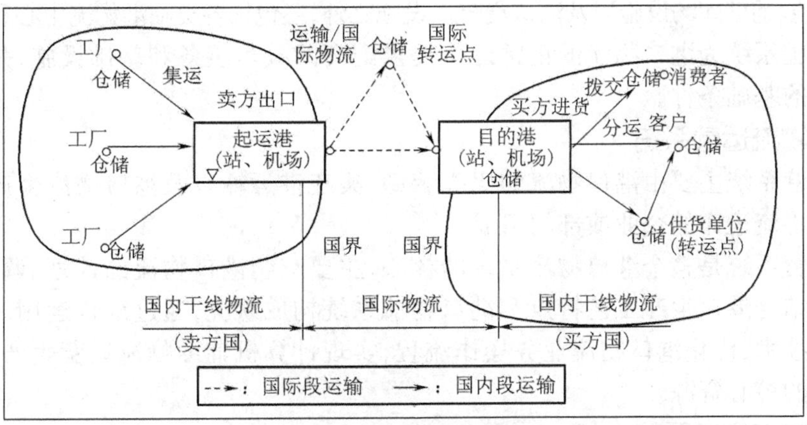

图 2－3　港口物流是国际物流网络中的重要环节

港口后方物流园区、物流配送中心、集疏运系统及其信息系统等相互影响、相互制约的若干动态要素组成的具有特定功能的有机整体。

港口物流系统由多个子系统构成，如图 2－4 所示。

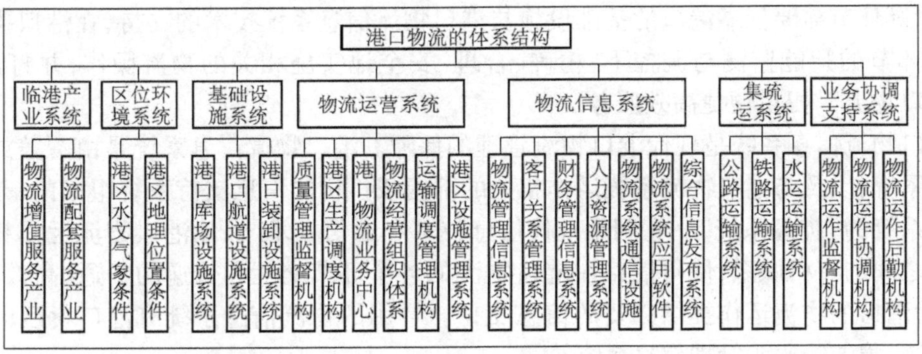

图 2－4　港口物流系统的构成

（一）临港产业系统

临港产业系统是现代港口物流系统的重要组成部分，主要由港口附近的物流增值服务企业、中介及配套的服务企业，以及临港加工贸易企业等组成，是港口经济发展的切入点和潜在动力。

（二）区位环境系统

区位环境系统由港口区位条件和自然地理条件组成，是自然、经济和社会等因素的总和。自然环境由港口自然地理因素决定的港口区位条件和自然条件组成，主要包括港口区位条件、港区陆域面积及岸线条件、港口锚地条件和气象、水文、地质、泥沙、潮汐等综合天然条件；经济环境是市场需求、技术发展、经济政策、经济体制、行业政策、产业链结构和经济周期等方面因素的总和；社会环境是文化环境、政治环境等方面因素的总和。

区位环境系统是港口物流运作的前提和基础，为港口物流系统的运作提供了基本的作业环境。

（三）基础设施系统

基础设施系统由港口物流运作所必需的设施、装备组成，它除了包括港口航道设施、码头及库场生产设施、辅助库场设施以及港口集疏运设施之外，还包括各类临港物流中心和物流园区等。

基础设施系统为港口物流的正常运作提供配套的技术装备和基础设施，是保障港口物流系统运作的基础条件。

（四）物流运营系统

物流运营系统主要由港口物流的码头装卸、集疏港运输以及港口物流生产监控与调度等涉及港口物流运作的企业或部门组成。

物流运营系统是整个港口物流系统的核心，主要承担港口物流的计划、调度、控制和实施任务。它结合港口生产工艺特点和港口物流系统构成状况，通过综合运用现代信息技术和现代物流技术，优化港口物流业务操作流程，实现计算机辅助物流运营生产决策，是增强港口竞争力的核心资源。

（五）物流信息系统

港口生产控制与调度环节的有效进行需要依托港口物流信息系统的技术支持，通过运用传感器技术、RFID 识别技术、无线定位导航技术、无线（有线）网络通信技术和后台应用管理层等物联网技术实现智能监测与传输，进行高效精确的物流生产运作，实现港口物流生产运作系统的实时控制、科学调度以及合理决策。港口的船舶靠泊、码头装卸、港内搬运与调度、仓储等环节需要依靠港口的基础设施与港口物流信息系统技术的支持，在港口生产控制与调度环节的智能监测与调控下，精确、合理、安全地实施相关的物流操作，并打造“互联网＋港口物流”，提供便捷高效服务。

港口物流信息系统是现代港口物流管理的保障。港口物流信息系统是由覆盖或辐射港口物流系统，以及与港口物流系统运作相关的部门或机构的信息支持系统组成的，是整个港口物流系统的“神经系统”。它利用现代信息技术和通信技术，保障港口物流运作相关部门或机构之间的有机联系，使得信息在港口物流的各个环节交互和传递的畅通、高效、及时和准确，为港口的物流运作提供必要的信息支持。常用的物流信息系统有港口货运电子数据交换系统、集装箱码头管理信息系统等。

许多港口不断加强物流信息系统建设，打造港口物流信息共享平台，即以港口为中心辐射区域内的物流企业，并为客户提供专业化的信息技术支持和服务，以协助建立高效的物流作业。港口物流信息平台主要包括数据交换系统、信息发布系统、电子商务系统、物流作业系统、辅助决策系统和安全管理系统等。

在港口物流信息共享平台上，与物流信息平台连接的节点，彼此间可以相互交换信息，政府部门、企业等均可在信息平台上发布自己的信息，运行自己的业务。贸易企业或生产企业将国际贸易中的相关货物信息，通过物流信息平台发送给相关政府部门、运输企业；水运、航空、铁路、公路等运输企业，以及一些码头、仓储、货运代理企业，通过口岸物流信息平台，将一些运输信息传递给政府监管部门及相关企业；海关、税收等政府监管部门，通过物流信息平台对企业的申报信息进行审批，并将审批信息反馈给相关企业；银行、保险等金融服务机构，根据以上信息为企业提供结算和投保业务。典型的港口物流信息平台如图 2－5 所示。

在港口物流信息共享平台上，港口将有关商流、物流、装卸运输、仓储信息及时汇集到港口物流中心，运用先进的信息技术和现代物流技术，充分整合、挖掘、利用信息资源，实现与海关、商检、海事局、税务、外汇管理、外经贸商务、交通等政府主管部门，与船公司、船代、货

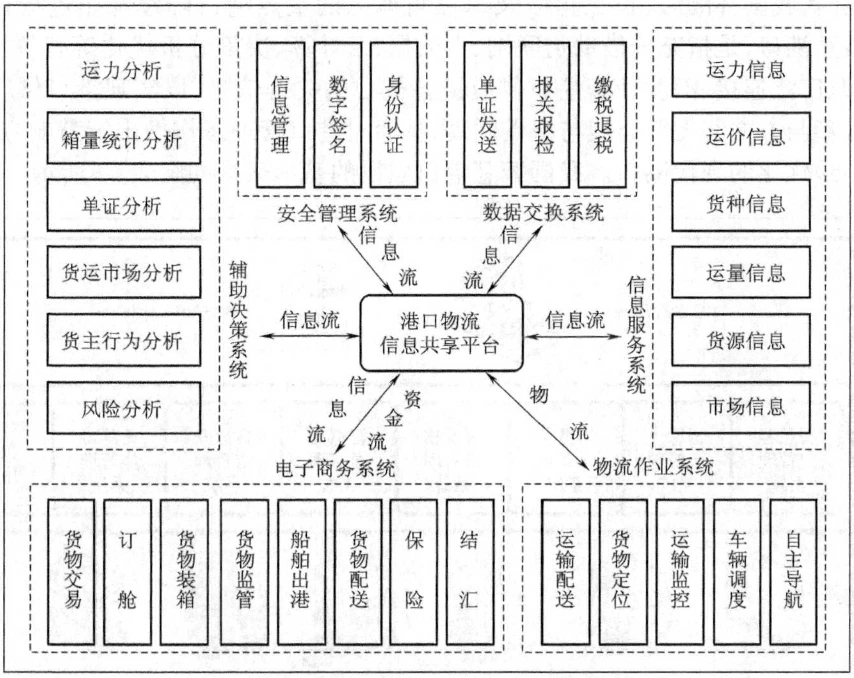

图 2－5　港口物流信息共享平台结构

主、货运代理、码头、外轮代理、集装箱箱站、报关行、储运、机场、车队、铁路、银行、保险等各类企业公司的联网，实现港航、空港的电子交换业务，无纸贸易、无纸放行及信息的增值服务，为用户提供信息共享和个性化服务。典型的港口物流信息服务模式如图 2－6 所示。

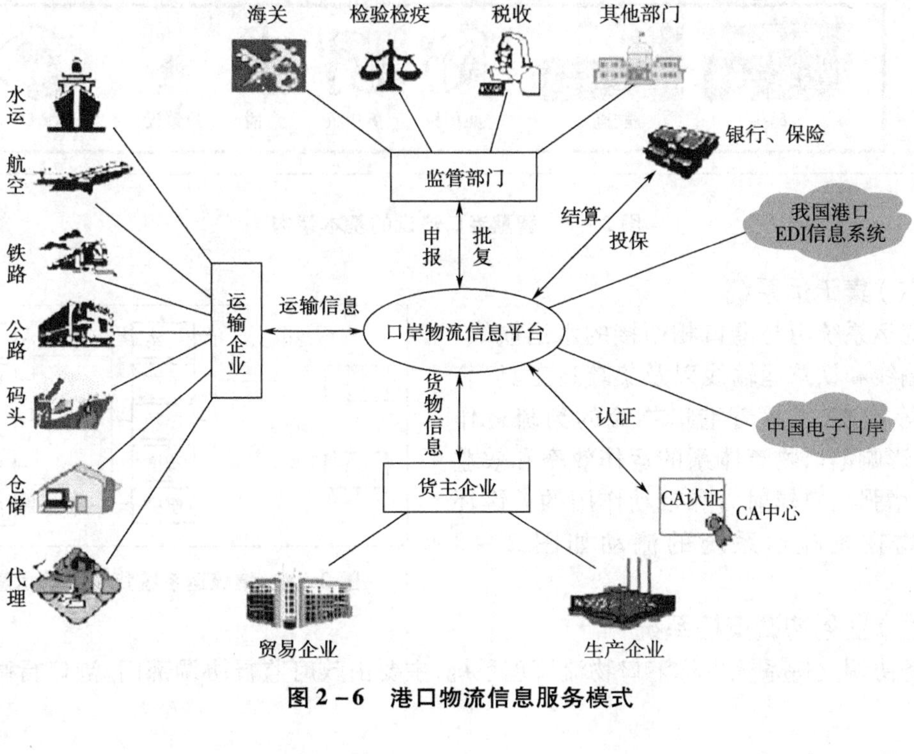

图 2－6　港口物流信息服务模式

与此同时,我国环渤海、长三角以及珠三角地区的重点港口陆续开始进行智慧港口建设。所谓智慧港口,是指充分借助物联网、大数据、云计算、决策分析优化等智慧技术手段进行透彻感知、广泛连接、深度计算港口供应链各核心的关键信息,以实现港口供应链上的各种资源和各参与方之间无缝连接与协调联动,从而对港口管理运作做出智慧响应,形成信息化、智能化、最优化的现代港口。我国智慧港口建设的基本架构如图 2-7 所示。

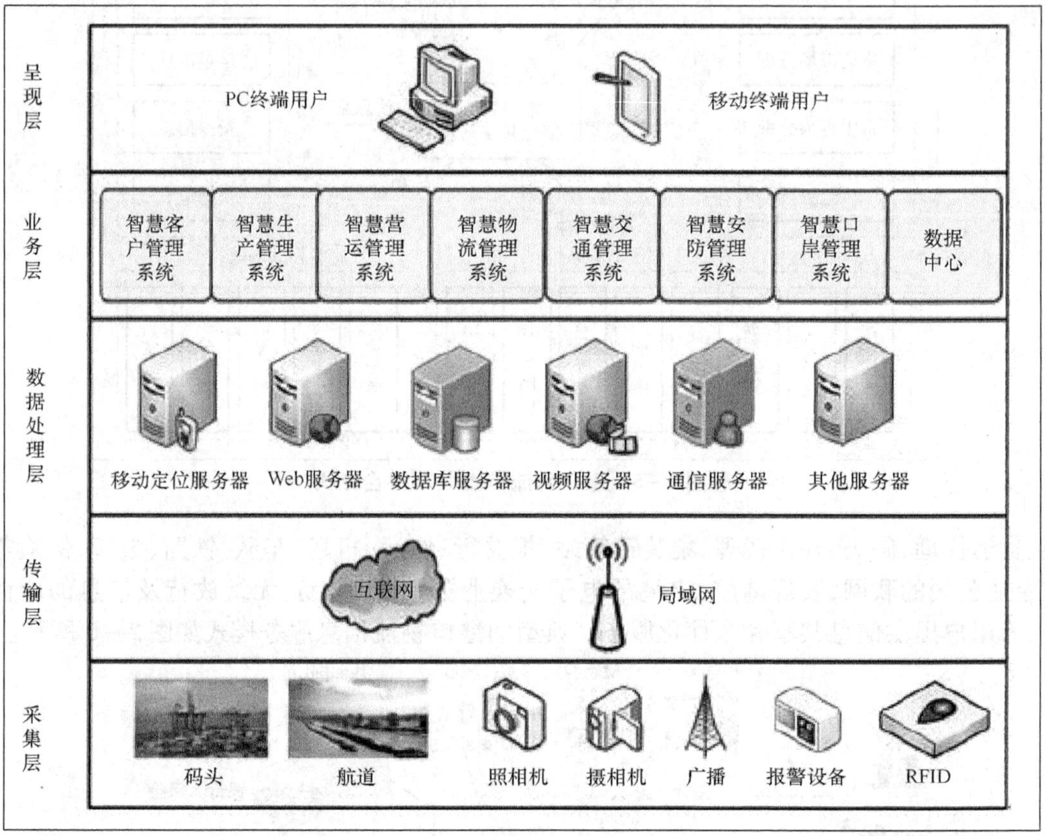

图 2-7　智慧港口建设的基本架构

（六）集疏运系统

集疏运系统由与港口相衔接的水运航线、公路运输线和铁路运输线以及集疏运工具、装卸系统等构成,发挥着港口物流的集疏运作用,直接影响港口物流体系的运作效率和效益水平,是增强港口辐射力和带动作用的关键环节。货物在集疏运系统的流动如图 2-8 所示。

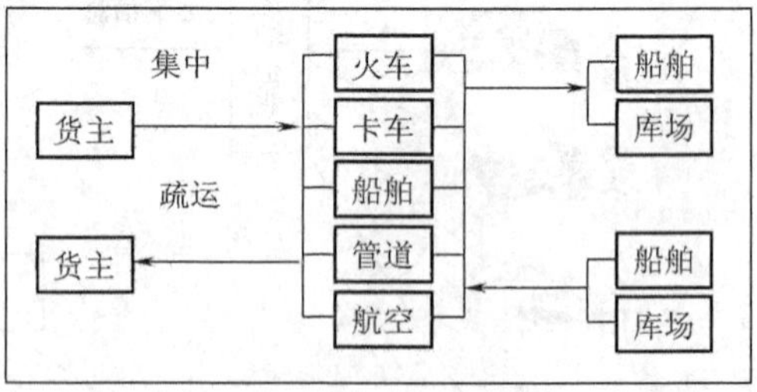

图 2-8　集疏运系统货物流动示意图

（七）业务协调支持系统

业务协调支持系统也称港口物流管理系统,主要由政府监督协调部门、港口行政管理部门、海关联检部门和行业协会等组成。

业务协调支持系统是港口物流的业务纽带，主要负责港口物流系统运作监督与协调、设备维护与管理、后勤管理、市场信息管理以及人才培养等，为港口的发展创造良好的政策环境、市场环境以及人文环境等，它通过政策引导、监督和人才支持等方面来保障港口物流系统的高效和畅通运行。

二、港口物流系统各子系统之间的关系

上述各子系统之间既相互独立，又相互联系、彼此制约，共同构成了完整的港口物流系统。

港口物流系统是有机的运作实体，在港口物流活动中，物流运作会渗透到物流体系的各个系统和组成要素之中，其关系如图 2－9 所示。

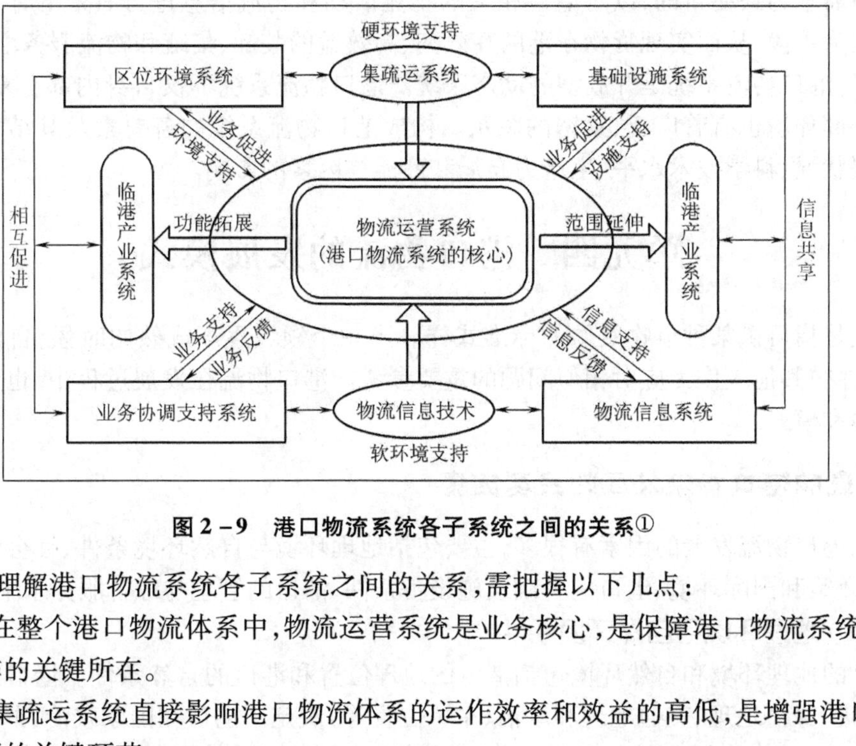

图 2－9　港口物流系统各子系统之间的关系①

(1)要理解港口物流系统各子系统之间的关系，需把握以下几点：

第一，在整个港口物流体系中，物流运营系统是业务核心，是保障港口物流系统高效率、高效益运作的关键所在。

第二，集疏运系统直接影响港口物流体系的运作效率和效益的高低，是增强港口辐射力和带动作用的关键环节。

第三，港口区位环境系统与基础设施系统通过港口集疏运系统实现无缝衔接，它们共同构成港口物流运营的硬环境支持系统，是港口物流运营子系统正常运行的前提条件，制约着港口物流系统的运营。港口区位环境系统与基础设施系统，为港口物流的正常运作提供了相应的区位环境支持、基础设施支持和集疏运支持；同时，港口物流系统运营也会促进港口区位环境的改善和基础设施的完善升级。

第四，港口业务协调支持系统从业务环境建设上支持港口物流的运作，同时及时处理业

① 王玲.港口物流系统的重构与评价指标体系的建立[J].物流技术，2005(2).

务反馈信息,做好与外界政府部门、工商行政以及相关行业协会的业务协调工作,为港口物流的运作创造良好的外部环境。

第五,物流信息系统不仅为港口的正常顺利运营提供必要的信息流支持,同时也为港口物流服务对象提供相应的信息服务,将运营的反馈信息及时发布,它与业务协调支持系统在物流信息技术层面上相衔接,构成了港口物流运营的软环境支持系统。

第六,港口通过业务范围的延伸和服务功能的拓展,积极地促进临港相关产业的发展,发挥着对区域经济的辐射作用,而区域经济的发展又为港口物流的发展创造了极为有利的外部区域条件。

(2)港口物流系统的特征主要表现在两大方面:

第一,港口物流系统具有严格的目的指向性。港口物流系统是为解决生产和消费的空间、时间、性质矛盾组合而成的,这是港口物流系统区别于其他经济系统的目标特征。它以满足客户需求为最终目的,以对港口相关的物流活动和物流信息进行有效的计划、组织、实施与控制为手段,从而实现货物在港的高效率、高效益的装卸、集疏和物流服务增值。

第二,港口物流系统是开放型的动态系统。港口物流系统不仅自身内部有复杂的结构,而且和外部环境也有着广泛、紧密的联系。构成港口物流系统的各要素及其结构都受国民经济发展状况、科学技术水平、生产力布局和商流等因素的影响。

单元四　港口物流的发展模式

模式是指可供某种事物效仿的标准式样。当一个领域逐渐成熟的时候,自然会出现很多模式,并被其他人作为应对相似问题的重要参考。港口物流在发展过程中,也形成了诸多发展经验和模式。

一、影响港口物流发展的主要因素

影响港口物流发展的因素有很多,主要包括地理环境与自然环境条件、社会经济基础条件、国家政策和国际环境、港口的基础设施设备条件、港口的管理与综合服务水平等。

(一)地理环境与自然环境条件

港口的地理环境和自然环境包括港口的地理位置和港口的自然条件。港口的地理位置(自然地理、经济地理、交通地理和政治、军事位置等)决定了港口在国家政治、军事和国民经济中的地位,对港口产生持久、连续并带有质的影响;自然条件包括港口所在区域的地质、水文、气候、水域面积和航道水深等,自然条件决定了港口的开发价值和规模,影响着港口的本质属性,这些自然条件在港口规划、建设和生产经营各方面影响着港口的生存和发展。

(二)社会经济基础条件

在经济方面影响港口物流发展的因素主要有以下几种(见图2-10)。

1. 国民经济发展状况

资源分布、生产力布局、工农业生产的规模和结构、人口变动情况和政府的有关方针政策都不同程度地影响着港口物流的发展。

(1)资源分布。资源分布是自然形成的,具有客观性。中国的主要资源(如煤炭、石油

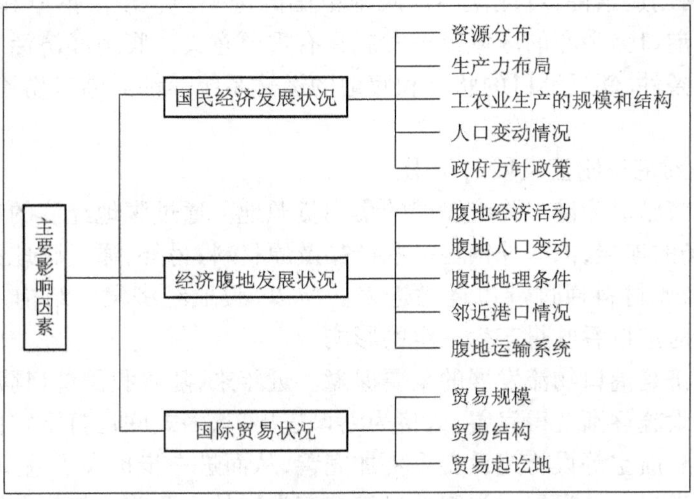

图 2－10　影响港口物流发展的经济因素

和木材等）大多分布在西北、东北和西南地区，而消费地多在经济较发达的中南、华东和华南地区。世界范围内的资源分布与需求也很不平衡。这就形成了大宗货流，促进了港口物流的发展。

（2）生产力布局。生产力布局是产生港口物流的主要因素。已形成的生产力布局决定了各种物资的生产地与消费地在空间上的相对位置，从而决定了货物的流量和流向以及结构。

（3）工农业生产的规模和结构。工农业的生产增长和结构变动将影响港口物流的结构变动以及流量的增长。冶金、采掘、石油、电力、建筑和农业等主要部门的产品和原材料构成了港口的主要货流。

（4）人口变动情况。人口变动情况包括人口总数、分布密度和增长趋势。总人口的增加，意味着消费量的增加；人口分布密度的变化，意味着消费量的变化。这些变动情况促进了港口物流的变化。

（5）中央和地方各级政府的有关方针政策。这些政策将对地区经济发展的方向和速度产生影响，从而带动相关港口物流的发展。如 20 世纪 80 年代，国家重点发展珠三角地区，从而带动了深圳、广州等港口物流的发展；20 世纪 90 年代以后，国家重点发展长三角地区，从而带动了上海、宁波等港口物流的发展；今后一段时期，中国要重点发展环渤海地区，这必将带动天津、青岛和大连等港口物流的发展。

2. 经济腹地发展状况

港口腹地又称港口吸引范围，即港口对这一地区范围具有一定的吸引作用，是港口输出货物的源地和输入货物的消费地，是港口赖以生存和发展的基础。它是以港口为核心，层层向外辐射扩张的范围，从港口城市本身到省内腹地再向外一层层地铺展开来——从直接腹地到远程腹地。港口的吸引地区范围越大，港口规模也越大。港口腹地的大小受自然、社会和经济因素的影响。港口的兴衰与其经济腹地的发展紧密相连。

港口腹地与港口间存在着相互依存、相互作用的关系：腹地经济越发达，对外经济联系越频繁，对港口的运输需求也就越大，由此可推动港口的规模扩大和结构演进；港口的发展又为腹地经济发展创造条件，可促使港口腹地范围的进一步扩展。港口和腹地间的这种相互作用关系，对以港口为中心的区域经济发展具有重要意义。腹地经济活动、腹地人口变动情况、腹地的地理条件、邻近港口的状况和腹地的运输系统等都对港口物流的发展产生重要影响。

（1）腹地经济对港口物流发展的作用：

第一，腹地经济已成为港口物流发展的集中货源地。通过腹地经济的快速发展，利用港口与海外销售市场的连接，向海外销售一些产品及原材料；另外，通过腹地经济的快速发展，海外的一些成品及原材料通过港口运输进来。所以，腹地经济发展结构、对外贸易发展现状、规模等都将会对港口吞吐量产生一定的影响。

第二，腹地经济是港口物流发展的重要保障。近年来，随着我国港口腹地经济的迅速发展，腹地区域物流设施逐渐变得完善，这将为港口进出口、多式联运打下牢固基础。此外，由于腹地区域的公路、航空等设施建设变得更加完善，从而进一步扩大了港口物流腹地空间的范围。由此看来，港口工业发展成为腹地经济持续发展的重要前提与基本保障。

第三，腹地经济发展能够为港口物流发展提供可靠的服务支撑。腹地经济的快速发展，能够迅速带动交通业、金融业以及信息行业的发展，吸引大量的企业投资；反过来，港口物流属于一个综合性服务体系，上述产业将为港口物流发展提供必要的全能型人才。所以，港口物流发展需要建立在腹地经济发展的基础上。

（2）港口物流发展对腹地经济的作用：

第一，港口的发展可获得更大的效益，而这无疑对腹地经济发展起到一定的推动作用。而在地区经济发展过程中，港口物流是不可缺少的一部分内容，并且还可创造更大的经济财富、增加就业机会等，从而进一步加快我国港口及相关产业的发展。此外，港口物流的发展可带动腹地集疏运系统的发展，促使腹地交通设施逐渐完善，最重要的是可吸收大量的发展资金。

第二，港口物流具有促进腹地经济发展的功能。根据梯度转移理论可知，港口物流发展使社会资源逐渐向港口和低成本地区转移。由于产业的过度集中，出现了港口产业集群，促使腹地经济快速增长。

3. 国际贸易状况

国际贸易中90%以上的外贸物资通过港口由海上进出，这也是港口物流形成的一个重要因素。国际贸易的发展对港口集装箱吞吐量的影响很大，对港口物流产生主要影响。发展港口物流需要考虑国际贸易的影响，主要包括国际贸易的总进出口量和贸易金额，以及国际贸易货物的种类、货物运输始发地和目的地等。

（三）国家政策和国际环境

港口的经济来往是全国性和全球性的，港口物流量的很大一部分来自其他国家尤其是周边国家。周边国家的经济发展水平、经济体制（市场经济和计划经济）、开放政策、国内政治秩序和外交政策等，都会影响其与邻国的经济来往和贸易规模，所以，周边国家的经济环境和政治环境也会对港口物流量的大小产生直接影响。

国家经济政策的倾斜在很大程度上决定了港口物流的发展水平，国家政治政策也同样影响着港口的发展。港口是一个国家对外开放的窗口，是国家外贸的主要经由之路。

(四)港口的基础设施和设备条件

港口的基础设施和设备条件是港口进行物流处理的物质基础,基础设施和设备条件包括港口锚地、港池、防波堤、护岸、航道、导航设施、码头岸线长度、泊位吨级、数量、库场面积和容量、装卸和运输机械、动力设备、供电、供水、通信设备、港作船舶、港内铁路和道路等,这些要素体现着港口的综合生产能力,影响着港口的未来发展,是港口存在的物质基础。

从港口物流绩效的角度而言,基础设施的质量和完善程度对港口企业的生产成本和效率具有十分重要的影响。主要表现为:降低物流成本、促进港口结构升级、加速贸易发展和改善投资环境等。现代的港口属于十分依赖机械的行业,没有先进的港口机械,港口的装卸能力、吸引货源的能力就会降低,在这种情况下,港口装卸机械的数量就成为影响港口物流绩效的重要因素之一。

(五)港口的管理与综合服务水平

与港口物流的硬环境相比,港口的软环境条件在港口物流的发展上也有不可忽视的作用。港口的软环境条件主要包括港口的管理与综合服务水平。

港口的管理主要包括港口管理体制、法规、信息化(EDI 系统和条形码技术等)管理等。

港口物流的综合服务包括:港口的海关报关、卫检、商检、海事、船检、边防、医院、海事法庭、贸易、货代、船代、银行、修造船能力、海上救助、外轮供应、娱乐和生活服务设施等内容,这些要素集中体现着港口的综合管理服务能力和现实水平,影响着港口的投资和发展环境。全国范围甚至全球范围内的港口竞争已经从原来的自然环境、基础设施的竞争转移到了港口的综合服务水平的竞争上,而港口物流本身就是一种服务,班轮和货船、集装箱船队首先会考虑港口管理水平和软环境状况,以达到挂靠港时间短、服务质量高的要求。

二、港口物流发展模式

不同发展水平的港口的物流发展形态是不同的,如表 2-1 所示。

表 2-1　港口发展阶段及其物流需求

港口代际	港口定位	港口功能	配套港口物流形态
第一代	装卸转运中心	港口装卸+口岸功能	港区生产物流主导 短驳、转运、理货、仓储、货代
第二代	物流服务中心	第一代功能+数据交换+临港物流	临港物流园区主导 第一代功能+配送、CY,CFS、物流加工、保税物流、信息交换、集疏运等
第三代	贸易服务中心	第二代功能+商品交割+贸易集散	临港贸易集散中心主导 第二代功能+商品展示+资金结算+交易信息
第四代	供应链服务中心	第三代功能+综合保税+特种货物流设施	大客户供应链综合服务主导 第三代功能+产业物流服务(集装箱、冷链、化工、商品车、大宗能源等面向专业市场大客户综合方案)
第五代	枢纽经济中心	第四代功能+物流通道+内陆港服务+临港产业集聚	物流通道建设主导 第四代功能+多式联运+内陆港

在港口物流发展过程中,港口物流发展轨迹是一个由成本理念到利润理念再到综合物流服务理念的过程。成本理念追求的是降低物流总成本,利润理念追求的是获取最大利润,而综合物流服务理念则除追求商品自然流通的高效率和低费用外,还要强化客户服务意识,切实转换经营和管理方式,按现代物流的要求进行整合,以客户为中心进行管理和控制,提供完善的物流服务。

港口物流发展模式是指各个港口(港口管理当局或港口经营者)根据外部环境和自身条件选择的发展物流的模式,包括港口物流发展的目标、方式、发展重心、途径和步骤等一系列要素。

港口物流发展模式是人们关于港口物流发展的规律和经验的总结。世界各国港口物流发展的内外环境的不同,决定了港口物流发展模式的多样性。从不同的角度分类,可以总结出不同的港口物流发展模式。

(一)根据港口在区域物流网络中地位的不同分类

从港口在区域物流网络中地位的不同进行分类,港口物流的发展模式可分为三种:港口物流中心模式、港口区域物流体系模式和区港联动模式等。这一分类方法依据的是港口在区域物流网络中的地位和作用。

1. 港口物流中心模式

《中华人民共和国标准物流术语》对物流中心的定义为:接受并处理下游用户的订货信息,对上游供应方的大批量货物进行集中储存、加工等作业,并向下游进行批量转运的设施和机构。

在物流网络中,港口是一个重要节点,是物流基地、物流枢纽或物流中心,是物流企业的聚集地,因此,物流中心模式是最常见的港口物流发展模式。这一模式是港口在既有货运业务的基础上,进一步加强并整合存储、装卸搬运、包装、流通加工和物流信息处理等物流中心具有的职能,使港口作为物流中心,来组织协调整个物流链的运作,向客户提供全方位、全过程的物流服务。

这种模式适合于那些具有雄厚实力与广泛基础的枢纽型港口。世界上很多国际航运中心都是在原有海运业务的基础上,不断丰富业务领域与港口功能,成功建成物流中心。

案例

香港港一直有着世界第一繁忙货柜港的美誉,是国际性的港口物流中心。其港口物流发展的经验与模式如下:

(1)利用自身特点,发挥独特的地理优势。香港地区以中国大陆特别是经济发达的珠江三角洲为腹地,发挥自身特点,依托中国大陆,连接欧美,面向东南亚,重点做好占其港口货物吞吐量83%以上的转口贸易中的中转货运物流,成为虚拟供应链控制中心,其货物物流业的覆盖面遍及整个内地。

(2)建设基础设施,提供良好的发展条件。香港港是世界集装箱大港之一,其港口物流的基础设施建设投入大、起点高,先进的港口设备堪称世界一流,其物流运作的速度和效率首屈一指。

(3)政府扶持,创造优越的发展软环境。香港特区政府一直重视物流业的发展,提出要把香港地区建成国际及地区首选的运输及物流枢纽中心,香港地区成立了物流发展督导委员会和香港物流发展局，以强化与港口物流相匹配的服务功能，健全法律制度，提供金融与保险等一系列物流援助或服务、快捷高效的海关通关服务等。

(4) 重视人才，提高物流管理水平。香港港与大学和教育机构合作，注重培养一流的港口物流操作管理人才，同时通过建立全球公认的公务员廉洁制度，提高港口物流从业人员的全员素质，以提供优质的物流服务。

2. 港口区域物流体系模式

港口区域物流体系模式是以港区为中心，以港口辐射的经济区域为依托，建设“临港物流园区—物流中心—配送中心”的发展模式，即在邻近港区内建立物流园区、在港口腹地主要城市或邻近大型企业建立物流中心、在中小城市和中小企业周边建立配送中心，共同构建分层次的区域物流网络体系。这一模式的关键条件是腹地与港口之间要有较强的产、供、销及物流服务关联关系。

这种模式最适合那些规模太大，实力不太强，但又迫切希望扩大服务范围的港口，通过建立“临港物流园区—物流中心—配送中心”三个层次物流体系，港口的影响力可以更加深入到内陆地区，进而更有利于港口完善集疏运网络。

3. 区港联动模式

区港联动模式是指保税区与邻近港口合作，在港口划出特定区域（不含码头泊位）建立保税物流园区，实行保税区的政策，以发展物流业为主，按“境内关外”实行封闭管理。该模式可使港口充分利用区位优势和保税区的政策优势，将物流的仓储服务环节移到口岸，拓展港区功能，实现口岸增值，进而推动物流业务发展。

联动区域除享受保税区免征关税和进口环节税、海关监管等方面的政策外，还叠加了出口加工区的政策，即实现国内货物入区视同出口，可办理报关手续，实行退税，从而改变了保税区现行的“货物实际离境方可退税”的方式。此外，区港联动区域实行封闭管理，参照出口加工区的标准建设隔离设施，专门发展仓储和物流产业，区内不得开展加工贸易业务。

继保税物流园区之后，中国又设立了开放层次更高、优惠政策更多的保税港区，如上海洋山保税港区。保税港区是经国务院批准，设立在国家对外开放的口岸港区和与之相连的特定区域内，是具有口岸、物流、加工等功能的海关特殊监管区域。保税港区将港口的物流功能和保税区的特殊政策完美结合，实现出口加工区、保税区和港区的“三区合一”，能充分发挥区位优势和政策优势。这一模式的实现关键是获得政府相关部门的批准。

关于区港联动和保税港区，我们将在本书的第十章更详细地阐述。

（二）根据港口物流发展的推动力不同分类

根据港口物流发展的推动力不同进行分类，港口物流发展模式可以分为交通枢纽型港口物流、商业带动型港口物流、工业带动型港口物流和综合型港口物流四种类型。这一分类方式的依据是促进港口物流发展的外部环境。

1. 交通枢纽型港口物流

交通枢纽型港口物流也称中转型港口物流，中转型港口处于国际航线的交通枢纽地位，主要是为国内外各地区的经济联系以及运输服务，是海运货物和旅客中转换乘的场所，如新加坡港就是典型的交通枢纽型港口物流中心。

案例

新加坡港是世界的十字路口之一,北与马来西亚相连,南隔马六甲海峡,与印度尼西亚相望,地处太平洋和印度洋的转运要道。借助优越的地理位置,运用先进的管理理念,新加坡港发展成为世界上最大的货物转运枢纽、第二大集装箱枢纽港,为世界最繁忙的港口和亚洲主要转口枢纽之一。

新加坡港港口物流是典型的交通枢纽型港口物流。新加坡政府使用全世界首个全国性的贸易数据处理网络贸易通关系统,实现了无纸化通关;其使用的计算机集成的港口运营系统,使政府、港口自身以及各个船运公司、货主等都能从网上迅速了解物流的信息;其致力于完善的物流服务,在港口附近的物流园区开展增值性服务,拓展港口功能;同时,它还致力于为客户提供物流解决方案,协助客户简化物流程序,提高生产效率,从而降低成本。

2. 商业带动型港口物流

商业带动型港口物流也可称为贸易型港口物流,这类港口物流的发展主要是由商业、贸易的发展带动起来的,其主要功能是为发展国内外贸易服务,是海运和内河航线货物与旅客的起讫点。比如,纽约港就是典型的商业带动型港口物流中心。

案例

纽约港/新泽西港位于美国东北部哈得逊河河口,东临大西洋,其港口物流是典型的商业带动型港口物流。纽约市作为国际金融中心,其便捷的交通、丰富的信息、即时的通信、高质量的办公设施,吸引了跨国银行、跨国公司总部与区域分部落户。它通过跨国公司对全球经济实现有力的控制,能吸引巨额的资金流入,促进贸易和投资,刺激商务的扩张、发展和多样化,形成了很好的腹地经济支撑。由于人口众多,它又有着极强的经济消费能力。纽约港/新泽西港为确保在专业性领域步调一致,1921 年就成立了纽约港和新泽西港的联合港务局;1961 年,纽约都市圈内的三个州又成立了联合交通运输局,这些机构是“具有支配能力和规划能力的,具有法人资格的实体”,促进了纽约港口物流的协调发展。纽约港为提高服务市场的效率,将到港的大部分货物运至位于港口区域的货物集散中心,而出港货物也在该集散中心进行必要的包装、加工和拼箱等增值服务。

3. 工业带动型港口物流

工业带动型港口物流也可称为加工型港口物流,加工型港口或者因为附近发现重要矿床而成为冶炼基地的工业港,或者因为接近燃料、原材料基地及其他原因发展成为加工业中心的工业港。工业带动型港口主要是为原材料、产成品和燃料等物资的进出港服务,是供应链上的一个重要环节。例如,日本横滨作为东京—横滨工业区的核心城市,重点发展港口海运业和临港型工业，使横滨港成为典型的工业带动型港口物流中心。

4. 综合型港口物流

许多港口由于条件优越，不仅仅是货物周转的口岸，更是国际贸易中心和工业基地。综合型港口物流往往兼有多种类型港口物流的性质和功能，可以提供综合的服务。比如，荷兰鹿特丹港就是典型的综合型港口物流中心。

上述港口物流发展模式如表 2－2 所示。

表 2－2　根据港口物流发展的推动力不同划分的港口物流发展模式

港口物流发展模式	交通枢纽型	商业带动型	工业带动型	综合型
地理位置	具有明显的区位优势；处于交通要道	港口天然条件好、港深水阔，地理位置适中		
腹地经济	服务型企业、加工型企业、第三方物流企业发达	有腹地经济的支撑；有很强的腹地经济消费能力	自然资源、劳动力资源丰富；良好的工业基础；聚集大型加工企业、生产企业	具有广阔的腹地与丰富的货源；企业、公司类型齐全；物流企业多
交通状况	有便捷的对外交通条件，有四通八达的航线网络，能直接把集装箱运往内陆城市	有铁路、公路、航空、管道以及水运航道，便于和腹地及有联系的城市、地区联结	多式联运系统发达，各种运输方式直接与集装箱码头相连，并有铁路服务中心及便捷的铁路运输	—
硬件设施	有完善的港口硬件设施，良好的技术装备，具有大型集装箱码头	有良好的技术装备，专业存储和运输设施工具，以及提供旅客休息的客运码头	物流技术实现机械化与自动化，物流企业普遍利用计算机进行规范化管理	具备完善的配套设施，生产率较高，码头、堆场、仓库、道路和环保设施齐全
服务特色	有优质的服务体系，良好的通关条件，与国际接轨的政策氛围	商业、金融业，尤其是银行业与证券交易业空前活跃	建立生产企业物流联盟，通过有效的作业系统联系卖方和买方	服务措施完备，生产效率高，操作系统、管理软件先进
典型港口	新加坡港	纽约港	横滨港	鹿特丹港

（三）根据资源整合对象来源不同分类

发展物流需要整合多方资源，据此可以将港口物流的发展模式分为内向型和外向型两种。

1. 内向型发展模式

内向型发展模式主要是从优化港口内部的存量资源着手，重新整合和优化配置内部资源，在各种资源高效利用的基础上健全港口的物流功能，其运营理念侧重于管理。

内向型发展模式主要是在分析港口物流发展状况的基础上，采取“改造主业，系统剥离”的发展策略。

所谓改造主业是指运用现代物流的理念和运营模式，改造港口现有的经营机制和组织模式，把提高货物通港效率作为港口建设和运营的主要指标，以提高港口所在物流链的核心竞争力。在经济全球化背景下，港口之间的竞争正在逐步演变为物流链之间的竞争，改造主业成为一种必然选择。

系统剥离则是指将港口系统的自理物流作业剥离出来，集中形成一个物流部门独立运作，在其逐渐向利润中心转变的过程中，成为完全独立的以提供供应物流服务为主的第三方物流服务。

2. 外向型发展模式

外向型发展模式主要是从港口涉及的关系对象着手，充分重视港口物流发展过程中的纵向联系和横向联系，即通过纵深发展港口物流所处的外部环境来实现港口物流的持续发展，其运营理念侧重于经营。

在经济全球化的今天，战略联盟已经成为港口发展物流的主要模式，它不但可以解决发展中的资金短缺问题，而且能够提高物流的专业化程度与服务质量，获得长期稳定的货源。根据位于物流服务链条上的位置不同分类，港口物流联盟可分为纵向联盟与横向联盟两类。

(1)纵向联盟。纵向联盟又可分为港口与航运公司联盟、港口与货源企业联盟和港口与物流企业联盟等。

第一，港口与航运公司联盟。港口物流的发展对航运有很大的依赖性。但现阶段，船舶的大型化导致了挂靠港口向少数港口集中的趋势，航运公司联盟的加强使其在与港口的市场博弈中更具主动权。如果一个港口失去了一些航运联盟的船舶停靠，就会失去大量的货源，为了避免这种情况的出现，港口开始与航运公司联盟。它们之间联盟的形式呈现多样化，如出租码头给航运公司或者允许航运公司参股运营港口与合作建设基础设施等。目前，全球主要枢纽港口大多与知名的班轮公司形成战略联盟，这不但可以保证它的货源，而且它还可以借助班轮公司的国际运输、代理网络将业务向外拓展。如新加坡港务集团与地中海航运合作，在巴西古丹港成立 MSC－PSA 亚洲货柜码头，兴建三个泊位，年设计货柜吞吐量可以达到200 万箱。

第二，港口与货源企业联盟。在市场竞争条件下，为了确保获取长期稳定的货源，港口可以依靠本地区的优势，引进各类加工业在临港地区进行生产，大力发展临港工业。临港工业的发展是港口物流发展的后盾。当前，许多港口与货源企业建立长期合作关系，形成战略联盟，共同经营码头或是出资建设集疏运系统。例如，青岛港利用自己的地理位置优势，先后与海尔集团和青啤集团、双星集团和青钢集团等诸多腹地知名企业建立长期战略合作伙伴关系，确保港口物流的长期发展。

第三，港口与物流企业联盟。与资源或功能互补的物流企业结成联盟，是港口快速发展物流的另一条渠道。例如，世界最大的物流设施开发商普洛斯公司，是世界多个港口的合作伙伴，包括中国的许多港口。普洛斯公司有着丰富的物流地产经验，在北美、欧洲和亚洲等80 多个国家和地区开发并管理配送设施、分支机构与物业资产数目达2 400多个，为诸多的世界知名企业提供物流设施租赁服务。深圳盐田港、上海港和大连港等也有其投资的物流设施。

(2)横向联盟。横向联盟，即港口与港口的联盟。由于国际集装箱运输的快速发展，港口与腹地的高度关联性，港口之间的竞争已经愈演愈烈，随之而来的是重复建设以及资源的浪费，因此，港口群的协调发展已成为必然趋势。港口与港口的联盟主要表现为港口群的协同发展，枢纽港与喂给港之间需要建立稳定的战略联盟，以共同的业务、共同的利益进行联合。横向联盟既可以是同一区域内，也可以是不同区域的联盟；既可以是同一国家内，也可以是不同国家之间的联盟。港口与港口的联盟可以使港口间避免激烈的竞争，做到取长补短、合理分工，共享现有资源，降低本地区的物流成本，提高物流效率和竞争力。

很多国家意识到横向联盟的重要性，已经将地理位置临近、腹地交叉的港口组合成分工明确、功能互补的港口群，如美国北大西洋地区的纽约/新泽西港；日本的东京湾港口群、大阪湾港口群；中国的长三角港口群、珠三角港口群等。

我国港口集团的物流运营模式

需要指出的是，许多港口一方面采用内向型发展模式，应用现代物流理念重新整合内部资源，完善物流管理机制和功能，同时也采用外向型发展模式寻求与外部资源的合作，从而加快港口物流的发展。

任务解析

下面根据上述所学知识对项目情景的任务进行简要解析。

任务1：项目情景中横滨港注重依托港口自身条件，并建成良好的服务平台进行物流活动。港口物流就是指港口作为整个物流过程中的一个重要节点，依托在这个节点上所形成的服务平台进行的物流活动。影响港口物流发展的因素有很多，主要包括地理环境与自然环境条件、社会经济基础条件、国家政策和国际环境、港口的基础设施设备条件、港口的管理与综合服务水平等。

任务2：港口物流是一种特殊形态下的综合物流体系，其目的就在于完成整个供应链物流系统中基本的物流服务和衍生的增值服务。横滨港的港口物流具有港口物流的基本功能，如：运输、中转功能、装卸搬运功能、仓储功能、堆场功能、配送功能、流通加工功能、信息处理功能、物流服务增值功能等。

任务3：横滨港的港口物流系统由临港产业子系统、区位环境系统、基础设施子系统、物流信息子系统、物流运营子系统、业务协调支持系统、集疏运系统等组成。其特点是临港工业发达，区位条件优越，基础设施良好，物流运营系统运行高效，业务协调支持系统功能丰富。

任务4：港口物流发展模式是人们关于港口物流发展的规律和经验的总结，从不同的角度分类，可以总结出不同的发展模式。从港口在区域物流网络中的地位不同来分，港口物流发展模式可分为三种：港口物流中心模式、港口区域物流体系模式和区港联动模式；根据资源整合对象来源不同分类，可以将港口物流的发展模式分为内向型和外向型两种；从港口物流发展的推动力不同来分，港口物流发展模式可以分为交通枢纽型港口物流、商业带动型港口物流、工业带动型港口物流和综合型港口物流四种类型。横滨港的物流发展模式属于工业带动型港口物流模式。

个案分析

深圳港夹在香港港和广州港之间，与香港港相比，深圳港不具备香港港的自由港通关便利的优势；与广州港相比，由于受土地资源等因素制约，深圳港不具有广州港码头费用低廉的价格优势。因此，如何突破重围，在竞争白热化的港口群中谋得生存和发展，脱颖而出，实现深圳“以港强市”的发展战略是深圳港的主要课题。目前，深圳物流企业约有 5 000 家，可以为生产制造、商贸流通企业提供原材料采购、运输、包装、存储、分拣和配送，以及产成品的存储、简单加工、配送和资金结算等服务，其中最有特色和优势的是近年来培育发展的 40 多家供应链管理企业，此外，还规划建设了七大物流园区，其中，盐田、大铲湾和机场三个物流园区位于海港、空港后方陆域，可直接提供配套服务；平湖物流园区是为铁路、公路运输配套服务的综合型物流园区；龙华物流园区主要是为香港提供过境运输配套服务的物流园区；笋岗清水河物流园区紧邻城市中心区，是城市配送型物流园区；固戍物流园区是为商贸流通企业配套服务的商业配送型物流园区。经过体制改革，深圳港已成为整个供应链运作的核心。深圳港依托较为发达的现代物流业，借助大交通、大物流管理的体制优势，以港口为核心，延伸供应链服务的链条，着力发展港口供应链产业。具体做法就是引导供应链管理企业将服务业务延伸到港口码头，以港口作为全程配送中的一个节点，实现一个供应链管理企业从工厂到港口再到用户的全程运作，通过降低流通环节的综合费用，帮助企业降低成本，同时提高港口的综合竞争力。随着国际贸易的发展和国内海运货物的增加，港口物流服务供应链将成为今后港口业发展的主要方向。

问题：(1) 结合上述资料，简答何为港口物流服务供应链？

(2) 深圳港是如何发展港口物流链的？

参考答案

【复习与思考】

一、名词解释

港口物流　港口物流服务供应链　临港产业系统　智慧港　港口物流发展模式

二、简答题

1. 港口物流的发展经历了哪几个阶段？

2. 简述现代港口物流形成的必然性。

3. 简述港口物流的发展趋势。

4. 为什么说港口物流在国际物流链中居于中心地位?
5. 为什么说港口物流是港口经济和区域经济发展的重要推动力?
6. 简述港口物流的特点。
7. 港口物流具有哪些基本功能?
8. 港口物流系统主要由哪些子系统构成?
9. 如何理解港口物流系统各子系统之间的关系?
10. 简述影响港口物流发展的主要因素。
11. 根据港口在区域物流网络中的地位不同分类,港口物流分为哪几种发展模式?
12. 根据港口物流发展的推动力不同分类,港口物流分为哪几种发展模式?
13. 港口纵向联盟分为哪几种?
14. 简述港口物流的基本要素。

项目三　港口物流企业与港口物流园区的运作

项目要求

1. 认知港口物流企业，了解其类型，掌握其基本业务内容。
2. 了解船舶代理关系的表现形式，熟悉船舶代理业务。
3. 理解国际货运代理的性质，熟悉国际货运代理业务的内容。
4. 理解港口物流园区的含义与特征。
5. 理解港口物流园区的功能，掌握港口物流园区的运作模式。

项目情景

鹿特丹是荷兰的交通枢纽和工业中心，对经济的贡献占荷兰国内生产总值的10%以上。鹿特丹港是世界上最重要的港口之一，一直跻身世界一流大港之列。鹿特丹港位于莱茵河和马斯河入海的三角洲，西依北海，东溯莱茵河、多瑙河，可通至里海，濒临世界海运最繁忙的多佛尔海峡，是荷兰和欧盟的货物集散中心，有“欧洲门户”之称。港区基础设施归鹿特丹市政府所有，日常港务管理由鹿特丹港务局负责，各类物流企业承租港区基础设施发展业务。鹿特丹港从东到西绵延40千米的狭长地带，共有3个“配送园”，许多大企业都在此设有大型物流与服务中心，对到岸货物进行组装、贴牌、重新包装、修理、储存等。壳牌、科威特石油公司等著名炼油及化工企业也在鹿特丹港设点立足，联合利华、可口可乐公司等世界级食品巨头也云集于此。这里的物流企业为欧洲各大超市提供物流配送服务。

鹿特丹港在货物码头和联运设施附近大力规划建设物流园区，物流园区的主要功能有：拆装箱、仓储、再包装、组装、贴标、分拣、测试、报关和集装箱堆存修理，以及向欧洲各收货点配送等，为其发挥港口物流功能，提供一体化服务创造了条件。对于港口物流园区的定位，鹿特丹港务局明确指出，港口物流园区是拥有完善的设施，可以为物流，特别是配送活动提供一站式服务的物流园区；它应紧邻港口集装箱码头和多式联运设施，并采用最先进的信息和通信技术。鹿特丹港原有埃姆（Eemhaven）物流园区和博特莱克（Botlek）物流园区，其中，埃姆（Eemhaven）物流园区的面积为50万平方米，主要提供大宗产品，如木材、钢材等的储存和配送服务，博特莱克（Botlek）物流园区的面积为87万平方米，是石油、化工产品专业配送中心。后因港区扩展需要，又在入海口处建立了马斯亚可迪（Maasvlakte）物流园区，面积达125万平方米。马斯亚可迪(Maasvlakte)物流园区位于鹿特丹港最大的集装箱码头Delta后方,并与该集装箱码头有专用通道连接,其用户主要是大型跨国制造商、大型船公司和大型物流企业。鹿特丹港的这些物流园区均有与码头连接的专用运输通道,它们提供物流运作的必要设备,采用最先进的信息和通信技术,并提供增值服务以及海关的现场办公服务。物流园区的配送中心是由许多企业在欧洲建立的大型配送中心,也是一个能保证即时送货到全欧洲的放心的物流服务商,小企业可以将货物放心地交付给它们。

任务1:何谓港口物流企业?港口物流企业有哪些类型?

任务2:何谓港口物流园区?鹿特丹港建有几个物流园区?这些物流园区是如何定位的?

任务3:港口物流园区有哪些特点?结合本情景简述港口物流园区的主要功能。

任务4:港口物流园区有哪些发展模式?鹿特丹港的物流园区属于哪种发展模式?

任务5:结合鹿特丹港建设港口物流园区的经验,简述形成港口物流园区的基本要素。

知识模块

单元一　港口物流企业

从机构组成来说,港口是由两部分组合而成的综合体:一部分是行政管理机构,代表政府部门行使国家的法律、法规等行政管理职权,并承担为公共服务的必要义务;另一部分则是由各自独立的港口业务经营人组成的企业。港口企业是指经营港口业务的企业①。

根据原国家质量监督检验检疫总局与中国国家标准化管理委员会颁布的《物流企业分类与评估指标》,物流企业是至少从事运输(含运输代理、货物快递)或仓储一种经营业务,并能够按照客户物流需求对运输、储存、装卸、包装、流通加工和配送等基本功能进行组织和管理,具有与自身业务相适应的信息管理系统,实行独立核算、独立承担民事责任的经济组织。

参照《物流企业分类与评估指标》对物流企业的定义,港口物流企业是指至少从事与港口物流相关的运输(含运输代理、货物快递)或仓储一种经营业务,并能够按照客户物流需求对运输、储存、装卸、包装、流通加工、配送和报关等基本功能进行组织和管理,具有与自身业务相适应的信息管理系统,实行独立核算、独立承担民事责任的经济组织。

港口物流企业是港口物流服务的供应商,其基本职能已突破了传统的仓储运输等,转而提供以满足客户需求为核心,以资源优化配置为目标,以信息技术为支撑,以专业化服务为保证的整体港口物流解决方案。

与一般工业企业不同,港口物流企业不提供实物产品,而是提供劳务,即所谓的"无形产品"。港口物流企业完成货物空间位置的转移,即将货物从一种运输工具转移到另一种运输工具;从一种运输方式衔接到另一种运输方式。为适应这种位移在时间与地点上的差异,货物有时需要在库场作短期储存,有时需要在港区内作短途驳运。港口物流企业的"产品"为货物空间位置的有效移动。其产品价值的实现与产品的产出,在时间上完全同步。因此,港

① 中国港口法规定的港口经营包括:货物装卸经营、客运经营、拖轮经营、驳运经营、仓储经营、码头和港口设施经营、理货经营。

口物流企业的生产过程和消费过程合二为一。

港口物流企业的存在目的就是满足客户的各种港口物流服务需求。根据港口物流企业以某项服务功能为主要特征,并向物流服务其他功能延伸的不同状况,可以把港口物流企业划分为四种类型:装卸型港口物流企业、运输型港口物流企业、仓储型港口物流企业和综合服务型港口物流企业。

一、装卸型港口物流企业

装卸型港口物流企业简称“港口装卸企业”,是指在港口使用装卸生产系统,按照一定的操作工艺要求,以货物的装卸为主要业务而开展活动的生产经营企业。港口装卸企业一般还同时经营库场堆存和短途驳运等业务。

(一)港口装卸企业的分类

1. 按装卸生产组织的专业化程度分类

按装卸生产组织的专业化程度分类,港口装卸企业可分为单品种专业化装卸企业和多品种综合性装卸企业。

单品种专业化装卸企业是指运用专业装卸工艺、设施和组织体系从事单一货种装卸生产和服务的高度专业化的港口装卸企业,如集装箱装卸企业、煤炭装卸企业和木材装卸企业等。

多品种综合性装卸企业是指拥有多货种装卸生产体系,可同时进行多货种装卸生产和服务的港口装卸企业。

2. 按服务的国内外航线不同分类

按服务的国内外航线不同分类,港口装卸企业可分为内贸航线装卸企业、外贸航线装卸企业。

内贸航线装卸企业是指专门为国内航线船舶提供装卸生产和服务的港口装卸企业。

外贸航线装卸企业是指专门为国际航线船舶提供装卸生产和服务的港口装卸企业。

3. 按装卸的货种结构及工艺分类

按装卸的货种结构及工艺分类,港口装卸企业可分为件杂货港口装卸企业、集装箱港口装卸企业、散货港口装卸企业和液体货港口装卸企业。

件杂货港口装卸企业是指针对有包装或无包装的成件货物(如各种交电器材、日用百货、棉纺织品、钢镜、有色金属块和大型机械设备等不同包装、不同尺寸和不同物理化学性质的货物),按照件杂货专用装卸工艺提供装卸生产服务的港口装卸企业。

集装箱港口装卸企业是指针对集装箱运输货物、集装箱专用船舶,运用专业集装箱装卸工艺和码头设施、机械设备体系提供标准化、专业化、高效化和现代化的装卸生产服务的新型港口装卸企业。

散货港口装卸企业是指针对运输途中不加包装而散运的货物(如煤炭、矿石、建筑用沙石、水泥、化肥和散装粮、盐、糖等),运用散货专用装卸工艺和设备、设施提供装卸生产服务的高效的专业化港口装卸企业。

液体货港口装卸企业是指针对运输石油等液体货专用船舶,运用液体货专用装卸工艺和设备、设施提供装卸生产服务的高效的专业化港口装卸企业。

(二)港口装卸企业的主要业务内容

港口装卸企业在水路运输中,原来只是转运中心,只承担货物装卸、货物中转和货物储存等任务，处于辅助的、被动的地位。但随着港口物流的发展，一些港口装卸企业开始进入更深入的产业领域，如开展集装箱的装拆箱作业，进行分包装、简单装配等流通加工作业，进行专业储存、配送作业等，这使港口装卸企业的生产服务逐渐由被动转为主动，港口装卸企业成为物流体系中的配送中心。国外和中国的一些大型港口装卸企业，已从配送中心升级为各种物流信息储存的节点、物流信息沟通的交点，使社会物流系统以其为枢纽，从而使其取得了综合物流中心的地位。

常见的港口装卸企业的主要业务有以下四项。

1. 装卸生产组织

港口装卸企业的服务对象主要是船舶和货物。对于船舶抵港、靠上码头、进行装卸，一直到船舶离开港口的全过程，港口装卸企业通过编制详尽的生产计划，平衡任务和能力，并充分利用企业装卸生产体系的软硬件各种资源，尽量缩短船舶在港停留时间，实现船舶及货物的快速周转。

2. 装卸工艺设计与完善

港口装卸工艺的实质是实现港口生产中货物位移的方法，其物质表象就是港口装卸机械化系统。由于港口装卸企业服务的对象——船舶和货物种类繁多，实现装卸生产的要求复杂多变，所以港口装卸企业一般会根据不同生产特点和要求，研究和设计出各种操作程序组合、机械设备配置、业务流程组织、安全质量与环境保护等方案，以适应港口装卸生产组织中的不同情况并不断提高装卸效率。

3. 货物堆存保管

在港口生产组织中，为保证船货有效衔接，运输、装卸作业正常进行，防止进出口货物灭失和损坏，港口装卸企业还提供用于保管货物的仓库、堆场、筒仓和货泵等建筑设施以及库场机械、衡量设备、照明和消防器等辅助设备，并进行港口库场的有效运作管理，以确保进出口货物畅通无阻。

4. 港内运输及货物疏运

随着现代港口规模的日益扩大，港口生产组织需要多种方式的协作和配合。为了保证港口装卸生产的高效连续，港内运输及货物疏运必须密切配合。也就是说，港内各码头及相互间的进出口和中转货物的运输，码头和外部仓库、堆场及相互间的货物疏运，以及临港货物转运及短途物资的集并与疏运等均需注意其间的密切配合。因此，一些港口装卸企业还提供港内运输及货物疏运服务。

二、运输型港口物流企业

运输型港口物流企业是指围绕港口物流开展运输活动的企业。运输型物流企业应符合以下要求：

第一，以从事货物运输服务为主，包括货物快递服务或运输代理服务，具备一定规模。

第二，可以提供门到门运输、门到站运输、站到门运输、站到站运输服务和其他物流服务。

第三，企业自有一定数量的运输设备。

第四，具备网络化信息服务功能，可应用信息系统对货物运输进行状态查询、监控。

港口运输企业的类型包括提供单一运输活动的企业，提供运输、仓储和中转业务的企业，船舶代理企业及货运代理企业，每一种类型的企业其业务各有侧重。总体来看，港口运输企业的业务包括运输业务（包括港口水上长途运输和陆上分拨运输）、船舶进出港业务和货物进出港业务等。

（一）提供单一运输活动的企业

开展单一运输活动的企业只提供单纯意义上的港口运输服务，一般不参与港口物流的其他相关业务。港口运输服务包括两个方面：一是从事水上长途运输服务，货物在港口与港口之间的长途运输采用的运输工具是轮船；二是从事陆上集疏运输服务，包括货物从港口腹地集聚到港口的运输，以及货物从港口分拨到港口腹地的运输。

这类港口运输企业一般都拥有车辆或船舶，使用自有的运输工具提供运输服务，一般不负责货物的装卸。这类企业的货源组织是客户自己找上门来，或由专门的货代或船代公司负责揽货。

（二）提供运输、仓储和中转业务的企业

提供运输、仓储和中转业务的港口运输企业一般均有自己的中转仓库，在为货主提供运输服务的同时，也为货主提供短期的仓储服务，提供临时、简单的中转、集货和分货服务。

（三）船舶代理企业

船舶代理是指船舶代理机构或代理人接受船舶所有人（船公司）、船舶经营人、承租人或货主的委托，在授权范围内代表委托人（被代理人）办理与在港船舶有关的业务、提供有关的服务或完成与在港船舶有关的其他经济法律行为的代理行为。

船舶代理企业是指接受船舶所有人的委托，代办与船舶有关的一切业务的企业。船舶代理业务范围很广，主要包括船舶进出港业务、货运业务、船舶供应和船舶服务业务以及其他服务性业务等。根据中国的有关规定，船舶代理企业必须经交通运输部批准方可经营。因为很多国外船公司在中国并没有被授权，所以它们自己并不能参与经营，它们必须找中国的船代公司做代理。船代企业主要是为船公司服务的，它们所针对的是自己公司所代理船公司的一些航线和业务，负责帮助客户和货代订舱，其主要利润来自船佣、箱贴等。

1. 船舶代理企业的经营范围

船舶代理企业主要分为船务代理企业和订舱代理企业两类。

中国船舶代理公司在交通运输部核定的经营范围内，受船公司委托，可经营下列部分或全部代理业务：联系安排船舶进出港口、靠泊和装卸；办理船舶、货物、集装箱的报关；办理货物、集装箱的托运、转运和多式联运；受船东或船长的委托代签提单、运输合同，代签船舶速遣、滞期协议；办理国际水上旅客运输；组织货载，为货主洽订舱位；联系水上救助、洽办海商海事处理；代收代付款项，代办结算；办理其他与船舶代理有关的服务事项。

船舶代理关系及其形式

2. 船舶代理企业的主要业务

国际船舶代理业务是一项范围相当广泛的综合性业务，它包括所有原应由船公司自行办理的业务和一些原应由货主自行办理的与货运有关的业务。下面仅就其主要代理业务进行阐述。

(1)船舶进出港手续。不论是航行于国际航线的国轮或是外籍船舶,进出港口都需要接受边防(移民机构)、海关的检查,按边防、海关和港口的要求办理进出港的各项手续,并取得各种必要的单证。船舶进、出港口前,接受委托的船舶代理人,须事先联系边防、海关及有关港口办理必要的手续。

船舶进港手续:

第一,海关有关检疫的手续。①检疫。船舶到港前,入港船舶的船长应向海关申报船上有无霍乱、鼠疫、伤寒、斑疹伤寒、黄热病及回归热等检疫传染病的患者或死者,并且悬挂检疫信号,在检疫锚地待泊接受检疫。②灭鼠。在港船舶的灭鼠工作,包括定期灭鼠和强制性灭鼠消毒。③预防接种。④进出口动植物的检疫。为了防止因动植物的进出口而使病菌或害虫传入国内或向国外传播,各国都规定动植物必须经过检疫才能办理进出口货物报关手续。

第二,海关法规规定的船舶进港须办理的手续。①填报、交验和提交有关单证。②不在港装卸货物的进港船舶须办理的手续。③缴纳船舶吨税手续。④申请准予装卸货物的手续。⑤在海关办公时间以外的时间进行装卸货物时须办理的手续。

第三,边防机关、海上保安机关、移民局和港口对进港船舶要求办理的手续。①入港申请。②指定锚地。③使用系船设备的申请。④缴纳港务费。

船舶出港手续:

船舶出港手续较之船舶进港手续更为简便,除向海关、海上保安部门和港口主管提出出港申请,并向海关交验缴纳吨税的收据或免缴吨税的证明外,货物装船完毕后,还需编制出口货物舱单,经船长签字,据以向海关办理船舶出口报关,经海关同意,即可起航出港。

总之,船舶进出各国港口,常因各国具体情况和主管机关要求的不同,使所需办理的手续和办理船舶进出港口手续时所使用的各种单证有所不同。

(2)出口货运业务。出口货运业务主要包括货物承运、国际海上联运货物的中转换装、制绘出口货物积载计划、缮制各种货运单证以及运费计算等项工作。在班轮运输或不定期船运输中,承运人或租船人都可能通过授权,将这些业务工作委托船舶代理人代办。

我国海关对进出境船舶的申报要求与单证

第一,货物承运。船舶代理既可以接受船公司的委托,在装货港代表船公司代办货物承运工作,也可以接受货主的委托,代办货物订舱和托运工作,还可同时接受船公司和货主的委托,既代表船公司代办货物承运工作,也代表货主代办货物订舱和托运工作。在代理人代办货物承运工作的情况下,其工作内容与船公司自行办理承运工作的内容没有什么不同,代表货主代办货物订舱和托运工作时的工作内容也与货主自行办理没有什么不同。但在既代表船公司代办货物承运工作,又代表货主代办货物订舱和托运工作时,则因出口货物所采用的价格条件不同,而使其工作内容不同。在CIF或CFR价格出口货运中,在代理人既代表船公司办理货物承运工作,又代表货主代办货物的订舱和托运工作的情况下,如果代理人同时代理几家船公司的船舶,就会出现代理人将他所掌握的货载按照一定的配载原则分配给某一船公司的船舶问题。在FOB出口的货运中,买方可能委托在装货港的代理人洽订舱位载运货物,也可能由买方自行安排船舶来港装运。

第二,国际海上联运货物的中转。从国外港口运抵本港又转往其他国家港口,并由承运人签发了联运提单的货物称为国际海上联运货物。国际海上联运货物在中转换装港需要办理一系列手续,完成一系列作业。而在中转港接受委托,代办这些手续和作业则是船舶代理人经常受托代办的业务之一。不过,从货物的安全运输和承运人的责任考虑,对于危险货物、重大件、鲜活、冷冻及散装货物等,以及承运人已签发直达提单,因承运人或收货人的决定而改变目的港的货物,不能代办中转手续。委托方没有在载运联运货物的船舶抵港前的一定时间内,提出委托并明确费用的负担或分摊时,代理人也不能接受委托。

第三,绘制出口货物积载计划。绘制船舶积载计划是船方的职责,而代理人的义务则是向船方提供装船货物的资料,督促并协助到港船舶及时做出积载计划,由代理人分送港口有关部门安排装船作业,以免因绘制计划不及时而延误货物进栈、落驳和装船。关于协助到港船舶绘制积载计划,代理人的任务是根据货单留底编制装货清单,向来港装货船舶提供装货的种类及货物的积载因素,重大件货物、成套设备和畸形包装货物的外形尺寸和重量、危险货物说明书,特殊货物的装载要求和冷冻货物的温度要求以及下一港口货载情况等资料。

第四,缮制各种货运单证。缮制各种货运单证是接受船公司委托代办出口货运业务的代理人经常要办理的主要业务工作。缮制这些单证要做到整洁、正确和及时。整洁是指签发的各种单证应该字迹清晰,未加涂改,计量或计费单位明确,按照规定分别以大写或小写书写数码;正确是指单证内容的完整无误和运输安排的正确合理;及时则是指在港进行各项作业的进度,应适时地缮制、分送各种货运单证,避免因单证不及时而发生作业中断和待时。对于随船单证,应做到随船带走。对于邮寄单,应区别远近,在船舶离港后的一定时间内寄出。邮寄单证必须详列清单,并要求对方返回收讫回执,以分清责任。

第五,运费计算工作。代计代收运费也是船舶代理人的一项重要业务工作。船舶代理人接受各个船公司的委托,根据各个船公司制定的费率本,为各船公司代计代收运费。由于各船公司的运费率常会发生局部的修订、调整,附加费的计收或撤销也常有变动,所以,代理人对于各船公司的费率本加强管理是非常重要的。代理人要指定专人进行运费计算、审核和计收工作,随时注意费率本的撤换、货物运费率及等级的更正或补充、附加费及货名的增减,并且确切地理解费率本的各项条款及规定,及时做出修改和记录。

(3)进口货运业务。进口货运业务主要包括收受载货运费清单,收受积载计划,催提、签发提货单和进口货物理赔等。在班轮运输或不定期船运输中,承运人或租船人都可能通过授权,将这些业务工作委托代理人代办。

第一,收受载货运费清单。载货运费清单的作用之一是卸货港的船舶代理人在船舶到港前据以编制进口载货清单,为到港船舶和货物先行安排泊位、卸货、驳运和仓库,并通知收货人准备提货。卸货港的船舶代理人在收到这些单证后,须参照进口货物积载计划,按货物装货港逐港、逐票核对,核查是否有漏寄情况。如发现漏寄,应及时向船舶或漏寄港的船舶代理人索取。与此同时,卸货港的船舶代理人还应按提单副本逐票核对载货运费清单所列货名、件数、标志和收货人等项内容。如果发现错误,应向船方或装货港的船舶代理人查询。

第二,收受积载计划。进口货物的积载计划必须在船舶到港前寄达在卸货港的船舶代理人,以便安排卸货和供理货人员理货时参考。一般航线较长的进口货物积载计划应由船公司或装货港的船舶代理人寄来,而航线较短的进口货物积载计划则可由船长或装货港船舶代理人用电报通知。

第三,催提货物。通常都规定,船舶到达卸货港将货物卸下后,在一个合理的时间内如无人认领,承运人可以处置该货物而不承担任何责任,全部风险和费用由货方承担。虽然如此,但从承运人的信誉以及货物的安全考虑,为收货人尽快提取货物创造条件,仍是承运人不容推卸的责任。因此,作为承运人的代理人,在船舶抵达卸货港之前,应事先通知收货人做好准备,以避免货物抵达目的港后在码头仓库积压,影响港口的正常作业。催提可用函件、电话进行。如用电话催提,必须做好记录备查。对于冷藏货、鲜活货物等,因港口无保管条件或不便存放,应随时用电话通知收货人船边提货。

第四,签发提货单。正常提货程序是,收货人在一份正本提单背书后,付清运费(到付运费)和其他应付的费用,换取由卸货港的船舶代理人签发的提货单,向海关办理货物进口手续后,即可凭提货单在码头仓库提取货物。卸货港的船舶代理人在签发提货单时,首先要将提单与载货清单核对,经核对无误,在载货清单中所列该提单的项目后做出记号,表示该票货物已办理提货手续,然后收回提单,签发提货单。

第五,进口货物理赔。收货人提取货物时,如发现货物灭失或损坏,既可直接向船公司索赔,也可通过卸货港的船舶代理人向船公司索赔。通常,对于索赔金额较大的索赔案件,都由船公司自行理赔。而对于索赔金额较小的案件,船公司也常委托卸货港的船舶代理人代办理赔。船公司委托代理人代办理赔工作,一般都只是在一定限额内授权代理人代办。如果代理人得到这种授权,即可在规定的限度内理赔结案,事后再将处理结果转告船公司。

(4)船舶供应服务工作。供应服务工作主要包括:安排供应船用燃油、淡水;安排供应船舶物料、垫料、备件;安排船长借支;安排供应船员伙食;应船长要求联系安排清舱、洗舱等工作。其他服务工作主要包括:安排船员遣返、办理船员登陆或出入境手续,安排船员就医和联系安排船员其他事宜。

(四)货运代理企业

货运代理企业是接受货主委托,办理有关货物报关、交接、仓储、调拨、检验、包装、转运、租船和订舱及其他物流服务等业务的法人或组织。经营港口物流的货运代理主要是国际货运代理企业。

1. 国际货运代理的定义与性质

早在数百年前,国际货运代理行业就逐渐成为货主与承运人之间不可缺少的中介。国际货运代理在国际上被人们誉为“国际贸易的桥梁”“国际贸易运输的设计师和执行人”。国际货运代理在国际货运代理协会联合会(International Freight Forwarder 或 International Freight Agent,FIATA)中的定义是:国际货运代理是根据客户的指示,并为客户的利益而揽取货物运输的人,其本身并不是承运人。国际货运代理也可以依据这些条件从事与运输合同有关的活动,如储货(也含寄存)、报关、验收和收款等。在《中华人民共和国国际货物运输代理业管理规定》中的定义是:接受进出口货物收货人、发货人的委托,以委托人的名义或者以自己的名义,为委托人办理国际货物运输及相关业务并收取服务费用的行业。

当前,国际货运代理企业已不是传统的纯粹代理人,而是具有双重性质,其在实践中的既可为货运服务代理人提供服务,又可为货运服务当事人(独立经营人)开展服务活动(例如,国际货运代理企业以缔约承运人、无船承运人和多式联运经营人的身份提供货物运输服务）。有时二者兼而有之。

目前，国际货运代理企业更注重在“产品”开发上集中财力、物力，如改善服务、开辟新航线、提供新的联运方式、开拓国际物流和增值服务市场等，以增加效益。

2. 国际货运代理的业务分类

国际货运代理业务的复杂性和多样化决定了当前国际货运代理种类的多样性。实践中，各种货运代理企业的业务重点不尽相同。按照国际货运代理的业务范围分类，较常见的货运代理主要有以下几类：

第一，租船订舱及货运安排代理。这类代理与国内外货主有广泛的业务关系。

第二，货物报检、报关代理。有些国家对这类代理应具备的条件规定较严。例如，美国规定这类代理必须向有关部门申请登记，必须是美国公民，并经过考试合格，取得执照才能营业。中国也规定这类代理必须取得报检、报关代理资格。

第三，转运及理货代理。其办事机构一般设在中转站及港口。

第四，储存代理，包括货物保管、整理、包装以及保险等业务。

第五，集装箱代理，包括装箱、拆箱、转运、分拨以及集装箱租赁和维修等业务。

3. 国际货运代理的业务内容

国际货运代理的服务对象包括发货人（出口商）、收货人（进口商）、海关、承运人、班轮公司和航空公司，在物流服务中还包括工商企业等。不同的国际货运代理，从事的业务范围不同，大多数国际货运代理的业务范围较为广泛，除了作为货运代理代委托人报关、报检、安排运输外，还用自己的雇员，以自己的车辆、船舶、飞机、仓库及装卸工具等来提供服务，或陆运阶段为承运人，海运阶段为代理人。作为代理人和作为当事人的国际货运代理人的业务范围如图 3－1 所示。

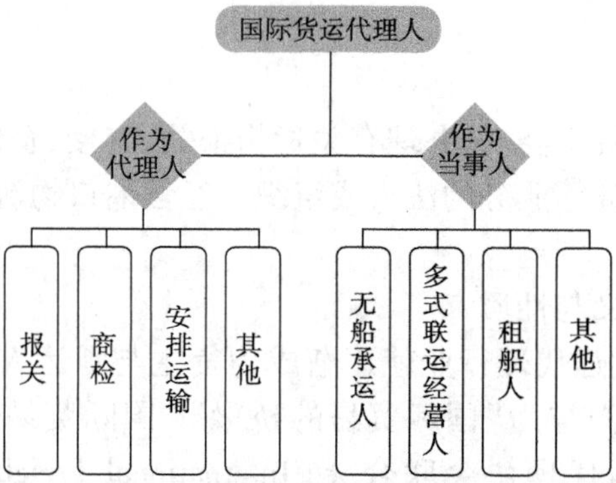

图3－1 “混合”身份的国际货运代理人的业务范围

（1）国际货运代理为货运服务代理人提供服务。国际货运代理主要是接受客户的委托，完成货物运输的某一个环节或与此有关的各个环节的任务，除非客户（发货人或收货人）想亲自参与各种运输过程和办理单证手续，否则，国际货运代理可以直接或通过其分支机构及其雇用的某个机构为客户提供各种服务，也可以利用其在海外的代理提供服务。国际货运代理为委托人服务，并从委托人那里获得劳动报酬，其工作内容完全属于商业或贸易行为。

根据国际货运代理为货运服务代理人服务对象的不同，可将其业务内容分为以下几类：

第一，国际货运代理为发货人服务。国际货运代理可代替发货人（出口商）承担在货物运输中各个不同阶段的任何一项业务。例如，选择运输路线、运输方式和适当的承运人；向选定的承运人提供揽货、订舱；提取货物并签发有关单证；研究信用证条款和所有政府的规定；包装；储存；称重和量尺码；安排保险；货物到港后办理报关及单证手续，并将货物交给承运人；做外汇交易；支付运费及其他费用；收取已签发的正本提单，并付发货人；安排货物转运；通知收货人货物动态；记录货物灭失情况；协助收货人向有关责任方进行索赔。

第二，国际货运代理为收货人服务。国际货运代理可以作为收货人（进口商）的代理开展各种服务。例如，报告货物动态；接收和审核所有与运输有关的单据；提货和支付运费；安排报关和付税及其他费用；安排运输过程中的存仓；向收货人交付已结关的货物；协助收货人储存或分拨货物。

第三，国际货运代理为海关服务。当国际货运代理作为报检、报关代理，办理有关进出口商品的检验检疫、报关手续时，不仅代表其客户，也代表海关。事实上，在许多国家，货运代理已取得这些政府部门的许可，办理检验检疫和报关手续，并对海关负责，负责在法定的单证中申报货物确切的金额、数量和品名等。

第四，国际货运代理为承运人如班轮公司、铁路部门和航空公司服务。国际货运代理及时向承运人订好足够的舱位，认定对承运人和发货人都公平合理的费率，安排在适当的时间交货，以及以发货人的名义解决与承运人的运费结算等问题。

（2）国际货运代理作为当事人开展服务。

第一，国际货运代理作为经营人提供多式联运服务。例如，集装箱化使国际货运代理介入了多式联运。这时，国际货运代理充当了总承运人，并且负责组织在一个单一合同的情况下，通过多种运输方式，进行门到门的货物运输，其可以当事人的身份分别与其他承运人或其他服务的提供者谈判并签约。国际货运代理作为多式联运经营人时，通常需要提供包括所有运输和分拨过程的全面的一揽子服务，并对其客户承担一种更高水平的责任。

第二，国际货运代理从运输服务延伸到提供物流服务。提供物流服务是国际货运代理为满足客户的更高要求，提高其市场竞争能力，顺应国际发展的一种新趋势。物流服务是一项从生产到消费的高层次、全方位和全过程的综合性服务。与多式联运相比，国际货运代理提供物流服务，不仅提供一条龙的运输服务，而且延伸到了运输前、运输中和运输后的各项服务。凡与运输相关的、客户需要的服务，均为国际货运代理服务的内容，而且要做到高速度、高效率、低成本、少环节、及时和准确。这就需要国际货运代理熟悉客户的业务，了解客户生产乃至销售的各环节，主动为客户设计和提供其所需，从而使自己在运输的延伸服务中获得收益。

三、仓储型港口物流企业

仓储型港口物流企业应符合以下要求：

第一，以从事仓储业务为主，为客户提供货物储存、保管和中转等仓储服务，具备一定规模。

第二，企业能为客户提供配送服务以及商品经销、流通加工等其他服务。

第三，企业自有一定规模的仓储设施、设备，自有或租用必要的货运车辆。

第四，具备网络化信息服务功能，应用信息系统可对货物进行状态查询和监控。

仓储型港口物流企业又分为港口保税仓储企业和港口非保税仓储企业。

（一）港口保税仓储企业

保税储存是指进口货物在海关监管下储存于指定场所，并暂缓缴纳进口税的一种保税形式。保税储存的目的在于使进口货物在暂缓缴纳进口税的状态下暂时存放于保税仓库，等待货物最终进入贸易或生产环节。因此，保税储存是一种以仓库为依托，以储存为基础的保税形式。

港口保税仓储企业位于或毗邻港口，是经海关批准，提供保税货物专业化储存服务的公共保税仓储企业。

关于保税仓储业务，我们将在项目十港口保税物流中详细阐述。

（二）港口非保税仓储企业

港口非保税仓储企业位于或毗邻港口，为非保税货物提供仓储服务。港口运输主要采用集装箱运输，所以仓储企业主要是围绕着集装箱仓储活动展开业务。与集装箱有关的仓储企业主要有两种：一是集装箱码头，主要处理集装箱的重箱和空箱的储存及相关活动；二是集装箱货运站，主要是处理货物的聚集、集装箱拼箱，以及集装箱拆箱、货物的分拨活动等。

四、综合服务型港口物流企业

综合服务型港口物流企业应符合以下要求：

第一，从事多种物流服务业务，可以为客户提供运输、货运代理、仓储和配送等多种物流服务，具备一定规模。

第二，根据客户的需求，为客户制定整合物流资源的运作方案，为客户提供契约性的综合物流服务。

第三，按照业务要求，企业自有或租用必要的运输设备、仓储设施及设备。

第四，企业具有一定运营范围的货物集散、分拨网络。

第五，企业配置专门的机构和人员，建立完备的客户服务体系，能及时、有效地提供客户服务。

第六，具备网络化信息服务功能，应用信息系统可对物流服务全过程进行状态查询和监控。

综合服务型港口物流企业分为资产型港口物流企业、管理型港口物流企业两种类型。

（一）资产型港口物流企业

资产型港口物流企业通常包括两种类型的资产：第一种是指机械、装备、运输工具、仓库、港口和车站等从事实物物流活动，具有实物物流功能的资产；第二种是指信息资产，包括信息系统硬件、软件、网络及相关人才等。

资产型港口物流企业自己出资购买各种装备并建立自己的物流网点，向顾客提供一站式港口物流服务。资产型港口物流企业可以向客户提供稳定的、可靠的物流服务，由于资产的可见性，这种物流企业的资信程度比较高，对客户具有极大的吸引力。

资产型港口物流企业需要建立一套港口物流工程系统，这需要较大的投入，同时维持和运营这一套系统仍然需要经常性的投入。另外，这一套工程系统一旦形成，虽然可以提供高效率的确定服务，但是很难按照客户的需求进行灵活的调整，往往会出现灵活性不足的问题。

（二）管理型港口物流企业

管理型港口物流企业是以本身的管理、信息和人才等优势作为其核心竞争能力。管理型港口物流企业主要拥有信息资产，包括信息系统硬件、软件、网络及相关人才等，通过系统数据库和咨询服务提供物流服务。在网络经济时代，管理型港口物流企业实际上是以"知识"作为核心竞争能力，通过网络信息技术的深入运用，以高素质的人才和管理能力，利用社会的设施、装备等劳动手段最终向客户提供优良服务。

管理型港口物流企业不需要拥有高额投资和经营费用的物流设施和装备，而是灵活运用他人发展生产力的手段，这需要有效的管理和组织。而要做到这一点，信息技术的支撑非常重要。管理型港口物流企业的最大优势，除了信息能力、组织能力和管理能力之外，还由于不具备庞大的资产，可以有效地运用虚拟库存等手段，获得较低的成本优势。

综合服务型港口物流企业能够提供一站式港口物流业务，不仅为包括运输型港口物流企业和仓储型港口物流企业提供的业务，还包括提供港口物流管理服务、信息服务和咨询服务等业务。

综合服务型物流企业提供一站式物流服务是基于与储运型物流企业、运输型企业间的合作，通过整合它们的有利资源，更有效地向客户提供物流服务。

单元二 港口物流园区

港口能否成为国际物流网络中的一个有效节点，在很大程度上取决于港口是否具备完善的物流服务功能。目前，世界上各主要港口都已经建立起了以港口为依托的港口物流园区。港口物流园区的建设能够为港口提供更综合、更完善的配套物流服务，促进港口业务水平的提升。港口物流园区的发展，对于实现区港联动，促进现代物流产业和国际港航运产业的联动发展，提高物流企业的国际竞争能力，具有非常重要的战略意义。

一、港口物流园区的含义

发展物流园区是现代港口发展的必然选择。港口发展物流园区，既为物流企业提供了新的发展空间，也为城市经济发展做出了贡献。港口具有建设现代化物流园区的良好条件，只要在管理和组织上进行适应物流活动的调整，达到对物流活动进行集中控制、即时信息传递和运输效率的要求，就会发展成为物流活动最为集中的物流园区。

（一）港口物流园区的含义及特点

1. 港口物流园区的含义

物流园区的形式及概念起源于日本。目前关于物流园区尚无明确和统一的定义，即便是在《中华人民共和国标准物流术语》中，也仅对物流中心、配送中心进行了原则性的界定。

物流园区也称为物流基地或物流中心，一般是指在物流作业集中的地区，在几种运输方式衔接地，将多种物流设施和不同类型的物流企业在空间上集中布局的场所，是具有一定规模和综合服务功能的物流集结点，是物流系统中一种大型的、综合性的物流节点。

港口物流园区是物流园区总概念下的一个具有港口特征的物流经济区域，是指以港口为依托，由多个物流组织设施和专业化物流企业构成，以降低物流成本、提高物流组织和运作效率为目的的，具有装卸、仓储、运输和加工等基本功能和与之配套的信息、咨询和维修等综合服务功能的规模化、功能化、信息化物流组织和经济运行的港口物流产业集群区域。它是大规模、集约化物流设施的集中地和物流线路的交汇点，具有综合多种物流方式和物流形态的作用。

2. 港口物流园区的特点

(1)港口物流园区是综合性的物流园区，突出表现在两个方面：①港口物流园区是从事专业物流的产业，是具有公共公益特性的相对集中的独立区域，不是为单一的企业服务的，而是众多物流企业或从事物流的相关企业和多种类型物流活动的集合，具有集群化、系统协同化和供应链一体化的特征。港口物流园区是为多家物流服务供应商或需要在港口从事物流活动的生产商、贸易商服务的，是众多物流企业和物流活动的汇集地，这是港口物流园区与企业的物流园区的最大区别之一。②港口物流园区是汇集多种物流服务的综合性服务平台。港口是大量货物的集散地，由于货物种类、贸易性质和运输流量或流向千差万别，这就决定了对物流服务的要求是多种多样的，因此，港口物流园区是综合了不同类型物流活动的服务中心。

(2)港口物流园区是国际物流中心。港口是一个国家或地区对外交往的门户，是各类外贸货物进出口的重要口岸，在港口内发生的物流活动往往和国际贸易有十分密切的关系。因此，港口物流园区的物流活动一般以国际物流为主要服务对象。

(3)港口物流园区以集装箱货物为主要服务对象。从进出港口物流园区的货物类型看，港口物流园区以集装箱货物为主要服务对象，其原因主要包括两方面：①随着全球运输和贸易集装箱化的发展，集装箱货物在港口中的份额和重要性更加突出；②与煤炭、矿石和石油等大宗散货相比，集装箱货物具有价值高、操作环节复杂等特点，其物流服务的需求更多，要求也更高。

(二)港口物流园区的基本要素

一般而言，区域经济的发展由区域的地理资源、产业结构、人口社会和运输条件等要素组成，区域经济中心和经济圈的形成取决于各种经济要素的有效聚合与辐射。对港口物流园区来说，其形成的基本要素主要包括以下六个方面。

1. 优越的地理位置和自然条件

港口物流园区大多位于港口内部，并紧邻港口集装箱码头，有的物流园区与码头还有专用的通道相连接。这样选址的主要优点是：①便于货物在港口码头和物流园区之间的运输，并能够有效降低港口内的物流成本；②减少港口外部的交通拥堵；③能够利用港口已有的服务和设施，如集疏运条件、口岸设施等，降低整个物流园区和中心内各类物流活动的成本。其主要劣势是港口内的土地成本相对较高，有可能远离市场。

2. 便捷的交通条件

港口物流园区是重要的货物集散地，需要有高效、便捷的运输保障，这既包括了内部的交通条件，更重要的是与内陆腹地的公路、铁路和内河等交通联系要通畅、便捷。

3. 足够的空间和充足的人力资源

港口物流园区是综合性的服务平台，汇集了大量的物流活动和配套设施，因此，对土地的需求是比较大的。当然，对于土地资源较为紧缺的港口（如新加坡港和香港港）来说，只能通过发展多层仓库来解决用地紧张的矛盾。

尽管现代物流正逐步发展成为资金和技术密集型产业，但对劳动力的需求仍是非常大的，特别是具有特殊技能和工作经验的工人和管理人员。港口物流园区的发展一般都充分发挥了其所依托的城市的作用，保障了劳动力的供给。

4. 先进的信息支持系统

信息的收集、处理和控制已经成为现代物流的重要组成部分，离开先进的信息系统，物流活动的效果和效率都无法得到保障。因此，港口物流园区都配备了现代化的信息支持系统，其不仅为中心内的物流企业提供服务，而且方便了与外部的港口码头、海关和货主等的联系。

5. 口岸服务系统

由于国际物流是港口物流园区的主要服务对象，因此，海关等口岸服务是十分必要的。绝大多数港口物流园区都配套有海关设施和相关服务，而且有的还享有自由贸易区的政策，这对于中心内各类物流活动的开展是非常重要的。

6. 必要的公共服务设施

为满足小型物流企业的需要，很多港口物流园区都提供一些公共服务设施，如仓库、装卸设备等，这样可以有效地降低物流服务供应商的资金投入，吸引更多的企业进驻。

（三）建立港口物流园区的意义

港口物流园区提供的换装、分拨、配送、加工和联运等一系列物流服务，能够保证货物被以最经济、快捷、准确和安全的方式送达下一级配送中心或是直接送到用户手中，发挥物流运输节点的作用，这是提高港口国际竞争力的必要条件。建设港口物流园区，也能促进经济要素的有效聚集与辐射，整合各种生产要素，能够发挥“$1+1>2$”的效果，对于促进区域经济中心和区域经济圈的快速发展具有重要意义。

（1）港口物流园区的建立可以吸引、汇集更多的物流，使港口物流诸多功能的实现更为方便，从而使更多的港口物流企业入驻港口物流园区，为港口带来稳定的货源，以创造更好的就业机会，有利于提高港口竞争力。

（2）港口物流园区的建立可以使商品流通渠道畅通，通过提高企业的消化能力而促进企业生产，带动本地经济和腹地经济共同发展。

（3）港口物流园区的建立可借助效益显著的港口工业功能发展临港工业。港口是生产要素的最佳结合点，许多国家依赖进口原材料的钢铁厂往往都建在港口地区，世界主要港口所在地基本上都是重要的工业基地。港口物流园区的建立，将使该地区的产业结构得以调整。港口物流及相关联产业的发展，将加大第三产业的比重，使产业结构趋于合理化。

（4）港口物流园区的发展和地区城市的发展相辅相成。港口物流园区的发展，将带动城市经济和第三产业的发展，从这个角度来看，物流园区是一种“推进型产业”。港口物流园区成为推进型产业，将推动当地城市经济的发展，即使在发展初期可能会导致城市与周边地区的差距拉大，但从长远看，物流园区的经济效应也会向周边地区辐射，带动周边地区的全面发展和提升。

二、港口物流园区的功能

港口物流园区的业务功能是能够提供给客户的各种相关服务的总称。

港口物流园区的产业目标是，发挥港口产业的聚合效应，全面整合第三方物流资源，推动现代港口物流产业的发展；为专业化物流企业提供服务支持，降低社会物流的费用，推动区域经济的增长。

为了能够在国际物流系统中扮演重要且积极的角色，完善的港口物流园区要具备商务、物流和信息服务三大基本功能，如图 3－2 所示。

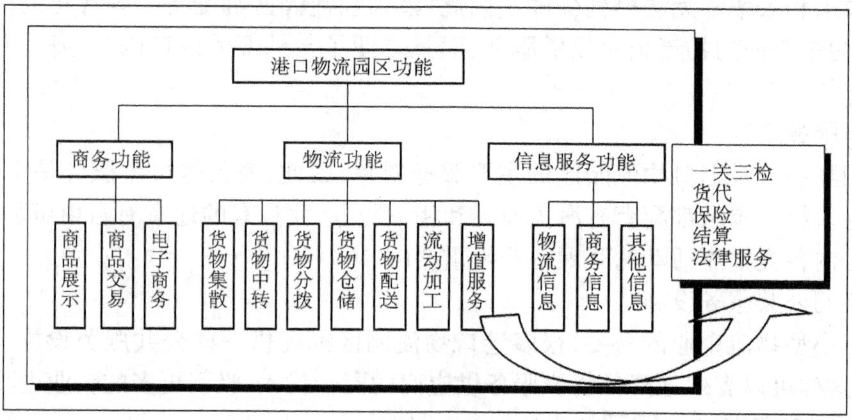

图 3－2　港口物流园区的功能

（一）港口物流园区的商务功能

通过装卸、搬运、拆装箱、报检、仓储和代理等活动，实现进出口贸易、转口贸易、过境贸易和保税贸易等功能，使作为货物集散地的港口物流园区成为重要的国际贸易基地以及跨国公司的国际采购和分拨中心。

港口物流园区的商务功能具体体现在：开展国际转口贸易、发布商品交易信息、召开商品展示及贸易洽谈会等。

由于物流和商流一体化的发展趋势，港口物流园区势必会成为商业服务中心，成为产品或商品推广、分销、采购和交易的重要场所，商业服务水平的高低将直接影响港口物流园区的发展。因此，港口物流园区应当具备较为完善的展示、会议、交易及一定的金融等商业服务功能。

（二）港口物流园区的物流综合服务功能

港口物流园区是大规模、集约化物流设施的集中地和物流线路的交汇点，具有综合多种物流方式和物流形态的作用。它由多个物流组织设施和专业化物流企业构成，具有装卸、仓储、运输和加工等基本功能和与之配套的信息、咨询和维修等综合物流服务功能。

港口物流园区主要的物流服务功能体现在五个方面。

1. 货物集散功能

货物集散即接受通过各种运输方式运送到的物资,并进行分拣、储存,将本地区发出的物资进行集中,通过直接换装的方式向外发送。港口物流园区就是货物集散的地方。作为货物的集散中心是港口物流园区的基本职能,是港口物流园区得以存在和发展的基础。

港口物流园区的货物集散功能主要体现在实现集装箱货物的装箱、拼箱和集散。港口物流园区可利用临近港区的优势,为口岸运输提供基础的集装箱管理服务功能,包括集装箱的堆存、调运、送港和疏港,集装箱的维修、清洗和熏蒸,冷藏箱的保管和调运,集装箱货物的装箱、拆箱和拼箱等。

2. 货物中转功能

运输是物流活动的物质基础,也是物流最重要的功能。在现代综合运输体系中,通过多式联运实现货物在不同运输方式之间的有效衔接已经成为提高运输效率、降低运输成本的有效手段。港口物流园区是货物在不同运输方式之间换装的重要枢纽,因此,必须具备方式齐全、功能完善、手段先进的转换设备和多式联运功能。

港口物流园区在各种运输方式联运上发挥着重要的装卸、中转衔接功能。

中转运输主要有以下八种类型。

(1)国际中转是指货物起运地和目的地位于两个不同的国家,该货物的运输通过在第三地港口换装运输工具得以实现。货物在起运港一次报关即可,无须在中转港进行二次报关或二次查验。对港口物流园区来说,即对国际、国内货物在园区内进行分拆、集拼后,转运至境内外其他目的港。

(2)国内中转是指货物起运地和目的地位于同一个国家,该货物的运输通过在第三地港口换装运输工具得以实现。

(3)保税中转是指对中转货物在中转地港口的某一保税物流区予以保税。即境内货物进入该区域视同出口,予以退税;境外货物进入该区域免征关税和进口环节税;中转货物在区内可以自由流通,不征增值税和消费税。

(4)非保税中转是指对中转货物不予以保税,境外货物到港即视为进口,须清关、等待海关查验、缴纳关税和进口环节税;境内货物须报关结束,装船起运后视为出口,予以退税。

(5)水水中转是指货物中转运输由两程或多程的水路运输完成,如干支线中转、不同航线中转、内河远洋中转等。

(6)水铁中转是指货物中转运输由水路运输和铁路运输完成。

(7)水公中转是指货物中转运输由水路运输和公路运输完成。

(8)多式联运中转是指货物中转运输由多种不同的运输方式完成。

3. 仓储、运输、配送和加工增值功能

仓储、运输和配送是港口物流园区具备的基本功能之一。港口物流园区的配送功能是指港口利用临近口岸、专业化和信息化的优势,在库存仓储、存货管理的基础上为企业生产提供后勤服务,即时配送企业所需原材料、零配件等物料,提供包括专业物流方案设计、库存管理、实物配送、搬运装卸和包装加工等一系列物流服务,从而使货主企业节省运输和仓储成本。

港口物流园区为实现正常的国际物流运作,需要在港口物流园区内设置大量的仓储网点和运输设施设备，为实现国际物流提供仓储、运输和配送物流服务。

一些港口物流园区还具备提供简单加工服务的增值服务功能，实现物流服务的增值，进而带动和辐射国内市场。港口物流园区的增值加工功能，是指某些原料或产成品从供应领域向生产领域，或从生产领域向消费领域流动过程中，企业为了有效利用资源、方便用户、提高物流效率和促进销售，在港口物流园区对产品进行初级或简单再加工，如再包装、分拣、刷唛和除去杂质的加工等。在物流园区内完成的流通加工可以增加运输、仓储和配送等活动的附加价值，同时也提高了物流过程本身的价值，使用户获得价值增值。

4. 物流增值服务功能

港口物流园区涉及货物的出口、装船、报关和报检，为了提高工作效率，物流园区提供货运代理、报关、报检业务。港口物流园区还可提供货运保险以及商务法律咨询服务。一些港口物流园区还可提供国际结算以及金融服务。

鉴于港口物流园区是现代化、高效化及信息化的经济运作区，其物流增值配套服务有着广阔的发展空间。

5. 保税物流功能

不少港口经审批设有保税物流园区，具有保税物流功能。保税物流主要是保税加工货物、保税仓储货物和出口监管货物的物流活动，是以保税加工和仓储为目的，在海关监管区域或场所进行的物流活动，其主要业务功能包括：保税运输；保税仓储；保税加工；流通性简单加工（增值服务）；国际贸易、转口贸易、国际中转；进口分拨；国际采购、分销和配送；商品展示服务；检测、维修服务等加工和物流活动。

（三）港口物流园区的物流信息服务和控制中心功能

港口物流园区既是物流信息的生成地，又是信息的反馈地。港口物流园区采用以计算机管理网络系统为核心的现代化信息手段，存储各生产企业、船公司、港口、陆路运输公司、仓储公司、贸易公司、海关、银行和政府的其他部门等的大量的基本信息和各种形态信息，提供物流国际化作业过程所需要的信息服务。

港口物流园区的作用不仅在物流本身，也表现在临港经济开发和城市建设功能上。港口物流园区的经济开发功能体现在物流基础设施及经营产生的效益上。物流园区的城市建设功能体现在通过优化整合资源，发挥园区系统优势，以利于生产、方便生活、优化交通、开发沿途房地产和提升城市形象，满足城市功能的发展需要。此外，港口物流园区的服务范围不仅包括周边地区，也应涵盖更广阔的内陆腹地。港口物流园区还具有积极辐射与拉动功能。

当然，每个港口物流园区都应根据当地的实际和城市发展规划，综合考虑各个园区的功能设置，不同的港口物流园区具有上述诸多功能的不同组合。

三、港口物流园区的运作模式

国内外港口物流园区的发展大致经历了传统物流阶段、配送物流阶段、综合物流阶段，而今进入到港口供应链物流阶段。发展港口物流园区的主要方式有：①建立"配送园区""分拨中心"等物流设施。②拓展装卸主业以外的相关产业，特别是延伸内陆运输。③投资组建第三方物流企业。向国际化、规模化、系统化发展，形成高度整合的"大物流"，进一步拓展服务功能的“增值物流”，打造技术密集型的“智慧港”以及发展“虚拟物流链控制中心”[①]是当前港口物流园区发展的主要特点和趋势。

结合国内外的发展经验，港口物流园区运作模式可分为以下六种。

（一）地主型物流园区

地主型物流园区模式是由港口管理局统一港口地区码头设施、临港工业以及其他设施的用地管理，拥有很大的经营管理自主权和土地使用权。港口管理局拿出一部分仓库和堆场，开辟公共型港口物流园区，港口管理局只负责管理和提供配套服务，自己不参与物流中心的经营。

地主型物流园区模式的港口管理局实际上相当于一级政府机构。物流园区建成后可有重点地选择业务基础牢固、信誉良好的物流经营方加盟，逐步吸纳工商企业进入物流园区。工商企业可将原材料采购（部分或全部）、配送等职能交物流园区负责，建立长期的协作关系，参与供应链管理。

地主型物流园区模式代表着当今世界港口发展的一大方向，目前美国纽约港与巴尔的摩港、荷兰鹿特丹港、德国汉堡港和法国马赛港等世界著名港口均采用了这种管理模式。

以鹿特丹港为例，鹿特丹港的货物集散用地和港口工业用地由鹿特丹市港务局统一负责管理，鹿特丹市港务局在港区内辟有专门的物流园区，重点引进和布局与港口相关的产业，有石油炼制、化学工业、修造船、食品与饮料制造等。港区和物流园区的管理合一，实行一体化发展，在荷兰国家经济发展中的地位十分突出。

（二）共同出资型物流园区

共同出资型港口物流园区由多方合资经营。这种模式可以以港口为依托，联合数家水、陆运输企业，甚至可以以股份制的形式组成现代物流园区，将物流园区建成装卸、仓储、运输、配送和信息处理的统一体，以开展一条龙、门到门的综合性服务。

这种模式的优点是：一方面可以解决港口资金缺乏的困难；另一方面通过与国内外先进的物流企业的合作，可以更快地了解和掌握国际上现代物流中心的经营和管理技术以及运作方式。

安特卫普港就是采用这种模式建设港口物流园区。安特卫普港在港口物流园区建设的过程中，其投资主要集中于港口基础设施，而将物流、土地开发及海运业务留给私营企业经营。

（三）独立型物流园区

独立型物流园区即港口企业自行组织专业化物流园区，利用港口的设施、人力和上下游业务关系开展物流业务。这种模式的物流园区在组建过程中，注重建立港与港、口岸与口岸之间的沟通管道，以港口为连接点，建立企业、城市、区域和全国性的现代物流服务网络体系。

独立型物流园区要搞好规划，加强装备建设，以加快物流速度，提高运营质量。要从单

---

① 虚拟物流（virtual logistics）是指以计算机网络技术进行物流运作与管理，实现企业间物流资源共享和优化配置的物流方式。即多个具有互补资源和技术的成员企业，为了实现资源共享、风险共担、优势互补等的战略目标，在保持自身独立性的条件下，建立的较为稳定的合作伙伴关系。虚拟物流组织的实质是供应链信息集成平台，它是以获取物流领域的规模化效益为目的，以先进的信息技术为基础，以共享供应链信息为纽带而构建的物流企业动态联盟。

一的装卸运输及仓储等分段服务,向原材料、产成品到消费全程的物流服务转变,同时要加强港口货代、船代等方面的服务功能,建立提供一条龙服务的完善的服务网络。

汉堡港物流园区的做法就属于这种模式,即由码头经营商自己投资物流园区,用来支持港内的主业。

(四)供应链型物流园区

供应链型物流园区即港口物流企业与航运物流企业共同组成物流中心。这种模式是利用各自在供应链不同环节的优势,分工合作。物流园区组建后,可利用航运集团的海外优势,由航运物流企业负责水上和境外物流,港口物流企业负责仓储、分拨和腹地物流。在条件成熟时,双方可共同投资组成紧密型物流集团。

(五)联合型物流园区

联合型物流园区即港口与保税区或者与所在城市共同组建的物流中心。联合型物流园区应树立发展临港工业、与国际班轮公司联盟的思想。港口所在地政府可在调整港口产业、产品结构方面提供帮助,也可以切实解决港口在用地、仓储和疏港道路等方面的困难。国际班轮公司的联盟化及其向物流业方向发展是其经营战略调整的主要方向,而港口是国际班轮公司转变经营战略的保证。港口与国际班轮公司之间的联盟是基于相互依存、共同发展的关系的。班轮公司实行的是定线、定港、定班、定时的运输方式,有利于港口成为综合运输网络的重要节点,有利于港口拓宽投资渠道。

(六)网络型物流园区

网络型物流园区即港口通过物流信息网络,开展电子商务,并发展成为电子物流园区,形成离岸贸易和远程物流。虽然货物没有经过本港,但实际上通过其他口岸的物流企业完成了异地物流服务。目前,中国香港就在大力发展这种较高层次的物流园区。

建立网络型物流园区,必须运用网络信息技术,尽快建立港口的营销网、信息网和配送网。建立港口完善的信息系统,并通过互联网宣传港口和发展电子商务,对物流园区各供应链上的所有环节进行有效的管理,使物流中心成为组织进出口贸易的重要战略环节。

任务解析

下面根据上述所学知识对项目情景的任务进行简要解析。

任务1:港口物流企业是指从事与港口物流相关的运输(含运输代理、货物快递)或仓储中至少一种经营业务,并能够按照客户物流需求对运输、储存、装卸、包装、流通加工、配送、报关等基本功能进行组织和管理,有与自身业务相适应的信息管理系统,可实行独立核算、独立承担民事责任的经济组织。港口物流企业主要有四种类型:装卸型港口物流企业、运输型港口物流企业、仓储型港口物流企业和综合服务型港口物流企业。

任务2:港口物流园区是指以港口为依托,由多个物流组织设施和专业化物流企业构成,以降低物流成本、提高物流组织和运作效率为目的,具有装卸、仓储、运输、加工等基本功能,有与之配套的信息、咨询、维修等综合服务功能,是一个规模化、功能化、信息化的物流组织和经济运行的港口物流产业集群区域。鹿特丹港建有3个物流园区。埃姆(Eemhaven)物流园区主要提供大宗产品,如木材、钢材等的储存和配送服务;博特莱克(Botlek)物流园区是石油、化工产品专业配送中心；马斯亚可迪(Maasvlaskte)物流园区的用户主要是大型跨国制造商、大型船公司和大型物流企业。

任务3：港口物流园区具有如下特点：①港口物流园区是综合性的物流园区。港口物流园区是从事专业物流产业，具有公共公益特性的相对集中的独立区域，不是为单一的企业服务的，而是众多物流企业或从事物流的相关企业和多种类型物流活动的集合，具有集群化、系统协同化、供应链的一体化的特征。港口物流园区是汇集多种物流服务的综合性服务平台，是综合了不同类型物流活动的服务中心。②港口物流园区是国际物流中心。港口物流园区的物流活动一般以国际物流为主要服务对象。③港口物流园区以集装箱货物为主要服务对象。港口物流园区具有商务、物流、信息服务三大基本功能。

任务4：港口物流园区按其运作模式可分为：地主型物流园区、共同出资型物流园区、独立型物流园区、供应链型物流园区、联合型物流园区、网络型物流园区。鹿特丹港的物流园区属于地主型物流园区。这种模式的特点是由港口管理局统一港口地区码头设施、临港工业以及其他设施的用地管理，港口物流园区拥有很大的经营管理自主权和土地使用权。

任务5：港口物流园区形成的基本要素主要包括：优越的地理位置和自然条件；便捷的交通条件；足够的空间和充足的人力资源；先进的信息支持系统；口岸服务系统；必要的公共服务设施等。

个案分析

上海A国际货运代理有限公司拟在上海临港物流园区设立上海国际快达有限公司，开展港口物流服务。

企业名称：上海国际快达有限公司

企业类型：中外合资经营

已具备的条件：

(1)注册资本400万元人民币。

(2)具有4名从事国际货运代理业务3年以上的业务人员。

(3)中方有一家从事国际货运代理业务1年以上的国际货运代理企业，但该企业在中方不是第一大股东。

(4)外国合营者中有一家经营国际货运代理业务3年以上的企业，该企业在外方是第一大股东。

(5)中外合营者在申请之日前3年内没有违反行业规定的行为。

拟经营范围：

(1)订舱(租船、包机、包舱)、托运、仓储和包装。

(2)货物的监装、监卸，集装箱拼装、拆箱、分拨、中转及相关的短途运输服务。

(3)代理报关、报检、保险。

(4)缮制有关单证、交付运费、结算及交付杂费。

(5)国际展品、私人物品及过境货物运输代理。

(6)国际多式联运、集运(含集装箱拼箱)。

(7)国际快递(含私人信函和县级以上党、政、军机关公文的寄递业务)。

(8)咨询及其他国际货运代理业务。

问题:

(1)上网查询后回答:中国对外商国际货运代理企业的设立有哪些规定?

(2)本案例中,上海A国际货运代理有限公司拟设立上海国际快达有限公司是否符合设立的要求,如果不符合,主要有哪些需要改进之处?

参考答案

【复习与思考】

一、名词解释

港口物流企业　船舶代理　国际货运代理　港口物流园区

二、简答题

1. 港口物流企业与一般工业企业有何不同?
2. 港口物流企业可划分为哪几种类型?
3. 简述港口装卸企业的主要业务内容。
4. 简述运输型港口物流企业的分类。
5. 船舶代理关系的形式有哪些?
6. 简述船舶代理的进出口货运业务。
7. 简述国际货运代理的业务内容。
8. 根据国际货运代理的不同服务对象,可将其业务内容分为哪几类?
9. 简述仓储型港口物流企业的发展方向。
10. 简述综合服务型港口物流企业的发展方向。
11. 简述港口物流园区的特点。
12. 简述港口物流园区的基本功能。
13. 港口物流园区的运作模式有哪几种?

项目四 港口物流生产的运作

项目要求

1. 掌握港口生产的过程与特点。
2. 了解港口生产作业计划及其类型。
3. 了解港口生产调度及其流程。
4. 理解并掌握港口生产指标体系及其应用。

项目情景

大连港位于辽东半岛南端的大连湾内，港阔水深，冬季不冻，万吨货轮畅通无阻。7月有5艘船舶停泊大连港，大连港A装卸公司为5艘船舶进行了货物的装卸、储存和港内运输的生产，并为船舶进行了引航、移泊、航修以及燃料、淡水、食品、船用备品的供应，最后顺利送走船舶。

假设船舶在港时间全部属港方责任，已知统计期船舶在港作业情况如表4－1所示：

表4－1 船舶在港作业情况

船名	载重量	船舶停泊天数	船舶作业次数	非生产性停泊天数	装货吨数	卸货吨数
A	12 000	5	2	2	10 000	10 000
B	5 000	2	1	0	5 000	
C	10 000	4	2	1	10 000	5 000
D	16 000	4	1	1		15 000
E	10 000	3	1	0.5	10 000	

任务1：港口生产包括哪些方面？其生产过程是怎样的？

任务2：如何组织港口物流生产过程？

任务3：何谓港口生产指标？港口、码头、泊位统计有哪些主要的指标？

任务4：计算本情景中的船舶平均在港停泊天数、船舶作业总次数、船舶每次作业在港停泊时间、装卸货物总吨数、船舶每装卸千吨货在港停泊时间、非生产性停泊时间、非生产性停泊时间所占比重、平均每艘船舶装卸货物吨数、平均每次作业装卸货物吨数、船舶平均每停泊艘天装卸货物吨数、船舶平均每装卸艘天装卸货物吨数。

知识模块

单元一　港口生产的过程与特点

基于生产运作角度来分析港口物流系统，港口是从事货物装卸、搬运、储存、流通加工以及进行相关信息处理和服务等物流环节的场所，在较大的生产运作空间内具有复杂的港内物流系统。港口物流系统的生产运作研究主要是研究解决港口物流系统优化和资源整合问题，使港口物流系统达到高效运作的目的。

运输业的生产不改变生产对象的自然性质和物质形态，也不创造实体的产品。它的产品是为了完成货物位移所提供的服务。港口生产仅仅是为了完成货物在不同运输方式之间的换装及堆存保管所提供的服务。

一、港口生产的过程

港口生产包括三个方面：①货物的装卸、储存和港内运输生产。②以船舶为主要对象的服务性生产，即对船舶的技术服务，如引航、移泊、航修、燃料、淡水、食品、船用备品的供应和船舶污水处理等。③为装卸生产服务的辅助性生产，如港口装卸机械设备的修理；库场、码头道路等工程建筑设施的维护、修理；装卸工属具的加工、制造、保养和维修等。

港口生产的三个方面之间存在着相互依存的关系。港口以装卸生产为其主要生产任务，同时，它也是确定服务性生产和辅助性生产规模的依据。服务性生产和辅助性生产是保证装卸生产连续进行的技术基础和物质保证。

港口企业的生产过程是从接待车、船开始，送走车、船为止的一个物流生产周期。车、船连续不断地到达，并经过装卸之后离去，因此，港口企业的物流生产是以为车、船服务为中心的，一个周期连一个周期循环进行。

（一）港口生产的四个阶段

港口企业物流生产过程，按其程序可划分为生产准备过程、基本生产过程、辅助生产过程和生产服务过程四个阶段，如图 4-1 所示。

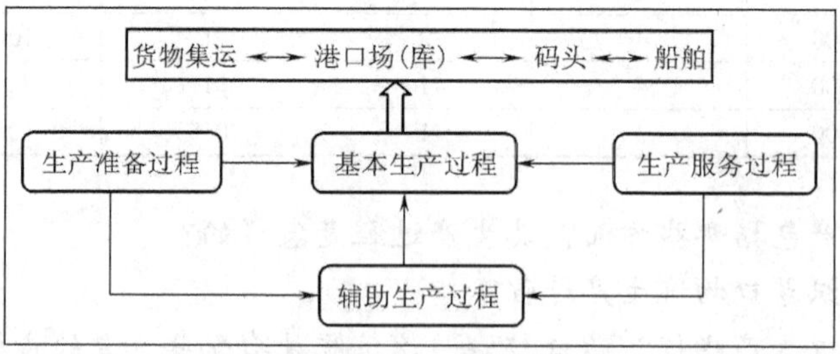

图 4-1　港口企业的生产过程

1. 生产准备过程

生产准备过程是指港口基本生产活动之前所进行的全部技术准备和组织准备工作。主要内容包括:编制装卸作业计划;根据计划进行货物操作过程、装卸工艺、装卸地点、库场和接运工具的确定和准备;装卸机械和工具的准备以及货运文件的准备。这些工作是确保基本生产过程顺利进行的前提。

2. 基本生产过程

货物在港内作业方式见图 4－2。

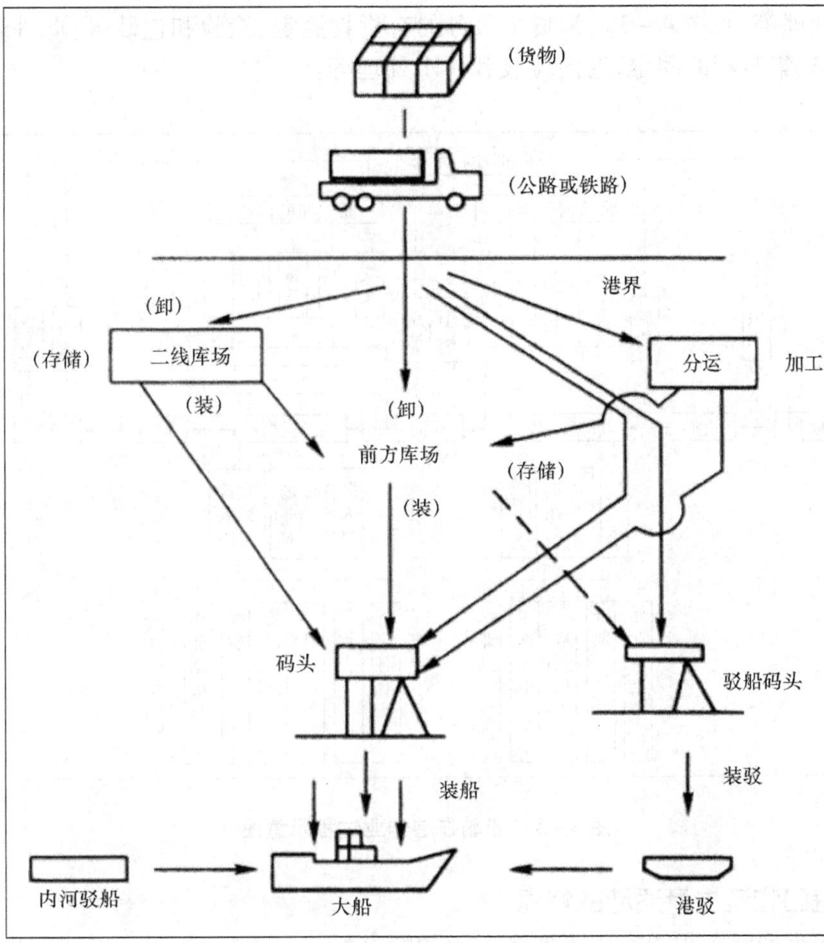

图 4－2　货物在港内作业方式示意图

基本生产过程是指货物的装卸、储存和港内运输生产作业过程,主要内容包括卸船过程、装船过程、卸车过程、装车过程、库场作业过程、港内运输以及其他生产性作业等。

基本生产过程是由一个或一个以上操作过程组成的。货物在港区内储存期间,根据需要可在库场之间搬运,这类作业应视为一个独立的操作过程。但货物在同一库场内的倒垛、转堆属库场内整理性质,与翻舱、散货的拆、倒、摊晒货物等同属装卸辅助作业,均不计为操作过程。

3. 辅助生产过程

辅助生产过程是保证基本生产过程正常进行所必需的各种辅助性生产活动,如装卸机械的维修与保养、装卸工属具的加工制造与管理、港口各项设施的维修，以及动力供应等。此外，在一条船或一列车装卸结束后所需进行的码头、库场整理工作等，均属辅助生产活动。

4. 生产服务过程

各种生产服务活动是港口生产活动中不可缺少的组成部分。生产服务过程是保证基本生产和辅助生产过程所进行的各种服务过程。基本生产服务有理货业务、仓储业务和计量业务等；为船舶服务的有技术供应、生活必需品供应、燃料供应和淡水供应、船舶检验和修理与压舱污水处理等（见图 4－3）；为货主服务的有货物鉴定、检验和包装等；此外还有集装箱的清洗与检修、集装箱的固定、港内垃圾和污水处理等。

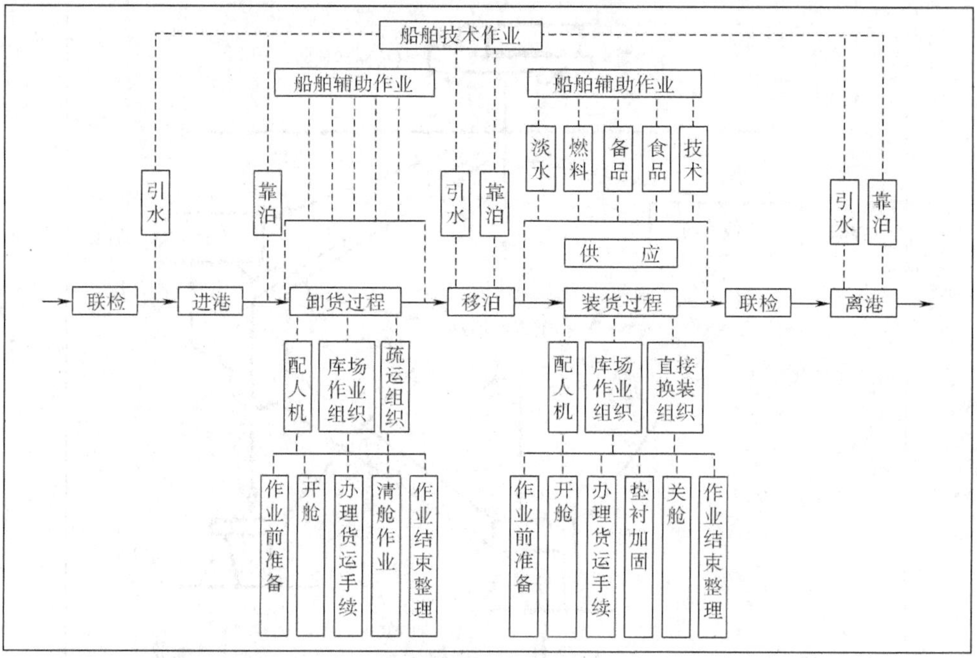

图 4－3　船舶在港作业过程示意图

（二）港口物流生产活动的特点

港口物流生产活动主要有以下四个方面的特点。

1. 产品的特殊性

港口的产品生产有别于一般的工业企业，它并不提供实物形态的产品，而只提供货物空间的位移，使货物从一种运输工具转移到另一种运输工具或者在运输工具与库场之间的位移，这种特殊“产品”在其生产过程中被即时消费。

2. 生产的不平衡性

港口生产企业的服务对象是船舶和其他运输工具。由于运输工具到港的密度和类型，到港货物的数量、品种和流向等具有随机性，这种随机性产生于港口活动的各环节之间的独立性，而且各种活动本身的规律性受多种因素的影响，因此，各种活动的随机性导致了港口企业的生产任务具有不平衡性。

3. 生产的连续性

港口生产,如装卸活动,通常采用昼夜 24 小时连续作业的方式。连续性是指组成生产过程的各个环节、各个工序、各个阶段在时间上是紧密衔接的,不发生各种不合理的中断现象。保持和提高生产过程的连续性有非常重要的意义。港口生产过程的组织是以运输工具(船、车)为对象的,一个运输工具的全部作业完成之后,才能离港,如果不能连续作业,必然影响运输工具的利用率。一艘船的装卸一般由若干条作业线组成,一个工序中断,会中断整条作业线。港口生产过程的间断,还会增加货物在港口的停滞时间,影响货物使用价值的实现。因此,必须保证港口作业连续进行。

4. 生产组织的协作性

由于港口是多种运输方式的汇聚点,有许多企业和管理机构在其中运作。从港口企业的外部看,既要与集疏运部门、船东和货主密切联系,又要与海关、引航、船舶供应和港务监督等部门相互协调;从港口企业的内部看,要协调装卸队、库场和理货等部门的各种作业,使其形成一个有机的整体。所以,港口生产是多部门、多环节和多工种内外协作的过程,具有明显的协作性,如图4 -4 所示。

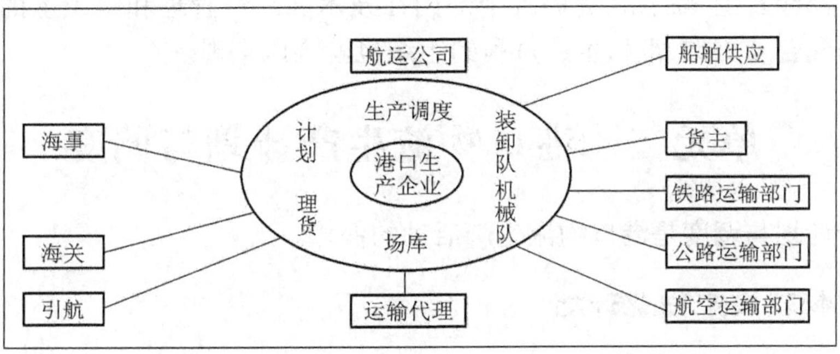

图 4 -4　港口生产组织的协作性关系

二、港口生产过程的组织

港口企业物流生产过程的组织就是研究从车、船到达,在港进行装卸等各项作业,货物在不同运输方式之间完成的换装组织的物流过程。

港口物流生产过程组织得合理与否,对提高效率、节约装卸成本起着重要作用。所谓科学、合理地组织物流生产过程,就是通过组织工作,使港口企业在保证人身安全和货运质量的前提下,使整个物流生产过程的各个环节相互衔接,协调配合,保证企业资源、空间和时间都得到最合理的利用,使整个物流生产过程产生最佳经济效益。

在组织生产过程时,既要组织好基本生产过程,也应组织好其他三个过程,不但要注意物质(即各项设备)的组织,而且要抓好信息的组织。在港口生产过程中,由于信息不畅通而产生的生产中断,在总的中断时间中占有很大的比重。例如,在船舶到港前未能收到船舶积载图,港口无法提前做好准备工作;外贸出口货物虽然已到港,但由于某些手续没有办妥而不得不退关的现象也时有发生。

港口物流生产过程组织要注意以下方面的工作。

第一，保持港口畅通，加速车、船、货的周转。港口是运输网络上的各种运输工具之间的换装点，港口的畅通是保证各条运输线路畅通的关键。港口发生堵塞就会在各条运输线路上立即反映出来，并将引起连锁性的反应。因此，保持港口畅通是生产组织的首要任务。只有港口畅通无阻，才能够保证车、船、货物的加速周转。

第二，保证按期、按时和安全优质地完成车、船装卸任务。车、船装卸是货物在港口实现换装的中心环节，也是生产过程组织的主要任务。它通过各种作业计划落实到具体的车、船和班组，当港口出现任务不平衡的时候，首先应当保证重点物资的运输和重点船舶的装卸。

第三，合理运用港口资源和技术手段完成生产任务。在港口生产组织中，如何使投入的物化劳动和活劳动消耗最少是一项重要任务，因为它是关系到港口经济效益高低的主要原因。所以，无论是生产过程的空间组织，还是生产过程的时间组织，都应该把提高港口经济效益、不断降低装卸成本放到重要的位置。

第四，加强与港口生产过程相关各部门间的合作。生产过程组织的另一项重要任务是与港口生产过程有密切关系的各个部门（铁路、航运、外贸和货主等）之间的组织配合与全面协作，这是保证港口生产顺利进行不可缺少的条件。因为港口生产过程从输入到输出以及各个生产环节都涉及港、航、路、货等各个部门在技术、经济、管理和组织上的联系，因此，没有彼此之间的配合与协作，港口生产过程的组织也就难以实现。

单元二　港口物流生产计划与调度

港口生产计划与调度是港口物流生产活动的保障。

一、港口物流生产作业计划

港口物流一般实施计划管理。所谓计划管理就是通过对计划的编制、执行和控制，组织、协调港口的生产经营活动，以保证完成企业的生产任务，从而获得自身良好的经济效益，实现企业的经营方针和经营目标。港口物流生产计划的分类见表4－2。

表4－2　港口物流生产计划分类

按业务范围和计划内容划分	按时间划分
生产作业计划	长远计划
基本建设计划	年度计划
劳动工资计划	季度计划
物资供应计划	
成本计划	
财务计划	
设备修理、更新计划	
科研、技术革新和改造计划	
职工教育、培训计划	

这里仅阐述港口物流生产作业计划。港口物流生产作业计划是港口企业长期计划的具体执行计划，是以企业长期计划为总目标，结合各阶段（月、旬、日、工班）的生产具体情况，它规定各阶段作业的具体任务和实施办法。通常涉及四项内容：①船舶泊位的安排；②装卸工艺流程的确定；③根据流程，合理分配港口生产资源，确定生产进度和安全质量要求；④根据船、货方的有关要求，协调各相关单位，确保生产作业的顺利进行。

港口物流生产作业计划一般分为月度生产作业计划、旬度生产作业计划和昼夜生产作业计划。

（一）月度生产作业计划

港口月度生产作业计划是年度生产计划的具体化，是为了保证年度生产计划任务的完成而制定的。港口月度生产作业计划既是编制港口月度生产方案和其他作业计划的依据，又是年度与旬度生产作业计划之间承上启下的纽带。因此，只有确定了月度生产计划，才能使港口与航运、铁路和货主之间建立起密切的协作关系。

港口月度生产作业计划主要包括港口月度货物吞吐量计划和港口月度装卸工作计划。

1. 港口月度货物吞吐量计划

港口货物吞吐量是指经由水运运进、运出港区范围并经过装卸的货物数量。它是衡量港口生产任务大小的主要数量指标，也是计算港口劳动生产率、财务收入的主要依据。

港口月度货物吞吐量计划由计划部门会同生产调度及货运商务等部门，根据月度货运计划、外轮到港计划及港口自身资源等资料，经综合平衡后编制（样表见表4－3）。其月度货物吞吐量的各项指标一般分货种、流向和航线等进行编制。货物吞吐量的货类构成及其主要流向，反映了地区之间的经济联系、腹地生产配置以及对外贸易的情况，也反映出港口在国内外物资交流中和对外贸易运输中的地位和作用。

表4－3　港口月度货物吞吐量计划

货类	本期计划										
	总计	外贸			内贸						
		其中			合计	其中			其中		
		合计	进口	出口		进口	沿海	内河	出口	沿海	内河
合计											
煤炭											
石油											
金属矿石											
钢铁											
矿建											
粮食											
集装箱											
……											
……											

2. 港口月度装卸工作计划

装卸工作计划是在货物吞吐量计划确定后编制的，集中反映港口装卸作业以及与装卸作业有关的各项工作的数量与质量指标，目的是为了保证货物吞吐量计划的顺利完成。

港口月度装卸工作计划是港口为保证完成月度货物吞吐量计划任务，而对港口装卸作业所做的计划安排，并确定企业为保证货物吞吐量计划的完成，各方面工作应达到的水平。

港口月度装卸工作计划由港口计划部门或调度部门编制，包括的计划指标较多，各港口也不尽相同。它的主要指标有按自然吨或货物吞吐量计算的生产任务，有按操作吨计算的装卸工作量及一系列反映效率及港口生产要素利用程度的指标等。

港口月度装卸工作计划样表见表 4－4。

表 4－4　港口月度装卸工作计划

项目	单位	实际	计划	其中			
				1 区	2 区	……	
吞吐量							
装卸自然吨							
直取作业比重							
操作系数							
装卸工时效率							
机械化作业比重							
船舶每次作业停泊时间							
……							
……							

（二）旬度生产作业计划

旬度生产作业计划是月度生产作业计划的具体化，考虑 10 天内的船舶到港情形，具体安排各公司的旬度进出任务，根据旬度来港船舶资料基本确定船舶的装卸货种、数量、流向与作业泊位，并初步确定船舶在港装卸停泊的时间。

通过旬度生产作业计划，较早发现月度生产作业计划在均衡性等方面存在的问题，便于港口各级领导及时采取调整措施。此外，旬度生产作业计划也是航运部门安排运力、调整船舶到港密度的依据。

（三）昼夜生产作业计划

昼夜生产作业计划是港口各级生产调度部门组织和指挥生产的主要依据，也是协调港口内部各生产环节、协调港口与其他有关单位的配合，保证港口尽可能连续均衡生产的重要手段，该计划不但对车、船的装卸顺序、作业地点和操作方法等做了明确规定，而且对每艘船、每辆车的作业方法、使用机械设备和劳动力配备等方面做了详细安排，对昼夜各工班装卸的数量以及船舶车辆作业完工时间等也做了具体规定。

昼夜作业计划的内容包括以下各项：

(1)在港作业船舶的作业舱口、装卸货物数量及人机配备。

(2)每工班的作业舱口数和装卸作业量。

(3)船舶进出港、移泊动态及有关要求。

(4)特种机械、设备及车船直接换装作业计划。

(5)船舶名称，速遣要求，重点船、舱标志，安全质量措施，装卸作业注意事项。

(6)杂项作业及辅助作业安排。

(7)领导指示及有关会议决议等。

港口昼夜生产作业计划是港口生产作业计划体系中最基本也是最具体的计划，港口企业的旬度、月度以及年度计划的完成，都有赖于每个昼夜计划的完成。另外，由于港口生产具有多环节、多工序、涉及面广和情况多变等特点，所以编制昼夜生产作业计划就显得特别重要而又比较复杂。要成功地编制好昼夜生产作业计划需要准确掌握以下资料。

(1)上级指示、相关单位的协作情况和船方、货主要求等。

(2)货物资料：货种、数量和流向等。

(3)船舶资料：船型、到港时间、装卸设备和船舶积载情况等。

(4)集疏运工具的供应情况：集疏运列车、卡车以及驳船等运输工具的到港密度与载货量。

(5)水文气象：天气、海浪和潮汐等情况。

(6)港口自身的实际情况：码头泊位能力、机械设备的备有量、库场堆存能力以及员工的素质和出勤情况等。

二、港口生产调度

港口生产调度工作是港口作业计划工作的重要组成部分，是为保证企业作业计划实现而进行的一系列检查和督促、联系和协调、指挥和部署工作的总称。

(一)生产调度的作用

港口生产调度是指为保证港口生产计划实现而进行的一系列指挥、检查、督促、协调和平衡工作。港口生产调度部门依据制订好的生产作业计划把生产中各部门或各环节有机地联系起来，实现港口有节奏地生产和服务。

港口生产调度是港口生产系统的核心，也是港口成功开展物流服务活动的保障。港口生产调度工作的质量直接影响到港口企业的生产效率与经济效益。

生产调度对生产活动的重要作用体现在三个方面。

第一，生产调度是贯彻执行国家运输政策，协调、平衡和处理港口内部和外部有关生产活动之间关系的部门。

第二，生产调度是港口生产指挥的中心，是各级领导管理生产的参谋和主要助手，是对港口生产活动实行集中统一指挥的强有力的工具。

第三，生产调度是企业实行计划管理不可缺少的重要环节，是贯彻执行生产作业计划的保证和补充。

（二）生产调度的工作任务

港口生产调度的工作任务主要表现在以下几个方面：

(1)根据运输任务平衡港口各作业区吞吐量计划，具体编制月度、旬度和昼夜生产作业计划。

(2)按照装卸工艺方案，合理利用劳动力、机械、泊位、库场及其他设施，充分发挥和扩大港口通过能力，努力缩短车船停港时间。

(3)根据货流、货种、车船到港变化情况，平衡调整各作业区的作业安排，组织均衡生产，保证船舶作业安全，提高货运质量。

(4)掌握车船装卸进度和货物集中情况，联系铁路、航运和物资部门，搞好车、船、货衔接。

(5)编制以专线、集装箱、成套设备和重大件为重点的装卸方案。

(6)检查安全生产、客货运输的质量，分析存在的问题，提出改进措施。

(7)负责联系沿海运输船舶的燃物料、淡水、伙食等供应和船舶临时修理工作。

(8)负责向调度会议汇报安全生产、运输质量情况和存在的问题，监督检查各单位有关生产决议的执行情况。

(9)负责日常生产快速统计和生产日报编制工作。

(10)按旬、月做好调度工作小结，总结推广先进经验，不断提高调度工作水平。

(11)参与研究制定水运合理流向图，组织合理运输，按计划组织货物集中和疏运，合理使用库场，不断扩大库场通过能力。

(12)每天将旬计划内的船舶靠泊、装卸和预计离港时间的动态报告各船公司。

（三）港口生产调度的工作内容

港口生产调度的工作内容主要包括三个方面。

第一，及时获取相关信息，如货源、运输工具(车船)、装卸机具和劳动力等。

第二，具体调配各种资源，如决定采用何种装卸操作方法、选用何种机械类型、配备一定规模的人力、安排船舶作业顺序以及确定停靠泊位和作业起止时间等。

第三，掌握货物的装卸、堆存和疏运等过程中的情况和进度，及时发现问题并采取相关补救措施，保障港口生产作业计划、组织、协调和控制等行为得以低成本、高效率地完成，并为客户提供高效、优质的服务。

根据不同港口的具体情况，港口生产调度一般分为港口调度、船舶调度和引航调度。这些调度的工作内容各有不同。

1. 港口调度

(1)制订船舶靠泊计划并组织实施，全面完成计划任务。

(2)按照装卸工艺方案，合理利用劳力、机械、泊位、库场及其他设备，充分发挥和扩大港口通过能力，努力缩短车、船停港时间。

(3)根据货流、货种和车船到港的变化情况，平衡调整各作业区的作业安排，组织均衡生产，保证船舶作业安全，提高货运质量。

(4)掌握车、船装卸进度和货物集中情况，联系铁路、航运和物资部门，搞好车、船的衔接。

(5)编制以专线、班轮、成租、集装箱、特运、成套设备和长重大件为重点的装卸方案，并组织实施。

(6)检查安全生产及客货运输质量，分析存在的问题，提出改进的措施。

(7)负责联系有关运输船舶的燃物料、淡水和伙食等项供应和船舶临时修理工作(船籍港除外)。

(8)负责各调度会议汇报安全、生产、客货运输质量情况和存在的问题，监督检查生产决议的执行情况。

(9)负责日常生产快速统计和生产日报编制工作。

(10)按旬、月做出调度工作小结，总结推广先进经验，不断提高调度工作水平。

(11)组织合理运输，按计划组织货物集中和疏运，合理使用场库，努力扩大场库的通过能力。

(12)有外轮装卸任务的港口，每天将旬计划内的外贸船舶靠泊、装卸和预计离港日期的动态报告给各外轮分公司。

2. 船舶调度

船舶调度直接关系到整个港口的通行状况，也决定着良好的港口形象。船舶调度的基本目标在于确保船舶的顺利航行，在此基础上提升港口的整体通航能力。做好船舶调度的相关工作，有利于加快港口的船舶周转，对于船舶的船期也可以提供充分保障。与此同时，做好港口内部的船舶调度也有助于提高装卸货物的效率，进而缩短装卸货物消耗的时间。

船舶调度主要是根据生产计划对拖轮进行调度。

(1)负责组织实施拖轮的生产计划，确保全年生产任务的完成。

(2)掌握全港生产动态，各用船单位保持通信联络畅通，对拖轮需求情况做到心中有数。

(3)掌握拖轮在航情况，根据港务公司及用户需要选派拖轮作业。

(4)负责处理生产作业中出现的问题，协调与用户的业务关系，确保用户满意率达99%以上。

(5)负责调度室对外事务联系，协调与各方的工作关系。

(6)负责收、记气象海况预报，遇恶劣天气及时向在港拖轮发出通告。

(7)若有外轮要进出港时，调度人员要及时向边防提交申请，以免耽误生产。

(8)负责安排各船停、修、加油、灌水和停靠泊位等事宜，均衡组织生产。

(9)负责接受用户对拖轮服务质量的投诉，能解决的当场解决，不能当场解决的上报有关领导，在最短的时间内给用户满意的答复。

(10)在紧急情况下有权调动拖轮进行抢险救助。

(11)负责与执行长航任务或往返异地修船的拖轮保持通信联系并将航行情况及时报告。

3. 引航调度

引航调度根据生产计划合理安排引航员进行引航任务。

(1)接受船舶进出港动态，掌握进出船舶的基本资料，如总长、总吨和吃水等。

(2)每天按时接收天气预报，有异常天气及时向当值引航员通报。

(3)掌握当值引航员值班情况,接到引航任务后根据“引航员调配程序”通知当值引航员登轮引航。

(4)及时了解助航仪器的工作状况及存放地点,发现问题及时报告,确保引航工作的顺利进行。

(5)负责引航员用车的调配,保证引航员准时上下船。

(四)港口生产调度的方式

为了正确组织水运生产,及时、迅速和有效地解决生产中发生的问题,需要建立和健全水运生产和港口生产调度指挥系统。港口生产调度指挥系统的主要职责是负责港口日常装卸生产的组织指挥工作。

港口生产调度的方式主要有生产调度会议和现场生产调度。

1. 生产调度会议

一般大型港口多采用集团公司生产调度会议和码头公司生产调度会议两级会议制度,中小型港口多采用码头公司一级生产调度会议制度。由于生产调度是围绕生产作业计划的执行展开的,所以生产调度会议也相应分为月度生产会议、周生产会议、昼夜生产会议和生产交接班会议。

生产调度会议内容与相应时间范围内的计划执行情况相关,具体内容为:

(1)布置港口的月、旬和昼夜生产作业计划。

(2)协调港、航、车、货等各方面的联系与配合,保证装卸、运输和储存等各项活动的顺利进行。

(3)检查和总结各生产作业计划的完成情况以及安全质量情况。

2. 现场生产调度

港口企业除在集团公司和码头公司两层设有生产调度机构外,还在生产现场配有值班调度人员和单船指挥员来负责生产现场的直接组织和指挥工作,即现场生产调度。现场生产调度以昼夜生产作业计划为依据。

港口生产调度的各项工作需要有一系列的工作制度来保证,港口生产调度工作制度主要有值班制度、会议制度、记录制度、汇报制度和调度统计与分析制度。

随着管理科学和信息技术的不断发展,现代港口生产调度改变了以往“现场指挥为主”的局面,呈现出“预见性、实时性、集中性、全面性”的特点。利用信息技术开展港口生产调度,对港口生产作业及经营活动进行连续的、不间断的组织、指挥、协调和平衡工作,不仅提高了港口生产资源的使用效率,还降低了港口物流服务成本,提高了港口经济效益。

案例

近年来唐山港货物吞吐量(尤其是散货吞吐量)快速增长,生产管理压力越来越大:一是交通管理难度越来越大;二是通过各种违规、违法手段夹带、偷盗货物情况时有发生。于是,唐山港十分重视物联网技术在港口生产管理中的应用,将物联网 RFID 技术,视频监控技术、LED 屏显示技术、GPRS 无线传输技术、自动化控制技术应用到港口生产管理中,实现对车辆的自动识别控制、引导和监控，追踪车辆在港动态，结合生产作业过程形成更为严密的流程控制，杜绝货物错装、多装情况的发生，杜绝人为因素干扰，达到了提高港口安全生产管理水平和工作效率的目标。唐山港物联网系统也是数字化港口建设规划中的重要组成部分。

唐山港物联网系统包括车辆管理子系统、网上派车子系统、门岗控制子系统、手持终端子系统、库场卡口子系统、收费站车辆自动控制子系统等。通过物联网技术，唐山港客户满意度明显提高，在港货物的安全性、完整性得到了更好的保障，对客户服务的效率明显提高，港口的综合管理水平上升到一个新的阶段。例如，有效地解决了收费站交通拥堵、车辆通行缓慢的问题，原来通过人工收费模式，每辆车通过时间需要3~5分钟。集疏港专用通道每辆车只需20~30秒的时间，比原来的通行效率提高了至少9倍。同时物联网技术有效地实现了集疏港专用通道的无人值守，极大地解放了收费站的人力物力。通过车辆预约集疏港，库场提前安排装卸设备及人力，有效提高了唐山港的装卸效率。车队根据自己的权限等级查询各货主的待运货物信息。货主通过平台预订车辆，预订成功的车源信息在平台实时更新。车队、车主通过平台预订货物，预订成功的货物信息在平台实时更新。

单元三　港口生产统计指标

港口生产统计指标是一组综合反映港口生产、经营活动状态和特征的信息。完善的指标体系对港口生产起到不断促进和提高的作用。中国颁布了《港口主要统计指标分类与代码》(JT/T 437—2001)，规定了交通行业各级港口管理、生产部门的业务统计工作使用的主要统计指标分类与代码、统计指标数据元代码及分组统计代码。

一、港口生产指标分类

(一)根据数字的不同性质分类

根据数字的不同性质，港口生产指标分为数量指标和质量指标。

数量指标反映港口生产力规模及生产经营活动的规模和达到的数量水平，它们通常是用绝对数量表示的。港口主要数量指标有泊位数(或岸线长度)、靠泊能力、机械设备数量与能力、库场面积、货物吞吐量、操作量、堆存货物吨天和起运量等。

质量指标反映港口生产经营活动已经达到的效果和工作质量的水平。它们是用相对数表示的，如比例、比值和百分率等。港口装卸工作中主要的质量指标有操作系数、船舶每装卸千吨货平均在港停留时间、泊位占有率(即利用率)、库场容量利用率、货损率和货差率等。

数量指标是计算质量指标的基础，因为任何质量指标都是数量指标之间或数量指标与时间的比值，数量指标与质量指标联系密切。任何事物都有质和量两个方面，它们是相辅相成、相互补充、相互制约的关系。港口生产经营活动是通过质量指标、数量指标组成的指标体系而得到全面反映的，所以指标设置合理与否，对人们认识生产经营活动关系重大。

（二）按不同的管理目的分类

按不同的管理目的，港口生产指标分为统计指标、计划指标和考核指标。

统计指标是企业对生产经营活动实行全面控制所设立的基本指标系统，统计指标包括计划指标和考核指标。

计划指标是企业生产计划中规定必须达到或完成的生产目标。它是执行计划的依据，也是指导生产和实行考核的基础。计划指标的设置既要反映港口生产经营活动的规模、能力和发展水平，又要反映效果和质量，两者不可偏废。

考核指标是对企业或部门的生产、经营和管理工作状况进行评比、奖惩的衡量标准。它可以是计划指标的内容，但又不完全是计划指标，考核可以侧重于生产中某些薄弱环节。例如，当港口船舶排队等候严重时，可以把船舶在港时间作为重点考核对象；又如，为杜绝伤亡事故的发生，可将作业安全作为评比的考核指标。

二、港口生产统计的主要指标

港口生产指标体系是一组综合反映港口生产、经营状态的信息，主要指标见表4－5。

表4－5　港口生产统计的主要指标

指标类别	具体指标
1. 港口、码头、泊位统计指标	①港口个数；②港区面积；③港区岸线长度；④码头泊位长度；⑤码头前沿水深；⑥泊位个数；⑦泊位通过能力；⑧泊位综合通过能力
2. 吞吐量统计指标	①旅客吞吐量；②货物吞吐量；③集装箱吞吐量
3. 装卸统计指标	①装卸量；②操作量；③装卸自然吨；④操作系数；⑤装卸工时数；⑥装卸工时效率；⑦装卸工日产量；⑧工序吨数；⑨装卸作业机械化程度
4 装卸机械统计指标	①装卸机械数量；②装卸机械负荷能力；③机械长度
5. 装卸效率指标	①船舶平均每停泊艘天装卸货物吨数（总定额）；②船舶平均每装卸天装卸货物吨数（纯定额）；③船时量：装卸机械平均台时量；④舱时量：装卸工班效率；⑤车时量：装卸工时产量
6. 船舶在港停时统计指标	①船舶停泊艘次；②船舶停泊总艘时；③船舶平均每次在港停泊天数；④船舶平均每次作业在港停泊天数；⑤船舶平均每装卸千吨货（百TEU）在港停泊时间；⑥非生产性停泊时间所占比重；⑦平均每艘船舶载重量；⑧平均每次作业船舶载重量；⑨平均每艘船舶装卸货物吨数；⑩平均每次作业装卸货物吨数；⑪船舶平均每停泊艘天装卸货物吨数；⑫船舶平均每装卸艘天装卸货物吨数；⑬平均船时量
7. 进出港船舶统计指标	①进出港船舶数；②进出港船舶登记总吨；③进出港船舶登记净吨；④进出港船舶总载重（箱）量；⑤进出港船舶船员数
8. 码头泊位运用统计指标	①码头泊位日历小时数；②码头泊位占用小时数；③码头泊位占用率；④码头泊位作业小时数；⑤码头泊位作业率；⑥单位码头泊位长度吞吐量；⑦码头泊位通过能力利用率
9. 堆存统计指标	①入库（场）货物数量；②出库（场）货物数量；③期初堆存货物数量；④期末结存货物数量；⑤货物堆存数量；⑥货物堆存吨（TEU）天数

续表

指标类别	具体指标
10. 库场运用指标	①平均容量;②货物堆存吨天数;③货物平均堆存期;④平均堆存货物量;⑤库场利用率;⑥容量周转次数;⑦单位面积堆存量;⑧单位容积存储量
11. 机械运用指标	①日历台时;②完好台时;③非完好台时;④停工台时;⑤作业台时;⑥完好率;⑦工作率;⑧作业率;⑨利用率;⑩作业量;⑪台时产量
12. 劳动工日	①日历工日;②工时利用率;③出勤率
13. 安全、质量	①货损率;②货差率;③赔偿金额率;④工伤事故

下面主要阐述表4-5中的港口、码头、泊位统计指标,吞吐量统计指标,船舶在港停时统计指标,进出港船舶统计指标,码头泊位运用统计指标等。有关装卸机械统计指标、装卸统计指标、堆场运用统计指标和装卸机械运用统计指标等将在其他相关章节中分别阐述。

(一)港口、码头、泊位统计指标

1. 港口个数

港口个数是指报告期末港口的实际数量。在计算港口个数时,一般按一城一港的原则进行计算。计算单位:个。

2. 港区面积

港区面积是指报告期末港区的实际面积,包括水域和陆域面积。计算单位:平方千米。

3. 港区岸线长度

港区岸线长度是指报告期末港区陆域与水域毗邻地段的实际长度,包括码头、护岸和自然岸坡度。计算单位:米。

4. 码头泊位长度

码头泊位长度是指报告期末港口用于停靠船舶、进行货物装卸和上下旅客地段的实际长度,包括固定的、浮动的各种形式码头的泊位长度。对固定式码头,计算水域为自码头的一端至另一端的全部长度;对浮动式码头,只计算其本身的正面长度,不包括浮动式码头的两端及内档和各种护岸和自然岸坡的长度。计算单位:米。

5. 码头前沿水深

码头前沿水深是指码头前沿在设计低水位下的水深,可分别按设计水深、维护水深和实际水深统计。计算单位:米。

设计水深是指码头建设时设计文件上规定的水深;维护水深是指经过疏浚应当经常保持的水深;实际水深是指实际达到的水深。

6. 泊位个数

泊位个数是指报告期末泊位的实际数量。计算单位:个。

7. 靠泊能力

靠泊能力是指在当地设计低水位时,一个泊位所能靠泊并进行装卸货物、上下旅客等正常作业的最大满载船舶的吨级。计算单位:吨级。

8. 泊位通过能力

泊位通过能力是指一个泊位在一定时期(通常为一年)内,可靠泊船舶所载货物(旅客)的额定数量,即设计或核定的通过能力。计算单位:万吨(万 TEU、万人次、万辆次)/年。

9. 泊位综合通过能力

泊位综合通过能力是指一个泊位在一定时间(通常为一年)内装卸、存储和集疏运各环节相互适应时能够通过货物的额定数量。计算单位:万吨(万 TEU、万人次、万辆次)/年。

(二)吞吐量统计指标

吞吐量是港口统计指标体系中最重要的产量指标,分为旅客吞吐量、货物吞吐量和集装箱吞吐量。

1. 旅客吞吐量

旅客吞吐量是指报告期内经由水路乘船进、出港区范围的旅客数量,包括购买半票的旅客人数和乘旅游船进出港区的旅客人数,但不包括免票儿童、船舶船员人数、轮渡和港区内短途客运的旅客以及在本港下船登岸,后又乘同一船舶上船出港的旅客人数。计算单位:人。

旅客吞吐量按旅客流向分为旅客发送量和旅客到达量;按航线分为国内航线旅客吞吐量和国际航线旅客吞吐量;还可按旅客国籍分组等。

旅客吞吐量是根据客票出售记录单(应扣除退票数)和客运日报表等进行统计的。

2. 货物吞吐量

货物吞吐量是指报告期内经由水路进、出港区范围并经过装卸的货物数量,包括邮件、办理托运手续的行李、包裹以及补给运输船舶的燃料、物料和淡水。计算单位:吨。

货物吞吐量按货物流向分为进港和出港吞吐量,还可按装卸货港分组;按货物的贸易性质分为内贸和外贸吞吐量,其中,外贸吞吐量还可按其承运船舶的船旗分组;按货物的类别分,可根据现行的交通行业标准《运输货物分类和代码》(JT0019)执行;按货物物理形态和包装形式分为液体散货、干散货、件杂货、集装箱和滚装汽车吞吐量等;按承运船舶的种类分为杂货船、散货船、集装箱船、油船、客货船和其他船货物吞吐量。

货物吞吐量统计范围包括港区范围内所有从事运输生产的码头、浮筒和锚地等泊位。

货物吞吐量的计算方法如下:

(1)自本港装船运出港口的货物,计算一次出口吞吐量。

(2)自水运运进港口卸下的货物(包括在港建设物资)计算一次进口吞吐量。

(3)由水运运进港口,经装卸又从水运运出港口(船—岸—船、船—船)的转口货物,分别按进口和出口各计算一次吞吐量。

(4)被拖带或流放的竹、木排,在本港进行装卸者,分别按进、出口计算。

(5)补给国内、外运输船舶的燃物料(不包括船用淡水及生活用品),计算一次出口吞吐量。

(6)对邮件及办理托运手续的行李、包裹,计算进口或出口吞吐量。

(7)货物吞吐量必须以该船在本港装卸的货物全部装卸完毕,并且办理交接手续后一次性进行计算。

(8)牲畜、家禽和轻泡等无法取得实际重量的货物重量按规定进行换算。

(9)滚装汽车的货物吞吐量按车辆数和实际重量分别计算。

下列情况不计入货物吞吐量：

(1)由同一船舶运载进港，未经装卸又运载出港的货物(包括原驳船换拖)。

(2)由同一船舶卸下，随后又装上同一船舶运出港口的货物，或装船未运出，又卸回本港的货物。

(3)港区范围内的轮渡、短途运输货物以及为运输船舶装卸货物服务和各码头之间的驳运量。

(4)港口进行疏浚，运出港外抛弃的泥沙。

(5)在港区内装船运至港区以外倒入海内的废弃物。

【例】某万吨轮满载 20 000 吨货物抵达 A 港，在锚泊时卸 1 000 吨货物至驳船运往 B 港，卸 1 000 吨货物至另一驳船运往 A 港区内的某货主码头，靠码头后卸下18 000吨货物，其中有 3 000 吨货物卸下后直接由汽车运出 A 港区，5 000 吨货物卸下后堆在 A 港区的仓库中，4 000 吨货物卸下后由火车运至 A 港区的某港务局码头，余下的 6 000 吨货物卸下后又装回该轮，同时，该轮还在 A 港装货 7 000 吨，补充燃油、淡水 1 000 吨。计算进出口货物吞吐量及总计吞吐量。

解：进口吞吐量 = 1 000 + 1 000 + 3 000 + 5 000 + 4 000 = 14 000(吨)。

出口吞吐量 = 1 000 + 7 000 + 1 000 = 9 000(吨)。

总计吞吐量 = 14 000 + 9 000 = 23 000(吨)。

港口货物吞吐量统计的原始资料，内贸船舶为“货物交接清单”“货物运单”，外贸船舶为“舱单”。

港口货物吞吐量统计报告期的截止时间以期末(月、季、年)一天的 18 时为准，即在报告期末当日 18 时以前整船卸完和整船装妥，并办完交接手续者，统计为报告期的货物吞吐量。

货物吞吐量指标的缺陷主要表现在：不同货物装卸的劳动消耗是不同的；不同的流向会导致不同的吞吐量。

3. 集装箱吞吐量

集装箱吞吐量是指报告期内由水路进、出港区范围并经装卸的集装箱数量，按箱量和重量分别统计。计算单位：箱、吨。

计算箱量时，按集装箱的实际箱数和折合为 20 英尺集装箱标准箱(TEU)数计算。计算重量时，按集装箱的总重和货重分别计算。无法取得集装箱实际重量时，每标准箱按 8 吨计算。

一个标准 20 英尺集装箱计算一个标准箱，其他箱型按各自已经换算的系数折合成 20 英尺标准箱进行统计。国际标准集装箱换算系数的计算公式为：

换算系数 = 集装箱自然长度英尺/20 英尺

因此，一个 40 英尺箱计 2 个标准箱，一个 45 英尺箱计 2.25 个标准箱。

45 英尺箱	1:2.25	箱自重约 4 吨
40 英尺箱	1:2	箱自重约 4 吨
20 英尺箱	1:1	箱自重约 2.3 吨

集装箱吞吐量按集装箱的尺寸类型分为 10 英尺箱、20 英尺箱、35 英尺箱、40 英尺箱和

45 英尺箱等；按是否装载货物分为空箱和重箱集装箱吞吐量。同时，根据需要，参照货物吞吐量相关分组方法进行分组。

（三）船舶在港停时统计指标

生产性停泊时间是指船舶在运输生产工程中所必需的停泊时间，包括装卸作业时间、移泊时间、技术作业时间和其他生产性停泊时间。

装卸作业时间包括装卸前后的张挂安全网、起放吊杆、开盖货舱、接卸输油管（臂）的准备时间，装卸货物的时间，补给船用燃料、货料及淡水的时间，扫舱、铺舱、隔舱及油轮加温等辅助作业的时间。

移泊时间是指装卸作业计划中规定或受港口条件的限制，必须从这一泊位移至另一泊位作业的移泊时间。

技术作业时间是指拖驳运输船舶的编队、解队时间。

其他生产性停泊时间是指上述各种生产性停泊时间以外的其他生产性停泊时间。

非生产性停泊时间是指由于运输、装卸组织工作不善，或因船舶到港不均衡，或货物不能按时集中等运输生产过程非必需的停泊时间。形成非生产性停泊时间的原因包括港方原因、船方原因、铁路原因、物资部门原因和其他原因等。

港方原因是指因港方设备、劳动力不足或调度不当等属于港方责任而造成的船舶等码头泊位、等工人、等库场、等拖驳船以及港口装卸机械设备故障等停泊时间。

船方原因是指因船方责任造成的停泊时间，包括等货物积载图、等船员、等运行调度命令、船上装卸机具和照明发生故障等造成的停泊时间。

铁路原因是指因无车辆或取送车不及时等铁路方面责任造成的停泊时间。

物资部门原因是指由于物资部门的责任，如货物不能按时集中或疏散，流向未定不能开工作业等造成的停泊时间。

其他原因是指上述各种非生产性停泊原因以外的其他非生产性停泊时间，包括等联检（动植物检疫、商检）、等熏洗舱、等工人换班及吃饭等造成的停泊时间。

因自然因素停泊时间是指受自然因素影响而造成的停泊时间，包括因风、雨、雾等不能作业，高温季节工人工间休息，候潮进出港等所造成的停泊时间，以及船舶到指定地点避风的停泊时间及其往返的航行时间。

1. 船舶停泊艘次

船舶停泊艘次是指报告期内船舶在港停泊艘次的实际数量。计算单位：艘次。

一艘船舶从进港时起至出港时止，不论单装单卸或又装又卸，也不论是否移泊，均只计算为一个停泊艘次。

统计船舶在港停时的规定

2. 船舶停泊总艘时

船舶停泊总艘时是指报告期内船舶在港停泊的时间。计算单位：艘时。

船舶停泊总艘时包括生产性停时、非生产性停时和自然因素停时。在同一时间内产生两种或两种以上不同性质的停泊原因时，计入主要的或时间较长的一种原因内。

3. 船舶平均每次在港停泊天数

船舶平均每次在港停泊天数也称船舶平均每次在港停时，是指报告期内平均每艘船舶每次在港停泊的时间。计算单位:天。

一般来说,每艘船舶平均在港停泊时间越短越好。

4. 船舶平均每次作业在港停泊天数

船舶平均每次作业在港停泊天数是指在报告期内离港船舶,从进港起至出港止,平均每艘船舶每次作业在港口的停泊时间。

与船舶平均每次在港停泊天数指标不同的是,船舶平均每次作业在港停泊天数指标考虑了船舶在港装卸作业的性质(一装一卸算两次作业)。

5. 船舶平均每装卸千吨货(百 TEU)在港停泊时间

船舶平均每装卸千吨货(百 TEU)在港停泊时间是指报告期内在港停泊船舶平均每装卸千吨货物(百 TEU)所消耗的属于港方责任的停泊时间。计算单位:天/千吨、天/百 TEU。

计算公式为:

平均每装卸千吨货在港停时(天/千吨)=(生产性停泊时间+非生产性停泊中港方原因时间)÷24÷装卸货物数量×1 000

平均每装卸百 TEU 在港停时(天/百 TEU)=(生产性停泊时间+非生产性停泊中港方原因时间)÷24÷装卸货物数量×100

6. 非生产性停泊时间所占比重

非生产性停泊时间所占比重是指船舶在港停泊时间中,非生产性停泊所占比重。这一指标可以一般地反映港口对船舶装卸作业各环节衔接与组织的水平。

7. 平均每艘船舶载重量

平均每艘船舶载重量指标是指来港停泊装卸的船舶平均载重量。

8. 平均每次作业船舶载重量

平均每次作业船舶载重量是指来港停泊装卸的船舶平均每作业艘次的定额载重量。

9. 平均每艘船舶装卸货物吨数

平均每艘船舶装卸货物吨数是指来港停泊装卸的船舶平均每艘次装卸货物吨数。

10. 平均每次作业装卸货物吨数

平均每次作业装卸货物吨数是指来港停泊装卸的船舶平均每次作业装卸货物的吨数。

11. 船舶平均每停泊艘天装卸货物吨数

船舶平均每停泊艘天装卸货物吨数是指船舶在港单位时间(艘天)内所完成的装卸货物的吨数。

12. 船舶平均每装卸艘天装卸货物吨数

船舶平均每装卸艘天装卸货物吨数是指船舶在港从事装卸的时间内,单位时间(艘天)所完成的装卸货物吨数。

13. 平均船时量

平均船时量是指报告期内平均每艘在港停泊船舶每小时所装卸货物的数量。计算单位:吨/艘时、TEU/艘时。

计算公式为:

平均船时量(吨/艘时、TEU/艘时)=装卸货物数量÷船舶停泊总艘时

（四）进出港船舶统计指标

凡进出港区并在港内停泊，其总吨在5吨位及以上或总载重量在10吨及以上的各种运输船舶、工程技术船舶等，不论船籍、是否装卸货物或上下旅客，均纳入统计范围，包括来港避风的船舶，从事商业性运输或作业的军用、公安、体育运动及渔业船舶；不包括本港从事港务工作的船舶，以本港为基地或在本港从事基建施工、航道疏浚和打捞救助的工程技术船舶，尚未取得船舶证书专为试航而进出港口的新造船舶，已缴销船舶证书专为进港解体（即拆船）的各种已报废的船舶，商港、渔港混合港口停靠渔港码头的渔船，以及商港、军港混合港口停靠军用码头的军用船舶。

进出港船舶按船舶承运货物的贸易性质分为外贸和内贸船舶；按船舶国籍分为外国籍和本国籍船舶；此外，还可按船舶类型、载重量和所装载的货物类型等分组。

船舶总吨是指根据船舶丈量规范的规定，丈量出船舶所有大舱、房间等围蔽场所的总容积，减去规定免除的部分（容积），如船舶驾驶室、双层底、公共卫生用的舱室等，以2.83立方米为1吨计算出来的吨位。“总吨”表示船舶的大小。若发生海事，则以此为计算赔偿的依据。因此，沿海、远洋船舶需要计算“总吨”。

船舶有效容积是指从船舶总吨中减去船员处所、机舱处所等不能用以载运旅客、货物的容积（吨位），得到船舶的容积。

1. 进出港船舶数

进出港船舶数指报告期内进出港口船舶的实际数量。计算单位：艘次。

2. 进出港船舶登记总吨

进出港船舶登记总吨是指报告期内以进出港口船舶总容积计算的吨位数量。计算单位：吨位。

3. 进出港船舶登记净吨

进出港船舶登记净吨是指报告期内以进出港口船舶有效容积计算的吨位数量。计算单位：吨位。

4. 进出港船舶总载重（箱）量

进出港船舶总载重（箱）量是指报告期内进出港口船舶达到设计满载时，可载运的实际重量（箱位量）数。计算单位：吨位、标准箱。

船舶总载重量包括货物、人员及其行李、粮食及供应品、淡水、燃料和润滑油等的重量，但不包括固定压载、备件、机器和管系中的液体重量，相当于满载排水量减去空船排水量。这一指标反映船舶具有的总载荷能力。

计算公式为：

$$总载重量 = 满载排水量 - 空船排水量$$

5. 进出港船舶船员数

进出港船舶船员数是指报告期内所有进出港口船舶的船员人数。计算单位：人。

进出港船舶统计以船舶登记证书上记载的为准。

（五）码头泊位运用统计指标

1. 码头泊位日历小时数

码头泊位日历小时数是指报告期内生产用码头泊位在册日历小时数。计算单位：

小时。

2. 码头泊位占用小时数

码头泊位占用小时数是指报告期内生产用泊位的各种船舶实际停靠占用泊位的时间。计算单位:小时。

计算码头泊位占用小时数时,以既定的泊位个数为依据,即一个泊位在同一时间无论停靠几艘船舶,只能计算一个泊位占用时间。当一个泊位相继停靠两艘及以上船舶时,其占用时间从第一艘船舶靠泊系妥第一根缆绳时起,计算到最后一艘船舶离泊解完最后一根缆绳止,仍按一个泊位占用小时计算。当一艘船舶停靠相邻两个泊位时,应以该船停靠码头时间乘以2作为该两个泊位的占用时间。其余情况以此类推。

外档作业船舶一律不计算泊位占用时间。

3. 码头泊位占用率

码头泊位占用率是指报告期内船舶停靠码头泊位占用小时数占码头泊位日历小时数的比重。计算单位:%。

计算公式为:

码头泊位占用率(%)=码头泊位占用小时数÷码头泊位日历小时数×100%

码头泊位占用率也可简单理解为泊位被占用的时间与泊位总时间之比。

4. 码头泊位作业小时数

码头泊位作业小时数是指报告期内码头泊位占用时间中进行装卸作业及旅客上下船的时间,包括装卸开工前后准备时间、完工后结束时间、装卸作业时间、补给燃物料和淡水以及其他辅助作业时间。计算单位:小时。

5. 码头泊位作业率

码头泊位作业率是指报告期内码头泊位作业小时数占码头泊位日历小时数的比重。计算单位:小时。

计算公式为:

码头泊位作业率(%)=码头泊位作业小时数÷码头泊位日历小时数×100%

码头泊位作业率也可简单理解为泊位停靠的船舶从事装卸作业占用的时间与泊位总时间之比。

6. 单位码头泊位长度吞吐量

单位码头泊位长度吞吐量是指报告期内每单位码头泊位长度所完成的吞吐量。计算单位:吨/米、TEU/米。

计算公式为:

单位码头泊位长度吞吐量(吨/米、TEU/米)=码头泊位吞吐量÷码头泊位长度

7. 码头泊位通过能力利用率

码头泊位通过能力利用率是指报告期内码头泊位实际完成的货物吞吐量与该码头泊位通过能力的比值。计算单位:%。

计算公式为:

码头泊位通过能力利用率(%)=码头泊位吞吐量÷码头泊位通过能力×100%

码头泊位运用情况统计的原始资料为船舶动态卡片或调度日志。

任务解析

下面根据上述所学知识对项目情景的任务进行简要解析。

任务1:港口生产是为了完成货物在不同运输方式之间的换装及堆存保管所提供的服务。港口生产包括三个方面:一是货物的装卸、储存和港内运输生产;二是以船舶为主要对象的服务性生产,即对船舶的技术服务;三是为装卸生产服务的辅助性生产。港口企业的生产过程是从接待车、船开始,送走车、船为止的一个物流生产周期。按其程序可划分为:生产准备过程、基本生产过程、辅助生产过程和生产服务过程四个阶段。

任务2:港口企业物流生产过程的组织就是研究从车、船到达,到在港进行装卸等各项作业,及货物在不同运输方式之间完成的换装组织的物流过程。既要组织好基本生产过程,也应组织好其他三个过程,不但要注意物质(即各项设备)的组织,而且要抓好信息的组织。港口物流生产过程组织要注意以下几点:第一,保持港口运行畅通,加速车、船、货的周转。第二,保证按期、按时、安全优质地完成车、船装卸任务。第三,合理运用港口资源和技术手段完成生产任务。第四,加强港口生产过程相关部门间的合作。

任务3:港口生产指标是一组综合反映港口生产、经营活动状态、特征的信息。根据数字的不同性质,港口生产指标分为数量指标和质量指标。按不同的管理目的,港口生产指标分为统计指标、计划指标和考核指标。港口、码头、泊位统计指标主要有:港口个数;港区面积;港区岸线长度;码头泊位长度;码头前沿水深;泊位个数;泊位通过能力;泊位综合通过能力等。

任务4:所有船舶在港停泊天数之和 =5 +2 +4 +4 +3 =18(天)。

船舶平均在港停泊天数 =18/5 =3.6(天)。

船舶作业总次数 =2 +1 +2 +1 +1 =7(次)。

船舶每次作业在港停泊时间 =18/7 =2.6(天)。

装卸货物总吨数 =10 000 +10 000 +5 000 +10 000 +5 000 +15 000 +10 000 =65 000(吨)。

船舶每装卸千吨货在港停泊时间 =18/65 =0.277(天)。

非生产性停泊时间 =2 +0 +1 +1 +0.5 =4.5(天)。

非生产性停泊时间所占比重 =4.5/18 =25%。

平均每艘船舶装卸货物吨数 =65 000/5 =13 000(吨)。

平均每次作业装卸货物吨数 =65 000/7 =9 285.7(吨)。

船舶平均每停泊艘天装卸货物吨数 =65 000/18 =3 611(吨/艘天)。

装卸作业天数之和 = 船舶停泊天数 - 非生产性停泊天数 =18 -4.5 =13.5(天)。

船舶平均每装卸艘天装卸货物吨数 =65 000/13.5 =4 804(吨/艘天)。

个案分析

1. 计算A港口的货物吞吐量

A港口统计期完成的货物作业任务(单位:万吨)如图4-5所示。

问题:计算该港口完成的货物吞吐量。

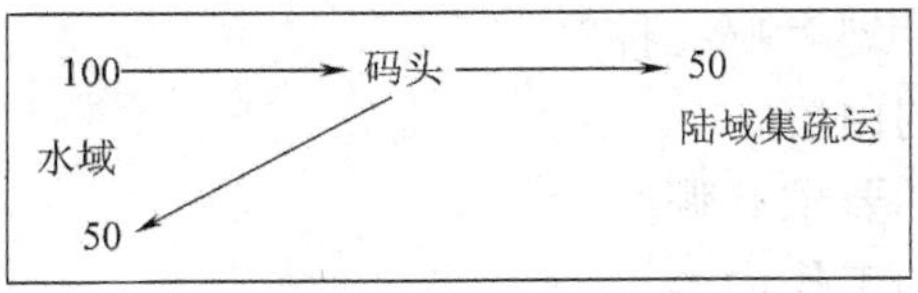

图 4-5　A 港口统计期完成的货物作业任务

2. 计算 B 港口的货物吞吐量

B 港口统计期完成的货物作业任务(单位:万吨)如图 4-6 所示。

问题:计算该港口完成货物的吞吐量。

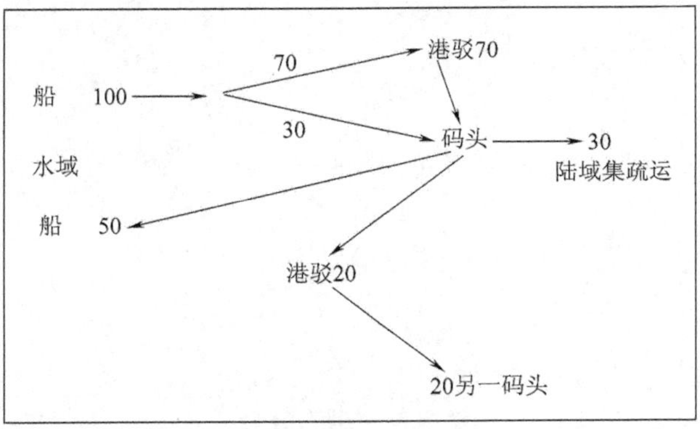

图 4-6　B 港口统计期完成的货物任务

参考答案

【复习与思考】

一、名词解释

港口的基本生产过程　港口的辅助生产过程　港口生产作业计划　港口货物吞吐量　港口生产调度　船舶调度　引航调度　港口生产指标　泊位通过能力　生产性停泊时间　码头泊位作业率　码头泊位通过能力利用率

二、简答题

1. 简述港口生产的四个阶段。

2. 简述港口生产的主要内容。

3. 简述港口物流生产活动的特点。
4. 港口物流生产过程组织要注意哪些方面?
5. 港口物流生产作业计划有哪几种?
6. 简述昼夜作业计划的内容。
7. 港口生产调度工作的要求有哪些?
8. 简述港口生产调度的工作内容。
9. 港口生产调度有哪些方式?
10. 货物吞吐量有哪些统计指标?
11. 列举船舶在港停时统计指标(6 种以上)。
12. 列举码头泊位运用统计指标(6 种以上)。

项目五　港口货物装卸

项目要求

1. 了解港口装卸对象。
2. 理解装卸作业的基本过程以及掌握装卸作业合同。
3. 理解港口装卸工艺的作用与内容,以及港口装卸工艺合理化原则。
4. 熟悉件杂货装卸机械与装卸工艺。
5. 熟悉散装货装卸机械与装卸工艺。
6. 熟悉集装箱装卸设备和常见的装卸工艺方案。
7. 理解装卸生产统计指标并能进行实际工作中的计算。

项目情景

上海K码头8月与B公司签订了月度港口作业合同,并分别完成了B公司5 000吨散装粮食的出口与进口装卸作业;9月完成的装卸过程统计如下(单位:吨),其中⑥、⑦两项装卸的是建港物资(见图5－1)。

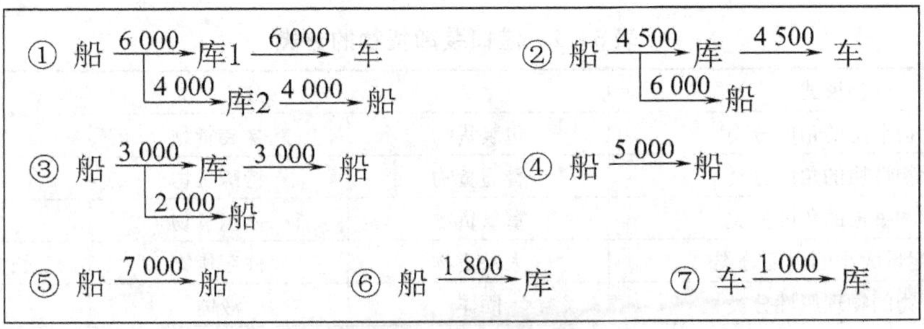

图5－1　9月完成的装卸过程

任务1:除了散装货外,港口装卸的对象还有哪些?

任务2:何谓换装作业?港口装卸作业的基本过程是怎样的?

任务3:港口作业合同应包括哪些基本内容?

任务4:何谓装卸工艺?分别写出5 000吨散装粮食的出口与进口装卸作业工序及使用的主要工具。

任务5:装卸工作量统计指标有哪些作用?计算K码头9月的吞吐量、自然吨、操作量、操作系数。

知识模块

单元一　港口装卸对象与装卸作业

港口生产的主要任务是进行货物在不同运输工具之间的换装,换装作业是港口最主要的生产作业形式。换装作业的操作过程是根据一定的装卸工艺,完成一次完整的搬运作业的过程,它是港口基本的装卸搬运活动。港口装卸系统是在港口使用装卸搬运机械系统,遵循一定的操作工艺,以货物装卸、搬运和储存为主要内容的生产系统。

一、港口装卸的对象

港口装卸的对象就是货物运输部门承运的各种货物,如原料、材料、工农业产品、商品以及其他产品等,它们的形态和性质各不相同,对运输、装卸和保管也各有不同的要求。可以从货物的形态、性质、重量、运量和物理属性等不同角度对港口装卸的对象进行简单的分类,如表5-1所示。

按港口装卸工艺的不同将港口装卸的对象主要分为四大类:杂货、集装箱货物、散装货和特殊货物。

(一)杂货

杂货是品种繁杂、性质各异、形状不一和批量较小货物的统称,是指在运输、装卸和保管中成件的有包装(或无包装的大件)的货物。由于杂货装卸比较困难,需要装卸运输机械的种类较多,故不容易充分利用装卸机械的效率。杂货一般可按件数(袋装、各类箱装、成捆、成扎和裸装件等)计算装卸运输数量,记载于提单上,作为交接货物的依据,因此又称"件杂货"。

表5-1　港口装卸货物的分类

分类形式	分　类		
从货物形态的角度分类	包装货物	裸装货物	散装货物
从货物性质的角度分类	普通货物	特殊货物	—
从货物重量的角度分类	重量货物	体积货物	—
从货运量大小的角度分类	大宗货物	件杂货物	长大笨重货物
从货物的物理属性分类	固体	液体	气体
从一批货物托运量的大小分类	整车货物	零担货物	—

1. 件杂货的运输特点

件杂货的运输主要有三个特点。

(1)货种多,批量小,发货和收货地点比较分散,而且往往要经过多种运输方式和进行多次装卸、搬运及换装作业。

(2)件杂货的外形、包装和重量差别很大,对运输条件和运输环境的要求不一,因此,装运件杂货的船舶和港口装卸设备应具有一定的通用性。

(3)件杂货一般价值较高,要求有较快的送达速度。

2. 件杂货的分类

件杂货按照包装形式和件货的形式可分为六类。

(1)袋装货物:如袋粮、袋盐和袋装水泥等。

(2)捆装货物:如捆装的棉花、烟草等。

(3)桶装货物和圆筒状货物:如桶装汽油、食油、桐油及圆筒状的电缆等。

(4)箱装货物:如箱装的日用百货、香烟、食物、罐头和小五金等。

(5)筐、篓、坛装物:如蔬菜、水果、榨菜和硫酸等。

(6)裸装货物:如生铁块、钢锭、钢材、废钢和砖等无外包装的货物。

(二)集装箱货物

集装箱货物是以集装箱为单元积载设备进行运输的货物。根据集装箱货物运输的特点,可将集装箱货物分为四种类型。

1. 最适合装集装箱的货物

最适合装集装箱的货物是指货价高、运费承受能力也较高,按货物的外形尺寸、体积和重量以及特性可有效地装载集装箱运输的货物,也称最适合集装箱化的货物。该类货物中有很多是极易破损或被盗的,如酒、手表、照相机、小五金、光学仪器、小型电器以及医药品、针织品等。

2. 适合装集装箱的货物

适合装集装箱的货物是指货价不高、运费承受能力适当,其货物的外形尺寸、体积和重量以及特性较适合集装箱装运的货物,也称适合集装箱化的货物。该类货物有纸浆、瓦楞板、电线、电缆、袋装面粉、袋装咖啡、生皮、碳精和金属制品等。

3. 临界于可装或不适合装集装箱的货物

临界于可装或不适合装集装箱的货物是指货价和运费都较低,在物理性质及形态上可采用集装箱装运,但在经济上不甚合理的货物,也称边缘集装箱化的货物。该类货物可以使用集装箱,也可以不使用集装箱进行运输,如铁锭、钢材和原木等。

4. 不适合装集装箱的货物

不适合装集装箱的货物是指由于形态、特性及经济上的原因,不应该或不能使用集装箱运输的货物,也称不适合集装箱化的货物。比如航空器、大型车辆和船舶等,由于外部形状尺寸及运输要求等原因而不能采用集装箱运输;还有些货物,如货价较低的大宗散货、长度超过 40 英尺的金属构件、大型车辆、大型机电设备以及具有强烈异味和污染性,会造成集装箱底及衬板严重污染的货物(一旦污染,该箱则不能再使用)等。

利用集装箱运输货物,需要正确掌握货物的知识,不仅需要选择适合集装箱的货物,而且也要选择适合货物的集装箱。因此,在运输实践中并不是不适合集装箱的货物就一定不用集装箱运输。

(三)散装货

散装货又称散装货物、散货,包括散装固体货物和散装液体货物两种。散装货一般批量较大,因其没有包装,可节约包装费用,较充分地利用货舱容积,更有利于机械化装卸作业。与件杂货按计件形式装运和交接货物不同,散装货是按计量形式装运和交接货物的。

散装固体货物也称干散货，是指无固定包装的或不加包装的块状、颗粒状和粉末状货物，如谷物、矿石、矿粉、煤炭、矿砂和散运的盐等。

散装液体货物又称液体货，是指不使用包装，利用管道、泵进行装卸，直接装入货舱、槽罐进行运输的各种液体状的货物。如石油及其产品、液化气（包括液化石油气、液化天然气和液化化学气）和液体化学品等。其中，石油类货物、液化石油气和液化天然气都是重要的能源，尤其是石油类货物，在世界海运量中占有相当大的比重，也是中国重要的进出口货源。

（四）特殊货物

特种货物包括一切因本身性质对装卸、运输和保管有特殊要求的货物，如危险货物、易腐冷藏货物、贵重货物、活的动植物和重大件货物等。从运量上看，这类货物量非常少。

二、港口装卸作业

在同一地域范围内（如车站范围、工厂范围和仓库内部等）改变“物”的存放、支承状态的活动称为装卸，改变“物”的空间位置的活动称为搬运，两者全称装卸搬运。有时候或在特定的场合，单称“装卸”或单称“搬运”也包含了“装卸搬运”的完整含义。在实际操作中，装卸与搬运是密不可分的，两者是伴随在一起发生的。因此，在物流学中并不过分强调两者的差别，而是将其作为一种活动对待。

相对于货物运输来讲，装卸作业是短距离的货物搬移，是仓库作业和运输作业的纽带和桥梁，实现的也是物流的空间效益，是保证货物运输和保管连续性的一种物流活动。

（一）港口装卸作业的基本过程

港口装卸作业的基本过程可分为装卸准备过程、装卸作业过程和辅助装卸过程。

1. 装卸准备过程

装卸准备过程是指港口装卸活动之前所进行的全部技术准备和组织准备工作。主要包括编制装卸作业计划，根据计划进行货物操作过程、装卸工艺、装卸地点、库场和接运工具的确定和准备，装卸机械和工具的准备以及货运文件的准备。这些工作是确保装卸作业过程顺利进行的前提。

2. 装卸作业过程

装卸作业过程即货物在港的装卸搬运过程，或称换装作业，是指货物从进港到离港所进行的全部作业的综合，是直接完成船、车货物的装卸过程，是由一个或者一个以上的操作过程所组成的。而操作过程是指根据一定的装卸工艺完成一次完整的搬运作业的过程，即在船、车、库（场）之间，货物每经过其中两个环节所完成的一次位移。

常见的换装作业过程有：①船—船（卸船和装另一艘船）；②船—车、驳（卸船装车或装驳、卸车或卸驳装船）；③船—货场；④车、驳—库场；⑤车、驳—车、驳；⑥库场—库场（库场之间的搬运）。

换装作业是港口最主要的生产作业形式，可分为两种形式：直接换装和间接换装。

直接换装，也称货物装卸直取作业，它是指货物由船上卸下直接装上车辆或船舶，不再进入库场（或程序相反）。直接换装是只有一个操作过程的换装作业方式，如船—车（直取）、船—船（过驳）。直接换装的优点是环节少，所用机械和人员少，管理方便，货物在港时间短，加速了货物流转。但在直接换装作业形式下，船舶、车辆在港停留时间长，港口费用支出大。

案例

目前国内港口货物装卸费计收，大多采取与货主签订装卸包干协议来实现。包干费协议主要包括：货物的装卸费、港内短驳费、转栈费、货物仓储保管费、港口建设费、货物港务费及港口其他杂项服务费等。货物装卸直取作业的成本支出比其他装卸作业方式节省。以某港作业铁矿石为例，从矿石卸船到进入库场仓储后再进行转运装船，全过程作业成本每吨约12元，而采取船到船的直取作业方式，作业成本每吨可以降低3～4元，如直取量达到300万吨，作业成本可比非直取作业方式减少1 000万元左右。因此加大货物直取作业量是降低港口装卸成本的最直接、最有效的手段。而实现直取作业量的增加，主要取决于港口生产组织者对生产计划的周密安排，提前做好车、船运力的衔接准备和其他相关工作的协调配合。

间接换装是指货物先从船上卸入库场，经过短期堆存，再由库场装上车辆或船舶（或程序相反）。间接换装有两个及以上操作过程的换装作业方式，如船—库（场）—车、船—库（场）—船。间接换装的优点是效率高，车船在港时间少，节省车船在港停留的费用，提高车船利用率。

港口企业为了做好装卸作业各环节之间的衔接与配合，以实现装卸工作机械化和合理的劳动组织，进而实现港口生产的全面质量管理，港口又将装卸操作过程划分为若干个作业工序。

作业工序是指一定数量的工人（机械司机）在一个工作地段对货物完成的局部位移，即在一个完整的操作过程中，能独立完成操作的部分。

作业工序是操作过程的基本单位，是港口装卸作业的基本生产环节。作业工序主要是根据使货物所在的地点或位置发生变更或转移的运输工具来划分的，是形成装卸工艺流程的基础。

装卸作业工序可划分为以下六项。

（1）舱底作业工序，包括装船和卸船时在舱内的摘挂钩、拆码货组、拆码垛及平舱、清舱等全部作业。

（2）起落舱作业工序，包括装船和卸船时船舱到岸、岸到船舱、船舱到车辆、车辆到船舱以及船舱到船舱的作业。

（3）水平搬运作业工序，包括码头、库场和车辆之间水平搬运作业。

（4）车内作业工序，包括装卸车时的上下搬动，做关、拆关，车内的拆码垛作业。

（5）库内作业工序，包括库场内的拆码垛、拆码货组、供喂料作业。

（6）上、下楼（坡）作业。

各项作业工序的连续就构成了装卸工艺流程。

【例】写出装卸工艺过程“车→船”的装卸工艺流程。

答：车内作业工序→水平搬运作业工序→起落舱作业工序→舱内作业工序。

在既定的作业工序中，完成吨货物的操作，并计算整个工序吨。使用机械操作的计算机械作业工序吨，使用人力操作的计算人力操作工序吨。工序吨的计算是衡量机械化程度的重要依据，在进行装卸作业组织时，要使组成操作过程各装卸工序的生产能力协调一致，否则，整个操作过程的装卸效率将受到装卸作业工序能力最薄弱环节的制约。因此，保证装卸作业过程（或操作过程）的协调性和连续性，就是要保证其他非主导工序与主导工序[①]协调，以保证主导工序的连续性。

3. 辅助装卸过程

辅助装卸过程是保证装卸作业过程正常进行所必需的各种辅助性活动，包括装卸机械的维修与保养、装卸工属具的加工制造与管理、港口各项设施的维修以及动力供应等。

（二）作业合同和作业委托单

作业合同和作业委托单是港口企业装卸作业的依据。

港口作业合同（样本见表5－2）是指港口经营人收取港口费用，负责将装卸委托人委托的运输货物在港口进行装卸、储存和驳运等服务作业的合同。按月度或月度以上签订的装卸作业合同，应具备下列基本内容：①货物名称；②装卸委托人和港口经营人名称；③起运港和到达港（水水联运货物应载明换装港）；④货物重量（按体积计费的货物应载明体积）；⑤港口费用及其结算方式；⑥作业方式；⑦违约责任；⑧特约事项。

表5－2　港口作业合同

本合同经作业委托人与港口经营人签章后即行生效。有关作业委托人与港口经营人之间的权利、义务和责任界限，适用于《水路货物运输规则》和港口收费的有关规定。

编号：

<table>
<tr><td rowspan="3">作业委托人</td><td>全　　称</td><td></td><td rowspan="3">港口经营人</td><td>全　　称</td><td></td></tr>
<tr><td>地址、电话</td><td></td><td>地址、电话</td><td></td></tr>
<tr><td>银行、账号</td><td></td><td>银行、账号</td><td></td></tr>
<tr><td>承运人</td><td></td><td>核定计划号码</td><td></td><td>月度运输合同号码</td><td></td></tr>
<tr><td>起运港</td><td></td><td>换装港</td><td></td><td>到达港</td><td></td></tr>
<tr><td>装船或卸船</td><td colspan="2"></td><td>费用结算方式</td><td colspan="2"></td></tr>
<tr><td>货名</td><td>包装</td><td>重量（吨）</td><td>体积（立方米）</td><td colspan="2">费率（元/吨）</td></tr>
<tr><td></td><td></td><td></td><td></td><td colspan="2"></td></tr>
<tr><td></td><td></td><td></td><td></td><td colspan="2"></td></tr>
<tr><td></td><td></td><td></td><td></td><td colspan="2"></td></tr>
<tr><td></td><td></td><td></td><td></td><td colspan="2"></td></tr>
<tr><td>特约事项和违约责任</td><td colspan="5"></td></tr>
<tr><td colspan="3">作业委托人签章
年　月　日</td><td colspan="3">港口经营人签章
年　月　日</td></tr>
</table>

港口作业委托单（样本见表5－3）经港口经营人与作业委托人签章后，具有合同效力。

① 主导工序是指对整个装卸作业过程起主导作用的工序，如组织船、库（场）作业过程，其主导工序就是指卸船（或装船）机械的效率。

表 5－3　港口作业委托单

月度作业合同号码：　　　　　　　　　　　　　　　　　　　　　　　　　　编号：

约定货物进港时间和地点					承运人						应收费用		
作业委托人	全　称				船名		航次				费目	费率（元/计费吨）	金额（元）
	地址、电话				预计船舶到港时间								
	银行、账号				运单号码								
起运港				换装港	到达港							费用结算方式	
发货符号	货名	件数	包装	价值（元）	作业委托人确定		计费重量		装卸费率	金额（元）			
					重量（吨）	体积	重量（吨）	体积					
											总计		
											大写：		
合计											核算员：	收款章　年　月　日	
其他委托项目					约定作业日期						复核员：		
					约定作业期限						仓库验收　经办人　年　月　日		
特约项目					作业委托人签章　年　月　日				港口经营人签章　年　月　日		装船和交付　经办人　年　月　日		

有关港口经营人与作业委托人之间的权利、义务和责任界限适用于《水路货物运输规则》及港口收费的有关规定。

作业委托单一式六份①,顺序如下:

第一份:起运港入库或到达港提货联。流转顺序是起运或到达港口经营人→作业委托人→起运或到达港口经营人仓库。

第二份:作业委托人存查联。流转顺序是起运或到达港口经营人→作业委托人。

第三份:收据联。流转顺序是起运或到达港口经营人→作业委托人。

第四份:财务结算联。供起运或到达港口经营人财务结算用。

第五份:计费存查联。供起运或到达港口经营人计费存查用。

第六份:作业联。供起运或到达港口经营人作业后存查。

单元二　港口装卸工艺概述

港口装卸主要是货物在不同运输工具之间的换装,在装卸过程中并没有材料的消耗,只有机械的磨损及燃料的消耗。装卸成本主要决定于机械的折旧修理费、燃料费、机械驾驶员及装卸工人的工资等。所以,降低装卸成本就是要降低上述几种费用,这要通过合理使用装卸机械及装卸工艺来达到。保证装卸过程中的安全与质量也必须寻找合理的装卸工艺。其他如装卸效率的高低、劳动强度的大小等,也与装卸工艺有密切关系。

一、港口装卸工艺的作用与内容

工艺是达到目的的一种手段,是指社会生产中改变劳动对象所采取的方法。港口装卸工艺是指在港口实现货物从一种运载工具(或库场)转移到另一种运载工具(或库场)的空间位移的方法和程序。对港口来说,装卸工艺即是港口的生产方法。

(一)港口装卸工艺的作用

港口装卸劳动生产率的提高在很大程度上取决于港口装卸工艺的现代化。装卸工艺往往是港口挖潜、革新和改造的主要目标。港口装卸要严格执行港口装卸工艺标准。港口装卸工艺标准是船、车装卸、堆码的技术文件,每一项标准都是建立在科学的基础上,不仅在技术上是先进的,而且在经济上也是合理的,不允许被随意地违反和破坏。

港口装卸工艺在港口生产管理中具有重要的作用,概括起来有以下四个方面:

(1)港口装卸工艺是港口生产的基础。港口装卸工艺是通过装卸作业线具体实现的,而作业线实际上就是装卸工艺线。

(2)港口装卸工艺是劳动管理的重要内容。港口装卸作业的方式选择直接影响到作业的时间、定额以及奖惩制度。先进的装卸工艺、合理的劳动定额以及能激发工人劳动热情的激励制度,是提高劳动生产率的重要手段。劳动定额必须在先进的装卸工艺基础上制定,而先进的装卸工艺必须通过合理的劳动定额和能激发工人劳动热情的激励制度才能巩固和提高。

---

① 作业委托单第六份用厚纸印刷,其余五份均用薄纸印刷,印刷墨色应区别为:结算联为红色,收据联为绿色,其他联为黑色。危险货物作业,第六份用红纸印刷。

(3)装卸工艺是实现港口物流功能的手段。港口物流系统根据实际需要,包括运输、储存、装卸、搬运、包装、加工、配送、信息处理等基本过程。港口物流过程复杂,要经过多次周转,每经过一个流通终端,每转换一次运输方式都必须进行一次装卸搬运作业。港口要实现上述过程,满足客户需求,就必须研究装卸工艺,制定并实施科学合理的装卸工艺方案。具体来说,就是根据运量、货种、流向、运输工具、使用要求和自然条件等因素综合考虑,就完成特定货种的物流过程所应配备的装卸机械及工属具的类型、数量,各作业环节需配备的作业人数,采用的操作方法,作业的程序,库场的合理使用等方面做出全面的设计,并进行技术经济论证,以保证物流过程更经济、更合理。因此,要实现安全、高效、经济的物流,离开装卸工艺是不行的。

(4)港口装卸工艺直接影响港口的生产绩效。港口装卸工艺选择是否合理,直接影响到港口的生产绩效。合理的装卸工艺选择并不是主张设备采用得越先进越好,而是要根据港口的实际生产情况和货种、货流情况进行合理选择。

(二)港口装卸工艺的主要内容

港口装卸总是按某种方式进行的,然而不同的方式会产生不同的效果,也就是说,港口装卸工艺是客观存在的,我们的任务是主动地研究它、改造它,使港口装卸工艺更合理。

港口装卸工艺主要涉及以下方面的内容:①装卸机械设备类型的选择和吊货工具的设计;②工艺流程的合理化;③货物在运输工具和库场的合理配置与堆码;④驾驶员和工人的先进操作方法;⑤工艺规程的制定和修改。

以上内容可归纳为两个方面,即港口日常装卸工艺工作和港口装卸工艺设计工作。

1. 港口日常装卸工艺工作

港口日常装卸工艺工作是以港口现有的工艺系统与装卸设备为基础的,通过挖潜、技术创新和有效的组织,合理运用现有的人力、物力,以达到安全、优质、高效和低消耗来完成港口装卸任务的目的,这是属于港口内涵式的扩大再生产能力的工作。具体内容包括:工属具的改进和创新、装卸工艺线的再设计、作业线改进、工程心理学研究、装卸作业技术标准的制定与修改等。除此之外,港口日常工艺管理工作还包括货物在运输工作与库场内的堆码方式和各种辅助作业的完成方法等。

2. 港口装卸工艺设计工作

港口装卸工艺设计是港口工程设计的一个重要组成部分。在设计装卸工艺方案时,必须根据货物的种类、流向、流量、包装和理化性质等因素,以及车型、船型和码头的交接方式、港口的自然条件、运输组织等方面的具体情况,拟定一系列可供比较的、有价值的方案,并经过详尽的分析和比较,找出一个较为合理且可行的方案。一个成熟、合理和可行的工艺方案的产生,必须经过反复修正与比较,使所选方案完善合理。如果工艺方案决策错误,即使港口具体工作做得再多再好,企业也是难以取得成效的。计算机仿真技术的应用使装卸工艺方案的选择过程更为科学。

港口装卸工艺设计流程如图 5 - 2 所示。

二、充分利用机械设备的原则

国内外港口生产实践表明,合理的装卸工艺应符合安全质量原则、专业化和适应性原

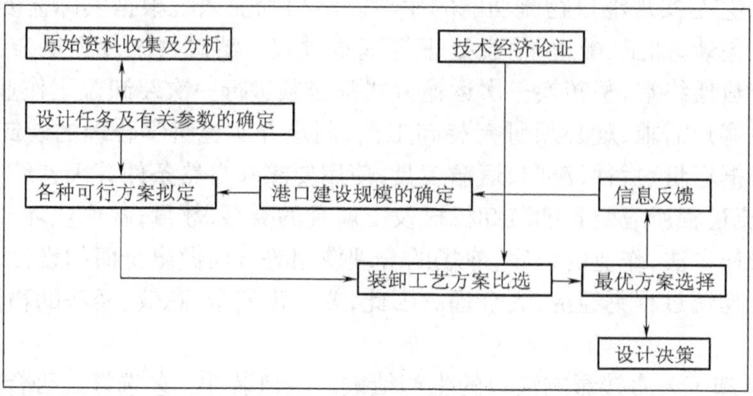

图 5-2　港口装卸工艺设计流程

则、高效作业原则、标准化原则、环境保护原则以及充分利用机械设备等基本原则。

装卸工艺机械化不仅是减轻体力劳动繁重程度的根本途径，也是保证作业安全、提高劳动生产率的重要手段。充分利用机械设备原则要求对于劳动强度大、工作条件差、搬运和装卸频繁、动作重复等环节，尽可能采用有效的机械化作业方式。

现代化的装卸工艺是以先进的装卸机械化系统为基础的，而且机械化系统一经采用，更换就比较困难，因此，必须根据港口的具体营运状况和自然条件，合理地设计机械化系统，特别要注意构成机械化系统主体的装卸设备类型的选择。影响港口装卸机械设备类型选择的因素大体包括货物、运输工具、自然条件、港口建筑物和运输组织等，如图 5-3 所示。

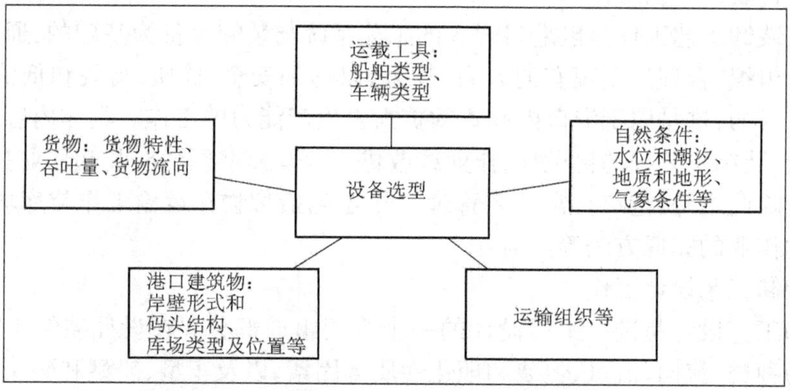

图 5-3　影响港口装卸设备选型的主要因素

（一）货物

货物特性、货物吞吐量和货物流向是影响装卸设备选型的主要因素。

1. 货物特性

货物特性的不同在以下几个方面影响着机械设备的选择：货物的尺寸、重量、容重、形状和包装形式影响着起重量的选择；货物品种的多样性要求机械具有通用性和灵活性，要求能同时针对船舶和车辆的特点装卸多个品种的货物，要求库场内有诸多的货堆；货物的冻结性和凝结性对设备的有效应用具有重大影响；货物的磨损性和腐蚀性会加速机件的损坏，因此，需要特别的防护与维修；货物的易燃、易爆和扬尘性要求在设计装卸机械化系统时，从安全、环保的角度采取有效措施。不同货类所使用的设备举例见表5－4。

表5－4 不同货类所使用的设备

货 类	在装卸工艺中可使用的典型设备
集装箱	岸壁式装卸桥、堆场轮胎式龙门起重机
杂 货	门机、船舶吊杆
木 材	门机、堆场龙门起重机、木材抓斗
干散货	移动式卸船机、堆场轮式堆取料机
散 粮	吸粮机、夹皮带机、斗式提升机
液体货	输送管道

2. 货物吞吐量

货物吞吐量大小关系到是否需要设置专用化泊位和采用专用化机械，也关系到机械设备应具有的生产能力，从而影响所需配备的机械设备的类型和数量。货物吞吐量大时，应设置生产能力较高的机械设备，以获得较高的港口通过能力；货物吞吐量较小时，最好采用构造简单、造价低廉而又能保持相当生产能力的机械化系统。对生产任务显著不均衡、受季节影响大的货物则要考虑泊位在空闲季节的充分利用问题。

3. 货物流向

货物流向是影响机械设备选择的又一重要因素，水运货物是经铁路还是水路转运，是双向货流还是单向货流，货物是全部需要经过库场还是有很大比重直接换装，这些因素对机械设备的选择有很大影响。双向货流要求机械在装船与卸船的两个方向都能进行工作。在这方面起重机系统较输送系统优越。

（二）运载工具

船舶、车辆类型是影响装卸设备选型的主要因素之一。

泊位长度主要由船的长度决定，船宽关系到岸上机械的臂幅，船舷及上层建筑高度决定的起重机门架及输送栈桥的高度和岸上机械要具备升降式或伸缩式悬臂的必要性。舱口数影响岸上机械的数量，舱口尺寸影响作业方法和装卸效率，舱口面积与货舱面积之间比例的大小影响舱内作业效率，而舱内作业往往成为限制装卸效率的主要因素。船舶结构影响舱内机械的采用，舱口位于上层建筑里面的客货船要求采用特殊的装卸方法。

船型资料主要需要了解以下情况：

(1)船舶载货吨数，对于运输散货的船舶要了解各舱的载货吨数。

(2)船舶总长、型宽、型深、空船和满载时的吃水，如考虑采用专用或固定机型时需了解空船和满载时船舷高度。

(3)舱口数量、舱口尺寸、各舱口之间的距离。

(4)甲板层数。

(5)上层建筑的位置和高度以及机舱的位置。

(6)如考虑用船舶吊杆装卸，需了解船舶吊杆的负荷量。

关于车型，除特定情况外(如用自卸车运散货)，中国目前还很少用某一种车型的车辆装运一种货物。因此，除有特殊要求外，一般只需了解是否有棚车或有篷货车装运散货的情况。

（三）自然条件

水位与潮汐、地质和地形及气象条件是影响装卸设备选型的主要自然条件。

中国海港的潮差一般不大，内河港口的水位差则很不相同，有的港口变化较小，有的则变化很大。水位变化过大会使直立式码头的造价昂贵，使水工建筑投资增加；在斜坡式码头条件下，船舶与岸线相对位置变化很大，要求机械化系统能够灵活适应，既要保证高水位，又要保证低水位时的车辆与船舶装卸作业。

地质条件对码头的形式、结构、造价及机械设备的选用都有重大影响。例如，在地质条件不好的情况下，安装重型机械或建造高大的储货舱和油罐会遇到技术上的困难，即使技术问题可以解决，地基处理的费用也将增加，从而影响设计系统的经济性。在土质太坚硬（如钢渣填土）的情况下，挖掘工程量太大会给机械化系统施工造成困难。在设计工艺方案时应尽量利用原有地形条件，根据高站台、低货位和滑溜化等原则，利用位能进行货物装卸。

在经常下雨的港口，为解决雨天装卸问题，应研制和安装防雨的设备。北方港口要防止货物在严寒季节冻结，为此应采取相应的措施。对冬季要封冻的港口，应考虑冰棱对码头和机械设备的影响。

（四）港口建筑物

港口建筑物影响装卸设备选型的因素，主要有岸壁形式和码头结构、库场类型及位置、铁路线和公路与码头的相对位置等。

岸壁形式主要有三种：直立式、混合式和斜坡式。混合式又因直立段的位置而分为半斜坡式和半直立式。海船泊位一般用直立式岸壁，因为如用斜坡式或混合式岸壁，船舶吊杆和起重机都会因海船吃水深，船岸间距离大而难以作业。但散货专业泊位常用斜坡式或混合式岸壁。除岸壁形式外，码头结构的坚固程度对机械的选择也有巨大影响。中国港口的旧码头一般承载能力小，在这些码头上使用重型机械设备非常困难。

库场地面的允许负荷和平坦程度、仓库的高度、支柱的多少和库门的尺寸等都影响着流动机械类型的选择。库场的平面尺寸和形状影响到特定情况下选择某种类型的机械是否恰当。库场和码头的相对位置决定着货物的搬运距离，影响着各种机械的使用效果。

铁路线与地面的高度差影响着流动机械的应用。铁路线和公路与码头平面相对位置对机械设备的选择也有影响。在设计机械化系统时，要尽可能避免陆上运输工具对装卸工作的干扰。

（五）运输组织

车船运输组织的特点是选择装卸机械类型和决定工艺方案的又一重要因素。例如，铁路的成组编解或成列到发等运输组织方面的要求都会影响到装卸机械类型的选择。

现代港口装卸工艺的发展特点

单元三　件杂货装卸机械与工艺

件杂货是指有包装或没有包装的成件运输、装卸和保管的货物。港口装卸的件杂货种类繁多。有些货物虽然性质与品种完全一样,但会有不同的包装;有些货物尽管使用同样的包装,但尺寸和重量却又不尽相同。大多数件杂货怕雨淋、怕潮湿,一般都应有雨天装卸作业的防雨设施和仓库保管。

大多数港口所装卸的件杂货,货种杂、批量小,因此,在一个泊位上就需要同时装卸不同的货物,这就要求装卸机械化设备具有一定的通用性。大部分件杂货都要经过仓库进行分票或者在仓库积聚足够的货批,贵重货物还需在有专门隔间的仓库内保管。另外,件杂货装卸机械化设备应能适应双向货物流动的特点,即能进能出。

对大宗的、稳定的单一货种,少数件杂货码头也可采用专业化设备。

一、件杂货的装卸特点

件杂货的装卸特点主要表现在以下四个方面:

(1)货种繁杂、包装各异,需要配备多种工属具,机械化系统具有一定的通用性。

(2)货物特性复杂,要求运输、保管中充分研究货物的互抵性,确保货运质量。

(3)批量少、货票多。货物需积载到一定量装船装车,大部分货物都要在库场堆放、分票保管,需要设置较大堆存能力的库场。件杂货的货票多,容易发生货损货差。

(4)货流的双向性要求装卸机械化系统具有装船和卸船作业的双向功能。

由于件杂货具有以上装卸特点,在装卸时一定要保证其完整无损,因此,在港口装卸作业时必须做好以下各项工作:

(1)工作地点要整洁,特别是对食品更要注意保持吊货工属具、机械的工作机构和工作人员的清洁。

(2)选用合适的、牢固的吊货工属具。

(3)正确地将货物安放在吊货工属具上。

(4)平稳地升降货吊。

(5)将件杂货整齐地安放在水平运输的机械上,必要时对货组进行捆扎,以免在运输过程中振落受损。

二、件杂货的装卸工属具

装卸工属具(也称吊货工夹具)是各种盛货、吊货、捆货搬运输送货物的工具,以及各种辅助作业使用的工具等的总称。装卸工属具是起重机钩头与货物之间的连接手段,是货物的临时承载装置,也是实现成组化运输、装卸的重要手段。

件杂货的装卸对装卸工属具一般有如下要求:

(1)保证货物及其包装的完整无损。

(2)结构简单,自重轻。

(3)操作方便,适于吊装和搬运。

(4)强度牢固可靠,经久耐用,使用安全。

(5)承载能力应与机械化系统中的机械负荷量相适应。

装卸工属具类别很多,大体可分为吊货工具(索具、夹具、吊带、吊架、吊钩和吊具等)、承载工具(网络、托盘货板和货斗等)和装卸机械属具(电磁吸盘、真空吸盘和弧形吊杆),以及其他各式各样的专用工具(油桶工夹具、钢材工夹具、成捆铝锭夹、卷钢板夹具和真空吸盘吊具等)。装卸工属具也可分为两大类:通用工夹具和专用工夹具,如图 5-4 所示。

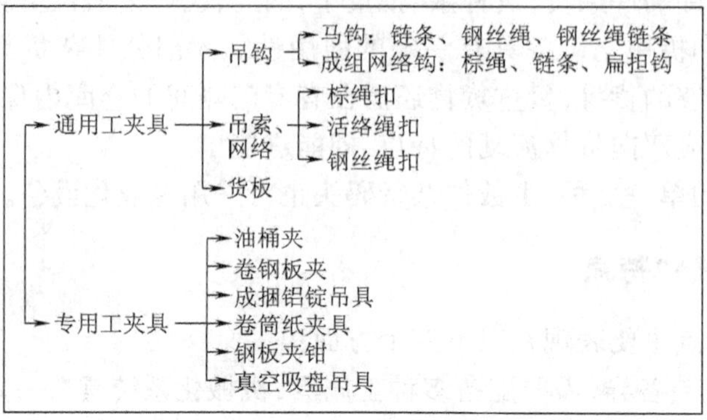

图 5-4　装卸工属具分类

装卸工属具举例如图 5-5 所示。

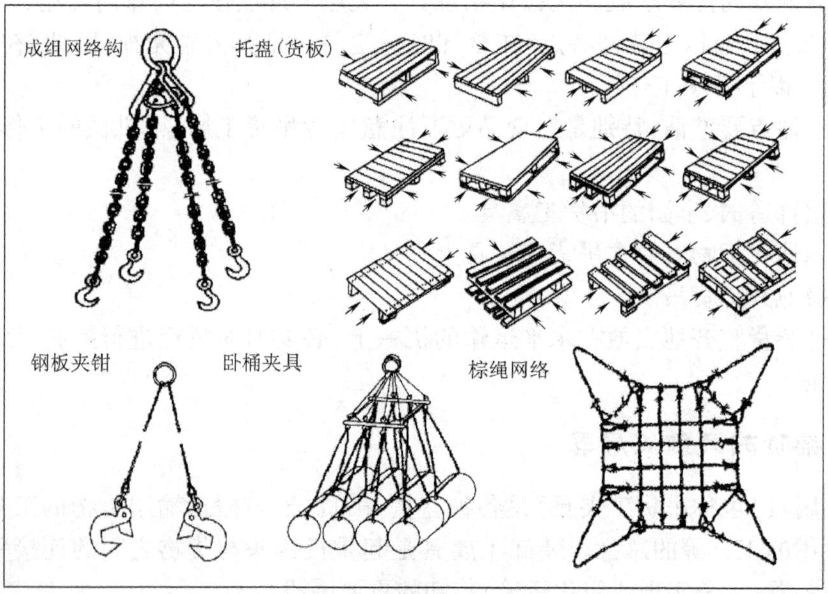

图 5-5　装卸工属具举例

选用装卸工属具的原则为:保证货物的完整;牢固安全;起重量得到充分应用;降低劳动强度,避免重复操作。

三、件杂货装卸机械

件杂货装卸机械化系统由装卸船舶的机械、水平运输机械和库场机械组成。

(一)装卸船舶的机械

装卸船舶的机械主要是起重机。起重机是在一定范围内垂直提升和水平搬运重物的多动作起重机械，又称吊车。起重机主要用来吊运成件物品，配备适当吊具后也可吊运散状物料和液态物料。

起重机通常按结构分为臂架型起重机和桥架型起重机。臂架型起重机包括塔式起重机、门座起重机和浮式起重机等；桥架型起重机包括桥式起重机、龙门起重机等。

港口比较常见的起重机有门座起重机、船舶吊杆和流动式起重机等。

1. 门座起重机

门座起重机是件杂货码头最常用的主要岸机，其优缺点如表5－5所示。

表5－5　门座起重机的优缺点

优　　点	缺　　点
(1)起升高度大 (2)臂幅大、工作区域大 (3)使用灵活，定位性好 (4)起重量大 (5)通用性好	价格高，使用的成本、维修费用和能耗都较高 自重大，轮压大，对码头结构强度的要求高，码头的造价高

门座起重机的起重量主要应考虑装卸货种和接卸工具的能力等因素，一般情况下，可选5吨或10吨起重量的门座起重机。随着件杂货货组重量的加大，港口配置的门座起重机的起重量有加大的趋势。门座起重机的臂幅是根据到港船型和货物接卸方式而定的。当船舶不装甲板货时，门座起重机的最大臂幅要求达到舱门的外侧；经常装甲板货而船吊作业不便时，最大臂幅应达到船舷的外侧，以便船舶作业。

2. 船舶吊杆

船舶吊杆主要用于杂货船和多用途船舶。使用船舶吊杆进行船舶装卸作业的特点是码头的造价低、营运费用低和装卸成本低。当完全使用船舶吊杆装卸作业时，码头可不设门座起重机，因而对码头建筑结构强度的要求比较低，降低了港口码头泊位的建设费用。使用船舶吊杆是由船舶自行供电，不需要陆上专门为之设置供电、修理等设施，所以对港口来说，使用船舶吊杆装卸作业的装卸成本较低。但船舶吊杆的起货高度较低，工作幅度小，对码头水位的适应性差，不适宜进行直接换装作业。同时，船舶吊杆的起重量相对较小，不宜起吊成组的重量大的货组。若在水位差变化比较大的港口采用船吊作业时，必须验算船舶满载低潮时作业是否有困难。另外，船舶吊杆不宜在陆域狭窄、码头前沿设置多层仓库的条件下使用。

3. 轮胎式起重机

轮胎式起重机是港口常用于装卸驳船的流动式起重机。轮胎式起重机具有机动性好、适用性强的特点，使用时不受轨道的限制，灵活机动，服务区域相对较大，既可用于码头前沿，又可作为堆场机械使用，一机多用，机械利用率较高。

轮胎式起重机的造价比门座起重机低廉，维修保养的费用也较门座起重机少。轮胎式起重机操作方便，由于驾驶员视线好以及吊货索长度小等原因，轮胎式起重机更适宜装卸小驳船。但轮胎式起重机的起重量要随着臂幅的增大而变小，通常，轮胎式起重机的最大起重量是指其臂幅最小时的起重量。在装卸作业时，由于使用的臂幅较大，所以实际使用的起重量比标明的最大起重量小。一般来说，轮胎式起重机的装卸效率较门座起重机低，当同时使用多台轮胎式起重机装卸船作业时,码头前沿就显得很拥挤。

对装卸船舶机械的选用是由码头泊位条件、港口自然条件、装卸作业具体情况及使用习惯等因素决定的。中国大多数海港的件杂货码头装卸机械选型是根据货物吞吐量、货种、船型和码头形式等因素确定的,并注意发挥船机的作用,即装卸作业采用船吊和门座起重机联合作业的方案。采用船机作业时,应满足船舶满载低水位装卸作业的要求;采用岸机作业时,宜考虑选用门座起重机,其吊臂的最大工作幅度至少应达到设计船型舱口的外侧。

(二)水平运输机械

件杂货码头水平运输机械主要有蓄电池搬运车、叉式装卸车、牵引车挂车和货车(汽车)等。

水平运输机械的选择应根据货种、装卸工艺流程、路面情况和运输距离而定(见表5-6)。在相同的装卸工艺条件下,这些水平运输机械的选择与货物在港内运输的距离有关。对所选用的件杂货码头水平运输机械的工作特性的要求是机械的转弯半径要小,其载重量应与码头前沿装卸船舶机械的起重量相适应。

表5-6 水平运输机械的适用性

机械类型	经济运距	备　注
蓄电池叉车	<100 m	码头——前方库场的搬运以及库场内的搬运作业
内燃机叉车	100~200 m	码头——前方库场的搬运以及库场内的搬运作业
牵引车挂车	200~500 m	码头——后方库场的搬运作业
汽车	>500 m	码头——较远的后方库场的搬运作业

(三)库场机械

库场机械即库场内堆、拆垛机械,主要包括叉车及各种流动起重机(轮胎吊、汽车吊、电吊等)。流动机械堆货高,库场面积利用率高,效率高。电吊结构简单,造价低,效率低。

四、件杂货装卸工艺

件杂货品种多,装卸工艺各异,下面以图表的形式归纳一些典型的装卸工艺流程和要点。

(一)典型的件杂货装卸工艺布置形式

根据件杂货装卸机械化系统的机械配置,典型的件杂货装卸工艺布置形式主要有船吊——流动运输机械系统的一线仓库形式;门座起重机——流动运输机械的一线堆场、一线仓库形式;起重船—缆车——流动机械系统。

船吊——流动运输机械系统:将货物由船舶吊杆卸下,直接装到水平运输机械上,再经由运输机械送至仓库或堆场,如图5-6所示。

门座起重机——流动运输机械系统:码头使用门座起重机,码头前沿有一个堆场和一个仓库,其中,无包装的件杂货可进堆场,需要入库的有包装的货物可入库,如图5-7所示。

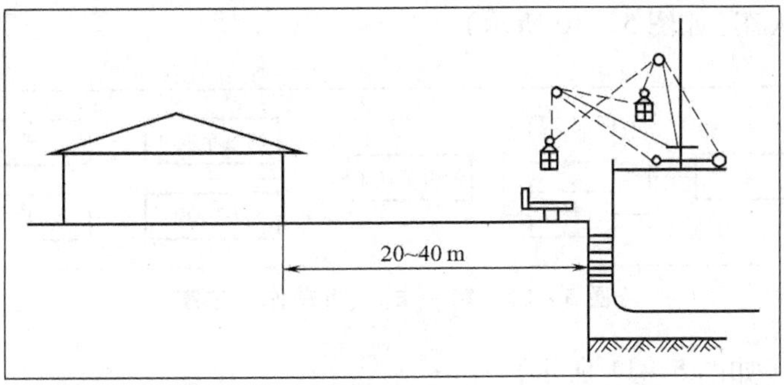

图 5－6　船吊——流动运输机械系统

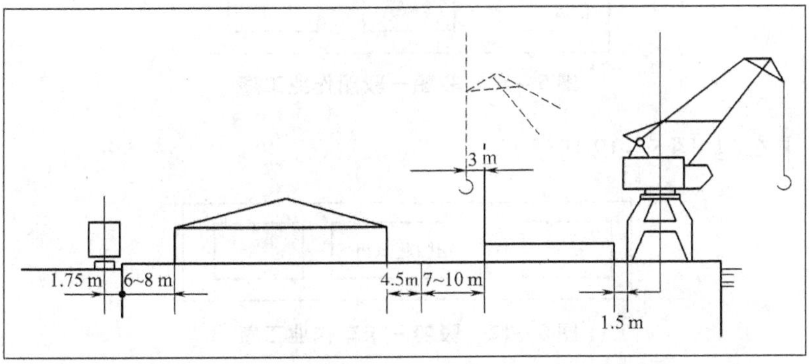

图 5－7　门座起重机——流动运输机械系统

浮式起重机—缆车——流动机械系统是内河斜坡式港口的典型件杂货装卸工艺，特别适应于水位变化大、斜坡的坡度比例为 1∶3 的内河港口。当把起重机安装在趸船上时，要验算趸船的稳定性，最大静横倾角不大于 3°，最大动横倾角不大于 6°。

（二）典型的作业工序

1. 船—库（场）（如图 5－8 所示）

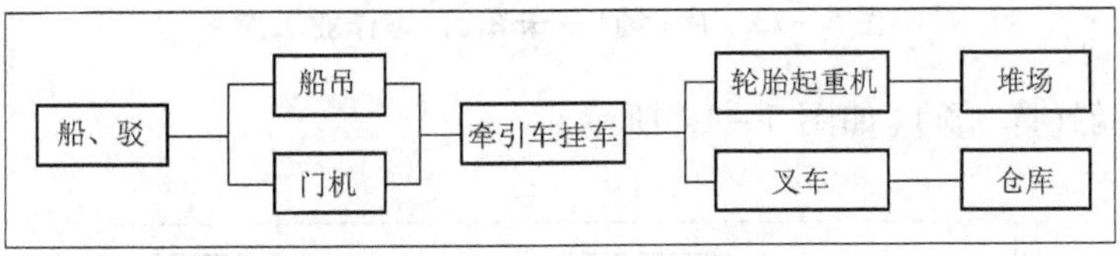

图 5－8　船—库（场）作业工序

2. 船—驳船（如图 5－9 所示）

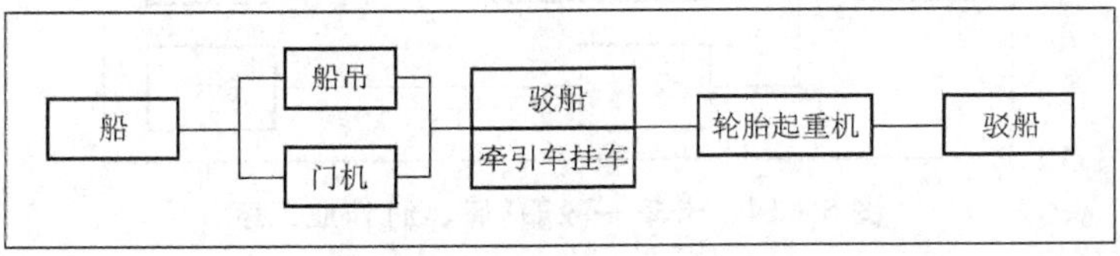

图 5－9　船—驳船作业工序

3. 船—卡车、火车(如图 5－10 所示)

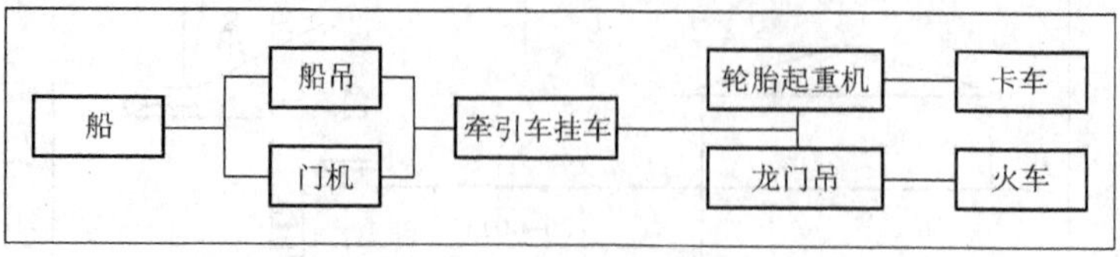

图 5－10　船—卡车、火车作业工序

4. 驳船—驳船(如图 5－11 所示)

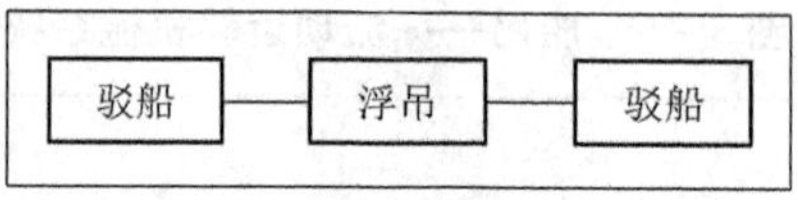

图 5－11　驳船—驳船作业工序

5. 驳船—卡车(如图 5－12 所示)

图 5－12　驳船—卡车作业工序

6. 库(场)—卡车、火车(如图 5－13 所示)

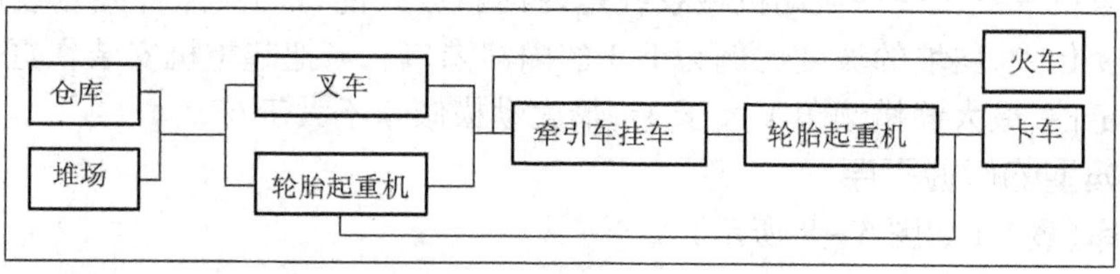

图 5－13　库(场)—卡车、火车作业工序

7. 卡车—驳船(库、场)(如图 5－14 所示)

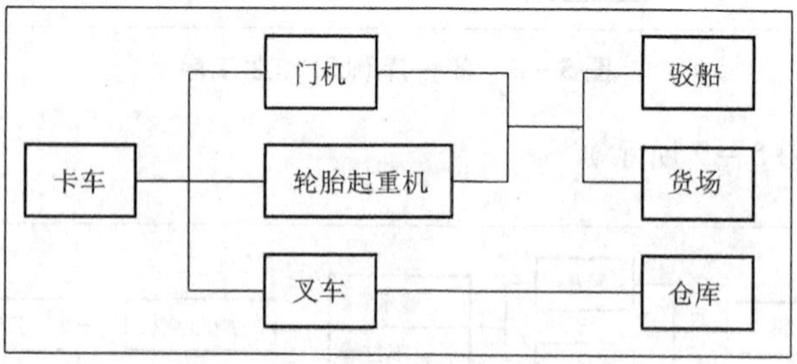

图 5－14　卡车—驳船(库、场)作业工序

案例

港口件杂货的装卸作业工艺流程比散货作业要复杂得多，一般情况下，件杂货作业所需劳动力要远多于散货作业，而且件杂货作业工班效率低、成本高。要降低这类货物的作业成本，比较有效的办法就是在作业工艺上进行改革。此外，利用信息技术的管控手段也可以降低港口装卸作业成本。建立和运用港区物流监管信息平台，提高港区物流计量监管水平，更好地满足货物到港后快装快卸、货畅其流，以实现装卸成本下降的目的。镇江港启动港区物流监管信息平台建设：建立港口智能卡口管理、无人值守地磅计量、作业过程路径规划、作业车辆计筹计量、码头和堆场作业确认、场地货物电子巡更、港区道路车辆测速、生产过程实时监控监管。这个平台全面建成后，仅无人值守地磅计量这一功能，就可降低人工成本超百万元，对港口装卸成本的下降起到了直接作用。

单元四　散装货装卸机械与工艺

散装货是指不加包装、呈松散颗粒状态进行运输、装卸和保管的货物，如不加包装的煤炭、矿石、粮食、水泥和化肥等。因此，散货专业码头主要有煤炭、矿石码头，水泥、化肥码头和散粮码头几种。

散装货一般批量较大，因其没有包装，可节约包装费用，较充分地利用货舱容积，更有利于机械化装卸作业。与件杂货按计件形式装运和交接货物不同，散装货按计量形式装运和交接货物。

一、散装货装卸机械

港口散货运输、装卸的目的是实现货物在水陆两类运输工具间的中转。水上运输工具有货轮、驳船，陆上运输工具有火车、汽车和皮带机等。为了实现不同运输工具之间的换装，必须借助港口的装卸机械。为此，散货码头的装卸机械可以分为装船作业机械（分类如图 5－15 所示）、卸船作业机械（分类如图 5－16 所示）、堆场作业机械（分类如图 5－17 所示）及输送和辅助作业机械（分类如图 5－18 所示）等。散货码头应根据货物进出口作业的要求配备适当的作业机械。

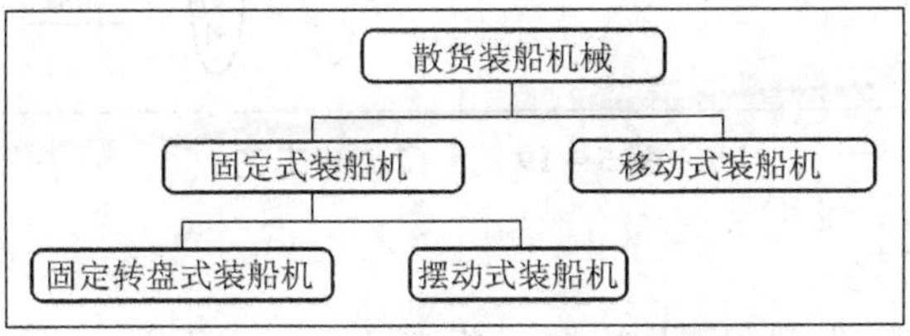

图 5－15　装船作业机械分类

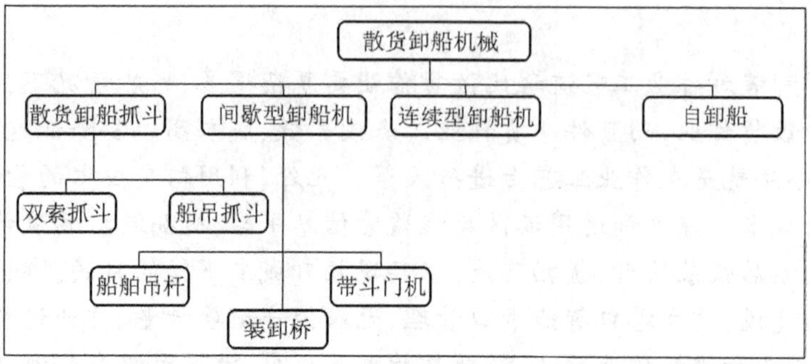

图 5－16　卸船作业机械分类

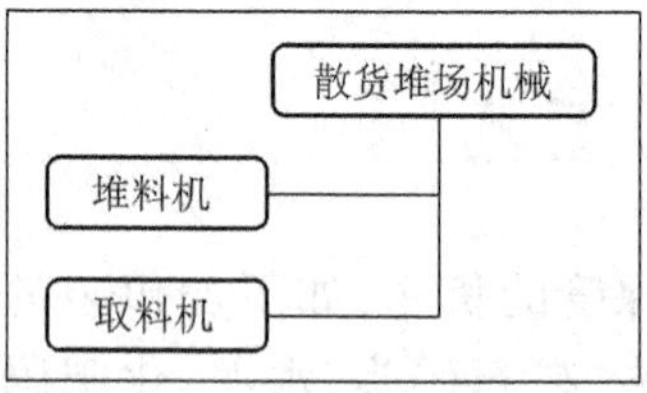

图 5－17　堆场作业机械分类

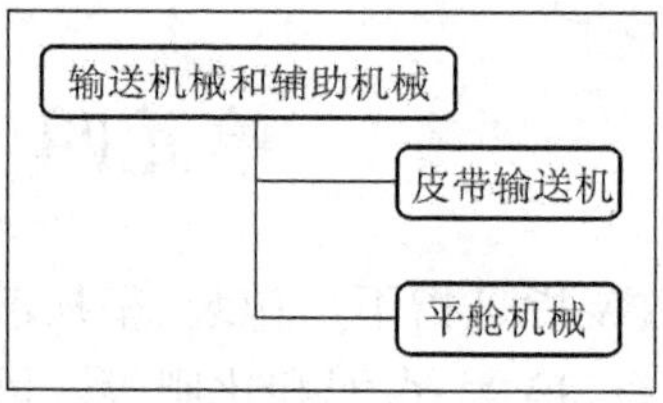

图 5－18　输送和辅助作业机械分类

二、散货装卸工艺

散货装卸工艺按货物流向分为不同的工艺，主要可分为出口装卸工艺、进口装卸工艺。

（一）出口装卸工艺

出口装卸主要涉及卸车作业→堆场作业→装船作业，其工艺流程如图 5－19 所示。

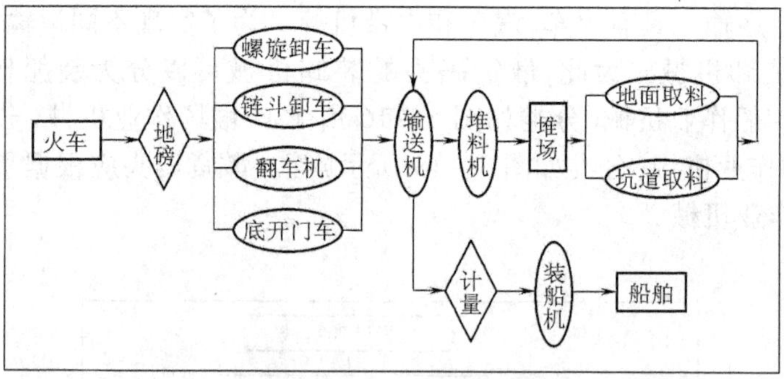

图 5－19　出口装卸工艺

（二）进口装卸工艺

进口装卸工艺主要涉及卸船作业→堆场作业→装车／驳作业，其工艺流程如图 5－20所示。

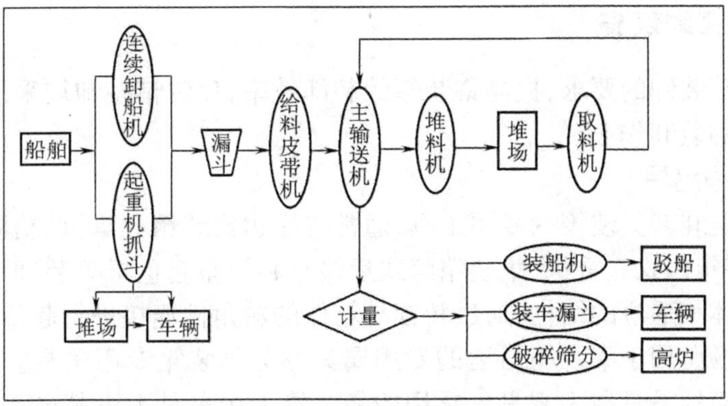

图5-20　进口装卸工艺

案例

上海港的干散货吞吐量约占其总吞吐量的1/3,但在散货卸船作业方面,上海港却曾经遇到过一个难题,就是如何解决那些易结块的物料的接卸问题,例如散装化肥的卸船作业。长期以来,由于上海港散装化肥的卸船工艺落后,港口设备陈旧,一直采用传统的门机抓斗作业方式。这种作业方式物料损耗大,散装化肥的平均损耗率高达6‰,对大气、水源等造成严重污染,而且卸船效率很低,平均舱时量只有50吨左右,这远远不能适应日益增长的散装化肥装卸作业的需要。

为了解决上述问题,选择一种新型的卸船机械很有必要。为此,上海港引进了一台瑞典西沃特尔公司生产的ST-490型螺旋卸船机,用来解决散装化肥的卸船问题。在引进螺旋卸船机以前,上海港的散装化肥卸船工艺流程为:门机抓斗→船边漏斗→流动皮带机→灌包。而采用螺旋卸船机以后,上海港的散装化肥卸船工艺流程转变为:螺旋卸船机→水平运输皮带机系统→灌包。工艺流程缩短,并且实现了一种全封闭式的连续作业方式。

上海港在采用螺旋卸船机工艺方案后,由于工艺流程较合理,故工效、平均舱时量、船舶在港停泊时间以及物料损耗率等指标均获得很大改善,比如,平均舱时量由49.16吨提高到90.26吨,平均散装化肥损耗率由6‰下降到3‰以下等。这不仅提高了上海港的散货作业效率和质量,平均每年还为上海港节省上百万元的物料损失理赔金。

单元五　集装箱装卸设备与装卸工艺

集装箱运输高效率的优点是以集装箱码头生产作业的高效率为基础的,因而码头作业必须使用现代化的先进、自动化的装卸设备,以缩短码头装卸作业时间、加快作业进度,达到船舶停港时间短、周转速度快的效果。集装箱港口装卸工艺在港口的货物中转中被广泛应用。合理的工艺流程、机械化的操作、高水平的配置,这些都是实现高效的港口装卸的必要条件,可以使装卸达到高效、优质、安全、经济。

一、集装箱装卸设备

为满足集装箱装卸的要求，提高集装箱的装卸效率，集装箱装卸均采用集装箱专用装卸机械进行集装箱的装卸作业。

（一）集装箱吊具

集装箱吊具是装卸集装箱的专用工具，通常与岸边集装箱起重机、轮胎式集装箱门式起重机、轨道式集装箱门式起重机、集装箱跨式运输车和门座起重机等装卸设备配合使用。它具有与集装箱箱体相适应的结构，通过转锁与箱体的箱角件连接进行起吊作业。

在专业作业场所用于集装箱吊运的专用属具称为集装箱专用吊具。用卸扣、钢丝绳和吊钩等吊运集装箱的吊具称为索具。常用的集装箱专用吊具不论其吊具结构如何，它的基本工作原理都是一样的，即在吊具的四角设有旋锁装置和导向装置，通过液压系统驱动旋锁与集装箱角件结合，当旋锁进入集装箱的角件孔内后，在液压系统的作用下使旋锁处于闭合状态时就可起吊集装箱；当旋锁处于开锁状态时，旋锁可自由进出集装箱的顶角件孔，吊具可与集装箱脱离。

集装箱吊具按其操作方式可分为简易吊具和自动吊具；按其结构形式可分为固定式、自动式和组合式三种。

（二）集装箱装卸桥

岸边集装箱起重机是现代港口集装箱码头普遍采用的装卸机械，也是集装箱码头前沿装卸作业的基本机型。岸边集装箱起重机又简称为集装箱装卸桥或集装箱桥吊，它是港口集装箱码头装卸集装箱专用船舶的专用机械，一般常用的是岸壁式集装箱装卸桥（quayside container cranes）。

集装箱桥主要性能参数有起重量、起升高度、外伸距、内伸距、轨距（跨距）、横梁下净空高度、基距和工作速度等。

（三）龙门起重机

龙门起重机是一种用于集装箱码头堆场内进行集装箱堆垛和车辆装卸的机械，其形状像门，故俗称龙门起重机或简称为龙门吊。龙门起重机整体是一种“门”式结构，在“门梁”上装有操作控制室，控制室前下方悬有吊具，吊具可以和控制室一起沿门梁水平移动，也可以单独做垂直运动。通过这两种运动就可以方便地将集装箱从拖车上吊到堆场箱区位置或从堆场箱位吊到拖车上。龙门起重机有轮胎式和轨道式两种。

（四）集装箱正面吊

集装箱正面吊主要用于堆场作业，集装箱正面吊的吊具可以伸缩以及旋转，能带载变幅和整车行走，能堆码多层集装箱；可以采用吊爪作业，有点动对位功能；可以进行其他货种的装卸作业等。集装箱正面吊主要参数有：起重量、起升高度、工作幅度和工作速度等。

集装箱正面吊具有机动性强、稳性好、轮压低、堆码层数高，堆场利用率高等特点，一般用于吞吐量不大的综合性码头，是目前集装箱码头堆场较为理想的一种堆场搬运机械。

（五）空箱堆垛机

堆垛机是适用于堆场作业的机械，起重量小，一般用于空箱堆场的作业。堆垛机的集装箱堆码最高能达到8层，其需要的作业场地大，作业不灵活，取箱时间长，装卸效率低。

（六）集装箱牵引车与底盘车

集装箱牵引车俗称拖车，本身不具备装货平台，必须和挂车连接在一起，才能载运集装箱进行码头内或公路上的运输。集装箱拖挂车有半挂车和全挂车之分，目前应用最为广泛的是半挂车。港口集装箱堆场的牵引车用于短距离的搬运，行驶速度低，牵引力大，主要有既能装载集装箱又能装载普通货物的平板式半挂车和专用于装载集装箱的骨架式半挂车（又称底盘车）两种。

（七）集装箱跨运车

集装箱跨运车是集装箱码头前沿和堆场水平搬运、堆码集装箱的专用机械，它以门型车架跨在集装箱上，由装有集装箱吊具的液压升降系统吊起集装箱进行搬运，并可堆码2~3层高。

案例

港口装卸成本的高低直接影响港口企业的盈利能力，也直接影响企业在市场上的竞争能力，因此，尽可能地降低货物装卸各相关环节的消耗是港口生产成本管控的核心内容。其中，可以通过对现有生产设备的技术改造来降低成本。目前国内很多港口使用的装卸机械设备动力消耗主要是柴油，其特性是能耗大、成本高、污染重。对现有流动生产设备进行油改气、油改电的技术改造，可以较好地解决能耗成本过高的难题。镇江港积极推进对老旧设备的技改，首先，对集装箱场桥进行混合动力改造。改造后，场桥的油耗比原来大幅下降50%，每台场桥每年节约燃油成本约35万元。如果对6台场桥全部实施技改后，不仅每年可节约燃油成本超过200万元，而且可以大幅降低该设备的维修费用，这对降低集装箱装卸作业成本将起到十分明显的作用。其次，镇江港对港口现有燃油装卸和运输设备加快进行油改气的技术改造，积极引用LNG设备来替换燃油设备，实现港口装卸成本的下降。

港口装卸机械发展趋势

二、集装箱码头常见的装卸工艺方案

集装箱港口码头装卸作业主要包括泊位系统运作和船舶装卸作业。

（一）泊位系统运作

当集装箱船舶到港后，需要为其安排泊位，并配置相应的装卸设备资源以及堆场空间资源或进行集疏运。泊位系统运作主要包括靠泊设施、船舶信息管理（包括船舶的航线与航行特点等基本信息）、船舶到离时间管理、泊位分配（包含集装箱装卸桥的分配）与泊位分布管理，其运作流程大致可参考图5-21。

集装箱泊位系统的分布方式主要有顺岸式分布、突堤式分布、墩式分布、岛式分布与系

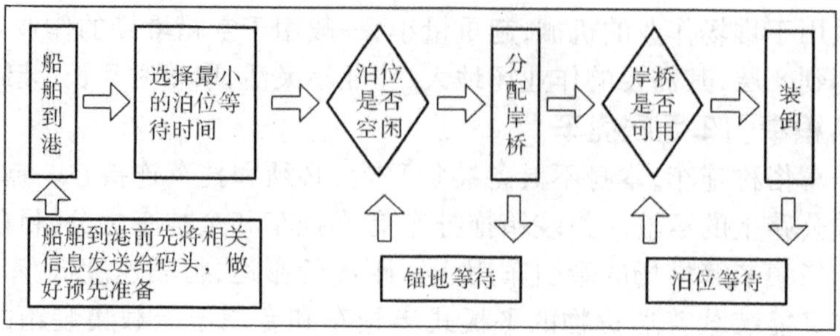

图 5－21　泊位运作流程图

船浮筒式分布。集装箱泊位系统运作的关键，在于集装箱泊位的配置。在集装箱泊位数一定的前提下，如何减少船舶的等待时间，同时又能够提高集装箱泊位的利用率，一直是实践中思考的问题。码头集装箱泊位数的多少，也是衡量一个集装箱港口规模，并且决定港口集装箱吞吐量一个重要指标。对于一个集装箱港口（码头）来说，什么样的集装箱泊位数量才是最合理的？一般而言，最理想的情况是港口全部集装箱泊位始终都被使用，而所有的到港船舶不需要等待靠泊，便可以直接进港装卸货物，此时集装箱泊位的利用率便达到了最高。但是在实际当中，由于船舶到港的随机性以及船型大小（吨位）不同，再加上港口堆存能力、疏运能力，以及一些不可预测因素的影响，最理想状态是永远达不到的。显然，港口集装箱的泊位数越多，到港集装箱船等待靠泊的概率就越小。反之，港口集装箱的泊位越少，到港集装箱船舶排队等待靠泊的概率就越大。

（二）船舶装卸系统的运作

集装箱船舶靠泊以后，便可进行装卸作业。由于船舶、提箱卡车、送箱卡车到达及机械设备服务时间等参数都是随机的、动态变化的，因此，集装箱港口装卸系统是典型的离散事件动态系统。

集装箱码头装卸工艺决定码头装卸机械设备的配备、码头装卸作业组织和劳动生产率的提高。根据集装箱装卸作业的标准与集装箱装卸机械设备的组合形式，可产生不同的作业方式，这些方式就称为集装箱装卸工艺方案。

1. 轮胎式龙门起重机装卸工艺方案

卸船时，集装箱装卸桥将船上卸下的集装箱装在拖挂车上，运至堆场，再用轮胎式龙门起重机进行卸车和码垛作业；装船时，在堆场由轮胎式龙门起重机将集装箱装上拖挂车，运往码头前沿，等待装卸桥装船（见图 5－22）。

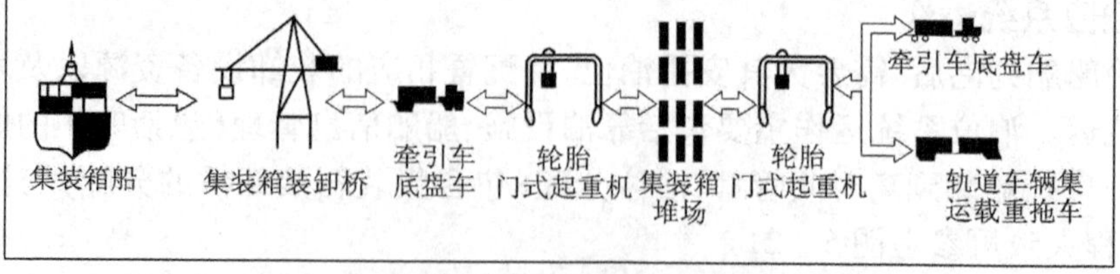

图 5－22　轮胎式龙门起重机装卸工艺流程

该方案中集装箱拖挂车只做水平运输，轮胎式集装箱龙门起重机担任堆拆垛作业，从而将集装箱拖挂车快速疏运和轮胎式集装箱龙门起重机堆码层数较多的特点结合起来，达到提高集装箱码头装卸效率的目的。

2. 轨道式龙门起重机装卸工艺方案

卸船时用集装箱装卸桥将集装箱从船上卸到码头前沿的集装箱拖挂车上，然后拖到堆场，采用轨道式集装箱龙门起重机进行堆码；装船时与此相反，在堆场上用轨道式集装箱龙门起重机将集装箱装到集装箱拖挂车上，然后拖到码头前沿，用装卸桥把集装箱装船（见图 5－23）。

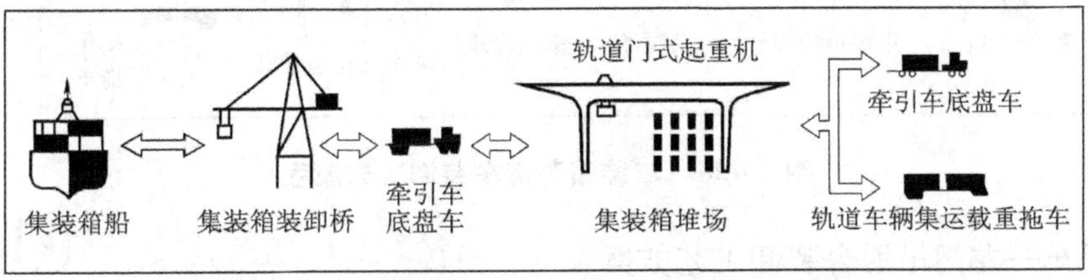

图 5－23　轨道式龙门起重机装卸工艺流程

3. 底盘车装卸工艺方案

底盘车装卸工艺方案是一种集装箱不落地的作业方式，卸船时，集装箱装卸桥将船上卸下的集装箱直接装在底盘车上，然后由牵引车拉至堆场按顺序存放，存放期间，集装箱与底盘车不脱离；装船的过程与此相反，用牵引车将堆场上装有集装箱的底盘车拖至码头前沿，再由集装箱装卸桥将集装箱装到集装箱船上（见图 5－24）。

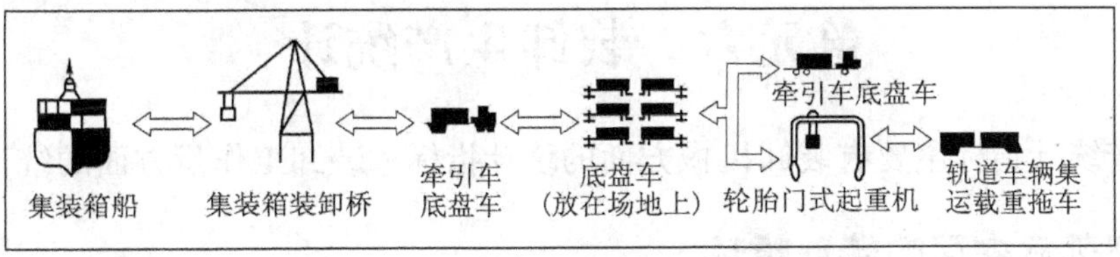

图 5－24　底盘车装卸工艺流程

4. 集装箱正面吊装卸工艺方案

利用集装箱正面吊和码头前沿装卸桥相配合，完成集装箱装卸搬运工作，并可在堆场完成集装箱堆码工作。

5. 集装箱叉车装卸工艺方案

装卸桥将集装箱从船上放到码头前沿，然后由集装箱叉车将其运输到堆场堆码或装车，等待疏运；装船过程则与此相反（见图 5－25）。

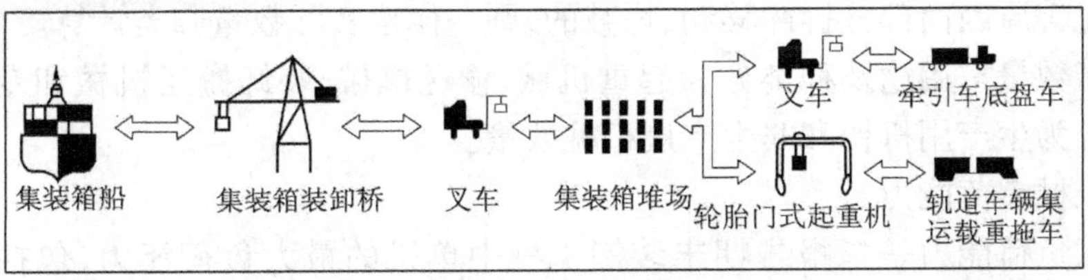

图 5－25　集装箱叉车装卸工艺流程

6. 集装箱跨运车装卸工艺方案

卸船时,用码头上集装箱装卸桥将船上集装箱卸至码头前沿的场地上,然后由跨运车运至堆场进行堆垛或装到拖挂车上;装船时,用跨运车拆垛并将集装箱运至码头前沿,再由码头前沿的集装箱装卸桥装船(见图 5－26)。

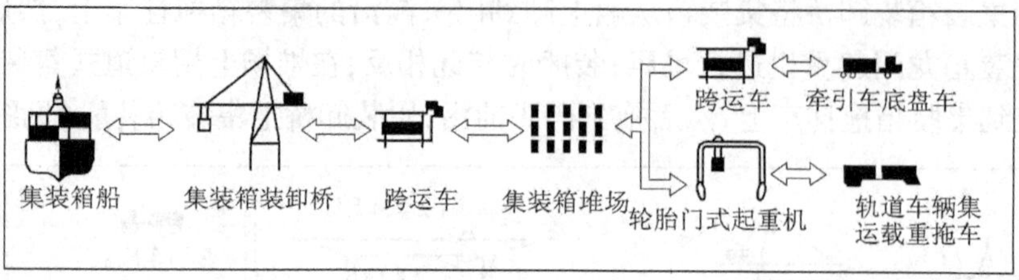

图 5－26　集装箱跨运车装卸工艺流程

7. 跨运车—龙门吊混合装卸工艺方案

从经济性和装卸性能的观点看,前六种装卸工艺方案各有利弊,对上述装卸方案进行混合使用的跨运车—龙门吊混合装卸工艺是目前一些港口采用的方案,其装卸工艺方案的特点为:船边装卸由岸边集装箱装卸桥承担;进口集装箱的水平运输、堆码和交货装车由跨运车完成;出口集装箱的货场与码头前沿之间的水平运输由集装箱半挂车完成,货场的装卸和堆码由轨道式龙门起重机完成。

集装箱港口船舶作业次序安排原则

单元六　装卸生产统计

装卸生产统计指标主要有装卸机械方面的统计指标和装卸工作量方面的统计指标。

一、装卸机械方面的统计指标

装卸机械方面的统计指标主要有装卸机械统计指标、装卸机械运用统计指标。

(一)装卸机械统计

1. 装卸机械数量

装卸机械数量是指报告期末装卸机械的实物数量。计算单位:台(辆)。

在计算装卸机械台数时,由数台装卸机械组成一条专用装卸线的,凡场地固定,不能拆卸移动或增减的,视为一个整体按一台计算,并按主机进行归类计算,其余作为附属机械不再统计。如虽已组成一条专用作业线,但组成的机械经常拆移,或虽已固定场地,却随任务或水位的变化等原因而部分拆卸移动、增减的,则一律按实际数量归类计算。

装卸机械数量按用途及种类分为起重机械、输送机械、装卸搬运机械和专用机械数量;按使用性质分为生产用机械和非生产用机械数量。

2. 装卸机械负荷能力

装卸机械负荷能力是指报告期末装卸机械中单机的最大负荷能力,包括机械的幅度。一般以机械制造出厂时标记的负荷量为准,如无标记负荷量,则以技术部门鉴定的负荷量为准。计算单位:吨、吨/小时、立方米/小时、箱、箱/小时、米。

3. 机械长度

机械长度是指报告期末输送机械和专用机械附属的输送带的长度。一般以机械制造出厂时标记的长度为准,如无标记数,则以技术部门鉴定的长度为准。机械长度按机械的用途及种类可分为输送机械长度和专用机械长度。计算单位:米。

港口装卸机械统计应以固定资产台账(或卡片)为准。

(二)装卸机械运用统计

1. 日历台时

日历台时是指报告期内装卸机械在册日历小时数,包括完好台时和非完好台时。计算单位:台时。计算公式为:

日历台时(台时)=∑(每种装卸机械台数×在册日历小时数)

2. 完好台时

完好台时是指报告期内装卸机械技术状态良好、可供使用的台时数,包括工作台时和停工台时。计算单位:台时。计算公式为:

完好台时(台时)=日历台时-非完好台时=工作台时+停工台时

3. 非完好台时

非完好台时是指报告期内装卸机械技术状况不良,不能从事装卸和其他作业的台时数,包括在修、待修、待报废及作业过程中一小时以上的故障修理台时。计算单位:台时。

4. 工作台时

工作台时是指报告期内装卸机械在完好台时中实际进行装卸作业和辅助作业的台时数,包括装卸机械转移工作场地的途中行驶时间。计算单位:台时。计算公式为:

工作台时(台时)=完好台时-停工台时=装卸作业台时+辅助作业台时

5. 停工台时

停工台时是指报告期内装卸机械在完好台时内未进行装卸工作的台时数,包括无任务、停电以及因自然环境原因造成的停工时间。计算单位:台时。

6. 作业台时

作业台时是指报告期内装卸机械在工作台时中实际从事装卸作业的台时数。计算单位:台时。

7. 完好率

完好率是指报告期内装卸机械完好台时占日历台时的比重。计算单位:%。计算公式为:

完好率(%)=完好台时÷日历台时×100%

8. 工作率

工作率是指报告期内装卸机械工作台时占完好台时的比重。计算单位:%。计算公式为:

工作率(%)=工作台时÷完好台时×100%

9. 作业率

作业率是指报告期内装卸机械作业台时占工作台时的比重。计算单位:%。计算公式为:

作业率(%)=作业台时÷工作台时×100%

10. 利用率

利用率是指报告期内装卸机械工作台时占日历台时的比重。计算单位:%。计算公式为:

$$利用率(\%) = 工作台时 \div 日历台时 \times 100\%$$

11. 作业量

作业量是指报告期内装卸机械在装卸作业过程中所操作完成的货物数量。在同一操作过程中,由数台机械联合作业完成一吨货物(TEU)装卸,则每台机械分别计算一个作业量。计算单位:吨、TEU。

12. 台时产量

台时产量是指报告期内装卸机械平均每一装卸作业台时所完成的作业量。计算单位:吨/台时、TEU/台时。计算公式为:

$$台时产量(吨/台时、TEU/台时) = 作业量 \div 作业台时$$

装卸机械运用统计的原始记录为装卸机械作业票。

二、装卸工作量统计

通过装卸工作量指标,可以对港口装卸工作进行全面的考察和评价分析,发现存在的问题,从而改进和提高港口装卸工作的组织管理水平。这组指标包括装卸量、操作量、装卸自然吨、操作系数、装卸工时数、装卸工时效率和装卸工日产量等。在统计工作中,凡在港务局所管辖的码头、锚地、浮筒以及库场上进行的作业都要纳入统计的范围。

(一)装卸量

装卸量是指报告期内进、出港区范围,并经过装卸的货物数量。计算单位:吨、TEU。

在计算装卸量时,从车、船上卸下的进港货物或装上车、船的出港货物,各计算一次装卸量;进出港货物在车、船间直取和货船外挡过驳,虽在港口仅操作一次,但规定要按一装一卸计算,作为两个装卸量;在同一港口的各作业区之间的货物驳运,凡未出港区范围的不算装卸量。

装卸量按不同运输工具分为船舶、货车(火车)、汽车、管道和港驳装卸量等。

(二)操作量

操作量是指报告期内装卸作业中,完成“一个完整的操作过程”的货物数量。计算单位:吨。

一个完整的操作过程是指货物由某一运输工具(船或车)至另一运输工具或库场,由库场至运输工具或货物的整个装卸搬运过程。操作过程一般分为:①船—船;②船—车、驳;③船—车、场;④车、驳—库场;⑤车、驳—车、驳;⑥管道—船;⑦库场—库场。

计算方法:在一个完整的操作过程中,一吨货物不论曾由几部机械或几组工人操作,也不论其装卸工艺的种类、搬运距离的远近、装卸工序的多少或是否有辅助作业[①],均只能计算一吨操作量。

---

① 同一库场内的倒垛(或转堆)、翻仓、拆仓、倒仓、灌包、缝包、摊晒货物和过秤检斤等,均属装卸辅助作业,不计算操作量。

（三）装卸自然吨

装卸自然吨是指报告期内进出港区并经装卸的货物自然吨数量。计算单位：吨。

在统计装卸自然吨时，一吨货物从进港到出港（包括在港内消耗的物资），不论经过几个操作过程，均只计算一个装卸自然吨数。进港后不出港（即在港内消耗的建港物资）的货物，在进港时统计，其余一律于装船时或装车出港时统计①。计算公式为：

$$装卸自然吨=(装卸量+只统计进港未统计出港的货物+只统计出港未统计进港的货物)\div 2$$

装卸自然吨与货物吞吐量的区别是：装卸自然吨不随货物流程的变化而变化；对水—水中转的货物，每装卸1自然吨算2个吞吐量。由于装卸自然吨不随货物流向和操作过程而变化，因此，该指标通常是计算港口装卸成本及其他一些指标的基础。

装卸自然吨与货物吞吐量的联系是：

$$Q_{自}=Q_{吞}/(2-\partial)$$
$$Q_{吞}=Q_{自}\times(2-\partial)$$

式中：$Q_{自}$——装卸自然吨；

$Q_{吞}$——货物吞吐量；

∂——货物水陆换装比重。

【例】某港口在某营运期内，货物都是经由水运，其中水—水换装比重为20%，在营运期内$Q_{吞}$为600万吨，求$Q_{自}$。

解：水—水换装比重=20%，则水陆换装比重=80%。

$Q_{自}=Q_{吞}/(2-\partial)=600/(2-80\%)=500$（万吨）。

自然吨、货物吞吐量和操作量之间的关系见表5-7。

表5-7　自然吨、货物吞吐量和操作量之间的关系

操作过程	自然吨	货物吞吐量	操作吨
船—船	1	2	1
船—库场—船	1	2	2
船—港内驳运（去货主码头）	1	1	1
船—港内驳运（去港务局码头）	0	1	1
船—库场—港内驳运（去货主码头）	1	1	2
船—库场—港内驳运（去港务局码头）	0	1	2
港内驳运（自港务局码头）—库场—船	1	1	2
车—船	1	1	1
车—库场—船	1	1	2
车—库场—港内某处（港口自用）	1	0	2
船—库场—港内某处（港口自用）	1	1	2
船—库场—库场—车	1	1	3

① 这样统计首先是符合港口生产活动的特点，即当货物装运出港时才完成港口的生产过程，才是完成一个完整的产品；其次也可以促进港口不仅重视卸货，而且更重视装货，有利于提早实现商品的使用价值，同时也有利于减少货物在库场的积压，保持港口的畅通。

【例】图5－27是某港口的生产情况，其中，轮船B停泊在锚地作业，试计算该港：①装卸自然吨；②港口货物吞吐量；③货物操作量；④操作系数。

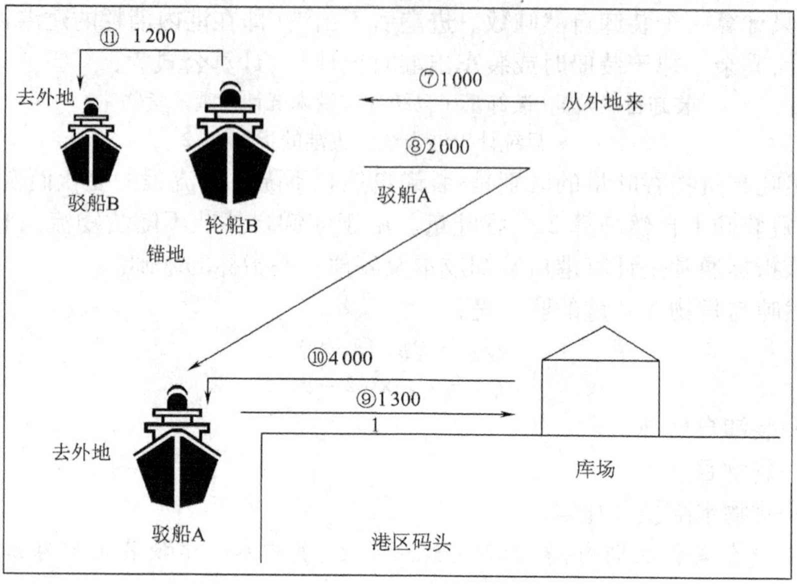

图5－27　某港口的生产情况

解：装卸自然吨＝1 200＋1 000＋2 000＋4 000＋1 300＝9 500（吨）。

港口货物吞吐量＝1 200×2＋1 000＋2 000×2＋4 000＋1 300＝12 700（吨）。

货物操作量＝1 200＋1 000＋2 000＋4 000＋1 300＝9 500（吨）。

操作系数＝货物操作量/装卸自然吨＝9 500/9 500＝1。

（四）操作系数

操作系数是指报告期内货物的操作量与装卸自然吨数的比值，用以测定货物通过港口的平均操作次数，是考核港口装卸工作是否经济合理的主要质量指标之一。计算公式为：

操作系数＝操作量÷装卸自然吨数

（五）装卸工时数

装卸工时数是指报告期内装卸工人从事装卸作业的工时数。计算单位：工时。

装卸作业时间应包括配工后的准备时间、装卸作业时间和装卸完毕后的整理结束时间，以及法定班制时间内的工间休息时间，但不包括吃饭时间、各种待时和辅助时间，以及各作业区之间工人的互相调派或工人乘交通船至锚地、浮筒进行水上过驳作业的途程时间。

（六）装卸工时效率

装卸工时效率是指报告期内装卸工人平均每一装卸工时所完成的操作量。计算单位：吨/工时。计算公式为：

装卸工时效率（吨/工时）＝操作量÷装卸工时数

公式为：

$$P_{工时}=\frac{Q_{操}}{N_{工时}}（操作吨/工时）$$

式中：$Q_{操}$ ——与装卸工时数相对应的操作量；

$N_{工时}$——装卸工时数。

【例】某港口有司机10人，他们操作20台机械，统计期为7天（一周）。在一周内操作量为10万吨，周一至周五正常上班，每天工作8小时，周六、周日因港口船多加班，每天工作10小时。在这一周内有2个工人因感冒周三下午休息，周三他们2人均只工作了4小时。求这一周的装卸工时数、工日数、装卸工时效率、装卸工日效率、每日工作时间。

解：工时数 = 10 × 8 × 5 − 2 × 4 + 10 × 10 × 2 = 592（工时）。

工日数 = 7 × 10 = 70（工日）。

装卸工时效率 = 操作量/工时数 = 100 000/592 = 168.9。

装卸工日效率 = 操作量/工日数 = 100 000/70 = 1 428.6。

每日工作时间 = 工时数/工日数 = 592/70 = 8.5（小时）。

（七）装卸工日产量

装卸工日产量是装卸工人（包括机械司机及其助手）平均每个装卸工日所完成的操作量。计算公式为：

$$P_{工日} = \frac{Q_{操}}{N_{工日}}（操作吨／工日）$$

式中：$Q_{操}$ ——与装卸工日数相对应的操作量；

$N_{工日}$ ——统计期内的工日数。

（八）工序吨数

工序吨数是指报告期内按作业操作工序所完成的货物数量。计算单位：吨。

一个完整的操作过程，可划分为若干个工序，在既定的一个工序中，完成一吨货物的操作计为一个工序吨。在同一工序中，同时使用机械和人力操作时，以花费劳动量较大或操作距离较远的操作形式作为该工序的操作形式。

在装卸作业过程中，每经过一个作业工序所装卸搬运的货物数量计一次作业工序吨。

工序吨数按货物装卸操作地点及顺序分为舱底作业、起落舱作业、搬运作业、车内作业和库（场）内作业工序吨数；按货物装卸作业的机械化操作程度分为机械操作、半机械操作和人力操作工序吨数。

（九）装卸作业机械化程度

装卸作业机械化程度是指报告期内港口装卸作业中，机械操作工序吨数占工序吨数的比重。计算单位：%。计算公式为：

装卸作业机械化程度（%）= 机械操作工序吨数 ÷ 工序吨数 × 100%

任务解析

下面根据上述所学知识对项目情景的任务进行简要解析。

任务1：港口装卸的对象就是货物运输部门承运的各种货物。按港口装卸工艺的不同将港口装卸的对象主要分为四大类：杂货、集装箱货物、散装货、特殊货物。

任务2：换装作业是港口最主要的生产作业形式。换装作业的操作过程就是根据一定的装卸工艺完成一次完整的搬运作业的过程。港口换装作业的基本过程可分为:装卸准备过程、装卸作业过程、辅助装卸过程。

任务3:港口作业合同是指港口经营人收取港口费用并负责将装卸委托人委托的运输货物在港口进行装卸、储存、驳运等服务作业的合同。按月度或月度以上签订的装卸作业合同,应具备下列基本内容:货物名称;装卸委托人和港口经营人名称;起运港和到达港;水水联运货物应载明换装港;货物重量,按体积计费的货物应载明体积;港口费用及其结算方式;作业方式;违约责任;特约事项。

任务4:港口装卸工艺是指在港口实现货物从一种运载工具(或库场)转移到另一种运载工具(或库场)的空间位移的方法和程序。5 000吨散装粮食的出口装卸主要涉及卸车作业→堆场作业→装船作业,其工艺流程见图5-19,使用的工具主要是装船作业机械(如皮带输送机—自流管系统等)、堆场作业机械(如堆料机、取料机等)、输送和辅助作业机械(如皮带输送机、平舱等)。进口装卸工艺主要涉及卸船作业→堆场作业→装车/驳作业,其工艺流程见图5-20,使用的工具主要是间歇型卸船机、连续型卸船机等卸船作业机械(如船吊抓斗、门机抓斗、桥式抓斗卸船机等)、堆场作业机械、输送和辅助作业机械。

任务5:装卸工作量指标可以对港口装卸工作进行全面的考察,进行评价分析和总和,发现存在的问题,从而提高港口装卸工作的组织管理水平。这组指标包括装卸量、装卸自然吨、操作量、装卸工日产量等。

吞吐量=6 000+4 000+4 000+4 500+4 500+6 000×2+3 000+3 000+2 000×2+5 000+7 000×2+1 800=65 800(吨)。

自然吨=6 000+4 000+4 500+6 000+3 000+2 000+5 000+7 000+1 800+1 000=40 300(吨)。

操作量=6 000+6 000+4 000+4 000+4 500+4 500+6 000+3 000+3 000+2 000+5 000+7 000+1 800+1 000=57 800(吨)。

操作系数=57 800/40 300=1.43。

个案分析

1. 装卸作业

货种:袋装粮食。

(1)出口:写出装卸工艺过程“车→库→船”的工艺流程。

(2)进口:写出卸船入库的装卸作业工序及使用的主要工具。

2. A外轮的港口码头作业

图5-28是某港口的生产情况,其中轮A为外轮停泊在港口码头作业。试计算:①装卸自然吨;② 港口货物吞吐量;③ 货物操作量;④操作系数。

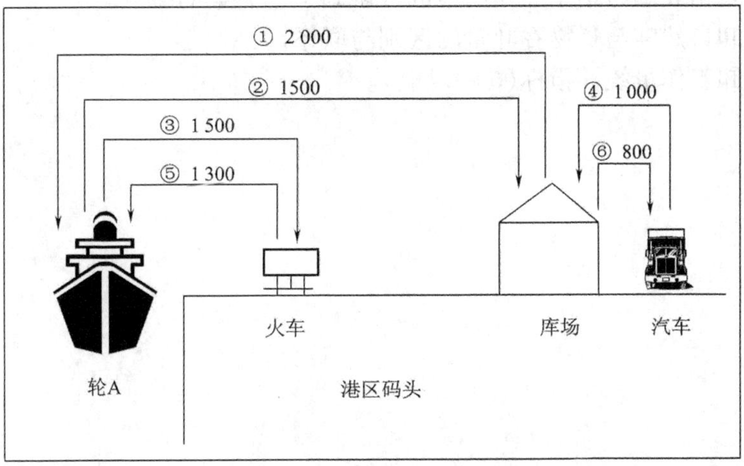

图 5－28　某港口生产情况

参考答案

【复习与思考】

一、名词解释

杂货　直接换装　间接换装　装卸作业量　装卸量　装卸操作量　装卸自然吨　装卸操作系数　工序吨数

二、简答题

1. 港口装卸的对象主要分为哪几大类?
2. 简述港口装卸作业的基本过程。
3. 常见的换装作业过程有哪几种?
4. 简述港口作业合同的基本内容。
5. 简述港口装卸工艺的作用。
6. 简述港口装卸工艺合理化原则。
7. 影响港口装卸设备选型的主要因素有哪些?
8. 简述件杂货装卸机械有哪些?
9. 典型的件杂货装卸工艺布置形式主要有哪几种?
10. 图示散货装出口装卸工艺。
11. 集装箱装卸设备主要有哪些?

12. 简述集装箱装卸跨运车—龙门吊混合装卸工艺方案的特点。
13. 简述装卸自然吨与货物吞吐量的区别与联系。
14. 列举装卸工作量统计指标(6 种以上)。

项目六　港口货物仓储和库场管理

项目要求

1. 了解港口货物仓储的作用和特点。
2. 熟悉港口货物仓储作业的基本流程及相关业务。
3. 了解港口库场管理的功能、类型及主要内容。
4. 掌握港口库场堆存计划与作业的基本程序与方法。
5. 掌握库场堆存相关统计指标并能在实际工作中应用。

项目情景

某年7月，日照港A库场公司与山东B公司就“卸货、仓储、出库等有关事宜”签订港口货物作业合同，于7月1—8日对山东B公司袋装大豆进行了接卸、仓储、出库操作。已知A库场公司的C库场在一个为期8天的统计期内货物堆存情况如表6－1所示，C库场的平均仓容量为20 000 t，上期期末结存袋装大豆货物8 000 t。

表6－1　货物堆存情况

日期	1	2	3	4	5	6	7	8
结存(t)	13 000	7 000	10 000	6 000	8 000	12 000	10 000	11 000
出库(t)	5 000	9 000	7 500	12 000	10 000	6 000	9 000	10 000

任务1：何谓港口货物仓储？港口货物仓储有哪些特点？其作业流程有哪些环节？

任务2：港口库场有哪些基本功能？如何认知山东B公司的袋装大豆在C库场的储存性质？

任务3：A库场公司该如何做好袋装大豆的堆存作业管理？

任务4：计算C库场的货物堆存吨天数、平均堆存期、库场运用率和库场容量周转次数。

知识模块

单元一　港口货物仓储的作用、特点与运作

在物流过程中没有仓储就不能解决生产集中性与消费分散性的矛盾，也不能解决生产

季节性与消费常年性的矛盾。因此,仓储在物流过程中占有重要地位。传统的港口物流主要提供装卸、仓储和转运服务。仓储是港口物流企业普遍开展的业务。

一、港口货物仓储的作用与特点

储存是包括库存和储备在内的一种广泛的经济现象,是一切社会形态都存在的经济现象。在任何社会形态中,对于不论什么原因形成停滞的物资,也不论是什么种类的物资,在没有进入生产加工、消费和运输等活动之前或在这些活动结束之后,总是要存放起来,这就是储存。仓库中的储存简称仓储。在物流学中,仓储是以改变物的时间状态为目的的活动,从而克服产需之间的时间差异而获得更好的效用。

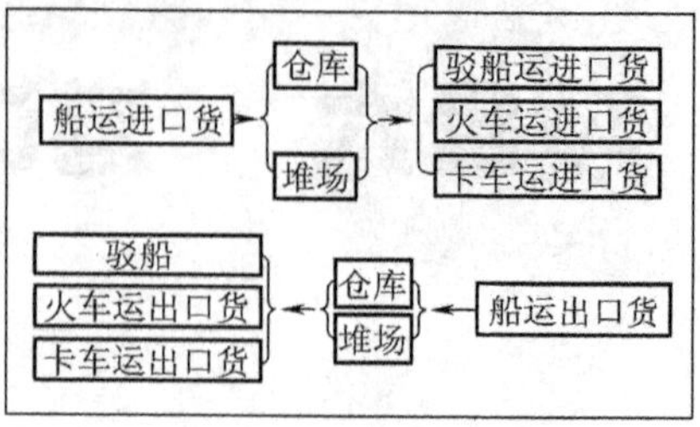

图 6-1　货物在港口的位移

常见的货物在港口的位移有两类,即货物在船舶与内陆运输工具(火车、汽车、管道)或与水路运输工具(船、驳)之间的双向移动。对于进口货物而言,货物可以经港口机械化移动将货物从大船的船舱移动至港口的公共仓库、库场堆场,或直接通过运输工具运送至货主仓库。对于出口货物而言,则需要做好货物出库,从仓库、库场堆场运送至码头、船舱。如图 6-1 所示。

港口货物仓储是指各种运输方式转换的临时库存和为原材料、半成品和产成品提供的后勤储存和管理服务。

(一)港口货物仓储的作用

港口仓储承担着货物堆放、转运、寄存等功能。传统的港口仓储功能是由货物在港口的中转性质所决定的,任何货物进入港口都是以运出该港口为目的的,是为了继续运输而存在的等待运输行为。现代物流之下的港口仓储不仅仅是为了满足货主继续运输的需要,而且还对货主在生产、交换、流通和消费的综合物流环节发挥作用。

高质量、高效率的仓储对保障港口物流的质量和效率有着重要的作用。

(1)能够加快货物在港口流动的速度,缩短货物在港停时,提高港口货物周转量。

(2)能够减少或杜绝港口发生货损货差赔偿,降低港口物流成本。高质量、高效率的仓储能做到大宗货物防碰撞、防损坏和防偷盗,散装货物防风吹、防雨淋和防流失,对货物保质保量保安全。

(3)能够提高港口企业的知名度和诚信度,提高客户的满意度,吸引更多的客户来港口洽谈业务,扩大港口物流业务范围和服务对象。

(4)能够保障生产服务的顺利进行,提高对港口资源的有效控制和管理,实现港口增效创收,促进港口物流向现代物流发展,使港口和客户双赢。

(二)港口货物仓储的特点

港口货物仓储主要是针对集装箱运输方式出口货物的仓储。

港口货物仓储具有以下特点。

(1)主要以集装箱货物的存储为主。随着国际集装箱运输的发展,国际物流中集装箱运输的地位越来越重要,绝大多数货物都是通过集装箱运输来实现国际物流。所以,作为国际物流的中转站、集疏中心的港口，存储的货物主要是集装箱，以及装入或准备装入集装箱的货物。由于港口存储货物主要以集装箱货物为主，所以，港口仓储企业主要是围绕着集装箱仓储活动展开业务。与集装箱有关的仓储企业主要有两种：一是集装箱码头，主要是处理集装箱的重箱和空箱的储存及相关活动；二是集装箱货运站，主要是处理货物的聚集、集装箱拼箱以及集装箱拆箱、货物的分拨活动等。

(2)理论仓储量决定于进出口贸易量，实际仓储量则取决于出口贸易量。沿海港口仓储业的服务对象主要是进出口贸易，这与内地仓储服务于国内再生产有着明显的区别。因为进口商品大多采取就港直拨的方式运往全国各地，因此，进口商品卸船后进入仓库储存再等待外调的现象已经大幅度减少。据天津港仓储业测算，集港量为出口，疏港量为进口，集港占集港、疏港总量的65%以上，因此，出口量决定着港口仓储量。由于港口货物仓储中出口量决定着仓储量，存储货物主要是集装箱货物，所以，港口货物仓储主要是针对集装箱运输方式出口货物的仓储。

(3)出入库次数频繁而储存期短暂。因为出口商品是以对外贸易合同的合同期为基点的，于是商品的收购、集结、仓储和集港均依船期而有所准备，故港口货物仓储时间大多是相当短暂的、有计划的待船而存。然而，随着对外贸易的发展，进出口贸易量的递增，作为国际物流的一个必要环节，这些物资必然要在装卸船之前有个滞留阶段，于是便形成了出入库频繁、仓储期短暂这一港口货物仓储的特点。

(4)集港和疏港的突击性，产生了港口仓储生产忙闲不均的现象。船期有限，常要求发货部门在36~72小时将待装船的出口(进口)商品迅速集中到港或由港内提回仓库。否则，不仅要影响船的按时开行、支付罚款，还要影响到结关、结汇等一系列过程，甚至影响到外贸合同的如期履行。因此，港口仓储的生产能力和社会短途运输能力在此异常紧张，常常日夜兼程，与非集疏港期间相比，其忙闲不均性差别巨大。

二、港口货物仓储的运作

在货物仓储活动中，仓储经营者与货物的存货人之间是通过订立仓储合同确立双方之间的权利义务关系的。仓储合同是保管人储存存货人交付的货物，存货人支付仓储费的合同，它以仓储保管为标的。仓储合同是诺成合同，自订立时生效。仓储的货物所有权不发生转移，只是货物的占有权暂时转移，而货物的所有权或其他权利仍属于存货人所有。《中华人民共和国民法典》对仓储合同作了专门的规定。《中华人民共和国民法典》第22章规定，仓储合同有效订立后，在存货人交付仓储货物时，仓储经营者(保管人)应当出具仓单，并在仓单上签名或盖章。仓单是保管人在收到仓储货物时向存货人签发的表示收到一定数量的仓储物的有价证券。仓单的主要内容包括：存货人，仓储物的品种、数量、质量、包装、件数和标记，仓储物的损耗标准、存储场所、存储期间、仓储费、保险情况和填发人等。仓单不能代替仓储合同。仓单是仓储合同的一种证明文件，是提取仓储货物的凭证，可以通过背书转让。

当然，港口存储多数表现为临时性的中转堆存，与《中华人民共和国民法典》规定的仓储合同中的储存在内涵上具有较大的差异性。临时性的中转堆存可以适用《港口货物作业规则》(中华人民共和国交通部令2000年第10号)规定的《港口货物作业合同》。

港口仓储主要以集装箱货物的存储为主(关于集装箱存储方面的仓储服务,我们在其他章节中阐述)。由于进出口商品的种类繁多,港口货物性质不同,因而对仓储作业的要求也就不同。本节所述的港口仓储作业主要是指一般货物的仓储作业。

(一)港口货物仓储作业的基本流程

港口货物仓储作业主要包括进口、入库、储存保管和出库四大环节(如图 6-2 所示)。每一环节中又包含许多细致的工作。

1.进口

这里所说的进口是指港口物流仓库的进货。港口物流的仓储货物来源有三种:一是用于出口的国内货物(占大多数);二是满足国内需要的进口货物;三是进口暂存保税仓库的货物。在第二种情况下,在进口货物船舶抵达国内港口联检后,用货单位收到到货通知后要办理接货手续。

进货作业包括将货品做实体上的领取,从货车上将货物卸下、开箱、检查其数量和质量,然后将有关信息进行书面化等一系列工作,进货作业的流程如图 6-3 所示。

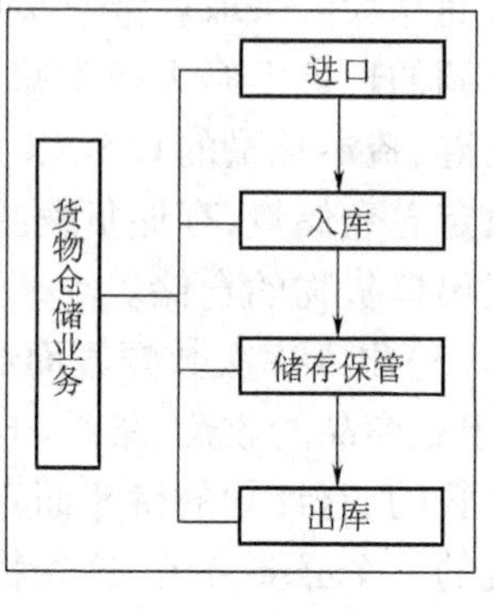

图 6-2　港口货物仓储运作程序

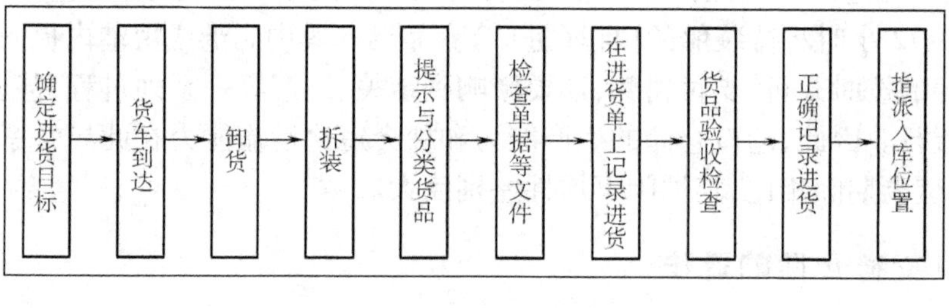

图 6-3　进货作业的流程

2. 入库

入库(也称进仓)是港口货物仓储作业的第二步,分为散货进仓与拆箱进仓。其中,拆箱进仓是指海运集装箱装载的货物,在仓库收货区拆封,卸至托盘上。拆箱进仓有两种:机械拆箱(货物已打托盘或木箱,可以用堆高机直接开进集装箱内卸装)和人工拆箱(货物呈松散堆栈,须以人力逐件搬出后堆放于托盘上)。

进仓作业主要包括:卸货→进仓验收→办理入库手续→贴上储位标签(或条形码)→上架。

要防止货物在储存期间发生各种不应有的变化,在货物入库时首先要严格验收,弄清货物及其包装的质量状况。进仓验收是一项相当细致的工作,主要包括质量验收、数量验收和包装验收。进验时要注意外箱的完好,数量与发票相符,要进行制造日期、保存期限(外箱没有标示或标示不清时一定要开箱验货)、货物批号的检查核对。

货物入库时,应由仓库保管员填写入库通知单,完整的入库单据必须具备四联:送货回单、储存凭证、仓储账页和货卡,并附上检验记录单、产品合格证、装箱单等有关资料凭证,以证实该批货物已经检验合格,可以正式上架保管。

货物进验完毕后,依其性质的不同由仓储管理系统分配储位,上架人员将依照终端打印机打印出的卷标(有些用条形码)黏附在货物外侧(至少两张分贴在对侧)后,缠上透明收缩膜,以堆高机将其放置到货架或是大货区(bulk storage area)。大货区主要适合存放大量出货而且进出频繁的货物品类;另外,大货区也是零库存(实时运补)作业中不可或缺的场地。

3. 储存保管

进仓的作业结束以后就是储存保管。

由于不同商品的性能不同,对储存条件的要求也不同。例如,怕潮湿和易霉变、易生锈的商品,应存放在较干燥的库房里;怕热易熔化,易发黏、挥发、变质或易发生燃烧、爆炸的商品,应存放在温度较低的阴凉场所;一些既怕热又怕冻,且需要较大湿度的商品,应存放在冬暖夏凉的楼下库房或地窖里。此外,性能相互抵触或易串味的商品不能在同一库房混存,以免相互产生不良影响,尤其是对于化学危险物品,要严格按照有关部门的规定,分区、分类安排储存地点。

货物存放的基本方法是:根据货物的特性、包装方式和形状、保管的需要,确保货物质量、方便作业和充分利用仓容,以及根据仓库的条件确定存放方式。仓库货物存放的方式有地面平放式、托盘平放式、直接码垛式、托盘堆码式和货架存放式。

货物保管应有温度和湿度管理,应有防尘、防臭、防虫、防鼠和防盗等措施。

4. 出库

出库也称出货,是港口物流仓储作业的最后一个环节。

(1)两种不同的出货处理方式。港口仓储人员对收到的出货单有两种不同的处理方式(见图6-4):照单拣货,准备出货验收;视情况拣货,准备改变包装或进行简易加工。

图6-4中虚线代表加工作业的尾料可以重新入库或留滞于加工区内的暂存区,其他改包或加工后的产品回归正常出货流程。

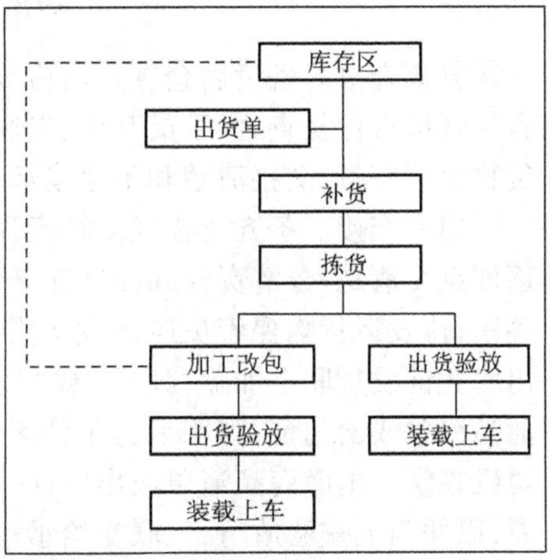

图6-4　两种不同的出货处理方式

(2)货物出库的一般步骤。货物出库的一般步骤为:审核仓单→核对登账→配货备货→复核查对→出库交接→填单销账。

①审核仓单。仓库接到存货人或仓单持有人的出库通知后,必须对仓单进行核对。因为存货人取得仓单后,可以通过背书的方式将仓单转让给第三人,也可以分割原仓单的货物,填发两份以上新的仓单,将其中一部分转让给第三人。存货人与仓储人原来所签订的合同关系被转让,其部分规定适用于第三人。第三人在取得仓单后,还可以在仓单有效期内,再次转让或分割仓单。但是合同要规定,存货人转让仓储物提取权的,应当经保管人签字或盖章。

②核对登账。仓单审核以后,仓库财务人员要检查货物的品名、型号、规格、单价和数量

等有无错误，收货单位、到站、银行账号等是否齐全和准确，单证上书写的字迹是否清楚，有无涂改痕迹，是否超过了规定的提货有效期等。如果核对无误，可根据凭证所列各项内容，登入商品保管账，核销储存量，并在出库凭证上批注发货商品存放的货区、库房、货位编号以及发货后应有的储存数量。同时，收回仓单，签发仓库货物出库单，写清各项内容，连同提货单或调拨单，一起交仓库保管员查对配货。

③配货备货。财务员转来的货物出库凭证经复核无误后，仓库保管员按出库凭证上所列项目内容和批注，到编号的货位对货，核实后进行配货。配货中要执行“先进先出”“易坏先出”“不利保管先出”的发货原则。货物从货垛上搬下后，应整齐堆放在备货区位上，以便刷唛、复核、交付等备货作业的进行。

配货作业是指将拣取分类完成的货品经过配货检查之后，装入容器做好标示，再运到配货准备区，待装车之后配送。其作业流程如图 6－5 所示。

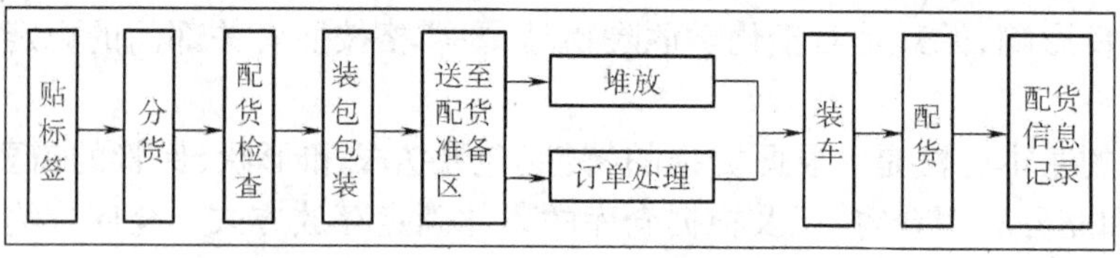

图 6－5　配货作业的流程

④复核查对。备货后仓管人员应立即进行复核，以确保出库货物不出差错。复核的形式有保管员自行复查、保管员互核、专职人员复核和负责人复查等。复核的目的就是要求出库货物手续完备、交接清楚和不错发运。出库货物经过复核无误后方可发运。

⑤出库交接。备齐货物经复核无误后，仓库保管员必须当面与提货人或运输承运人按单逐件点交清楚、分清责任和办好交接手续。自提货物待货物交清后，提货人应在出库凭证上签章；待发运货物保管员应向发运人员点交，发运人员在出库凭证上签字。发货结束，应在出库凭证发货联上加盖“发讫”或“商品付讫”戳记，并留据存查。同时，应由仓库填写出库商品清单或出门证，写明承运单位名称、商品名称、数量、运输工具和编号，并会同承运人或司机签字。出库商品清单或出门证一式三联，一联由仓库发货人员留查；二联由承运人交仓库，以便门卫查验放行；三联交给承运人作为交货凭据。

⑥填单销账。货物交接以后，保管员应在出库单上填写“实发数”“发货日期”等项内容并签名。然后，将出库单及相关联证件资料及时交给货主，以便货主办理货款结算。保管员根据留存一联出库凭证清点货垛余数，并与账、卡核对，登记、核销实物保管明细账，账面余额应与实际库存量和货卡登记相符；出库凭证应在当日清理，定期装订成册，妥善保管；在规定时间内，转交账务人员登账复核。

一批货物发完后，应根据出入库情况，对收发、保管、溢缺数量和垛位安排等情况进行分析，总结经验，改进工作，并把这些资料整理好，存入商品保管档案，妥善保存，以备日后查用。

（二）提高港口货物仓储质量与效率的措施

加强港口货物仓储的管理，是缩短商品流通时间、节约流通费用的重要手段。港口仓储怎样才能达到高质量和高效率呢？怎样才能适应港口物流现代化发展的变化呢？一般可以采取以下方法和措施。

1. 使仓储利用最大化

港口的码头仓库和港区堆场等仓储资源十分有限，应该最大化地利用。有条件的港口可以投资改造和装修现有的仓储基础设施，使之能与货物集装单位配合，减少容积浪费，提高装卸效率，降低仓储成本；可以配备安装先进的标准化的仓储设备，保持或提高货物搬运的活性，尽量使货物搬运做到移动路径最短，占用空间最少，运转速率最高；可以在仓储用地紧缺的情况下，增加仓库高度来扩大仓储体积，增加仓储容量，提高仓储效益。

2. 使仓储管理信息化

物流信息化体现为：物流信息——商品化；物流信息收集——数据库化和代码化；物流信息处理——电子化和计算机化；物流信息传递——网络化、标准化和实时化；物流信息存储——数字化。

港口仓储是港口物流的一个组成部分，因此，港口仓储管理也需要信息化。只有信息技术在仓储中采用以及计算机技术在仓储管理中应用，港口相关部门才能根据计算机联机实时发送和接收的信息，及时合理有效地组织、指挥、调度和监督货物的入库、出库、储存、装卸、搬运、计量、保管、财务和安全保卫等各项活动，仓储作业的高质量、高效率才能成为现实。

3. 使仓储设备标准化

港口仓储通用的机械设备主要分为搬运车辆、输送机械、起重机械和垂直升降机械等四大类。为了确保仓储作业的高质量和高效率，港口在更新配置选用通用机械设备时，应力求达到标准化：要基于仓库和堆场现有设施的布局和货物集装、散装装卸搬运的需求，根据库存货物单元的重量、货架高度、仓库地面承载能力和巷道宽度等确定性能参数；要兼顾机械系统的控制、信息管理和状态监控的需要进行更新；要满足对速度、精度、高度、重量、重复存取和搬运方便等多方面条件进行配置；要按照技术成熟先进、性能安全可靠、操作简单易行、维修更换方便和价格经济合理等多种要求进行选购。

4. 使仓储作业机械化

由于在港口仓储作业的许多环节和过程中机械设备还替代不了人工，因此，要降低仓储成本，提高效益，必须使人工操作和机械设备搬运达到最佳配置。如港口货物的输送、存取、管理和控制可以依靠人工及辅助机械同时实现。货物可以通过各种各样的传送带、搬运车、叉车、吊车、堆垛机和升降机移动和搬运，用托盘货架和可移动货架存储货物；通过人工操作机械存取设备，用限位开关、螺旋机械制动和机械监视器等控制设备的运行，尽量使人工控制程度降到最低，使机械化程度达到85%以上。

5. 使仓储人员专业化

如果港口仓储人员不能与时俱进，不能持续提高和掌握仓储专业知识与技能，不会操作计算机系统和应用联机管理手段，不会使用及维修先进的设施和机械设备，那么，仓储管理信息化、装卸作业机械化和自动化就是空话。因此，港口可针对港口仓储的实际情况，引进急需的现代化仓储管理和设备维修人才，还应对现有的仓储人员进行专业知识和技能培训，坚持达标上岗原则，努力使仓储人员专业化。

6. 使仓储现场可视化

为了做好港口仓储作业现场的监控和调度指挥,有条件的港口可在仓储作业现场建立监控和调度指挥系统(监控和调度指挥系统由电视监视系统、安全防范系统、库房温湿度监控系统、通信系统以及总控制室组成),与仓储业务计算机管理信息系统结合,实现对仓储业务的现代化管理;可在堆场、仓库内以及港区的铁路道口、公路道口等关键部位以及主要作业现场安装电视摄像机,配合照明系统组成电视监控系统,总控室安装有监控录像机、多画面分割器和监视器等设备,并在有关处室安装监控分机;可在堆场主要部位安装高杆照明系统,其中部分照明设施由防盗报警系统自动控制,以满足电视摄像的需要和夜间装卸作业的要求。

7. 使仓储服务延伸化

港口仓储企业可以在港口仓储服务方面挖潜、拓展和延伸,从而获得增值收入。一是可以应用仓储信息技术,利用计算机联机及网络进行信息传递,有效地将港口物流各操作环节合理对接,促进港口物流向现代物流转变;二是可以利用港口仓储资源的平台,走出去、请进来,留住老客户,发展新客户,扩大服务对象和业务范围;三是可以利用港口仓储的优势,形成物流链,把港口仓储服务的功能向上下游延伸。如港口物流可以根据市场需求和客户要求,从源头寻找货源。在通过港口装卸中转时,港口仓储不只是发挥仓库的储存、保管功能,还应发挥分拣、配货、包装、加工和配送等功能,为客户在入库保管过程中实现分拣、包装和加工,然后交由港口物流配送。这样,不仅能帮助客户降低物流成本,而且可以完善港口仓储服务的功能,提高港口物流的创收能力,取得更大的经济和社会效益。

单元二　港口库场管理

车船衔接、货物数量、发货密度、港口的装卸作业以及自然条件的影响,使得不管是起运港、中转港还是到达港都会产生不衔接的情况,这就需要港口提供场地进行货物作业和存放。在港口中满足货物周转作业、存放的设施和场地就是港口库场,它起着路、港、航衔接的纽带作用。库场的能力影响着船舶装卸效率和船舶在港时间的长短。

一、港口库场的功能与类型

港口库场与港口泊位、装卸和疏运能力构成港口生产能力设施。港口库场是指港口为保证货物换装作业正常进行,防止进口、出口货物灭失、损坏而提供的用于储存与保管货物的仓库、货棚、堆场、货囤、筒仓、油槽(库)和其他建筑物的总称,它是港口极其重要的组成部分之一,在整个运输过程中也是不可缺少的重要环节。

港口库场具有货物集散、储存、装卸作业和处理的作用和功能,港口在库场管理中需要承担货物交接保管、保持库场畅通的基本任务。

(一)港口库场的功能

港口库场是货物集散的场所,是货物一定时间的存储场所,是货物装卸作业的场所,是对货物进行运输处理的场所。港口库场承担的任务是负责货物的收发、承担货物的保管、加强库场的疏运、确保库场的畅通。

港口库场的功能主要有四个方面。

1. 货物的集散功能

港口是水路运输的衔接点，需要进行海上运输的货物从陆地或内河向港口集中后装船，再由船舶运往各地；经海上进口的货物在港口卸货后，再通过内河、陆地运输向腹地扩散，因而港口是货物水陆运输的必经集散地。除了少量直接转换的直取作业外，绝大部分货物的换装作业都在港口库场进行。

为了把小批量的货物集成足够的航次货运量船舶的一次载货量，出口货物必须在港口库场集中；为了能按正确顺序装载，需按积载图进行堆装，出口待运货物必须在港口库场重新组合；为了提高货物的装卸效率，小件包装货可能需要组成较大的单元，货物也留在港口库场集中组合；为了使船舶卸货作业顺利进行，许多进口货物需先经过库场，再通过各种运输工具向不同方向及时运出。

2. 调节与缓冲功能

由于船舶与火车、卡车载重量相差很大，所以库场的本质作用是使不同运输工具得以衔接、调整。在港口通过能力系统中，库场起缓冲的作用，即在进口—船舶卸货、疏运和出口—接收出口货物和船舶装船之间起缓冲的作用。

由于货流的不平衡和运输生产的不平衡，到港货物和船舶会呈现出非均衡性，船货衔接难以做到直接对口。此外，在不同运输工具之间的换装过程中，由于不同运输工具在技术条件运行组织及载货量上的差异，有可能出现不协调现象，而港口库场正好在船、货之间和运输工具之间起到调节和缓冲作用。

3. 实施货运作业的功能

由于货物种类繁多，性质各异，包装形式各式各样，运输条件不同，港口在承运时，需要检查货物及其包装。承运后要根据货物的不同理化性质和包装进行配载、积载、成组和装箱（集装箱拼箱）等。有的中转货物需要在港口库场进行灌包、捆包业务。进口的货物，由于分属许多不同的收货人，必须卸入库场进行分票、点数和拆箱等。此外，对进出口的外贸货物，还要在港口库场进行海关的结关业务及办理检疫等手续，因而港口库场又是进行进口、出口货方作业的重要场所。

4. 保管货物的功能

当进口、出口货物卸入港口库场，库场与交货方办妥交接手续后，就对货物的数量、质量承担责任。为保证进入库场的货物完整无损，必须针对货物的不同特性将其贮存在最合适的仓库或堆场，配备必要的设施，采用科学的管理方法，使入库货物处于良好状态。这也是港口库场的功能之一。

（二）港口库场的储存性质

港口库场保管货物的功能不同于以保存货物为目的的仓储业务，货物仓储时间可长可短，而港口库场则以集散为目的，它的主要任务是保证进出口货物畅通无阻，加速库场的周转，为货物的装船与卸船服务。它不适合货物的长期存放，这与一般工厂、商业部门储存物料的仓库有所不同。

港口库场的储存性质主要是周转性的而非储存性的，因而多适用于《港口货物作业规则》规定的《港口货物作业合同》，而不是《仓储合同》。

货主把货物长期储存在港口，会造成港口拥塞。因此，许多人认为，货物长期储存是与港口的基本功能不相容的。但在实践中，由于种种原因，长期堆存是货主的基本要求，港口又是提供这种服务的最好场所。

港口是否能提供长期储存取决于是否有足够的合适仓库与堆场，或取决于能否经济地提供库场，如果经营管理得好，长期堆存可以增加额外的收入，还能提高港口的声誉，促进贸易发展。在港口向货主提供长期堆存服务前，港口经营者必须把握四个要素：港口有足够的储存能力；储存作业管理质量高、效率高；货物的仓库保管费用高于港口支出的成本；货物在港的长期储存不会干扰货物装卸作业和中转储存[①]。

（三）港口库场的类型

港口库场可以从所保管的货物类别、库场所处的位置和建筑特征等方面进行分类。

1. 按库场保管的货物分类

港口库场按库场保管的货物可分为普通库场和专用库场。

普通库场是指堆放杂货码头装卸的各类货物的库场，其仓库和堆场分别称为杂货仓库和杂货堆场，一般不配置固定的专用机械设备。

专用库场是指堆放专业化码头装卸的特定货物的库场，如散粮筒仓、油库、冷藏库、危险品库、煤场、矿石场和木材场等。专用库场一般根据货物特点和装卸工艺的要求建造构筑物，并配置专门的机械设备。集装箱码头有宽大的堆场和拆装箱库，供大量集装箱堆放和一部分零担货物在港区内装箱和拆箱之用。

2. 按建筑特征分类

港口库场按建筑特征可分为露天货场、货棚、货仓等。

此外还有如贮罐、筒仓等专业仓库，它们都有自己独特的建筑特征。

3. 按库场所处的位置分类

港口库场按库场所处的位置可分为前方库场、后方库场。

（1）前方库场是指设置在接近码头前沿的仓库或货场，它能缩短货物搬运的距离，提高港口的装卸效率，同时也能减少泊位与库场间流动机械运行的干扰。

（2）后方库场是指货物吞吐量大的码头泊位设置在位于码头后方的库场。后方库场一般面积较大，可以为前方库场分担堆存压力。

4. 按货物通过港区的方式分类

港口库场按货物通过港区的方式可分为进口库场、出口库场和中转库场。

（1）进口库场是为进口货物及卸船服务的库场，对于大型港区还可以考虑进一步划分杂货进口货场和大宗货进口库场，以及南方进口、北方进口及远洋进口库场等。

（2）出口库场是为出口货物及装船服务的库场，在需要的情况下也应像进口库场一样做进一步的划分。

（3）中转库场是对联运换装港口设置的专为中转货物服务的库场。

港口库场布局的要求

---

① 作为具有长期堆存功能的那部分库场设施必须建于远离码头前沿的地方，最大限度地减少长期堆存货物对码头日常生产活动的干扰。

为了适应需要,还可以按水陆中转或水水中转分别设置中转库场。

二、港口库场管理

港口库场的堆存业务是指堆存作业部门从接运物资起,经验收,将物资寄存于堆场或仓库,进行保管保养,直至将物资发运给客户的作业过程。在堆存业务作业活动过程中,必定发生一定的费用消耗。堆存业务活动的主要费用有场地费、仓租费、维护保养费、货物保管费、物资丧失费和资金占用费等。同时,港口企业承接堆存业务也将取得相应的收入。

港口库场管理是指对集装箱货物在进出码头堆场进行换装的过程中所产生的堆存保管业务而进行的生产管理过程。

为了使港口库场在港口物流中充分发挥作用,适应港口年货运量的不断增长,货物种类的不断增多、包装形式的不断多样化、装卸技术的不断提高,以及满足货主对港口库场的储存要求,港口需要不断加强对库场储存作业的管理。

(一)库场管理的基本目标

库场管理的基本目标有以下四个方面。

(1)建立切合实际和有效的管理制度,对库场实行计划管理和标准化管理,使整个库场处于良好的管理状态。

(2)运用科学的管理方法,以充分利用库场的堆存能力,加速库场周转,扩大库场的通过能力,确保进出口货物畅通无阻。

(3)完善库场的货运作业,按照货运规章的要求,正确处理有关票证和单证,做好信息储存、查询和统计工作。

(4)采取正确的技术措施,完善库场的护货设施,以保证入库货物的完好无损。

(二)港口库场堆存计划管理

库场堆存计划是在库场使用中对货物入库时间、数量和堆存位置等事先所做的安排,分为月度、旬度及昼夜计划。它是港口生产作业计划的分解和实施,用于指导和安排库场的使用和作业。库场堆存计划又是库场现场管理人员安排工作的依据,是现场操作人员开展工作的依据。

编制库场堆存计划的目的是根据进出口货物的需要,结合港区现有各类库场的条件和堆存能力,合理地安排货物的入库时间、入库数量和堆存位置。由于港口装卸作业的效率不断提高,库场通过能力越来越成为港口的制约因素,因而做好库场的堆存计划,对充分利用库场的通过能力,加速库场周转,提高港口整体装卸、周转效率,缩短船、车在港停留时间,保证港口作业质量,防止货物损失,充分利用港口整体资源具有重大的意义。

1. 编制库场堆存计划的要求

库场堆存计划分为月度、旬度及昼夜计划,分别是对月度、旬度及昼夜入库货物在时间、数量和货位方面的安排。

编制库场堆存计划的要求主要有:①确保装卸计划的执行,充分利用库场容量。②满足库场内作业的需要,便利货物进出库场。③满足最佳的搬运线路。④减少装卸、搬运次数,降低作业劳动强度。⑤符合安全要求,保证入库货物的完整。

2. 堆存计划的编制

堆存计划是港区生产计划的组成部分，它与装卸作业计划有着密切关系。堆存计划必须依靠装卸作业计划来实现，而装卸作业计划应根据堆存计划的需要编制，各自从不同角度保证港区生产计划的实现和进出口货运任务的完成。

只有在掌握足够和准确资料的基础上才能制订出科学、合理和有效的计划。在制定库场堆存计划之前，计划人员必须收集和掌握库场现有货物空仓量、出入库货物的情况以及港口对货物作业的计划安排等。

(1) 编制月度、旬度堆存计划。①要掌握港口或装卸公司在计划期内的库场堆存能力，即可以使用的仓库和露天堆场在计划期内共能堆存多少货物。②根据下月（或下旬）将在港口或装卸公司靠泊的船舶到港计划表，估计出非直接换装方式的货运量，并根据下月（或下旬）将在港口或装卸公司出口的货运计划，估计出需预先进入库场集中待运的货运量。③利用上述资料进行需求与能力的平衡。平衡不仅要使总入库量与总堆存能力相适应，而且要使入库货物的种类、流向和数量与各类专业化库场的能力相适应。为此，应按货物的不同特征，分别列出各类货物入库量；同时也要将各类专业化仓库的能力分别统计出来，并使相应的货类及流向的入库量分别与相应的专业化库场能力相适应。④根据平衡的情况，对港口或装卸公司每个堆存区域编制出堆存计划。

(2) 编制日常堆存计划。在装卸作业开始前就应编好堆存计划，并将计划分送到工班组长和库场管理员手中。如果没有堆存计划，工班组长和仓库员就无法知道该票货物的堆放位置，货物堆放的位置是否正确将在很大程度上影响库场管理目标的实现。当一艘船的泊位确定后，便可开始编制堆存计划。编制堆存计划主要确定三个方面的内容：入库量、出库或入库路线和各票货物的堆存货位。

第一，确定入库量。为即将到达的卸货船舶制订堆存计划，需取得如下资料：船舶卸货量；可使用的库场位置以及可堆货的面积；入库货物的数量、品种及批量大小；装载这些货物的舱口号码及装舱位置；托运人员是否有特殊要求；货物预计将堆存多长时间；换装接运的工具、货物的流向等。为即将到达的装货船舶制订堆存计划，需取得如下资料：承、托双方约定的货物集中日期；该船将装载的货物品种和数量，其中船边直接装船所占比重；每票入库货物所需的库场面积；可使用的库场位置以及可堆货的面积；每票货物装船的舱口号码及货物的配积载情况。在取得了上述全部资料后，就可对一艘船的进出口货物堆存做出计划。

第二，做进口、出口货物堆放库场的方案，确定货物的入库和出库路线。计划的编制者可利用上述资料初步确定哪些地方用来集中出口货物，哪些地方用来接受船舶卸下的进口货物。各个计划编制者在安排货物出库、入库路线上，可视泊位和库场的布局、条件等制订不同的堆存方案。

进出合一的堆存方案。在每次靠泊时既卸又装的泊位，较为可取的作业方案是在同一前方仓库或堆场内把进出口货分开，出口货放在靠码头一侧的货位上，进口货放在靠陆地一侧的货位上，以便与内陆运输衔接。这样，装卸双方的搬运距离都较短，而且货物分离使搬运道路畅通，相互干扰小。当然，这要求泊位后面的库场面积较大，一个库场就能够满足进口、出口货物的堆存需要。

进出分开的堆存方案。有些港口的习惯是指定专门的前方仓库和露天堆场分别堆放进口货物和出口货物，即进口库场与出口库场分开。这样做虽然可以很好地将货物分离，但也会导致操作上的问题。如果一艘船在同一泊位上既装又卸，那么两个作业中必定有一个搬运循环时间很长，因为设备需要在该泊位与其他泊位的库场或港口其他地方的库场之间来回运行。如果卸货应在装货开始之前完成，最理想的是船应在专卸进口货物的泊位和专装出口货物的泊位之间移动，但实际上这是较难做到的。

在实际工作中，泊位的作业情况比较复杂，这就要求编制出合理的堆存方案，并且要求经常检查码头搬运作业，确保作业遵循如下基本要求：前方库场内堆存的进口货物和出口货物，只要有可能就要按流向分开；以将搬运距离缩至最短为原则确定各批货物的堆存场地；正确选择库场大门的数量和位置，库门最好与开工舱口相对应；进出库场的交通路线应分道，选好交叉道口，减少设备作业时的相互干扰，确保危险地段的保障措施，必要时，应采用单行道方案；应清除港区道路一切障碍，确保设备在码头前沿和堆存地之间的运行通畅无阻。

第三，计算堆存面积，确定各票货物的堆存货位。如果港口库场有足够的面积接纳将要入库的货物，那么编制堆存计划只需将每票货物分配到货位即可。但是在许多情况下，库场不能提供充裕的堆存场地，特别是前方堆场和仓库的面积更为紧张时。这样，计划者就必须将库场可使用的面积与入库货物所需要的面积进行比较，然后做出安排。由于每单位重量的入库货物所需要的面积不是一个常数，它是随货物的种类、包装与装卸保管方式等的变化而变化的，所以，计算每票货物所需库场堆存面积是编制堆存计划者经常要做的一项重要工作。

计划的编制者要详细计算各票货物所需的堆存面积。

每票货物实际所需堆存面积的计算公式为：

$$S = W\mu(1 + \xi)/H$$

式中：S——货物所需的堆存面积（m^2）；

W——计划堆存货物的重量（t）；

μ——货物积载系数；

ξ——货物亏损百分比；

H——允许高度（m）。

库场面积是库场堆存能力①的主要影响因素，而货物本身也是一个重要影响因素，如货物的装卸特性，即货物的尺码、包装，货物的体积与重量比，可堆到多高，每票货物之间应怎样分隔等。库场堆存能力主要取决于可用堆存面积、货物的堆垛高度、货物的积载因素和亏仓情况四个要素。

第一，可用堆存面积。库场的可用堆存面积并不是仓库的地面总面积，而是实际能用于堆货的地面面积。实际用于堆货的面积，是从库场的地面总面积中扣除不能使用的面积，如货堆间的通道、支柱，仓库围墙周围的安全空间、办公室、设备的通道以及预防火警和其他突发事件时用于通路的安全空间等。库场面积利用率是在扣除了不能用于堆存的面积后，可

① 库场的堆存能力就是库场所能容纳的最大货物堆存量。

用于堆存的面积占总面积的比例。典型的前方杂货仓库库场面积利用率通常为 59% ~ 69% 。若库场面积利用率低于这一比例,就说明库场面积的使用情况不佳。

增加库场可用堆存面积可以增加仓库的堆存容量。增加库场可用堆存面积的通常方法是减少仓库门数、减少通路和主要通道的宽度、减少办公室的面积或把办公室移到仓库之外等。但必须谨防过度提高库场面积利用率,这会导致堆存作业的困难。

第二,堆垛高度。有效地利用垂直空间常常是增加库场堆存能力的最简单、最经济的方法之一,垂直堆垛不足是库场能力未能达到应有指标的一个主要原因。在保证货物堆垛是安全的、库场地面承受的载荷不超过许可限度的情况下,尽可能提高货物堆垛高度是提高库场堆存能力的最有效的方法之一。

然而,货物的堆垛高度常受到一些因素的限制,如入库货物的尺度、货物的承压能力、使用的堆垛机械设备的能力和安全因素等;又如,货物的票数多、批量小,就不可能将货物堆得很高。在堆存小批量的松散货物时最好的方法是把轻、泡货堆放在重货上面,把松散货放在码头托盘上,使用贮存货架系统等,这样可以最佳地利用垂直空间。

第三,积载因素。货物积载因素是货物的体积与重量之比。假如库场内只堆存一种货物,则根据该种货物的积载因素,便可计算出所需的堆存面积。然而,一个库场内往往会堆存多种不同的货物,这几种货物的积载因素又各不相同,要计算堆存面积就必须先计算出多种货物的平均积载因素,可用下述公式进行计算:

$$\bar{u} = \frac{\sum_{i=1}^{n} u_i}{n}$$

式中:$\bar{u}$ ——平均积载因素(m^3/t);

u_i ——某种货物的积载因素(m^3/t);

n ——堆存货物种类。

在许多情况下,各种货物的入库量是不同的,即各种货物的入库量占总入库量的比例不同,此时应采用下述公式计算平均积载因素:

$$\bar{u} = \sum_{i=1}^{n} u_i \times q_i$$

式中:q_i ——某种货物占总入库量的百分比。

第四,亏仓。堆存的每票零星货物之间和周围留出的空间称为亏仓。产生亏仓的主要原因是:在实际堆存货物时,需留出分隔各票货物的空间;货物包装不规则,货物不能堆放到允许高度或不能紧密堆放,要放弃一些堆存空间;堆存货物使用衬垫、托盘等物料占用堆存空间等。这对库场来说就产生了仓容的损失。

亏仓对库场的功能而言是一种损失,亏仓大小取决于货物的票数、体积及其包装的形状。计算亏仓损失系数的公式为:

$$K = 1 + \xi$$

式中:K ——亏损系数;

ξ ——亏损百分比。

亏损百分比是指受上述诸因素影响而减少堆放货物的体积与计划堆存的该种货物的体积之比,计算公式为:

$$\xi = \frac{V'}{V} \times 100\%$$

式中：V'——堆放货物的体积(m^3)；

V——计划堆存的该种货物的体积(m^3)。

一般来说，采用紧密堆存的大批量袋装货物的亏损百分比较小，只有5%左右，而形状不规则的包装货物与小批量货物的亏损百分比可能达到20%，甚至30%。

（三）港口库场的货物堆存作业管理

库场的货物堆存作业由三部分组成，即货物的入库作业、货物的出库作业和货物的保管作业。

1. 货物的入库作业

货物的入库作业包括入库前准备、货物入库验收、货物堆码和单据处理。

(1)入库前准备。货物入库前先要做好收货的准备。

首先，应摸清入库货物情况，一般先要从出口货物的装船通知单入库联(内贸)、装船预报表附页(外贸)和进口货物的分舱单取得入库货物的包装、规格和数量等详细资料，对出口货物还应了解装船舱别、到货港和货物的来源(如是本地区出口货物还是中转联运货物)；对进口货物还应了解出港的流向、在港堆存时间以及卸船作业顺序、进度等情况。

其次，安排货位。一般做到：进口货按入库顺序，出口货按到港顺序及配舱顺序，从里边货位开始逐渐向外开垛脚，不能从外向里堆垛，把门堵死；大票货先确定货位，小票零星货机动安排；大票货不堵小票货，轻泡货不堵重件货，近港货不堵远港货，缓发货不堵急发货；同一收货人的货物集中堆放；在安全前提下，货垛尽量堆高，利用库场空间，提高堆存量。货物入库前要匡算每票货所需的货位面积，再根据货位纵深确定开脚数。货位预先安排好后，应向作业工人及有关人员讲清要求。

(2)货物入库验收。货物入库验收是指库场在货物正式入库前，按照一定的程序和手续，对到库货物进行数量和外观质量的检查。货物验收实质上是一种责任交接。验收的主要任务是查明到货的数量和质量状态，为入库和保管做好准备，防止库场和货主遭受不必要的经济损失，同时对供货单位的货物质量和承运部门的服务质量进行监督。库场应凭单收货，没有单据的货物不能验收入库，单据和货物要全面核对。

(3)货物堆码。应按照货物性质、作业要求和堆码标准化要求进行堆码。货物堆码是根据货物的特性、形状、规格、重量及包装质量等情况，同时综合考虑地面的负荷、储存的要求，将货物分别叠堆成各种码垛。科学的货物堆码技术及合理的码垛，对提高仓容利用率、提高收发作业及养护工作的效率都有着不可低估的重要作用。

(4)单据处理。库场收货入库是一种责任转移，库场从货主或船方接过货物就要对接收货物的数量、质量负责。因此，需要填写和签证有关的交接单据。

堆码操作的要求

出口货物，库场可以在入库联、运单上签收；进口货物则大多填制理货交接计数单。除了交接单据签证外，还要填制收货报表，登账入册。对单证处理的要求是及时、正确和清洁；按规定内容、要求和方法填制；字迹清楚，改动处盖章；在规定时间内完成，并投入流转。

2. 货物的出库作业

货物出库作业是库场根据货物出库凭证（提货单、领料单和调拨单），按其所列的货物名称、规格、数量和时间、地点等项目，组织货物出库、登账、配货、复核和点交清理等一系列工作的总称。货物出库必须依据货主开出的货物出库凭证进行。在任何情况下，库场都不得擅自动用、变相动用或者外借货主的库存货物。

货物出库后，还要填制出仓报表，并在货物账册上付账。

3. 货物的保管作业

货物在库场堆存保管期内，港口要对货物的安全质量承担责任，确保不发生货损、货差事故。

具体来讲，货物保管要做好以下各项工作：

（1）防止盗窃破坏事件发生。仓库员应坚守岗位，离开时应锁门。库门钥匙要专人保管，上班领取，下班交回。进出仓库人员应进行登记，与仓库作业无关人员不能进入仓库。

（2）做好消防工作。库场应按堆放货物的种类配备消防器材，消防器材应放置在固定地点，不能挪作他用，并定期检查更换。对火种、电源要进行严格管理。仓库内不准使用电炉、煤炉，不得带火种入库，明火作业应经派出所（消防部门）批准，同时进行监护，车辆进入港区应安装“火星熄灭装置”，铁路机车进入港区不得通炉。

（3）做好防汛、防台风工作。防台汛措施应落实，器材配足，有专人负责，加强检查督促。水管下水道要保持畅通；屋面漏雨、门窗破裂要及时修复；防汛墙外的货物要特别关注；要随时掌握气象情况，防止天气突变造成湿损事故。

（4）健全货账制度，定期盘点。库场堆放货物必须建立货账制度，做到有货有账，货账相符。货物入库应及时登账，货物出库及时销账。库场堆存货物应定期盘点，杂货一般每月一次，煤炭等大宗散货每季或半年一次。盘点发现数量溢缺，应查明原因，报告有关部门更正账面。杂货仓库每月盘货后，填制月结报表，可作为存货的账册。

建立保管责任制、交接班制度和经常性的安全检查制度，保证以上各项措施、制度落实到位。

单元三　库场堆存统计指标

库场堆存统计指标是港口生产指标体系的组成部分。下面主要阐述库场堆存能力统计指标、堆存统计指标和库场运用统计指标。

一、库场堆存能力统计指标

库场堆存能力统计指标主要包括库场总面积、库场有效面积、单位面积堆存定额、库场容量、平均堆存能力、库场通过能力和油罐、液化气罐、圆筒仓容积等。

（一）库场总面积

库场总面积是指报告期末库场内部的总面积。仓库面积不包括墙壁厚度，多层仓库总面积是指仓库各层内部面积之和。堆场面积不包括场外道路。计算单位：平方米。

（二）库场有效面积

库场有效面积是指报告期末库场中实际可用于堆存货物的面积，即库场总面积减去办公室、墙距、柱距、货堆间距、消防设备间距和安全通道等不能用于堆存货物的面积。计算单位：平方米。

（三）单位面积堆存定额

单位面积堆存定额是指在同一时间内平均每平方米有效面积堆存货物的吨数，分为技术定额与使用定额两种。计算单位：吨/平方米。

技术定额是根据库场建筑结构情况所能承受的最大安全负荷确定的。

使用定额受技术定额限制，主要根据货物种类、包装、批量、物理化学特性、装卸工艺、技术安全条件、堆垛形式及管理等因素确定。如使用定额尚未测定时，可按下列公式计算：

单位面积堆存（使用）定额（吨/平方米）= 同一时间最大堆存货物吨数 ÷ 有效面积

油罐、圆筒仓的相应指标为单位有效容积存储定额。计算单位：吨/立方米。

在库场运用统计中所指的单位面积堆存定额专指使用定额。

（四）库场容量

库场容量是指报告期末库场最大安全堆存货物的数量（又称库场一次堆存量）。计算单位：吨、TEU。计算公式为：

库场容量（吨）= 库场有效面积 × 单位面积堆存（使用）定额

或：　　库场容量（TEU）= 有效面积 ÷ 每 TEU 面积 × 集装箱堆码层数

【例】天津 T 港 5 号仓库的有效面积为 1 200m²，现要堆存单位面积使用定额为 3.5 t/ m² 的货物，该仓库能堆存多少吨该货物？

解：库场容量（$Q_{容}$）= 库场有效面积（$S_{效}$）× 单位面积堆存使用定额（$P_{使}$）

$$=1\,200 \times 3.5 = 4\,200(\mathrm{t})$$

（五）平均堆存能力

平均堆存能力是指报告期内平均每天拥有的仓库、堆场的货物堆存能力。计算单位：吨/天、TEU/天。计算公式为：

平均堆存能力（吨/天、TEU/天）= Σ每天的堆存能力 ÷ 日历天数

（六）库场通过能力

库场通过能力是指报告期内库场可以堆存货物的额定数量。计算单位：吨、TEU。计算公式为：

库场通过能力（吨、TEU）= 库场容量 × 库场可供使用天数 ÷ 货物平均堆存期

（七）油罐、液化气罐、圆筒仓容积

油罐、液化气罐、圆筒仓容积是指报告期末油罐、液化气罐、圆筒仓的实际容积。计算单位：立方米。

油罐、液化气罐、圆筒仓有效容积是指报告期末油罐、液化气罐、圆筒仓实际可用于存储货物的容积。计算单位：立方米。

油罐、液化气罐、圆筒仓容量即油罐、液化气罐、圆筒仓一次存储量，是指报告期末油罐、液化气罐、圆筒仓最大安全存储货物的数量。计算单位：吨。计算公式为：

油罐、液化气罐、圆筒仓容量（吨）= 有效容积 × 单位有效容积存储定额

二、堆存统计指标

堆存统计指标主要有入库（场）货物数量、出库（场）货物数量、期初堆存货物数量、期末

结存货物数量、货物堆存数量和货物堆存吨(TEU)天数。

(一)入库(场)货物数量

入库(场)货物数量是指报告期内进入仓库(罐)、堆场的货物实际数量。计算单位:吨、TEU。

(二)出库(场)货物数量

出库(场)货物数量是指报告期内自仓库(罐)、堆场运出的货物实际数量。计算单位:吨、TEU。

(三)期初堆存货物数量

期初堆存货物数量是指报告期初仓库(罐)、堆场所存储货物的实际数量。计算单位:吨、TEU。

(四)期末结存货物数量

期末结存货物数量是指报告期末仓库(罐)、堆场所存储货物的实际数量。计算单位:吨、TEU。计算公式为:

$$\text{期末结存货物数量(吨、TEU)} = \text{期初堆存货物数量} + \text{本期入库(场)货物数量} - \text{本期出库(场)货物数量}$$

(五)货物堆存数量

货物堆存数量是指报告期内仓库(罐)、堆场所存储货物的实际数量。计算单位:吨、TEU。计算公式为:

$$\text{货物堆存数量(吨、TEU)} = \text{期初堆存货物数量} + \text{本期入库(场)货物数量}$$

(六)货物堆存吨(TEU)天数

货物堆存吨(TEU)天数是指报告期内仓库(罐)、堆场货物堆存数量与其实际堆存天数乘积之和。计算单位:吨天、TEU天。

统计时,货物堆存吨天数可用报告期每天仓库(罐)、堆场结存的货物数量和每天出库(罐)的货物数量之和的累积数代替。计算公式为:

$$\text{货物堆存吨(TEU)天数(吨天、TEU天)} = \Sigma\left(\text{每天结存货物数量} + \text{每天出库(场)货物数量}\right)$$

堆存统计的原始资料是货物进(出)库单或库(罐)场日报表。

三、库场运用统计指标

库场运用统计指标主要有平均容量、货物堆存吨天数、货物平均堆存期、平均堆存货物量、库场利用率、容量周转次数、单位面积堆存量和单位容积存储量。

(一)平均容量

仓容量是同一时间内的最大安全堆存货物吨数。仓容量的大小由库场有效面积与单位面积定额的乘积决定。

平均容量是指报告期平均每天拥有的仓库、堆场的货物堆存能力。计算单位:吨。计算公式为:

$$\begin{aligned}\text{平均容量(吨)} &= \Sigma\text{报告期每日容量} \div \text{报告期日历日数}\\ &= \Sigma(\text{每天有效面积} \times \text{单位面积堆存定额}) \div \text{报告期日历日数}\end{aligned}$$

（二）货物堆存吨天数

货物堆存吨天数是指报告期内堆存货物的吨数与堆存天数的乘积的总和。一般采用报告期内每天库场结存吨数及出库场吨数的累计数作为库场堆存天数。

$$N_{吨天} = \sum Q_i t_i = \sum Q_{结t} + \sum Q_{出t} = Q_{堆} \cdot \bar{T}_{堆存}$$

式中：$N_{吨天}$ ——货物堆存吨天数；

Q_i ——第 i 批货物堆存吨数；

t_i ——第 i 批货物堆存时间(d)；

$Q_{结t}$ ——报告期内第 t 天库场结存货物吨数；

$Q_{出t}$ ——报告期内第 t 天库场出库货物吨数；

$Q_{堆}$ ——报告期（或计划期）内堆存货物吨数；

$\bar{T}_{堆存}$ —— 货物平均堆存期(d)。

（三）货物平均堆存期

货物平均堆存期是指报告期内每吨(TEU)货物平均在仓库、堆场堆存的天数。计算单位：天。计算公式为：

货物平均堆存期(天)＝货物堆存吨(TEU)天数÷货物堆存数量

$$\bar{T}_{堆存} = \frac{N_{吨天}}{Q_{堆}} \text{(d)}$$

式中：$\bar{T}_{堆存}$ ——货物平均堆存期(d)；

$Q_{堆}$——堆存货物吨数。

$$Q_{堆} = Q_{结} + \sum_{t=1}^{T} Q_{进}$$

式中：$Q_{结}$ ——上期末库场结存货物吨数；

$\sum_{i=1}^{T} Q_{进}$——报告期内每天进库场货物吨数之和。

（四）平均堆存货物量

平均堆存货物量是指报告期内仓库、堆场平均每天堆存的货物数量。计算单位：吨/天、TEU/天。计算公式为：

平均堆存货物量(吨/天、TEU/天)＝货物堆存吨(TEU)天数÷日历天数

（五）库场利用率

库场利用率是指报告期内仓库、堆场的平均堆存货物数量与库场平均堆存能力的比值，反映仓库、堆场能力的平均利用程度。计算单位：%。计算公式为：

库场利用率(%)＝平均堆存货物数量÷平均堆存能力×100%

$$K_{库场} = \frac{\bar{Q}_{堆}}{\bar{Q}_{容}} \times 100\% = \frac{N_{吨天}}{\bar{Q}_{容} \cdot T_{日}} \times 100\%$$

式中：$K_{库场}$ ——库场运用率(%)；

$\bar{Q}_{堆}$——平均每天堆存货物吨数；

$T_{日}$ ——报告期日历天数。

（六）容量周转次数

容量周转次数是指报告期内仓库、堆场容量平均堆存货物的次数。计算单位：次。计算

公式为：

$$容量周转次数(次)=货物堆存数量\div平均堆存能力$$

$$=日历天数\div货物平均堆存期\times库场利用率$$

$$N_{容}=\frac{Q_{堆}}{Q_{容}}\times100\%=\frac{T_{日}}{T_{堆}}\times K_{库场}$$

（七）单位面积堆存量

单位面积堆存量是指报告期内平均每平方米仓库、堆场有效面积实际堆存货物数量。计算单位：吨/平方米、TEU/平方米。计算公式为：

单位面积堆存量（吨/平方米、TEU/平方米）= 堆存货物数量 ÷ 平均有效面积

其中：

平均有效面积（平方米）=（期初有效面积 + 期末有效面积）÷ 2

（八）单位容积存储量

单位容积存储量是指报告期内平均每立方米油罐、液化气罐、圆筒仓有效容积实际存储的货物数量。计算单位：吨/立方米。计算公式为：

单位容积存储量（吨/立方米）= 存储货物量 ÷ 平均有效容积

其中：

平均有效容积（立方米）=（期初有效容积 + 期末有效容积）÷ 2

库场运用情况统计的原始资料为货物进、出库单和库场日报表。

任务解析

下面根据上述所学知识对项目情景的任务进行简要解析。

任务1：仓储是港口物流企业普遍开展的业务。港口货物仓储具体是指为各种运输方式转换的临时库存和为原材料、半成品和产成品提供的后勤储存和管理服务。港口货物仓储，主要是指以集装箱运输方式出口货物的仓储。其主要特点为：第一，主要以集装箱货物的存储为主；第二，理论仓储量决定于进出口贸易量，实际仓储量则取决于出口贸易量；第三，出入库次数频繁而储存期短暂；第四，集港和疏港的突击性，导致了港口仓储生产忙闲不均的现象。港口货物仓储作业主要包括进口、入库、储存保管和出库四大环节。

任务2：港口库场具有货物集散、储存、装卸作业和处理的作用和功能，其基本功能主要有：货物的集散功能；调节与缓冲功能；实施货运作业的功能；保管货物的功能。港口库场的保管货物的功能不同于以保存货物为目的的仓储业务，货物仓储时间可长可短，而港口库场则以集散为目的，它的主要任务是保证货物的进出口畅通无阻，加速库场的周转，为货物的装船与卸船服务。港口库场的储存性质主要属周转性的而非储存性的，因而多适用于《港口货物作业规则》规定的港口货物作业合同，而不是仓储合同。

任务3：港口库场的堆存业务是指堆存作业部门从接运物资起，经由验收，将物质寄存于堆场或仓库，进行保管保养，直至将物资发运给客户的作业过程。A库场公司应做好货物的入库作业管理、货物的出库作业管理和货物的保管作业管理。

任务4：（1）求货物堆存吨天数。

$$N_{吨天} = \sum_{t=1}^{T} Q_{结t} + \sum_{t=1}^{T} Q_{出t}$$

货物堆存吨天数 = (13 000 + 7 000 + 10 000 + 6 000 + 8 000 + 12 000 + 10 000 + 11 000) + (5 000 + 9 000 + 7 500 + 12 000 + 10 000 + 6 000 + 9 000 + 10 000)

= 77 000 + 68 500

= 145 500(吨天)

(2)求平均堆存期。先要计算每天的进库量,计算公式为:

$$Q_{进i} = Q_{结i} + Q_{出i} - Q_{结(i-1)}$$

第一天进库场吨数 = 13 000 + 5 000 − 8 000 = 10 000(吨)。

用相同方法计算其他各天进库场吨数,见表 6−2。

表 6−2　各天进库场吨数

日期	1	2	3	4	5	6	7	8
进库(t)	10 000	3 000	10 500	8 000	12 000	10 000	7 000	11 000

$$\sum_{t=1}^{8} Q_{进} = 10\,000 + 3\,000 + 10\,500 + 8\,000 + 12\,000 + 10\,000 + 7\,000 + 11\,000 = 71\,500(吨)$$

$$平均堆存期 = \frac{N_{吨天}}{Q_{堆}} = \frac{N_{吨天}}{Q_{结} + \sum_{t=1}^{8} Q_{进}} = \frac{145\,500}{8\,000 + 71\,500} \approx 1.8(天)$$

$$(3)\ 库场运用率 = \frac{N_{吨天}}{Q_{容} \times T_{日}} \times 100\% = \frac{145\,500}{20\,000 \times 8} \times 100\% \approx 91\%$$

$$(4)\ 容量周转次数 = \frac{Q_{堆}}{Q_{容}} = \frac{8\,000 + 71\,500}{20\,000} \approx 3.98 次 \approx 4(次)$$

个案分析

某年 3 月 25 日,上海港 A 装卸公司与收货人(上海 B 饲料公司)就"卸货、仓储、出库等有关事宜"签订港口货物作业合同,接卸"海皇双子星"轮丹麦啤酒大麦 29 848 吨。3 月 28 日,中国进出口商品检验公司山东分公司对该批货物做品质检验,结论为良好。4 月 5 日,装卸公司又与上海 B 饲料公司订立一份补充协议书,约定装卸公司承担监管和仅能凭两公司出具的出库单放货。该批货物一直到 12 月才陆续提完,其间装卸公司两次书面催促收货人提货,且在全部货物出完之后,无记录显示货损。但次年 1 月,收货人提出,发生虫害损失 25%,并出具了国外检验公司的检验报告,要求上海港 A 装卸公司赔偿 500 万元人民币。

问题:你认为上海港 A 装卸公司是否应予以赔偿,并说明理由(双方对发生虫损并无异议)。

参考答案

【复习与思考】

一、名词解释

储存　仓储合同　仓单　港口库场　专用库场　堆存计划　积载因素　货物堆存吨天数　平均仓容量　货物平均堆存期　库场利用率

二、简答题

1. 图示进出口货物在港口的位移。
2. 简述港口货物仓储的作用。
3. 简述港口货物仓储的特点。
4. 为什么说港口理论仓储量决定于进出口贸易量,实际仓储量则取决于出口贸易量?
5. 简述港口货物仓储作业的基本流程。
6. 如何提高港口货物仓储质量与效率?
7. 简述港口库场的功能。
8. 简述港口库场的储存性质。
9. 简述港口库场的类型。
10. 简述编制库场堆存计划的要求。
11. 库场堆存能力主要取决于哪些因素?
12. 简述库场的货物堆存作业流程与主要内容。
13. 列举库场堆存能力统计指标(5 个以上)。
14. 列举堆存统计指标和库场运用统计指标(各 5 个以上)。

项目七 港口理货业务

项目要求

1. 理解货物在港口交接的方式、内容与责任划分。
2. 掌握理货的内涵、原则与基本方法。
3. 熟悉港口库场理货的主要业务内容。
4. 熟悉并掌握外轮理货业务程序与要领及相关问题的处理。
5. 熟悉集装箱船理货业务。
6. 了解并掌握主要的理货单证及相关知识。

项目情景

中国外轮理货总公司是中远集团所属全资子企业。在公司业务章程中,其代表船方办理的理货业务有:①按舱单(进口货物)、装货单(出口货物)和货物上标明的主标志(即合同号或几何图形、符号),理清货物数字,分清货物残损。②理清集装箱数字,分清集装箱残损。③集装箱装拆箱的施封、验封,以及理清箱内货物数字,分清箱内货物残损。④绘制货物积载图和集装箱积载图,制作货物分舱单。⑤分清混装货物的主要标志。⑥依据理货结果,办理交接、签证手续,提供有关理货单证。受客户委托办理的理货业务有:①收发货人或国内外各单位可委托其办理上述各项理货业务。②散装货物装卸船的单证、手续业务,主要有提供货物装卸进度,分清货物残损,办理交接、签证手续,绘制货物积载图。③对集装箱在各地装拆箱的施封、验封以及理清箱内货物数字,分清箱内货物残损,制作装箱单,监装监卸等。④货物的甩样、分规格、挑小号。⑤随船理货。⑥出国理货。⑦对空运货物理货。⑧其他有关业务。

某年3月23日,武汉某轮船公司所属的"汉江5号"轮,承运货主的化肥8 500吨,抵达上海港,准备将货物暂存上海港A库场后再换装"釜山6号"轮出口到韩国。"釜山6号"轮委托中国外轮理货总公司上海某分公司理货,"釜山6号"轮在上海港装化肥时,船方泵压舱水时,舱壁漏水导致已装化肥部分水湿。

任务1:货物在港口交接的方式有哪几种?

任务2:结合中国外轮理货总公司的业务章程,简述理货主要分哪几种?理货机构的主要业务内容有哪些?

任务3:中国外轮理货总公司上海某分公司该如何理货?

任务4:"釜山6号"轮在上海港装化肥时,船方泵压舱水时,舱壁漏水导致已装化肥部分水湿,这种情况下,理货人员应怎样处理?

知识模块

单元一　港口货物交接与责任划分

货物在搬运过程中,只要有交接就有理货。在阐述理货前,我们先阐述港口货物交接与责任划分。

一、货物在港口交接的方式

为了确保货物运输质量,在货物发生转移时,必须办理交接手续,以明确交接双方的责任界限。

货物在港口交接的方式主要有船港交接、港货交接、船货交接和船驳交接。

(一)船港交接

船港交接是指经过船舶运进港口入库和从港口库场出库装船的货物,由承运船舶与港口库场进行交接。船港交接一般在装卸船边进行,如双方另有约定,可以在约定地点进行。对于采取库场点垛交接的货物、集中装卸船的小票货物、库场成组与装箱拆箱的货物、大宗散装货物以及通过港口自动计量设备计量过的货物可以在库场交接。

(二)港货交接

港货交接是指货物由发货人送进港口库场和提货人到库场提货的过程,由港口库场与发货人、提货人在库场交接货物。

提货人持提货凭证到仓库提货时,应与库场理货员当面对货物件数和残损情况进行点交点接,如果发现货物件数与提货凭证件数不一或残损,要分清责任归属。如果属于船方责任造成的,应通过船舶或货物代理人办理索赔;如果属于港方责任造成的,提货人可持提货凭证到货运科与负责理赔的人员查清原因,然后由货运科理赔人员出具货运记录,与货主互相签认。

库场理货员在交付货物时,凡一票货物提清者,必须当场与提货人员办理交接手续,收回提货凭证。如一票货物分批提取,库场理货员必须在提货凭证上注明提货日期、提货件数,并与提货人共同签字,然后将原提货凭证交提货人留存,待一票货提清后将提货凭证收回。

(三)船货交接

船货交接是指由货主直接到船边提取货物,或者货主将货物运到船边直接装舱,由货主自理装卸船的,由船舶与货主交接货物。由于货物在港口的装卸船作业仍由港口进行,港口对货物的交接仍负有一定责任,由港口库场会同货主与船舶进行交接。港口在这种交接中起到监督、统计和联系的作用,负责工作安排和装卸质量监督,但不对货物进行理算。如果货主委托港口进行交接,则由货场理货员代表货主与船舶交接,承担代理人的义务。

货方委托港口采取直取作业的货物交接仍然是船港交接。

（四）船驳交接

船驳交接是指货物直接由驳船装船或者卸入驳船，由驳船与船舶进行交接。港口仅会同驳船与船舶交接，不独立承担交接责任。

二、货物交接的内容与责任

货物交接时，交接双方都要安排人员在现场进行交接，要求把交接的事项交代清楚、物品点算清楚、数据核对清楚和单证签署清楚。

（一）货物交接的内容

1. 货物

交接双方进行交接的货物必须是运输合同或者提单、作业委托合同明确列明的货物。货物的名称、规格、运输包装、标志和发货符号要单货一致。否则，接方可以拒绝接收货物，不予交接。

2. 货物数量

货物的交接数量是根据合同或者提单、作业委托合同所确定的、交方必须交出的货物数量。实际交接的货物数量与单证上记载的数量不一致，则构成货差或者溢货，要由交方对短少或增多的货物负责。货物短少涉及赔偿，而增多则构成违约和费用的增加。出现货物溢短，一般不停止交接，双方办理手续、编制记录明确责任。

3. 货物状态

在货物交接时双方要对货物进行检查，确保货物处在协议约定的状态，并符合安全运输和安全作业的要求。在交接时如发现货物有破损、湿损和污损等不良状态，应及时编制记录并加以认定，以明确责任，但接方不能拒绝接收货物。

4. 货物资料、单据

在货物交接前，交方应将有关货物特性和数量的资料交给接方，以便接方了解和掌握交接的内容，了解货物。在货物交接的同时，要交接相关的单据，如货物运单、货运记录、残损溢短单和许运证明等。在交接时，双方应互相签署交接记录、交接清单等交接证明文件和留底依据。

5. 其他物品和事项

在货物交接时，双方还要把在货物运输单证内注明的，或者交方为保管而收留的货物配件、零件、图纸和技术资料，以及车辆钥匙、电池、动物饲料和备用包装等一同交接。交方向接方说明货物的运输保管注意事项等。

（二）货物交接的责任划分

港口货物运输的简单过程包括：货主用车辆将货物运进装货港；装货港收货、保管、装船；船舶将货物从起运港运到目的港；卸货港卸货、入库保管；收货人提货。在这个过程中，货物不断地从一个掌管人转移到另一个掌管人。为了保证货物运输质量，明确各个环节当事人的责任，防止责任推诿。通过货物交接时的把关，实行交接责任制是有效的办法。

交接责任制是以交接时的货物状态确定交接方承担的责任，以交接划分责任期间。货物在交接时发现的损害、短缺由交方负责，交接以后由接方负责。

采取交接责任制要求采用双边交接的方式，在交接时双方安排人员进行交接检查、点算，现场核实交接内容。双方交接时未参加交接的一方视同放弃责任，由此而产生的交接不明、责任不清由其负责。

1. 货损责任划分

货物在交接的各环节发生货损事故，其责任划分方法有五种。

(1)装船前和装船过程中造成的残损事故由起运港负责。

(2)到达港卸货出舱前发现的残损货物，无船舶与起运港原编记录证明，或残损程度(数量)超出原编记录的由船方负责。

(3)到达港卸货时，发现因配载不当，造成货物损坏的，由船方负责。但因起运港擅自变更配载图所造成的损失，由起运港负责。

(4)到达港卸货过程中发生的，在货物入库后发现的残损由到达港负责。

(5)在装船或卸船作业中，由于船舶起货机具不良，所发生的货损事故，由船方负责。

2. 货差责任划分

如果货物在交接的各环节发生货物溢短(货差)事故，责任划分的原则是：交接前由交方负责，交接后由接方负责，但下列两种情况除外：

(1)应参加双边交接而未参加交接的一方视同放弃责任，由此而发生的溢短事故，由缺席方负责。

(2)港口未按规定为双方交接货物创造条件，如定钩不准、堆垛数字不准等，造成无法计数，对方提出后，港口又拒绝整理、改进而发生的货物溢短事故，由责任港负责。

3. 港口的免责事项

根据中国交通运输部的相关规定，在港口装卸、驳运和保管作业中造成的货物灭失、损坏事故或船体、船具的损失事故，港口负责赔偿。但下列原因造成的损失除外。

(1)不可抗力。

(2)包装不固、不良。

(3)标志欠缺、不清或不当。

(4)货物本身的特性或内在缺陷。

(5)舱单、装货单记载的或货物外包装标明的货物名称、重量与货物实际不符。

(6)船舶配载或积载不当。

(7)由船方负责开关舱作业，未及时关舱造成货物雨湿。

(8)船舶设备或属具的缺陷。

(9)非港口过失发生的火灾。

(10)预先不能发现的影响港口作业的潜在因素和其他非港口责任的损失。

港口责任的赔偿

单元二　理货的内涵、原则与基本方法

理货(tally)一般是船方或者货主根据运输合同在装运港口或卸运港口收受或交付商品时，委托港口的理货机构代理完成。理货工作的好坏直接影响到船、货双方的经济利益，有时还会涉及保险人的利益。

一、理货的含义与理货机构的业务内容

理货是随着水上贸易运输的出现而产生的[1]。各船公司一般委托港口的理货机构理货。

（一）理货的含义

在水上贸易运输中，最初是由卖方随船与买方直接交易货物的，也就是买卖双方当面点交点接，自行理货。随着贸易的发展，船方理货代替了卖方随船理货，即由船方分别与买卖双方计数交接货物。船方的理货工作开始是由船员兼做的，后来在船上配备了专职的理货人员，最后演变成委托港口的理货机构代办。

理货的原意为计数用的筹码。这是因为船舶在港口装卸货物时，人们最早是用木、竹制的筹码来计算货物的数字，故最早的理货工作就是计数。现在的理货已超出了单纯计数的概念，对外贸船舶的理货工作，不仅是对货物进行计数，而且还包括核对货物标志、检查残损、监督装舱积载、办理交接签证和提供理货证明等内容。

理货对国家经济的作用

当前，理货是指在货物交接过程中按照货物标志进行分唛、验残、计数、制单、编制记录和签证等实事求是地分清港贸、港航之间数字和残损责任的一种专业性工作。

（二）理货机构的业务内容

经过长期实践，远洋船舶航行时间长，在港装卸时间短，各船公司从经营和管理上考虑，认为每条船上配齐专门理货员是不经济的。随船理货人员食宿不便，且付费又高，因而在港口出现了一种专门为航行于国际航线船舶服务的理货机构来为船舶装卸货物服务，代表船方办理理货业务，并提供有关理货证明。船方支付其一定的报酬。由此产生了外轮理货机构和工作[2]。各船公司就此也开始了委托港口的外轮理货机构理货。

当前，理货公司的业务范围已从原来的专为外轮理货发展到也为内贸船舶理货、集装箱拆装箱理货等，可以为客户提供出单服务，可以代表船方办理理货业务，也可以接受收发货人委托理货。

理货业务的内容是随着外贸运输的发展而逐步扩大的，从最初的计数、挑残，发展到现在的服务于海上货物运输所涉及货物交接的各个领域。各国理货机构的理货业务范围大同小异。所谓大同，就是都对货物进行计数、分票、理残、交接和出证；所谓小异，就是在验舱、计量、丈量和检验等业务方面有所不同。

理货公司的服务对象

① 据历史记载，隋炀帝开挖运河、产生漕运时就有了理货工作，距今已有1 300多年的历史。在港口设置专业的理货机构是20世纪才开始出现的。以上海为例，1920年前后，上海各码头都设有自己的理货部，较著名的有蓝烟囱码头、公和祥码头等。而为船方理货的专业公司仅有两家，一家是鲍力生·大卫公司（上海帮），专为英商轮船公司理货；另一家是贺合记（广东帮），专为美商轮船公司理货。

② 1961年9月1日，中国成立了全国统一的理货机构——中国外轮理货公司（China Ocean Shipping Tally Company）；为了打破外轮理货垄断经营的局面，2003年经交通部批准成立了第二家理货机构——中联理货有限公司（China Tally）。

归纳理货业务的内容，主要有以下各项：

（1）按舱单（进口货物）、装货单（出口货物）和货物上的主标志，理清货物数字，分清货物残损、货物标志、批次和件号。

（2）理清集装箱数字，分清集装箱残损，分清集装箱箱号和铅封号。

（3）集装箱装拆箱的施封、验封以及理清箱内货物数字，分清箱内货物残损以及箱内货物标志、批次和件号。

（4）绘制货物积载图和集装箱积载图，制作货物分舱单。货物积载图是指货物装在船上的实际位置以及准确的数量和重量，由理货公司绘制并提供给船方和卸货目的港。装船前，理货机构从船方或其代理人处取得配载图，理货人员根据配载图指导和监督工人装船积载。装船结束后，理货长还要绘制实际的货物积载图。货物积载图能准确地掌握每个舱装载的货物数量、重量和剩余的舱容，以便其他港口加载货物。卸货港根据货物积载图情况可提前做好卸货的准备工作，在船舶作业中可随时掌握各舱卸货进度，并能防止货物的错卸及其他事故的发生。

（5）分清混装货物的主标志。分票，即依据出口装货单或者进口舱单分清商品的主标志或者归属，分清混票和隔票不清商品的归属。混票，即不同票的货物混装在一起，不能按票正常卸货。对于不同卸货港的货物、同包装不同收货人的货物、转船货物和过境货物要分隔清楚，防止出现隔票不完全、界线不清楚、串货和混装现象。分票时，卸货港的理货员对混票货物应尽量做到边卸边分票。

（6）指导和监督货舱积载、隔票、铺垫及分票卸货。装卸港的理货员应认真负责地监督和指导装卸工组装舱积载及铺垫隔票，按票装船，一票一清，零星小票货集中堆放，同包装不同标志大票货和不同目的港的货物分隔清楚，按卸货港顺序装船，先卸的后装、后卸的先装。隔票的方法可采用不同包装的货物进行自然隔票，也可用网格、帆布、席子、木板、绳、涂料和纸等物料进行隔票。

（7）依据理货结果，办理交接签证手续，提供有关理货单证。

（8）办理散装货物装卸船的单证手续业务，提供货物装卸进度，分清货物残损，办理交接签证手续，提供理货单证。

（9）货物的监装监卸业务。

（10）货物丈量。

（11）负责货物甩样、分规格、挑件号等特殊委托理货业务。

（12）港区外理货、随船理货、出国理货。

二、理货的原则与方法

理货按其性质分为公证性理货和交接性理货两种。

公证性理货是由船方申请专业理货人员（外轮理货公司）对船舶实行的强制理货。理货人员代表船方收货或交货。这种理货，只是对货物进行清点、验收和交付，对货物的溢短、残损实事求是地做出记录，公正地代表船方办理货物交接手续。专业理货人员（外轮理货公司）对货物的实际溢短、残损不负赔偿责任。

交接性理货是货物的交接双方各自指派理货人员（为了货物的交接和保管而配备的专

职人员)代表本单位对货物进行计数、验残、签署交接单证。交接前由货物提交方承担货物数量、质量方面的全部责任,而交接后相应责任则由货物接收方承担。

(一)理货的原则

理货工作必须遵循的原则有三项:

第一,实事求是原则。理货工作以事实为依据,一切从事实出发。

第二,船边交接的原则。货物交接以船舷为界,交前由交方负责,接后由接方负责。

第三,一次性签证的原则。

船舶装卸货物后,船长或大副须在有关的理货单证上签字,视为完成了货物的交付或接受任务,称为理货签证。通常讲的签证是指船长或大副签认进口货物的溢短单、残损单和出口货物的装货单,以及进出口货物的理货证明书。

在理货或者货运单证上书写对商品数字或者状态的意见,称为批注。批注按批注对象分为理货批注和船方批注,按批注内容分为数字批注和残损批注。

船方签证是承运人对托运人履行的义务和责任,是船方对理货工作的确认和信任,是划分承托运双方责任的依据和证明。为此,要求对签证工作必须持慎重态度,坚持实事求是的原则,且理货签证一次为准。一次签证的前提是理货数字必须准确。

(二)理货的方法

理货的具体方法都是在一定的交接形式下产生的。当前普遍应用的方法有:划数理货法、点垛理货法、发筹理货法、按重理货法、小票理货法和计数器理货法六种。

1. 划数理货法

划数理货法是一种应用比较普遍的理货方法,尤其是同一货种的大宗货物,船↔船、船↔驳、船↔库场、船↔车等装卸作业范围均可使用。其方法是采用一交一接、双边记数的办法。双方人员站在适当的位置进行对口交接,每记一钩货物互相招呼,每隔一定时间互相核对数字。

采用划数理货法时应注意两个问题:

(1)理货人员必须精神集中,做到货物起吊到一定位置记数,防止漏记、重记。

(2)应与对方交接人员和装卸工人密切协作,做到按时呼应,勤对数。

2. 点垛理货法

点垛理货法适用于按作业线对口点数(点垛)交接,目前多在出口货物集港、装船时使用。采用这种方法交接货物时要做好两项工作:

(1)必须将货物堆码整齐。规格不一、容易错批夹数的货物要码双批垛,成组时要严格定量、定型;无论什么货,均要以容易清点数字为原则。

(2)进口货物采用此种方法交接,要做到舱口与垛位一致,不能与其他舱口的货混卸、混堆。

3. 发筹理货法

发筹理货法是交接双方指定一筹代表一件货物,根据货物装卸数量和地点约定交接界线,随货一交一接。筹码发完、回筹时,双方记明数量、核实清楚。

以筹代数是比较古老的理货方法,一般适用于人力操作、数量不大和按件计数的货物。

4. 按重理货法

按重理货法用于货主申请按重交接的货物，以及不能用件作为基本单位的散装货物。采用按重理货法的有五项原则：

（1）货主申请商检、进行船边衡量货物重量的，与检验检疫机构核对磅码单重量进行交接。

（2）凭车、船运单重量交接的，按车、船运单原来原转，办理交接。

（3）凭船舶水尺交接的，按水尺办理交接。

（4）大船过驳船，按驳船载重吨进行交接。

（5）大船过车，按车载重吨进行交接。

5. 小票理货法

小票理货法是指发货方与收货方用文字联系，按小票格式填写提单号、数量、残损及顺序号，随货由司机带到收货地点，收货方依据小票记载内容，核实货物的交接方法。小票采用双联，填发一方留有存根，每班作业完毕，交接双方按票核实数字和残损，无误后，双方签字，以示交接完毕。

小票理货法在接卸进口货物时应用较普遍，遇有不符，能立即得到纠正，避免交接后扯皮；解决了从船到库场的中间环节无人管理的现象，一张小票紧密联系着理货、装卸、司机和库场员四个岗位，既能互相监督，又能互相配合。此方法优于“划数法”“点垛法”。

采用小票理货法应注意三个问题：

（1）严格按照发放顺序号收货，认真核对货物与填写内容是否一致，发现不符立即纠正。

（2）严格控制最后一钩货。要在结束作业时，在小票上注明“最后一钩”字样，司机必须将最后一钩货运到收货地点，装卸工人必须全部归垛，只有这样，才能便于收、发双方核实数字和残损。

（3）收、发双方不得脱岗，必须按钩填写、按票核实货物，避免漏收、错收。

6. 计数器理货法

计数器理货法是在袋装货物专用码头使用皮带运输机装卸货物时，机上装有电子计数器代替人工进行理货的方法。该方法只适用于同一货种的大宗货物，如每件重量相等的袋装货物。液体货物散装，一般采用流量仪表计量。

单元三　港口库场理货

港口库场理货是在货物进出港口时，库场理货员代表港口对货物进行清点计数、查验，制作货物数量、状况记录和报表的管理工作。在理货完毕后，港口应将出口货物交付船方，进口货物接卸入库、保管、转运和交付货主。港口在进出口货物交接中要将货物的溢短、残损等情况如实地做好记录，并取得责任方的签认，并以此作为向责任方办理索赔的依据，责任方对货物办理交接手续后发生的短少和残损，负有赔偿责任。

港口库场理货的主要业务内容有七项。

一、清点计数

库场理货应按规定或约定的方法和地点对货物进行清点计数，确定货物的准确数量。对于计件货物要逐关验收，确定货物件数；对其他货物应采取相应的方法确定其重量或体积。

二、查验货物

理货员首先要查验货物的货名、规格、包装、标志是否与单证记载的一致，严防收错、交错货物。还要检查货物有无损害或状态不良、标志脱落等影响货物作业质量的现象。理货员对货物的查验工作，直接确定了港口对货物质量的负责范围，接收货物时未发现的货物损害将由港口承担责任。

三、残损认定与记录

在查验货物时如发现货物损坏或状态不良，要另行堆放，待工班结束或作业结束时进行查验，确定货物的残损原因和损坏程度，编制货运记录。对对方编制的货运记录要仔细进行核对、签认。

四、货物分票

对混票运输的货物或者多票卸货时，理货员要做好分票工作，指挥不同票货的堆放位置，避免混堆。如果货主要求对货物分规格，理货员就要根据要求对货物按规格进行分类，并按规格堆放。

五、办理交接

货物接收或交付完毕，库场理货员要核算交接货物数量，填制货物单证，办理单证签署和发放，完成货物的交接手续办理。在本班结束时，如果货物还未交接完毕，当班理货员应与对方核对理货数量，然后当场办理本班交接货物的交接手续，签发车辆出门证。

六、指挥堆垛作业

库场理货员要正确指挥库场货物的码垛或拆垛作业，保证货垛质量，指挥货物苫盖工作并检查是否符合要求。如有需要，理货员要安排地脚货的收集、灌包和堆放，查找到遗漏、散落货物并安排取回归垛。

七、货物保管

库场理货员在理货交接之外还要承担库场货物保管的工作。库场理货员按照工作安排应对货物进行巡检，定期清点货物，制作和查对货垛牌，库场货账的编制等货物保管工作。

单元四　外轮理货业务

外轮理货是对外贸易和国际海上货物运输中不可缺少的一项工作。它履行判断货物交接数字和状态的职能，对承、托双方履行运输契约，船方保质保量地完成运输任务具有重要意义。外轮理货也是国家对外的一个窗口，在一定程度上能够影响国家对外贸易的顺利进行和发展。中国规定，外贸船舶在中国港口装卸计件货物时实行强制性理货。本节主要阐述外轮理货业务程序以及作业中残损和溢短货物的处理。

一、外轮理货业务程序

外轮理货业务程序分装船理货程序和卸船理货程序。

（一）装船理货程序

1. 装船前的准备工作

在船舶装货前24小时，船舶代理人将载货清单、装货清单、危险品清单和经船方确定的货物配载图等有关单证资料送交理货机构。发货人或其代理人将经港口仓库确认并批准货物堆放位置的装货单附页和经海关核准放行的装（收）货单一起送交理货机构。理货机构收到这些单证资料后，要进行整理和登记。如发现问题，及时联系解决，然后将有关单证资料交给指派登轮的理货人员使用。

理货人员收到单证资料后，要立即着手进行下列准备工作：

（1）核对装货单和载货清单。装货单是理货人员验收货物和装船理货的凭证。载货清单全称是"国际航行船舶出口载货清单"，习惯称为"出口舱单"或"舱单"，是船舶代理人根据装货单按卸货港顺序汇总编制的，以供理货人员了解和掌握全船所载货物的总件数和总重量之用。核对装货单和载货清单，应以装货单上记载的内容为准。如发现两者内容不一致，应按装货单修正载货清单。需核对的内容有四项：

①港口名称。港口名称包括货物的卸货港和目的港。有的货物的卸货港和目的港是一致的，有的货物的卸货港不是目的港，而是转口港或选择港。

②标志、货名、包装。标志包括主标志和副标志。

③件数和重量。件数和重量是核对的最重要内容，不能有丝毫的差错。

④对未到货物的处理。发货人未将货物送到港口库场，或海关验货未放行，或发货人未备齐货物，或发货人和港口库场对货物件数有争议等原因，使装货单未到理货人员手中。此时，理货人员应在载货清单上注明未到的装货单，或另外列一张未到货的清单，以便下一班理货人员掌握。

（2）编制舱口装货计划表。舱口装货计划表是理货长根据货物配载图和装货单，按舱口分层次编制的全船装货顺序计划表，俗称"进度表"。编制舱口装货计划表有如下各项要求：

①将装货单按编号顺序排列。

②根据货物配载图和装货单，在装货单上注明装舱位置。

③将同舱口、同层次、同装货港的装货单，按不同货类、不同性质、不同积载要求、不同包装式样和不同货物来源加以区分；将同货类、同性质和同包装式样的零星小票货物集中在一起。

④将转口货和选港货的装货单按不同的转口港和选择港分开。

⑤将危险品、贵重品、使馆物资和重大件等特殊货物的装货单分开。

⑥在完成上述工作的基础上，按不同舱口、不同卸货港编制进度表。

⑦大宗货、大票货和散装货，应在进度表上分别注明装入各舱的货物数量。

⑧加载、退关货物，应在进度表上注明加载、退关的货物件数和重量。

⑨在进度表上计算出装入各舱口和层次的货物总件数和总重量、各卸货港（包括转口港和选择港）的货物总件数和总重量；然后，计算出全船装货的总件数和总重量；最后，把计算

出来的各项数字与载货清单计算出来的各项数字相核对，两者务必完全一致。如有不一致的地方，必须找出原因，直到两者数字完全一致时为止。

（3）准备所需物品。准备登轮工作所需的单证、资料和理货用品。

（4）与大副联系有关事宜。

①了解和核对卸货港顺序。配载图上的各卸货港是由船方确定的，为了确保卸货港顺序的正确无误，理货人员有必要仔细地进行检查，且与大副当面核对一次。如发现有不妥之处，应与大副磋商，进行适当调整。

②修正配载图上错配、漏配和重配的装货单。配载图上标明装货单编号用来表明每票货物的装舱位置。理货人员在编制进度表时，可能会发现货物配载图上有错配、漏配和重配装货单的现象。错配，是指将不同卸货港的货物，或性质互抵的货物混配在一起；漏配，是指部分货物没有配置在配载图上；重配，是指同票货物重复出现在配载图上。理货人员要把错配、漏配和重配的装货单送交大副，由大副重新确定装舱位置。

③纠正配载图上存在的问题。由于船方对货物的实际情况不了解，因此，在编制配载图的过程中难免存在一些问题，如货物轻重、大小搭配不合理等。理货人员发现问题后，应向大副提出，以便及时纠正。

④了解衬垫隔票要求。船方在配载图备注栏内已经表明对衬垫隔票总的要求，但在装货过程中还会遇到许多具体情况，如衬垫隔票的物料来源和对某种货类衬垫隔票的具体要求等，都需要理货人员联系船方解决。

⑤装卸方面的问题。向船方了解船舶吊杆的安全负荷量、重大件的起吊设备、冷藏舱打冷气的时间、夜间作业舱内安装灯光和外档作业提供绳梯等。向船方介绍装卸作业时间、工班作业舱口等。

⑥理货方面的事宜。商定与大副联系工作的地点、时间，夜班作业发生问题如何处理，船方值班人员安排等。介绍中国理货的概况、理货方法，征求对理货工作的要求等。理货长应将与船方洽谈的有关事项记录在交接簿内，供接班人员掌握。

2. 装船过程中的理货工作

（1）熟悉装货单，准备理货。装货单是理货的依据，要注意四项内容：①掌握本舱口所装货物的种类、卸货港的顺序。②掌握货物积载的位置和要求，尤其是特殊货物。③了解货物衬垫隔票的要求和物料的来源。④了解直装或现装货物的来源、操作过程和交接方法。将装货单附页抽出，按卸货港顺序、货物种类和性质、包装式样与积载要求，排列好装货的先后顺序，同时根据附页上注明的货物来源、堆放地点，尽可能把同一货位的装货单排列在一起，以便于仓库发货和工人装货。对不同卸货港、转口港和选择港的装货单，应分别单独排列，防止发生错装。对重大件、危险品的装货单，应先查看货物装舱条件和货物实际情况，以便指导工人装船。如发现货物不宜装在该处，应及时通知理货长。对冷藏货装船时，应事先通知船方停止打放冷气，以保证工人安全操作，同时要求船方准备好隔垫物料，以备使用。对直装、现装货物，应先了解驳船和车辆停靠位置，记下车、驳号，然后通知海关人员到现场验放装货单。

（2）凭单装船理货。从港口库场装船的货物，装船前，理货员凭装货单先到港口库场检查核对货物，然后再将附页交给库场员，凭此单发货装船；或将附页交给装卸工组，凭此单到库场提货装船。直装、现装货物凭装货单收货装船。在装船过程中，理货员在船上或船边凭装货单逐票逐钩核对货物标志、点清件数和检查包装。核对标志，主要是核对货物的主标志和卸货港名称，如发现标志不符，应通知库场员，待问题解决后方能装船。点清件数，是指对杂货要逐票点清件数；对大宗货物，工人必须坚持做到定量画钩，理货人员逐钩复查，点清数字；对直装、现装的货物，要在船上或船边与发货人或驳船船员画钩计数，按钩交接清楚；对船方有特殊要求的货物，装船前应通知船方共同进行点交点接，点清数字。检查包装，重点是检查货物包装是否完整，以保证货物完整无损地装船，如发现下列情况，原则上不能装船：

①木箱、木桶等硬包装发生变形。

②包装外表加固的铁带、铁箍出现松弛、断裂或脱落。

③包装内货有晃动或破碎的声响。

④包装外表有渗漏、污染痕迹。

⑤袋装货的袋口松散。

⑥桶装货的塞、盖脱落。

⑦各种包装发生破损。

⑧动植物、食品出现腐烂、发霉气味。

⑨其他明显的包装异常、损坏等。

(3)监督装舱。在装货过程中，要指导和监督工人装舱积载和衬垫隔票。装舱积载，主要是指导每批或每票货物的积载位置和堆码要求，尤其是班轮装货，更要严格按照船方的要求指导装舱积载。在装舱位置比较紧的情况下，要控制发放附页的数量，尽量做到整票装清。在装船过程中，如遇上突然下暴雨，要特别注意舱内货物是否被雨淋湿和破票货物未装船的件数以及它们所在的位置。对在船边交接的货物，要经常检查舱内积载情况，防止工人随意变更积载位置和乱堆乱放。对船方提出的要求要及时转告工人和有关部门。对于衬垫[1]，主要是根据船方的要求和理货人员的布置，将衬垫要求和衬垫物料来源通知工人。如需要船方事先验看的，应通知船方验看后再装船。隔票[2]，是理货人员直接指导装卸工人进行的。凡下列情况需要进行隔票：

①不同卸货港的货物装完后，需要进行隔票，然后才能装其他卸货港的货物。

②不同转口港或选择港的货物装完时，需要进行隔票后才能装其他转口港或选择港的货物。

③同包装不同票的货物装完时，需要进行隔票后才能装其他票的货物。

隔票的方法

④船方要求隔票其他货物的，隔票后才能继续装船。

在理货过程中，如发现货物装舱混乱、隔票不清时，理货员应通知值班责任人验看确认，并编制现场记录，写明“全部混装”“部分混装”或“隔票不清”等字样，以及混票的单号、货名和件数等，并经船方签字。

---

① 在船舶受载部位和舱内四周以及货物之间铺放木板、草席等物料，以减轻船舶受载部位的压力，使货物不直接接触舱底板和船舱四周的舱壁，减少货物受损，从而达到保证船、货安全的作业称为衬垫。在底舱及各层甲板装载包、捆货物和怕潮货物时，一般可铺垫木板一、二层。舱壁及舷壁衬垫一般可用席子、草片、帆布和木板等物料来衬垫。

② 将不同装货单(提单)的货物分开装船积载，使其不相混淆称为隔票。

(4)编制单证。在装船作业过程中,理货人员应按钩填制计数单,整票货物装上船时,应如实批注装货单。如发生理货待时,应填制待时记录。

(5)复核计数单和装货单。核对内容包括:①核对计数单上填写的装货单编号、标志、包装和件数是否与装货单相符合。②复核计数单上填写的总件数和总重量是否正确。③对直装、现装货物,要核对计数单与随车清单或驳船清单是否相符。④整票货物未装完,要核对计数单上填写的计数与装货单附页上签注的件数是否相符。⑤复核已装船的装货单编号和份数与计数单上填写的是否相符。

(6)销账进度表和载货清单。在复核计数单和装货单的基础上圈销进度表,俗称销账。这是装船理货工作中很重要的环节,因为它是全船装货进度的综合反映,是绘制积载草图的依据,也是确定出口总数的基础。根据已装船的装货单,在载货清单的件数栏上画一个圆圈,在发货人栏上注明装舱位置,以表明该票货物已装船,发给理货人员的装货单已收回。通过圈销载货清单,可随时了解装船动态,掌握货物未装船的存余票数,以便与发货人核对装货单已装船数和存余数,船舶离港后可作为核查船公司查询单的原始资料。

(7)交接班。理货人员的交接班有时是在装船作业过程中进行的,因此,交接班的两个理货人员应在理货岗位上进行交接。这就要求接班理货人员应提前到理货岗位,交班理货人员在接班人未到时不能擅自离开理货岗位。

3. 装船结束时的理货工作

一般要求在装船结束后两小时内完成全船的所有理货工作(特殊情况除外)。这对理货人员来说是一项艰巨的任务,时间短,收尾工作多,受客观因素影响较大,因此,要求理货人员要提前做好结关准备工作。在两小时内要完成一般事务、编制单证和船方签证三项任务。

(1)一般事务。一般事务有六项:①检查和整理好所有理货单证和其他有关单证资料。②检查和处理好最后一批装货单。③复核装船货物的总件数和总重量,复核装船货物的分港数和分舱数。④复核退关的装货单编号和货物数量。⑤向港口库场了解有否遗漏货物,残损货物是否全部装上船。⑥向各舱理货员了解装货结束时间和其他有关事宜。

(2)编制单证。编制单证有三项工作:①填制最后一份日报单和待时记录。②编制完成货物分舱单和理货证明书。③完成货物积载图的绘制工作。

(3)船方签证。船方为办理货物交付或收受手续,在理货单证上签字,主要是在货物残损单、溢短单、大副收据和理货证明书上签字,称为签证。理货单证是否有效,主要取决于船方签证时加放批注内容如何,若系批注内容明显地否定了理货结果,那么理货单证就无效。签证工作一般在船舶装卸货物结束后、开船之前,不超过船舶装卸货物结束后2小时内完成。签字结束后,理货人员应携带所有单证资料及理货用品离船,然后将全船的单证资料整理好交主管部门,并汇报有关情况。

(二)卸船理货程序

1. 卸船前的准备工作

船舶到港前24小时,船舶代理人应将进口舱单、分舱单、积载图、危险品清单和重件清单等有关单证资料送交理货机构。货方代理人应将进口货物的详细资料送交理货机构。理货机构根据进口舱单和进口货物有关资料制成若干份分标志单（又称分唛单）、一份销账进度表和一份流向单，交给登轮的理货长使用。

理货人员收到单证资料后，着手进行下列准备工作：查阅和整理单证资料，联系港口调度和库场，了解船舶停靠泊位与时间、卸船作业计划、货物流向或库场货位安排。着重掌握以下情况：①船舶性质和国籍。②货物的来源和装货港；各舱货物的种类、性质、数量和积载情况。③卸船作业计划，货物现提数量和流向，进港口库场的数量和堆存地点。④对成套设备、重大件、危险品和贵重品等特殊货物的卸货安排、装卸工艺、安全措施、注意事项和对理货工作的要求等。⑤主管部门对理货工作的指示和要求。⑥在交班簿上填写各舱的重点货种、注意事项、交接方法和验残要求等内容。

船舶靠泊后，理货人员登轮向船方大副了解有关情况：①装货港装货时的天气情况、装卸工艺、操作方法、理货方法，有无数字争执和退关，有无残损批注和保函等。②船舶在航行途中的天气情况，有无海事报告等。③船舶在中途港的装卸、理货情况，过境货的隔票情况和备用袋的存放位置。如装有车辆，要索取钥匙。④了解舱内货物的积载、隔票情况。⑤商定原残货物的验残方法和要求。⑥征求对理货工作的要求和卸货注意事项。⑦尽可能借阅装货单和装货港的理货单证。

理货人员要将向船方了解的情况记录在交接簿内，对重大问题应及时向主管部门汇报。

2. 卸船过程中的理货工作

（1）与装卸人员协调。与装卸人员协调的内容包括：①介绍舱内货物的种类、性质、票数和积载隔票情况。②介绍残损货物的验残要求，要求工人发现原残货物应立即通知理货员，未经理货员处理，不得随意搬动；要求对工残货物，能实事求是地签认理货员编制的工残记录。③要求装卸工组必须按票起卸，配合理货人员做好分票工作。④要求装卸工组在卸精密仪器、使领馆物资和展览品等贵重货物时，要轻拿轻放，注意货物倒置标志；卸大宗货物，要做好定量钩。⑤要求发现混票或隔票不清现象时，要及时通知理货员，经理货员处理后，再起卸。

（2）理货作业。理货作业包括六项：①凭分票标志单进行分票、理数。②处理原残和工残货物。③处理理货与港口库场或收货人及其代理人办理货物交接手续等。④将船方提出的合理要求及时通知装卸指导员。⑤协助工人联系船方解决起落吊杆、起货机故障、安装照明设备和舷梯等问题。⑥协助工人联系船方指导起卸重大件、危险品和困难作业的货物。

（3）交接班。交接班内容包括四项：①交资料。交班理货人员要将所有单证资料向接班理货人员交接清楚。②交情况。主要交卸货进度、全船理货数据、货物残损情况、向船方了解的情况和卸船理货注意事项等内容。③交要求。交分票、理数和验残要求。交指导工人按票起卸要求，交办理货物交接手续要求等。④交问题。交工作中发生的各种问题和处理情况、交接情况。上述交接内容，除了口头交代清楚外，还要将一些重要内容记录在交接簿上。

3. 卸货结束时的理货工作

卸货结束时，一般要求在两小时内完成全船的理货工作（特殊情况除外）。在两小时内要完成一般事务、编制单证和船方签证三项任务。

(1)一般事务。一般事务有五项:①检查和整理好所有理货单证和其他有关单证资料。②复核卸船货物的总件数、残损货物数量和内容。③了解是否有漏计和漏卸货物,了解卸货结束时间等。④与港口库场核对全船理货数字,与收货人或其代理人核对现提货物数字。⑤最后确定卸船货物的溢短数字和残损货物数字等内容。

(2)编制单证。编制单证有两项工作:①填制最后一份日报单和待时记录。②编制理货证明书、货物残损单和货物溢短单。

(3)船方签证。在完成上述各项工作的基础上,提请船长或大副签认理货证明书、货物残损单和货物溢短单。

签证结束后,理货人员应携带所有单证资料以及理货用品离船,然后整理好全船的单证资料交主管部门,并汇报有关情况。

二、理货过程中的残损货物和溢短货物的处理

(一)残损货物的处理

货物包装或货物外表发生破损、污损、水湿、锈蚀和异常变化等现象,并危及或可能危及货物质量或数量时,称为残损货物。在作业过程中造成的残损,称为工残;进口货物起卸前在船上发现的残损,称为原残。货物包装不牢固或包装质量不符合要求、货物本身潜在的缺陷或货物的自然特性、船舶设备致损、货物积载不当、装卸致损、船舶发生海事和外力等是导致货物残损的主要原因。

1. 理残的任务

理货人员为了确保出口货物完整无损,进口货物分清原残和工残,在船舶装卸过程中,剔除残损货物,记载原残货物的积载部位、残损情况和数字,称为理残,亦称分残。

常见的残损货物的受损状态

理残的任务有三项:

(1)查明残损货物的受损情况。理货人员在理残时,一旦发现残损货物,首先,根据装货单或进舱单核对残损货物的标志、件号和包装,查明其归属哪一票;其次,仔细检查残损货物包装外表受损情况;最后,确定残损货物的受损范围和程度。

(2)理清残损货物的数量。由于货物受损原因各不相同,因此会带来不同的受损情况。不管货物受损程度如何,理货人员必须理清残损货物的数量,这是理货人员的工作职责。尤其是对受损面积比较大的货物,一定要分清好货和残货,理清残损货物的数量,以供有关部门办理海事理算时参考。

(3)明确残损货物的责任方。通过理货人员的理残工作,查明残损货物发生的时间和地点界限,明确残损货物的责任方。

2. 理残的基本要求

理残的基本要求有四项:

(1)分清原残和工残,剔除残损货物。

(2)确定原残货物在舱内的部位、数字和残损情况,编制现场记录,取得船方签字。

(3)确定工残货物的数字和残损情况,编制现场记录,取得装卸工组签字。

(4)根据原残的现场记录,由理货长汇总编制货物残损单,取得大副或船长签字。

3. 处理残损货物

处理残损货物应注意三个方面的情况:

(1)如发现货物原残时,应在上面标明原残符号,编制现场记录,并由船方签字。

(2)如发现货物残损、标志不符以及数量溢短时,应及时通知发货人处理,或者编制现场记录后向船长汇报,由船长进行处理。

(3)如发现工残时,应编制工残记录,经装卸工组责任方签字。

(二)溢短货物的处理

船舶承运的货物,在装货港以装货单数字为准,在卸货港以舱单数字为准。当船舶实际装卸的货物数字比装货单、进口舱单记载的数字大时,称为溢;小时,称为短。

发货人发货数字不准,港口仓库漏装、错装,港口工人装船时途中掉包、掉件或落水和理货差错等是出口货物装船时发生溢短的主要原因。除装货港的原因外,进口货物卸船时发生溢短的主要原因是:船舶运输途中错卸、漏卸、被盗或发生海事;由于装货港装舱混乱,隔票不清,卸货溢短船方未发现,遗漏在船上;卸货时理货差错;卸货港收货差错等。

对溢短货物,理货人员可以按以下方法处理:

(1)出口货物应按装货单数字装船,对溢出的货物不能装船。如发货人坚持装船,应由发货人通过船舶代理人更改装货单。

(2)装船时发现短少货物,应要求发货人补足装货单数字。如发货人无货补足时,应根据具体情况做部分退关、整票退关或由发货人通过船舶代理人更改装货单。

(3)进口货物应按舱单数字卸船,对溢出或短少的货物应如实编制货物溢短单。

单元五　集装箱理货业务

本节主要阐述进出口集装箱理箱以及集装箱装箱、拆箱理货。

一、进出口集装箱理箱

(一)进口集装箱理箱操作

1. 卸船前的准备工作

(1)资料的准备。向船公司或者其代理索取进出口集装箱舱单、集装箱积载图、危险品清单和冷藏箱清单等。核对后通知单船理货长。

(2)派工。根据预先派工计划,作业前及时与港区的调度联系确认船舶的靠泊时间、地点,派出单船理货员,安排每条作业线的理货员,准备好相关的空白理货单证、相关资料和理货用具等。

(3)了解到港情况。了解装载情况,商定对残损箱及空箱的处理办法。

2. 卸船理箱工作过程

(1)理货员根据与舱单核对的积载图理箱,合理堆放,认真核对箱号,检查箱体和铅封是否完好,并在积载图上逐一核销,一个舱位结束填写“单船理货交接记录”,并报理货长。

(2)如发现集装箱外表有原残或铅封断失时，理货人员通知船方验看确认，编制现场记录，提请船方签字，并提供船方一份。经船方签认铅封断失的集装箱，理货员重新施加铅封，并在理箱单上写明铅封号。

(3)理箱过程中发现箱号与单证记载不符的集装箱，及时与船公司或其代理取得联系，确认后方可卸船，对进口舱单没有列明的而船方坚持卸船的集装箱，按溢短箱处理。

(4)由船方原因造成理货人员停工待时，理货组长要编制待时记录，提请船方签字确认。

(5)工班结束后，编制理货单，确认节假日、夜班工作时间。

3. 完船和签证

(1)在全船理箱结束后，单船理货长应根据理箱单和舱单，汇总编制集装箱溢短/残损单，一式六份，经船方签字后，提供给船方、海关、船代、集装箱公司和船公司各一份。制定理货证明书一式三份，提请船方签字。提供给船方、船代各一份。

(2)卸船结束后与船方签证，确认理货结束及理货情况。

(二)出口集装箱理箱操作

1. 装船前的准备工作

装船前的准备工作有四项。

(1)资料的准备。通过电子数据交换系统(EDI)或从港区相关部门取得集装箱预配图、装载清单等，并进行审查，确认无误。如果不符，及时和船公司取得联系，确认更正。

(2)派工。根据昼夜生产计划，派出单船理货员，布置任务，提出要求，准备好相关的空白理货单证。

(3)单船理货长在作业前应向船公司或其船代索取预配图，核对船舶结构。

(4)了解船舶装载情况，征求船方对特种箱的装载要求。

2. 装船理箱工作过程

装船理箱的工作主要有五项。

(1)严格按预配图装船，不同卸货港集装箱严禁随意混装。

(2)理货员根据预配图理箱，认真核对箱号，检查箱体和铅封是否完好，并在装船预配图上逐一标注已装船集装箱的箱号。

(3)理货员应常与库场理货员(内理)核对，理箱单须由库场理货员核对签认。

(4)如发现出口集装箱外表有原残或铅封断失时，理货人员应联系集装箱公司或装箱单位处理。

(5)装船过程中如有加载或者退关情况，应该有港区或船公司相关的书面通知。

3. 理箱结束工作

在全船理箱结束后，单船理货长应根据理箱单等单证汇总相应数据核对出口集装箱清单数据，检查是否有错装、漏装。

编制理货业务凭证、集装箱溢短/残损单(一式三份，经船方签字后，提供给船方、集装箱公司各一份)。

制定出口集装箱积载图一式六份，提请船方签字，提供给船方四份、外轮代理一份。

制作理货证明书一式三份，经船方签字后提供给船方、船代各一份。

二、集装箱装箱、拆箱理货操作

（一）交接

对船方负责箱内货物的集装箱，应根据装拆单位通知，在装拆箱时派出理货人员到场理货。在港区装拆箱，与仓库或集装箱公司办理货物交接；在港区外装拆箱，与收发货人办理货物交接。

应编制装/拆箱理货单一份，须经装拆箱单位签字，货物残损情况填写在“备注”栏内。

（二）装箱理货

在装箱前，向场站索取装箱预配单或其他装箱资料。核对集装箱箱号，检查箱体是否完好，密封性能、清洁度、地板有无破损和箱内是否潮湿或异味，如有残损或对货物安全有潜在的危险，要及时和场站或发货人联系处理。

理货员在装箱理货过程中应完成五项工作。

(1)理货员应核对装箱货物的标志、件数和包装等，进行箱边理货，检查和核对，填制装/拆理货单，与场站办理货物交接手续。

(2)理货员协助和指导工人做好箱内货物的积载工作。

(3)将一些性质不同和种类不同的危险品同装一箱时要进行有效隔离。

(4)对实际装箱的货物数量与装箱预配单或其他装箱资料不相符的，按实际理货数字制作装/拆箱理货单。

(5)对装箱集装箱，在货物装箱后，理货人员应施加铅封。

（三）拆箱理货

在拆箱前，向场站索取进口集装箱装箱舱单或提货单，必要时索取装箱单。在理货前，必须确认海关已放行。核对集装箱箱号，检查集装箱箱体是否完好，铅封是否完好，如有残损，应及时做好记录。

拆箱理货过程中应做好以下四项工作。

(1)理货员应对照相关单证核对箱号、铅封进行理货。核对货物的标志、件数和包装等，理清数字、分清残损，做好记录。

(2)对拼箱货物拆箱理货，理货人员应该做好箱内货物的分票工作。

(3)在拆箱过程中出现的实际货物比进口集装箱舱单(提货单或装箱单)数字有溢短的话，做好相应的溢短记录，有原残的，做好原残记录。

(4)理货结束后，正确编制装/拆箱理货单，注明理货时间、装/拆箱地点及场站人员的签认。

单元六　理货单证

理货单证是理货机构在理货业务中使用和出具的单证，反映船舶载运商品在港口交接时数量和状态的实际情况的原始记录，具有凭证和证据的功能。

一、理货单证的作用

理货单证是反映船舶载运货物在港口交接时数量和状态的实际情况的原始记录，因此，它具有凭证和证据的性质。理货单证的作用主要表现在以下方面：

(1)承运人与托运人或提单持有人之间办理货物数字和外表状态交接的证明。

(2)承运人、托运人、提单持有人以及港方、保险人之间处理货物索赔案件的凭证。

(3)船舶发生海事时,处理海事案件的主要参考资料。

(4)港口安排作业、收货人安排提货的主要依据。

(5)船舶在航行途中,保管、照料货物的主要依据。

(6)买卖双方履行贸易合同情况的主要凭证。

(7)理货机构处理日常业务往来的依据。

二、主要的理货单证

目前,国际上还没有统一的理货单证,各国理货机构使用的理货单证种类、格式差异较大,但几种基本的理货单证还是大同小异的。理货单证主要有理货委托书、计数单、现场记录、日报表、待时记录、货物溢短单、货物残损单、货物积载图和理货证明书等。其中,货物溢短单、货物残损单必须经大副和船长签字。理货证明书是委托方确认理货的凭证,是理货机构向船公司或委托人结算各种费用的依据。

下面介绍中国使用的几种主要的理货单证。

(一)理货委托书

理货委托书(application for tally)是委托人委托理货机构办理理货业务的书面凭证。由于中国对国际航线的船舶实行强制性理货,故此类船舶不需要提出理货委托书,理货机构就与船方自动产生了委托与被委托的关系。在国内沿海运输中,有的船公司与理货公司签订了长期委托理货协议书,也就没有必要按航次再提出理货委托书。理货委托书由理货机构用中文和英文印刷两种文本,中文文本供国内委托方使用,英文文本供国外委托方使用。

(二)计数单

计数单(tally sheet)是理货人员理货计数的原始记录。在计数单的计数栏内,通常是按钩填写货物的数字。对于不同舱口的货物以及进口和出口的货物,都不能合编一张计数单。计数单是判断卸船货物数字是否有溢短,装船货物数字是否准确的唯一根据,是填写装货单/大副收据实装件数的依据。船方对计数单比较重视,在理货过程中,要经常检查理货员编制的计数单是否准确。为了便于理货员提供计费的依据,在计数单的备注栏内印有计费项目。

(三)现场记录

现场记录(on-the-spot record)是理货人员记载货物异常状态和现场情况的原始凭证。如发现进口货物在船上有原残、混装和隔票不清等情况,以及船方原因造成的翻舱等,均应编制现场记录。现场记录是汇总编制货物残损单的依据。

(四)日报单

日报单(daily report)是理货长向船方报告各舱货物装卸进度的单证。进口和出口货物不能合制一张日报单。日报单上的货物吨数为参考数,因为理货人员很难准确地计数出装、卸货物的吨数,但一票货物如发生溢短,其重量应根据舱单或装货单做相应的更改。日报单上的货物件数是准确数,它是根据当班的计数单填写的。

（五）待时记录

待时记录（stand-by time record）是记载船方原因造成理货人员停工待时的证明，即非装卸工人责任造成的船舶吊机故障、电源中断、舱内打冷气、开关舱、铺垫舱、隔票和拆加固等情况，致使理货人员停工待时，均应编制待时记录。

（六）货物溢短单

货物溢短单（over-landed/short-landed cargo list）是记载进口货物件数溢出或短少的证明。当整船进口货物件数无溢短时，仍需编制货物溢短单，在栏内填写英文"NIL"字。货物溢短单由理货长累计计数单，对照进口舱单汇总编制。货物溢短单的编制关系到船方的经济利益，必须经大副或船长签字。货物溢短单是收货人向船公司或保险人提赔的重要凭证。

（七）货物残损单

货物残损单（damaged cargo list）是记载进口货物原残情况的证明。由理货长根据现场记录汇总编制。货物残损单的编制关系到船方的经济利益，必须经大副或船长签字。货物残损单是收货人向船公司或保险人提赔的重要凭证。

（八）分港卸货单

分港卸货单（discharging report in separate ports）是记载两港分卸的同一票货物在第一卸货港卸货件数的证明，由理货长编制，作为第二卸货港理货的依据。

（九）货物分舱单

货物分舱单（cargo hatch list）是分港分舱记载每票货物装舱部位的清单。一个卸货港编制一份，由理货长根据装货单编制。货物分舱单对卸货港制订卸船作业计划，安排车、驳衔接和库场堆存等，对卸货港理货和对船方掌握舱内货物情况都有重要作用。

（十）货物积载图

货物积载图（stowage plan）是出口货物实际装舱部位的示意图，由理货长根据装船过程中的变化，随时修改货物配载图绘制而成的。货物积载图对船方了解货物装船情况和货物在舱内的积载部位，对卸货港安排卸船作业和卸货港理货工作都有重要作用。

（十一）复查单

复查单（rechecking list）是理货机构对原理货物经过复查后出具的凭证，复查是应船方或其他方的要求进行的。复查的结果有两种：一种与原结果相同，一种与原结果不同。两种复查结果都要对外出具复查单。

（十二）更正单

更正单（correction list）是理货机构更改原理货物结果的凭证。更正与复查的区别是更正理货机构发现本身理货工作失误，主动对外更正理货结果；复查则是应他方要求进行的，如证明原理货结果错误，应主动对外更正理货结果。

（十三）分标志单

分标志单（list of marks assorting）是在卸船后分清混装货物标志的凭证。边卸货边分清混装货物标志，或船舶离港前分清混装货物的标志，均不编制分标志单。

（十四）查询单

查询单（cargo tracer）是向对方调查货物情况的单证。查询单通常是在货物发生溢短现象时，由船公司或理货机构编制查询单，向船舶停靠港口调查货物有无错卸、漏卸、错装和漏装等情况,以澄清事实,挽回损失。

(十五)货物丈量单

货物丈量单(list of cargo measurement)是记载丈量货物尺码的单证。丈量货物尺码、计算货物体积有两种情况:一种是理货机构为了准确收费的需要,主动对货物进行尺码丈量;另一种是理货机构受委托方要求,开展对货物进行尺码丈量的业务活动。中国规定货物的1立方米体积为一尺码吨。理货机构是按货物重量吨和尺码吨择大计费。对货物的重量和体积,一般依据进口舱单和出口装货单上的数字。但对有疑问者,理货机构可以进行实际丈量,并以丈量的数字为准。

(十六)理货证明书

理货证明书(tally certificate)是委托方确认理货工作的凭证。理货证明书是理货机构向船公司或其代理人结算各项费用的依据。由于理货证明书上列明了进口或出口货物的总件数,因此,它在客观上又是承运人与托运人或提单持有人之间办理货物数字和外表状态交接的证明。为了便于理货人员填写理货工作项目,在理货证明书上印制了各项内容。

三、理货单证的制单要求

理货单证的制单要求主要有八项。

(1)理货单证必须如实反映理货结果和记录有关情况。

(2)理货单证上的术语、批注等,要用国际航运通用的表示方法。

(3)单证上的重量以公吨为单位,体积以立方米为单位,时间以小时和分钟为单位。

(4)理货单证上的库、场、车和驳号按堆存货物的港口库、场编号填写,火车、汽车和驳船接运货物,按实际车、驳号填写。

(5)理货单证上的提单号/装货单号按进口舱单或出口装货单上的实际编号填写,如果无编号应做出说明。多票货物混卸时,记录实际混票货物提单号。

(6)如实填写货物的主标志,如果没有主标志应予以注明。

(7)货名按照进口舱单号/出口装货单上的主要货名或实际货名填写。

(8)理货单证上必须有当值理货员的签名。

任务解析

下面根据上述所学知识对项目情景的任务进行简要解析。

任务1:货物在港口交接的方式主要有船港交接、港货交接、船货交接、船舶交接。

任务2:理货按其性质分为公证性理货(如中国外轮理货总公司的业务章程中的代表船方办理的理货业务)和交接性理货(如中国外轮理货总公司的业务章程中的受客户委托办理的理货业务)两种。理货机构的主要业务内容已从原来的专为外轮理货发展到也为内贸船舶理货、集装箱拆装箱理货等,服务于海上货物运输所涉及货物交接的各个领域,理货机构可以为客户提供出单服务,可以代表船方办理理货业务,也可以接受收发货人委托理货。

任务3:本情景中中国外轮理货总公司上海某分公司的理货属于装船理货。装船理货的业务流程主要包括:①装船前的准备工作。如核对装货单和载货清单;编制舱口装货计划表；准备登轮工作所需的单证、资料和理货用品；与大副联系有关事宜。②装船过程中的理货工作。熟悉装货单，准备理货；凭单装船理货；监督装舱；编制单证；复核计数单和装货单；销账进度表和载货清单；交接班。③装船结束时的理货工作。在装船结束后两小时内，完成全船的所有理货工作，理货人员要提前做好结关准备工作，编制单证，完成船方签证。

任务4：此情况属于船舶不适货范畴。理论上，理货人员应签现场记录，找船方签认。同时，在现场记录中须批注："CARGO IN GOOD CONDITION BE FORE LOADING."然后联系理货组长处理，理货组长须联系发货人，对货物是否退换征求发货人的意见，若不退，则应将残损情况如实批注在大副收据备注栏内。实际工作中遇到这种情况应协商处理更妥。

个案分析

某年4月18日，重庆A轮船公司所属的"江渝8号"轮承运货主B的榨菜8 320坛，抵达天津港C港埠公司，准备卸货后暂存，最后出口到日本。C港埠公司卸货作业完毕后，发现榨菜破损达1 789坛，其中原残165坛，船残、工残1 624坛。因船港交接不明，船残、工残未作划分。造成这批榨菜破损主要有三个原因：一是货主发运的榨菜坛子规格不一，榨菜包装陈旧；没有按承运人要求备足2%的空坛以备破损后换装，以致部分破坛混装舱内，造成其他好坛包装霉烂；货主同意托运人在运单上作"无空坛换装，破损自负"和"破损自负"的批注。二是C港埠公司的装卸工人未能谨慎卸船和转运；理货人员见有批注而疏于督促以减少破损率。三是承运船舶的积载与交接有不当之处。货主的榨菜损失合计人民币34 115元。各方争议如下：货主B认为，C港埠公司野蛮卸货作业，造成榨菜破损1 789坛，港方应赔偿经济损失。C港埠公司认为，货主B发运的榨菜包装质量不符合国家标准，因而造成榨菜坛破损，港口卸货作业操作工艺得当，港埠公司拒绝赔偿损失。A轮船公司认为，货主B的榨菜包装不良，其损失应由其自行承担。

问题：

(1)货物在港口交接过程中货损责任一般如何划分？

(2)你认为本案货主的榨菜损失应由谁承担？

参考答案

【复习与思考】

一、名词解释

理货　公证性理货　交接性理货　点垛理货法　划数理货法　小票理货法　舱口装货计划表　工残　理货委托书　货物溢短单　货物分舱单　理货证明书

二、简答题

1. 简述货物在港口交接的方式与内容。
2. 简述货物在港口交接中货损、货差的责任划分。
3. 简述理货的业务内容。
4. 简述理货的主要方法。
5. 简述港口库场理货的主要业务内容。
6. 简述外轮理货业务的装船理货程序。
7. 简述外轮理货业务的卸船理货程序。
8. 哪些情况下需要进行隔票?
9. 简述理残的基本要求。
10. 对溢短货物如何处理?
11. 分别简述进、出口集装箱理箱操作。
12. 简述理货单证的作用。
13. 简述理货单证的制单要求。

项目八　港口集装箱运输服务

项目要求

1. 掌握集装箱及集装箱运输的基础知识。
2. 掌握集装箱货运的进出口业务。
3. 了解集装箱码头并掌握集装箱码头的进出口业务。
4. 了解集装箱货运站并熟悉集装箱货运站业务。
5. 了解集装箱码头检查桥并掌握集装箱码头检查桥业务。
6. 了解集装箱箱务管理业务。

项目情景

上海A集装箱码头有限公司,是由上海国际港务(集团)股份有限公司投资经营的专业化的国际集装箱码头公司,具备完善的集装箱疏运网络和丰富的集装箱码头运营经验,可提供全面的物流仓储、装卸、配送服务。

上海A集装箱码头有限公司经营的集装箱码头前沿宽度65米,码头拥有深水泊位,5个集装箱堆场,4个集装箱货运站,1个集装箱检查桥和1个集装箱控制室,并实现了码头作业的机械化,码头生产管理的信息化。上海A集装箱码头有限公司制定了各作业流程,其装船流程如图8－1所示。

任务1:集装箱运输的关系人有哪些?

任务2:简述集装箱码头的构成及特点,其在港口物流中发挥什么作用?

任务3:除装船外,集装箱码头在出口货运中还有哪些业务?

任务4:集装箱码头的进口业务有哪些?

任务5:简述集装箱货运站的进出口货运流程。

任务6:何谓集装箱检查桥?其基本职责是什么?

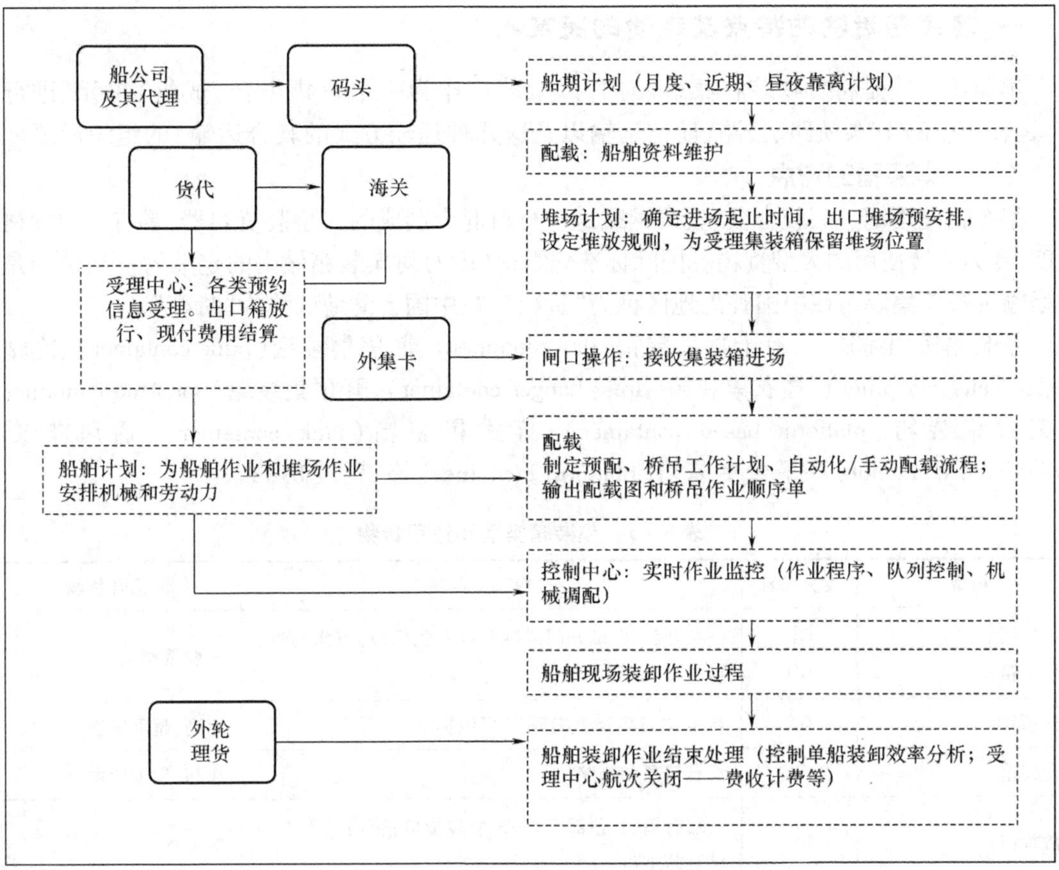

图 8－1　上海 A 集装箱码头有限公司装船流程

知识模块

单元一　集装箱运输与集装箱码头概述

随着集装箱化货物运输的兴起与发展,集装箱货物运输已日益成为物流行业的一个举足轻重的运输方式。集装箱货物的集散,可由集装箱码头物流中心完成。货物由物流中心汇集起来,按发货人的要求,通过集装箱配送专车把集装箱送到集装箱码头或集装箱货运站,再通过各种集装箱运输方式把货物送到收货人所在地的物流中心或直接送到收货人处。集装箱运输最大的成功在于其产品的标准化以及由此建立的一整套运输体系,并且以此为基础逐步实现全球范围内的船舶、港口、航线、公路、中转站、桥梁、隧道和多式联运相配套的物流系统。

当然,在集装箱运输的港站以及与货代、船代、运输公司、银行、保险和监管等部门的业务活动中,围绕着集装箱的验收、提取、装卸、堆存、装箱、拆箱、收费和一关三检等,存在着错综复杂的作业环节,伴随着众多的单证处理要求。因此,集装箱运输物流系统十分复杂。

一、集装箱运输的特点及运输的关系人

集装箱运输是将货物装在集装箱内，以集装箱作为一个货物集合(成组)单元，进行装卸、运输(包括船舶、铁路、公路、航空运输以及这几种运输方式的联合运输)的组织形式。

(一)集装箱的特点

集装箱是用钢、铝、胶合板、玻璃钢或这些材料混合制成的大型装货容器，具有一定规格和强度，专为周转使用的大型货箱。国际标准化组织(ISO)对集装箱做出的定义为："集装箱是一种运输设备。"集装箱在中国香港地区称为"货箱"，在中国台湾地区称为"货柜"。

集装箱按用途划分，有干货集装箱(dry container)、散货集装箱(bulk container)、冷藏集装箱(reefer container)、挂衣集装箱(dress hanger container)、开顶集装箱(open top container)、台架式集装箱(platform based container)、罐式集装箱(tank container)、通风集装箱(ventilated container)和平台集装箱(platform container)等，见表 8－1。

表 8－1 集装箱类型及适用货物

箱型	英文简称	特　点	适合货物
干货箱 杂货箱	GP HQ	一端开门、两端开门或侧壁设有侧门，均有水密性，箱门可 270°开启	一般货物
开顶箱	OT	箱顶("硬顶"和"软顶")可以拆下	超高、超重货物
台架箱	FR	没有箱顶和侧壁	超高、超重货物
散货箱	BK	一端有箱门，顶部有 2～3 个装货口，箱门的下方还设有卸货口	散装货
平台箱	PF	无上部结构、只有底部结构	超宽、超长货物
通风箱	VH	侧壁或端壁上设有 4～6 个通风口	易腐
罐式箱	TK	由罐体和箱体框架两部分构成，顶部设有装货口(人孔)，罐底有排出阀	液体、气体
冷藏箱	RF	具有制冷或保温功能	冷藏货
服装集装箱	HT	内侧梁上装有许多横杆，每根横杆垂下若干绳扣	服装

按尺寸[①]分，目前国际标准集装箱的宽度均为 8 英尺(ft)；高度有 8 英尺、8 英尺 6 英寸、9 英尺 6 英寸和小于 8 英尺 4 种；长度有 40 英尺、30 英尺、20 英尺和 10 英尺 4 种(见表 8－2)。此外还有一些国家颁布的各自标准下所使用的集装箱。目前，在海上运输中，经常使用的是国际标准化组织 IAA 型和 ICC 型集装箱，即主要采用长度为 20 英尺(6.1 m)和 40 英尺(12.2 m)的两种集装箱。为使集装箱箱数计算统一化，把 20 英尺集装箱作为一个标准箱(1 TEU，twenty-feet equivalent units)，40 英尺集装箱作为两个标准箱，30 英尺的集装箱计为

① 集装箱外尺寸是确定集装箱能否在船舶、底盘车、货车和铁路车辆之间进行换装的主要参数；集装箱内尺寸决定集装箱内容积和箱内货物的最大尺寸。

1.5 个标准箱；10 英尺的集装箱计为 0.5 个标准箱，以利于统计集装箱的货物吞吐量、载运量和营运量等。

表 8－2　国际标准集装箱规格尺寸和总重量

箱型(英尺)	规格	长度(英尺)	宽度(英尺)	高度(英尺)	最大总重量(千克)
40	IAAA IAA IA IAX	40	8	9.5 8.5 8 <8	30 480
30	IBBB IBB IB IBX	30	8	9.5 8.5 8 <8	25 400
20	ICC IC ICX	20	8	8.5 8 <8	24 000
10	ID IDX	10	8	8 <8	10 160

集装箱具有坚固、密封和可以反复使用等优越性，这是任何运输包装都无法与之比拟的。集装箱放在船上等于是货舱，放在火车上等于是车皮，放在卡车上等于是货车，因此，无论在单一运输方式下，还是多式运输方式下均不必中途倒箱。集装箱的内部容量较大，而且易于装满和卸空，在装卸设备配套的情况下能迅速搬运。

（二）集装箱运输的特点

集装箱运输只有在装卸船专业集装箱码头运作高效、水路集装箱运输船队快速周转、陆路集装箱集疏运网络成熟、各类多功能集装箱中转站有机协调配合，口岸等监管部门提供大力支持与辅助条件下，才能有效实现多式联运，物流效率得以体现。

集装箱运输的特点主要是将件杂货集中成组装入箱内，采用大型装卸机械，发挥多式联运的系统化的长处，实现门到门的运输，使船主与货主双方受益。

(1)在全程运输中，可以将集装箱从一种运输工具上直接方便地换装到另一种运输工具上，而无须接触或移动箱内所装货物。

(2)货物在发货人的工厂或仓库装箱后，可经由海陆空不同运输方式一直运至收货人的工厂或仓库，实现“门到门”运输而中途无须开箱倒载和检验，减少了中间环节，简化了货运手续，加快了货运速度，缩短了货运时间，从而减少了商品在途时间。

(3)减少了营运费用，降低了运输成本。采用集装箱运输以后，集装箱船运量增大，可降低单位货物的船舶运费；装卸效率提高，可降低装卸费用和港口停泊费，加快了车船周转，单位货物运费降低；换装效能提高，整体降低货物联运装卸费用；货物运输安全性提高，运输中保险费用也相应下降，因而使集装箱整体运输成本降低。

(4)一般由一个承运人负责全程运输。

(三)集装箱运输的关系人

随着集装箱运输的逐步发展、成熟,与之相适应的、有别于传统运输方式的管理方法和工作机构也相应地发展起来,形成一套适应集装箱运输特点的运输体系。集装箱运输系统包括海运、陆运、空运、港口和货运站,以及与集装箱运输有关的海关、检验检疫、船舶代理公司和货运代理公司等众多机构。它们相互配合,在整个运输过程中发挥着各自不同的作用。除货主及其代理人外,集装箱运输的关系人还主要包括以下五类。

1. 经营集装箱货物运输的实际承运人

经营集装箱货物运输的实际承运人包括经营集装箱运输的船公司、联营公司、公路集装箱运输公司和航空集装箱运输公司等。

2. 无船承运人

在集装箱运输中,经营集装箱货运的揽货、装箱、拆箱、内陆运输及经营中转站或内陆站业务,但不掌握运载工具的专业机构,称为无船承运人。它在承运人与托运人之间起着桥梁的作用。

3. 集装箱租赁公司

集装箱租赁公司是随集装箱运输发展而兴起的一种新兴行业,它专门经营集装箱的出租业务。

4. 集装箱码头(堆场)经营人

集装箱码头(堆场)经营人是拥有码头和集装箱堆场经营权(或所有权),从事集装箱交接、装卸和保管等业务的服务机构。它受托运人或其代理人以及承运人或其代理人的委托提供各种集装箱运输服务。

5. 集装箱货运站

集装箱货运站是在内陆交通比较便利的大中城市设立的提供集装箱交接、中转或其他运输服务的专门场所。一般可分为集装箱内陆货运站及港口货运站。

二、集装箱码头

根据集装箱码头的业务承接情况,码头所处的地理位置以及码头在干支航线中的地位、码头参与国际贸易中的情况等标准,可以将集装箱码头分为专业集装箱码头、干线港码头、支线港码头等。集装箱码头最好处于水路运输枢纽地区;港口能够促进区港联动、恰好处于多式联运的发展关键节点;形成具有整合生产要素的功能。

在传统的集装箱运输链中,集装箱码头只是供集装箱船舶停靠和装卸作业的场所,在现代港口物流链中,集装箱码头是海运与陆运的连接点,是海陆多式联运的枢纽站,是换装转运的中心,是物流链中的重要环节和港口物流的重要节点。因此,集装箱码头在整个集装箱运输过程中占有重要地位。

(一)集装箱码头的特点

集装箱码头是以高度机械化和大规模生产方式作业的,要求有很高的生产作业效率,因此,集装箱码头的布局与传统的件杂货码头有着根本的不同。具有供集装箱船舶安全进出港的水域和方便装卸的泊位,具有一定数量、技术性能良好的集装箱专用机械设备,具有宽敞的堆场和必要堆场设施,具有必要的装拆箱设备和能力,具有完善的计算机生产管理系统，具有通畅的集疏运条件，具有现代化集装箱运输专业人才是集装箱码头的基本要求。当前，集装箱码头表现出以下特点。

1. 码头作业的机械化、高效化

现代集装箱码头无论是岸边装卸，还是水平搬运和堆场堆垛等作业均已全部实现机械化，采用大型先进的集装箱专用机械设备进行快速、高效和连续作业。一艘 3 000 ~ 4 000 TEU 的集装箱船，可以当天到港、当天离港。目前，国际先进的集装箱码头装卸桥的作业效率已达 60 TEU/h 左右，随着装卸机械和装卸工艺的不断改进，集装箱码头的装卸效率仍可进一步提高。

2. 码头生产管理的计算机化、信息化

随着计算机技术和通信技术的快速发展，集装箱码头在生产作业管理中大多已实现计算机管理。采用先进的计算机生产管理系统，对集装箱码头各项生产作业进行有效的组织、计划、指挥和控制，提高了作业效率，避免了复杂和重复的人工作业。与此同时，借助互联网，电子数据交换技术也被广泛应用于集装箱码头，即在集装箱码头的计算机生产管理系统中，通过电子数据交换技术与货主、货代、船公司、船代、外舱代理以及一关三检等口岸管理机构，实现快速而高效的信息沟通和信息交换，一些重要的运输单证，如舱单、船图和装箱单等已实现无纸化。码头生产管理的另一个趋势是智能化和自动化，国外一些先进的集装箱码头，如鹿特丹、新加坡等，已实现了堆场作业和检查口作业的自动化。

3. 码头设施的大型化、深水化

随着集装箱船舶的大型化，集装箱码头，尤其是大型集装箱码头纷纷改建、扩建和新建泊位，以接纳更大的集装箱船舶靠泊和装卸。目前，世界各集装箱大港均拥有或在建超过 -14 m 的深水泊位，例如，香港港、新加坡港、高雄港、釜山港、鹿特丹港、洛杉矶港和长滩港等港口，均能接纳5 000 TEU 以上的集装箱船舶，有的还计划建造超过 -20 m 的超级深水码头，以迎接 10 000 TEU以上集装箱船舶的出现。

（二）集装箱码头的构成

集装箱码头是以高度机械化和大规模生产方式作业的，要求码头与船舶连接成一个有机整体，从而实现高效、有条不紊地连续作业。集装箱码头通常由泊位、码头前沿、堆场、控制室、检查桥、集装箱货运站和维修车间等设施构成。

1. 集装箱泊位

集装箱泊位（birth）是供集装箱船舶停靠和作业的场所。泊位除有足够的水深和岸线长度外，还设系缆桩和碰垫，由于集装箱船型较大、甲板箱较多和横向受风面积大，因此，系缆桩要求有更高的强度，碰垫也多用性能良好的橡胶制成。

集装箱泊位的建造因地质和水深的不同，通常有三种形式：顺岸式、突堤式和栈桥式。集装箱码头通常采用顺岸式，其优点是建造成本相对较低，从岸线到堆场距离较近，装卸船作业也较方便，同时对多个泊位的码头来说，还可以因装卸量的不同而便于装卸桥在泊位间移动。

2. 集装箱码头前沿

集装箱码头前沿（frontier）是指泊位岸线至堆场的这部分区域，集装箱码头前沿宽度一般为 30 ~ 60 m，主要用于布置集装箱装卸桥和集装箱牵引车通道。码头前沿的宽度通常由三个部分组成。

(1)从岸线至第一条轨道。这部分区域主要供船舶系解缆作业、放置舷梯以及设置装卸桥供电系统、船舶供水系统和照明系统之用,其宽度一般为2~3 m。

(2)装卸桥轨距。这部分区域主要用于安装集装箱装卸桥和布置集装箱牵引车的车道。轨距视装卸桥的大小而定,一般为15~30 m。轨距内的车道宽度视装卸工艺而定,底盘车工艺和龙门吊工艺每车道宽3.5 m(2.5 m车宽+1 m余量)。由于装卸桥在结构上有一部分空出在轨距之间,因此16 m轨距可布置3条车道,30 m轨距可布置7条车道。

(3)第二条轨道至堆场的距离。这部分区域是供装卸时辅助作业和车辆进入堆场转90°弯时用,其宽度一般为10~25 m。

3. 集装箱堆场

集装箱堆场(container yard,CY)是集装箱码头堆放集装箱的场地,为提高码头作业效率,堆场又可分为前方堆场和后方堆场两个部分。

前方堆场位于码头前沿与后方堆场之间,主要用于出口集装箱或进口集装箱的临时堆放,以加快船舶装卸的作业效率。从一个泊位看,其面积应能够堆放该泊位停靠最大船舶载箱量的两倍。

后方堆场紧靠前方堆场,是码头堆放集装箱的主要区域,用于堆放和保管各种重箱①和空箱。按箱务管理和堆场作业要求,后方堆场通常还进一步分为重箱箱区、空箱箱区、冷藏箱箱区、特种箱箱区以及危险品箱箱区等。集装箱码头因陆域面积的大小不同,有的把堆场明确地划分为前方和后方,有的只对前后作大致的划分,并无明确的分界线。

集装箱堆场的主要作用,是为航运公司提供货柜托运、空箱调运、场内装拆、堆存修理等现场箱管与储运业务。在集装箱运输要求快捷化、节约化、简单化及标准化的形势下,集装箱堆场要向着自动化、无人化、快捷化的方向发展。

4. 集装箱控制室

集装箱控制室(control tower)又称控制中心、中心控制室、控制塔和指挥(塔)室,是集装箱码头各项生产作业的中枢机构,是集装箱码头集组织指挥、监督、协调和控制于一体的重要业务部门。

现代集装箱码头多用计算机生产作业系统进行管理,控制室的计算机与各部门、各作业现场以及各装卸搬运机械的计算机终端通过有线或无线连接,成为码头各项作业信息的汇集和处理中心。对于尚未实现计算机实时控制的集装箱码头,控制室可设在码头建筑的最高层,以便控制室工作人员环视和监控整个码头的作业状况。

5. 集装箱检查桥

集装箱检查桥(gate house)又称集装箱检查口,俗称大门口或闸口,是公路集装箱进出码头的必经之处,也是划分交接双方对集装箱责任的分界点,同时检查口还是处理集装箱进出口有关业务的重要部门,如箱体检验与交接、单证的审核与签发签收、进箱和提箱的堆场位置确定、进出码头集装箱的信息记录等。检查口设在码头的后方靠大门处,按业务需要可分为进场检查口和出场检查口,其集装箱牵引车车道数视集装箱码头的规模而定。

---

① 重箱是集装箱进出口业务的一种专业术语,是指已装货物的集装箱,与空箱意义相对。

6. 集装箱货运站

集装箱货运站(container freight station,CFS)的主要工作是装箱和拆箱。作为集装箱码头的辅助功能,集装箱货运站通常设于码头的后方,其侧面靠近码头外接公路或铁路的区域,以方便货主的散件接运,同时对整个码头的主要作业也不会造成影响。

7. 集装箱维修车间

维修车间(maintenance shop)是集装箱码头对集装箱专用机械设备以及集装箱进行检修和保养的部门。由于集装箱码头的特点,需要使集装箱专用机械设备持续保持良好的状态,以保证集装箱码头作业效率的充分发挥。

(三)集装箱码头物流系统

集装箱码头物流系统由数个相互关联的物流系统组成,系统构成如图 8－2所示。

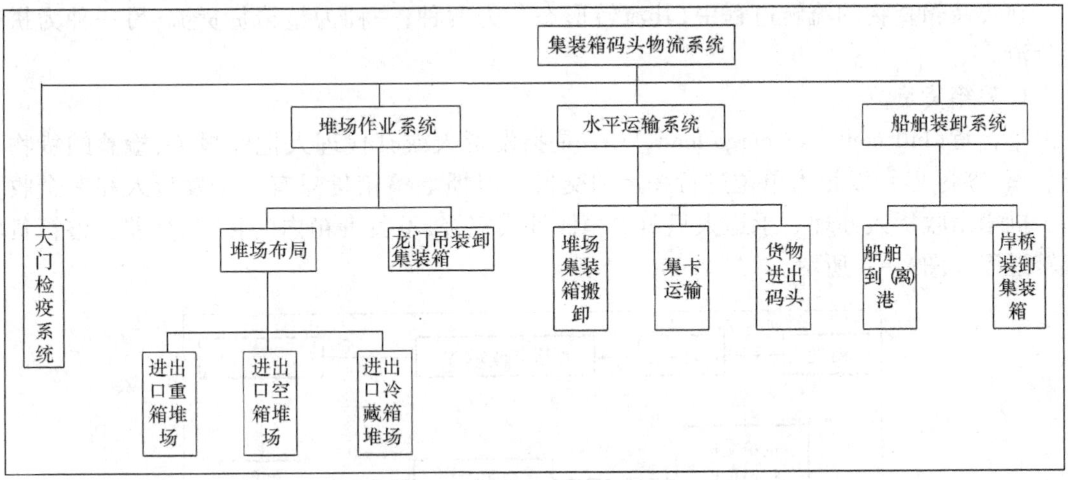

图 8－2　集装箱码头物流系统

集装箱码头物流系统总体上来看可分为大门检疫系统、堆场作业系统、水平运输系统和船舶装卸系统。这四个子系统相互关联,构成了集装箱港口码头物流系统,共同为完成系统的总功能而服务。系统主要完成检疫、货物进港、集装箱分类、堆场作业运作、集装箱集卡外运、装船离港或进港卸货等功能。

集装箱码头物流涉及的作业流程主要有:大门检疫至堆场作业流程、堆场作业流程、堆场至前沿码头作业流程、码头装卸船作业流程。

三、集装箱运输的货流

随着货物集装箱化运输方式的兴起和迅猛发展,集装箱货流在整个现代物流中的比重明显提高。集装箱货流是物流链中一个非常重要的组成环节。集装箱化运输,使得原有货流按照集装箱装载与运输的要求重新进行分解与整合,打破了传统货物运输的经营和组织模式,提高了货流的效率、质量和速度,适应了现代物流发展的需要。

采用集装箱运输货物时,一般先将分散的小批量货物预先在内陆集散点集中,组成大批量货物以后,通过内陆运输(铁路或公路运输)将其运到装船港,用船将集装箱运到卸船港后,再通过内陆运输将集装箱运到最终目的地(见图 8－3)。

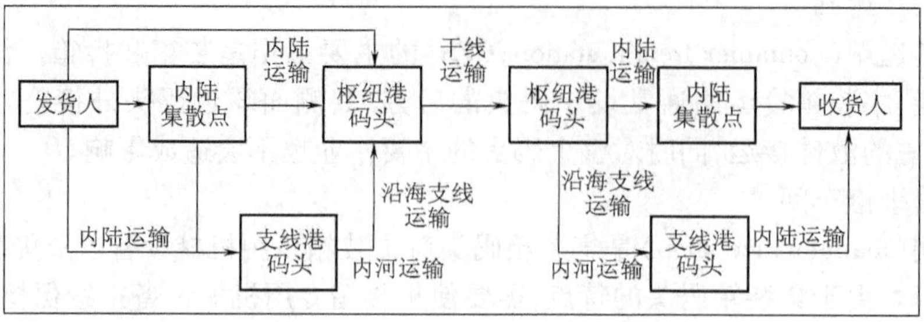

图 8-3　集装箱货物流转过程

（一）集装箱货流

在集装箱货物的流转过程中，其流转形态分为两种：一种为整箱货货流；另一种为拼箱货货流。

1. 整箱货货流

整箱货(full container cargo load，FCL)是指发货人或其代理人把经报关、检验的货物自行装箱、签封①后，以箱为单位进行托运和交付。习惯上整箱货只有一个发货人和一个收货人。拆箱由收货人办理。承运人只负责箱体外表完好，不负责箱内的货损、货差。整箱货的流转过程如图 8-4 所示。

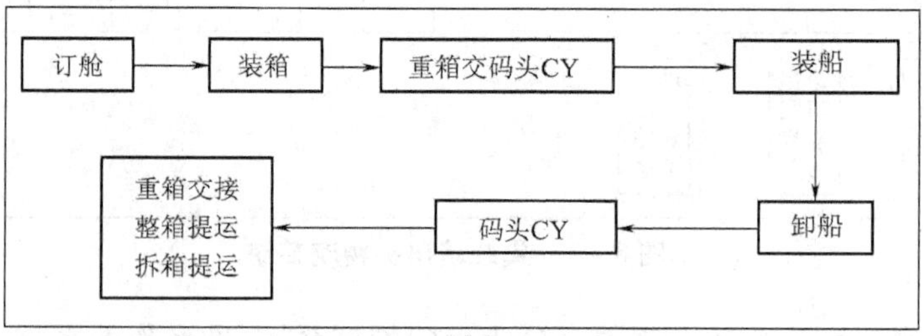

图 8-4　整箱货的流转过程

2. 拼箱货货流

拼箱货(less than container cargo load，LCL，或 consolidated cargo)是指承运人或货运代理人接受货主托运的数量不足整箱的小票货运时，根据货类性质和目的地进行分类整理，把去同一目的地的货物集中到一定数量，拼装入箱。由于一个箱内不同货主的货物拼装在一起，所以叫拼箱。这种情况在货主托运的货物数量不足装满整箱时采用。习惯上拼箱货涉及多个发货人或多个收货人。拼箱货的分类、整理、集中、装箱(拆箱)和交货等工作均在承运人码头集装箱货运站或内陆集装箱转运站进行。拼箱货的流转过程如图 8-5 所示。

（二）集装箱货物的交接方式

集装箱货物的交接有多种方式：以传统的方式在船边进行交接；以整箱货的方式在集装箱堆场进行交接；以拼箱货的方式在集装箱货运站进行交接；也可以在多式联运方式下在货主的仓库或工厂进行交接。在海上集装箱班轮运输实践中，班轮公司通常承运整箱货，并在

① 在整箱货物运输中，交货时只要货箱铅封完好无损，承运人即完成运输义务，对箱内货物不承担责任。

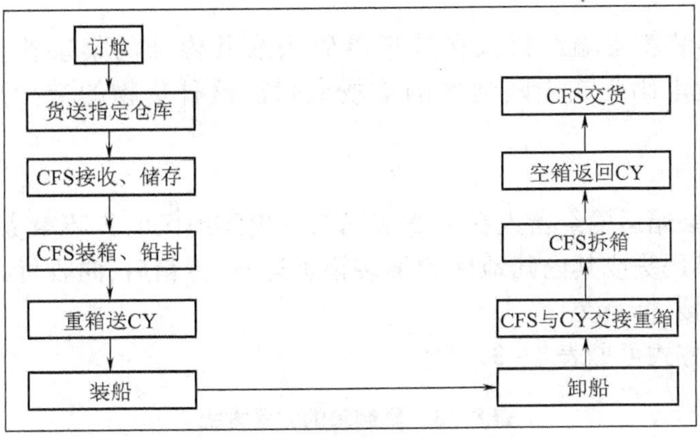

图 8－5　拼箱货的流转过程

集装箱堆场交接；集拼经营人则承运拼箱货，并在集装箱货运站与货方交接货物。在实际业务中，集装箱货物的交接方式通常有以下几种。

1. 门到门

门到门是指集装箱运输经营人从发货人工厂或仓库接收货物，负责运至收货人工厂或仓库交付。货物的交接形态都是整箱接、整箱交。

2. 门到场

门到场是指集装箱运输经营人从发货人工厂或仓库接收货物，并负责运至卸货港码头堆场或其内陆堆场，向收货人交付。这种货物的交接形态也都是整箱接、整箱交。

3. 门到站

门到站是指集装箱运输经营人在发货人工厂或仓库接收货物，并负责运至卸货港码头的集装箱货运站或其在内陆地区的货运站，经拆箱后向各收货人交付。这种货物的交接形态是整箱接、拆箱交。

4. 场到门

场到门是指集装箱运输经营人在码头堆场或其内陆堆场接收发货人的货物（整箱货），并负责把货物运至收货人的工厂或仓库向收货人交付。这种货物的交接形态是拼箱接、整箱交。

5. 场到场

场到场是指集装箱运输经营人在装货港的码头堆场或其内陆堆场接受货物（整箱货），并负责运至卸货港码头堆场或其内陆堆场，在堆场向收货人交付（整箱货）。这种货物的交接形态是整箱接、整箱交。

6. 场到站

场到站是指集装箱运输经营人在装货港的码头堆场或其内陆堆场接受货物，并负责运至卸货港码头集装箱货运站或其在内陆地区的集装箱货运站，经拆箱后向收货人交付。这种货物的交接形态是整箱接、拆箱交。

7. 站到门

站到门是指集装箱运输经营人在装货港码头的集装箱货运站及其内陆的集装箱货运站接受货物，拼箱后，运至收货人的工厂或仓库交付。这种货物的交接形态是拼箱接、整箱交。

8. 站到场

站到场是指集装箱运输经营人在装货港码头或其内陆的集装箱货运站接受货物，经拼箱后运至卸货港码头或内陆地区的堆场交付。这种货物的交接形态是拼箱接、整箱交。

9. 站到站

站到站是指集装箱运输经营人在装货港码头或内陆地区的集装箱货运站接受货物，经拼箱后，运至卸货港码头或其内陆地区的集装箱货运站，拆箱后，向收货人交付。这种货物的交接形态是拼箱接、拆箱交。

集装箱的交货方式可见表8－3。

表8－3 集装箱的交货方式

交货地点	交接方式
门到门(door to door) 场到场(CY to CY) 门到场(door to CY) 场到门(CY to door)	整箱货与整箱货的交接(FCL－FCL)
站到门(CFS to door) 站到场(CFS to CY)	拼箱货与整箱货的交接(LCL－FCL)
门到站(door to CFS) 场到站(CY to CFS)	整箱货与拼箱货的交接(FCL－LCL)
站到站(CFS to CFS)	拼箱货与拼箱货的交接(LCL－LCL)

单元二 集装箱出口货运与码头业务

本节分别阐述集装箱出口货运业务、码头业务以及出口货运的主要单证。

一、集装箱出口货运业务

我们分出口货物集装箱运输业务和货运单证两部分来阐述集装箱出口货物运输。

（一）集装箱出口货物运输流程

集装箱出口货物运输流程如图8－6所示。

从国际物流企业或货运代理的角度看，集装箱出口货物运输的流程可简化为如下步骤：揽货接单、签订代理协议→接受委托、索取出口单证→订舱配载→提取空箱→货物报检、报关、保险→整/拼箱操作→制作提单→集港交货→港口装船→换取提单→装船通知→费用结算→单证整卷归档。从操作内容看，涉及货物与单证等；从关联部门看，涉及客户、船公司、集装箱码头、检验检疫部门和海关等。下面对一些主要环节进行阐述。

1. 订舱配载

订舱配载的程序是货运代理根据发货人的贸易合同（信用证条款或委托书）的规定，在

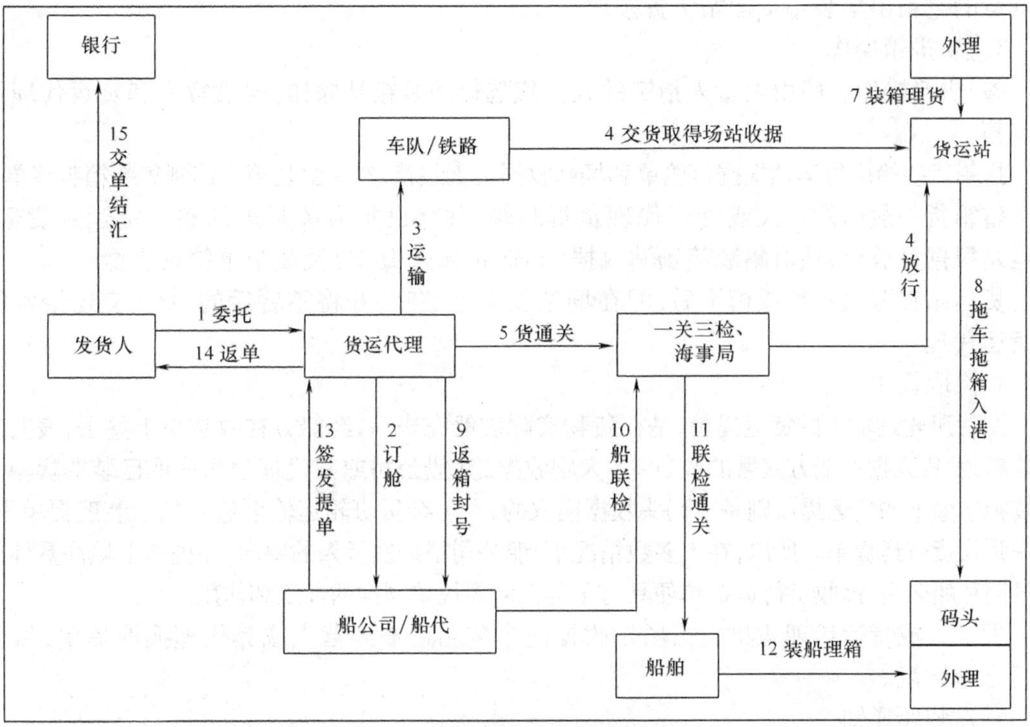

图 8－6　集装箱出口货物运输流程

货物托运前的一定时间内填好集装箱货物托运单①，注明要求配载的船只、航次等，向船公司或其代理人在截单期②前申请订舱。船公司或其代理人审核货名、重量、尺码和卸货港等后可予接受，即在托运单上填写船名、航次和提单号，抽留其需要各联并在集装箱装货单上盖好签单章，连同其余各联退回货运代理人作为对该批货物订舱的确认。

船公司或其代理公司根据自己的运力、航线等具体情况考虑货运代理的要求，决定接受与否，若接受申请就着手编制订舱单，然后分送集装箱堆场（CY）和集装箱货运站（CFS），据以安排空箱及办理货运交接。

货运代理还应向船公司或船代递交装货单。集装箱准备妥当之后要进行配载，制定积载方案，编制出配载单或装箱明细单。配载时应充分利用集装箱的载重量和容积。

货运代理在取得船公司的配舱回单后，分船归类立卡，做好每批货物的记录，这种记录称为船卡（shipping list by vessel）。船卡是货运代理人在某一条船上的全部货物清单，可据以检查通关情况、装箱情况、集港情况和信用证有效期内提单是否签发等。因此，它对货运代理人掌握工作进度、实现跟踪检查和加强有效管理极为有用。

2. 提取空箱

通常整箱货货运的空箱由货运代理到集装箱码头堆场领取，有的货主有自备箱。拼箱

① 集装箱货物托运单的填制与杂货班轮货物托运单基本相同，但除应填写与杂货班轮托运单相似的栏目内容外，还应标明托运货物的交接方式，如 CY－CY、CFS－CFS 等以及集装箱货物的种类，如普通、冷藏和液体等。

② 截单期即该船接受订舱的最后日期，超过截单期如舱位尚有多余或船期因故延误，船公司同意再次接受订舱，称为“加载”。截单期一般在预定装船日期前几天，以便进行报关、报检、装箱、集港和制单等项工作。

货货运的空箱由集装箱货运站负责领取。

3. 整/拼箱操作

整/拼箱操作一般由发货人指定的或货代选择的装箱站操作，但发货人和货运代理可监督装箱。

拼箱货装箱由货运站根据订舱单和场站收据负责装箱，然后由装箱人编制集装箱装箱单。

整箱货一般由发货人或货运代理负责装箱，并将已加海关封志的整箱货运到货运站。货运站根据订舱单，核对集装箱场站收据（dock receipt，D/R）及装箱单验收货物。

货运站在验收货物或箱子后，即在场站收据上签字，并将签署后的 D/R 交还给发货人或货运代理。

4. 换取提单

杂货班轮运输下的货运提单，是在货物实际装船完毕后，经船方在收货单上签署，表明货物已装船，发货人据经船方签署的收货单（大副收据）交船公司或其代理公司换取已装船提单。而集装箱运输下的货运提单则是以码头收据换取的，它与杂货班轮运输下签发的已装船提单不同，是一张收货待运提单。所以，在大多数情况下，船公司根据发货人的要求，在提单上填注具体的装船日期和船名后，该收货待运提单便具有了与已装船提单同样的性质和作用。

发货人或货运代理凭集装箱场站收据向集装箱运输经营人或其代理换取提单，然后到银行办理结汇。

5. 发装船通知

集装箱装卸区根据装货情况，制订装船计划，并将出运的箱子调整到集装箱码头前方堆场，待船靠岸后，即可装船出运。货运代理要对大宗货箱掌握装船进度，船开后代出口人向国外卸港代理发送装船通知。

（二）出口货物集装箱运输的主要单证

中国港口集装箱码头出口单证流转流程如图 8－7 所示[①]。

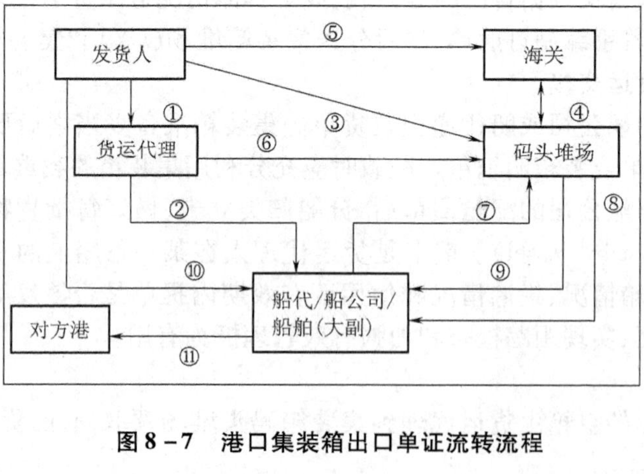

图 8－7　港口集装箱出口单证流转流程

图 8－7 中各流程涉及的具体单证如下：

① 梁海澄. 港口集装箱运输主要单证及其流转流程[J]. 中国水运（理论版），2006(5).

①货物委托书、委托报关书；②订舱单；③设备交接单、装箱单；④堆存信息/查验、监管信息；⑤装货单（D/R 第五联）、商业发票、出口许可证和商品说明书等；⑥装货单、大副收据、场站收据（D/R）；⑦预配清单、预配船图、危险品清单、温控箱清单和危险品货物积载申报单等；⑧配载图、装船顺序单；⑨外轮理货计数单、实际积载图；⑩场站收据；⑪实际积载图、舱单、危险品清单、温控箱清单和残损箱清单等。

在集装箱货物进出口业务中，除采用了与传统的散杂货运输中相同的商务单证（如商业发票、报关单、检验检疫证书、磅码单、装箱单、货物托运单、装货单和提单等各种单证）以外，在运输单证中根据集装箱运输的特点，还采用了空箱提交单、设备交接单、集装箱装箱单、场站收据、提货通知书、到货通知书、交货记录、卸货报告和待提集装箱报告等。

下面主要介绍出口货物集装箱运输中的场站收据联单、集装箱装箱单。

1. 场站收据联单

与传统件杂货班轮运输所使用的托运单证相比，场站收据联单是一份综合性的单证。为了提高集装箱货物托运的效率，场站收据联单把货物托运单（订舱单）、装货单（关单）、大副收据、理货单、配舱回单和运费通知等单证汇成了一份。

场站收据联单是由承运人发出的证明已收到托运货物并开始对货物负责的凭证。场站收据一般是在托运人口头或书面订舱，与船公司或船代达成了货物运输的协议，船代确认订舱后，由船代交托运人或货代填制，在码头堆场、集装箱货运站或内陆货站收到整箱货或拼箱货后签发生效，托运人或其货运代理人可凭场站收据，向船代换取已装船或代装船提单。

货运代理去船公司订舱用的就是场站收据联单（十联单）（见表 8 -4）。

表 8 -4　场站收据的用途构成

序号	名　称	颜色	用　途
1	集装箱货物托运单——货方留底	白色	托运人留存备查
2	集装箱货物托运单——船代留底	白色	编制装船清单、积载图、预制提单
3	运费通知(1)	白色	计算运费
4	运费通知(2)	白色	运费收取通知
5	装货单—场站收据副本(1)	白色	报关并作为装货指示
	缴纳出口货物港杂费申请书	白色	港方计算港杂费
6	场站收据副本(2)—大副联	粉红色	报关，船方留存备查
7	场站收据	淡黄色	报关，船代凭此签发提单
8	货代留底	白色	缮制货物流向单
9	配舱回单(1)	白色	货代缮制提单等
10	配舱回单(2)	白色	根据回单批注修改提单

十联单样本举例如表 8 -5 所示。

表 8－5　集装箱货物托运单(十联单第一联)

SHIPPER(发货人)		D/R No.(编号)				
CONSIGNEE(收货人)						
NOTIFY PARTY(通知人)						
PRE－CARRIAGE BY(前程运输) PLACE OF RECEIPT(收货地点)						
OCEAN VESSEL VOY. No.(船名及航次) PORT OF LOADING(装货港)						
PORT OF DISCHARGE(卸货港) PLACE OF DELIVERY(交货地点)			FINAL DESTINATION FOR THE MERCHANT'S REFERENCE(目的地)			
CONTAINER No.(集装箱箱号)	SEAL No.(铅封号)	No. OF CONTAINERS OR PKGS(箱数或件数)	KIND OF PACKAGES: DESCRIPTION OF GOODS(包装及货名)	GROSS WEIGHT(毛重,公斤)	MEASUREMENT(尺码,立方米)	
TOTAL NUMBER OF CONTAINERS OR PACKAGES (IN WORDS)(集装箱或件数合计,大写)			SAY ________ ONLY			
FREIGHT & CHARGES(运费与附加费)	REVENUE TONS(运费吨)	RATE(费率)	PRE	PREPAID(预付)	COLLECT(到付)	
EX. RATE(兑换率)	PREPAID AT(预付地点)	PAYABLE AT(到付地点)	PLACE OF ISSUE(签发地点)			
	TOTAL PREPAID(预付总额)	No. OF ORIGINAL B/L THREE(正本提单份数)				
SERVICE TYPE ON RECEIVE(接货形式)	SERVICE TYPE ON DELIVERY(交货形式)	REEFER TEMPERATURE REQUIRED(冷藏温度)	°F	℃		
TYPE OF GOODS(种类)	ORDINARY, REEFER, DANGEROUS, AUTO	危险品	CLASS: PROPERTY: IMDG CODE PAGE: UN No.			
	LIQUID, LIVE ANIMAL, BULK					
可否转船	可否分批					
装期	效期					
金额:						
制单日期:						

场站收据十联单的流转程序如下:

(1)托运人填制集装箱货物托运单,即场站收据一式十联,委托货运代理代办托运手续①。

① 实际业务中往往是货运代理代托运人填写。

(2)货运代理接单后审核托运单,若能接受委托,将货主留底联(第一联)退还托运人备查。

(3)货运代理持剩余的九联单到船公司或船公司的代理人处办理托运订舱手续。

(4)船公司或其代理接单后审核托运单,同意接收托运,在第五联,即装货单上盖签单章,确认订舱承运货物,并加填船名、航次和提单号,留下第二至第四联共三联后,将余下的第五至第十联共六联退还给货运代理。

(5)货运代理留存第八联作货代留底,缮制货物流向单待今后查询;将第九、第十联退托运人作配舱回执。

(6)货运代理根据船公司或其代理人退回的各联缮制提单和其他货运单证。

(7)货运代理持第五至第七联共三联,即装货单、大副联和场站收据正本,随同出口货物报关单和其他有关货物出口单证至海关办理货物出口报关手续。

(8)海关审核有关报关单证后,同意出口,在场站收据副本(1),即装货单上加盖放行章,并将各联退还货运代理。

(9)货运代理将此三联送交集装箱堆场或集装箱货运站,据此验收集装箱或货物。

(10)若集装箱在港口堆场装箱,集装箱装箱后,集装箱堆场留下装货单;若集装箱在货运站装箱,集装箱入港后,港口集装箱堆场留下装货单和大副收据联,并签发场站收据给托运人或货运代理。

(11)集装箱装船后,港口场站留下装货单用于结算费用及以后查询,大副联由理货部门送大副留存。

(12)发货人或其货运代理持场站签收的正本场站收据到船公司或其代理处,办理换取提单手续,船公司或其代理收回场站收据,签发提单。在集装箱装船前可换取船舶代理签发的待装提单,或在装船后换取船公司或船舶代理签发的装船提单。

2. 集装箱装箱单

集装箱装箱单(container load plan,CLP)是记载集装箱内所有装载货物的名称、重量、尺码和数量等内容的单证,它是装箱人根据实际装入箱内的货物制作的。

(1)传统的集装箱装箱单。集装箱货物装箱单(样本见表 8 - 6)每一个集装箱一份,一式五联,其中,码头、船代、承运人、发货人和装箱人各一联。

集装箱装箱单在集装箱货运站装箱时由装箱的货运站缮制;发货人装箱时,由发货人或其货运代理的装箱货运站缮制。集装箱装箱单填制准确与否直接关系到出口货物进港、装船、运输的安全及效率。集装箱装箱单是发票的补充单据,它列明了信用证(或合同)中买卖双方约定的有关包装事宜的细节,在信用证有明确要求时,就必须严格按信用证约定制作。集装箱装箱单记载内容必须与场站数据保持一致;所装货物如品种不同必须按箱子前部到箱门的先后顺序填写。

集装箱装箱单是记载出口货物信息的重要单证之一,其作用主要表现在以下七个方面:

①船公司了解集装箱内所装货物的明细表。

②计算船舶吃水和稳定性的基本数据来源。

③集装箱装、卸两港编制装、卸船计划的依据。

④发货人、集装箱货运站与集装箱堆场之间货物交接的依据。

⑤便于国外买方在货物到达目的港时供海关检查和核对货物。

⑥办理保税内陆运输,以及办理货物从码头堆场运出手续,并作为集装箱货运站办理掏

表 8－6　集装箱货物装箱单

装　　箱　　单

CONTAINER LOAD PLAN

		集装箱号 Container No.		集装箱规格 Type of Container：20　40
		铅封号 Seal No.		冷藏温度　℉　℃ Reefer. Temp. Required
船名 Ocean Vessel 航次 Voy. No.	收货地点 Place of Receipt □-场 CY　□-站 CFS　□-门 Door	装货港 Port of Loading	卸货港 Port of Dischar-ging	交货地点 Place of Delivery □-场 CY　□-站 CFS　□-门 Door

箱主 Owner	提单号码 B/L No.	1. 发货人 Shipper 2. 收货人 Consignee 3. 通知人 Notify Party	标志和号码 Marks & Numbers	件数及包装种类 No. & Kind of Pkgs.	货名 Description of Goods	重量(千克) Weight (kg.)	尺码(立方米) Measurement (Cu. M.)
		底 Front 门 Door			总件数 Total Number of Packages 重量及尺码总计 Total Weight & Measurement		
危险品要注明危险品标志分类及闪点 In case of dangerous goods, please enter the label classification and flash point of the goods	重新铅封号 New Seal No.	开封原因 Reason for Breaking Seal		装箱日期 Date of Vanning： 装箱地点 at： (地点及国名 Place & Country)			皮重 Tare Weight
	出口 Export	驾驶员签收 Received by Drayman	堆场签收 Received by CY	装箱人 Packed by： 发货人　货运站(Shipper/CFS)…… (签署)Signed			总毛重 Gross Weight
	进口 Import	驾驶员签收 Received by Drayman	货运站签收 Received by CFS			发货人或货运站留存 I. SHIPPER/CFS 一式十份 此栏每份不同	

箱、分类和交货的依据。

⑦处理货损、货差索赔时的重要单据之一。

(2)电子装箱单系统。电子装箱单是出口集装箱进港前,由货运代理、仓库、运输公司将装箱数据先行预录并送给码头的电子单证,该电子单证便于码头及时了解进港集装箱的装箱信息,提高码头进箱效率。同时,在集装箱进港后,码头根据用户提供的电子装箱单数据生成运抵报告发送给海关,作为用户报关的依据之一。电子装箱单系统满足了码头、海关、用户的需求,并备有手机客户端应用,解决了集装箱深夜进港无人预录的业务难题。

3. 集装箱装箱单的流转

发货人或货运站将货物装箱,缮制装箱单一式五联后,连同装箱货物一起送至集装箱堆场。集装箱堆场的业务人员在五联单上签收后,留下码头联、船代联和承运人联,将发货人、装箱人联退还给送交集装箱的发货人或集装箱货运站。发货人或集装箱货运站联除自留一份备查外,将另一份寄交给收货人或卸箱港的集装箱货运站,供拆箱时使用。

对于集装箱堆场留下的三联装箱单,除集装箱堆场自留码头联,据此编制装船计划外,还须将船代联及承运人联分送船舶代理人和船公司,供其据此缮制积载计划和处理货运事故。

二、集装箱码头的出口业务

集装箱出口业务中码头的相关业务主要为:出口准备工作→发放空箱→重箱进场→编制配载图、装船顺序单→装船和理箱→装船结束后的工作。

(一)出口准备工作

为使集装箱码头出口业务有条不紊地进行,集装箱码头在货物出口前要做大量细致的准备工作,主要有出口货运资料预到和编制出口作业计划两大部分。

1. 出口货运资料预到

通常集装箱码头在实施装船作业以前,要求船公司或船代提供集装箱出口资料。

(1)制订出口用箱计划。出口用箱计划是船公司或船代根据订舱资料和集装箱空箱用箱申请制订的一份空箱发放计划,主要供集装箱码头或港外集装箱堆场编制空箱发放清单,合理调整空箱的堆场位置,以做好备箱和发放工作。

(2)船期预报和确报。在远洋运输中,船期预报通常为船舶到港前96小时,由于海运的一些不可预见因素,在船舶到港前24小时还应有船期确报,以便集装箱码头根据船期预先做好各项准备工作。

(3)预配清单。预配清单也称订舱清单,是船公司或船代根据订舱资料按船名航次汇总编制的一份集装箱出口货运清单,主要供集装箱码头掌握该船名航次出口箱的总体情况。

(4)预配船图。预配船图是船公司或船代根据订舱资料、船舶规范以及沿航线挂靠港的装卸箱计划而编制的船图,它是集装箱码头编制配载图的重要依据之一。

2. 编制出口作业计划

按作业类型划分,出口作业计划有船舶计划、堆场计划、配载计划、装拆箱计划、进出场计划和疏港计划等。这里只介绍两个重要的作业计划——船舶计划和堆场计划。

(1)船舶计划。由于集装箱码头是围绕船舶开展业务的,因此,船舶计划是集装箱码头作业计划中的核心计划。船舶计划通常为昼夜24小时计划,故也称船舶昼夜作业计划。它是根据船公司或船代提供的船期表、5 天船期预报和 24 小时船期确报，并结合码头泊位营运的具体情况而编制的，它规定了每一艘船舶停靠的泊位、靠泊时间和作业任务以及开工时间、作业要求、完工时间和离泊时间等内容，并将作业任务分解到昼夜三个工班。船舶计划的编制应充分发挥码头泊位及其装卸桥的作用，保证各艘船舶有序地靠泊、作业和离泊，同时船舶计划还应结合堆场计划进行合理调整后才能确定。

(2)堆场计划。出口堆场计划是根据船名航次出口箱预到资料并结合堆场使用状况而编制的出口箱在堆场的堆存计划。堆存计划要根据出口箱及其船舶等情况，制定按位或按列或箱区的堆放方法。同时，堆场计划的编制还要综合考虑堆场的使用情况，如其他船舶的集装箱进场作业，已卸船进口箱的提运作业和归并转作业，力求减少各种堆场作业的相互影响。

（二）发放空箱

根据船公司或船代提供的集装箱空箱放箱通知，集装箱码头编制空箱发放清单后，一般在装船前 6 天可接受发货人的提空箱申请。码头进出口受理台接收集装箱卡车司机（发货人通常委托集装箱卡车司机办理拖箱业务）提运空箱凭证并核对无误后，开具发箱凭证，在计算机中做出放箱计划。集装箱卡车司机凭发箱凭证、集装箱设备交接单到码头堆场提运空箱。

（三）重箱进场

发货人装箱、计数、施封后，在装船前 3 天可拖重箱进入集装箱码头。集装箱卡车司机向码头检查口提交装箱单、设备交接单，办理重箱进场手续后，将重箱送入码头堆场指定的箱区。

（四）编制配载图、装船顺序单

1. 配载图

配载图是集装箱码头根据船公司或船代的预配图，并按照船舶既定的技术规范和码头作业特点而编制的航次出口箱在船舶上的具体船箱位的计划。配载图应满足船舶安全和货物安全的要求，同时也要兼顾码头作业的要求，从而更好地保证船期，充分发挥码头的作业效率。

2. 装船顺序单

装船顺序单是已进场并通过报关的航次出口箱的汇总表，包括箱号、尺寸、箱型、状态、箱重、卸货港以及堆场箱位等内容，并列明本船名航次所有准备装船出口集装箱的情况，主要用于堆场发箱和岸边装船。

（五）装船和理箱

在制订好各项作业计划、配备好机械和人员后，码头按船舶计划装船。装船作业由控制室依据船舶计划、配载图和装船顺序单等作业计划，有序地指令堆场发箱、集装箱卡车运输和岸边装船，并对整个装船作业进行监控和协调。在装船作业过程中，由外轮代理代表船方理箱，并与港方进行集装箱的交接，如有异常，则如实填制残损记录，双方共同签字，以明确责任。

集装箱出口装船的流程参见图 8 - 1。

（六）装船结束后的工作

装船结束后，集装箱码头还要按装船作业的实际情况，编制一系列单证，主要有装船作业签证、出口单船小结和船舶离港报告。

装船作业签证是集装箱码头完成装船作业后签发的一份向船方收取费用的凭证，包括船名航次、靠泊时间、离泊时间、开工时间和完工时间等内容，并详细列明该航次装船集装箱的数量、尺寸、箱型、危险品箱、特种箱以及开关舱盖板的块数，如系非港方原因造成的翻装，则记明翻装的箱数、箱型、尺寸及翻装次数。翻装船作业签证由船舶指挥员签发，要求仔细核对，如实填写，并与大副共同审核无误后，双方在装船作业签证上签字，作为向船方结算装船费用的原始凭证。

出口单船小结是装船结束后根据该船名航次实际装船集装箱而编制的汇总表，主要内容有船名航次、靠泊时间和离泊时间等，并详细列明装船集装箱总数及其分类箱数。出口单船小结是集装箱码头统计装卸业务量的凭证，也是重要的备查资料。

船舶离港报告是装船工作结束后有关该船名航次作业情况的报告，包括船名航次、靠泊时间、离泊时间、装卸时间、装卸箱量和作业时间等内容，它是提供给船代以掌握船舶动态情况的单证。

单元三　集装箱进口货运与码头业务

本节分别阐述集装箱进口货运业务、码头业务以及进口货运的主要单证。

一、集装箱进口货运业务

我们分进口货物集装箱运输业务和货运单证两部分阐述进口货物集装箱运输。

（一）进口货物集装箱运输业务

进口货物集装箱运输流程如图 8－8 所示。

从货运代理的角度看，进口货物集装箱运输的流程可简化为如下步骤：办理订舱、洽船公司①、国外港口接货→收集整理进口单证②（包括商务单证和货运单证）→保险（接到装船信息后立刻投保）→换单（船到卸货后凭正本提单和到货通知书向船代换取提货单和交货记录）→报检→报关③→凭海关放行的提货单提取整箱→拼箱拆箱（凡拼箱货物填写拆箱申请单，货箱运至货运站拆箱）→提取拼箱货物（凭正本提单和到货通知书换取交货记录

---

① 如果货物以 FOB 等价格术语成交，货运代理接受收货人委托后就负有订舱或租船的责任，并有将船名、装船日期通知发货人的义务。

② 这一步骤有三项工作：第一，起运港的船公司或其代理寄送资料。起运港的船公司或其代理应在货轮抵港前（近洋 24 小时前，远洋 7 天前）采用传真、电传或邮寄的方式向卸货港的船公司或其代理提供提单副本、舱单、装箱单、积载图、危险货物集装箱清单、危险货物说明书和冷藏箱清单等有关的、必要的卸船资料。第二，分发单证。卸货港的船公司或其代理应及时将起运港寄来的有关货运单证分别送给有关的进口货代或收货人、堆场和货运站，以便各有关单位在货轮抵港前做好各项准备工作。第三，发到货通知。船公司或其代理应向进口货代或收货人预告货轮抵港日期，并应于船舶到港后发正式到货通知。

③ 进口货物入境后，一般在港口报关放行后再内运，但经收货人要求，经海关核准也可运往另一设关地点办理海关手续，称为转关运输货物，属于海关监管货物。办理转关运输的申报人必须持有海关颁发的转关登记手册，承运转关运输货物的承运单位必须是经海关核准的运输企业，持有转关运输转载证；监管货物在到达地申报时，必须递交进境地海关转关关封、转关登记手册和转关运输准载证，申报必须及时，并由海关签发回执，交进境地海关。

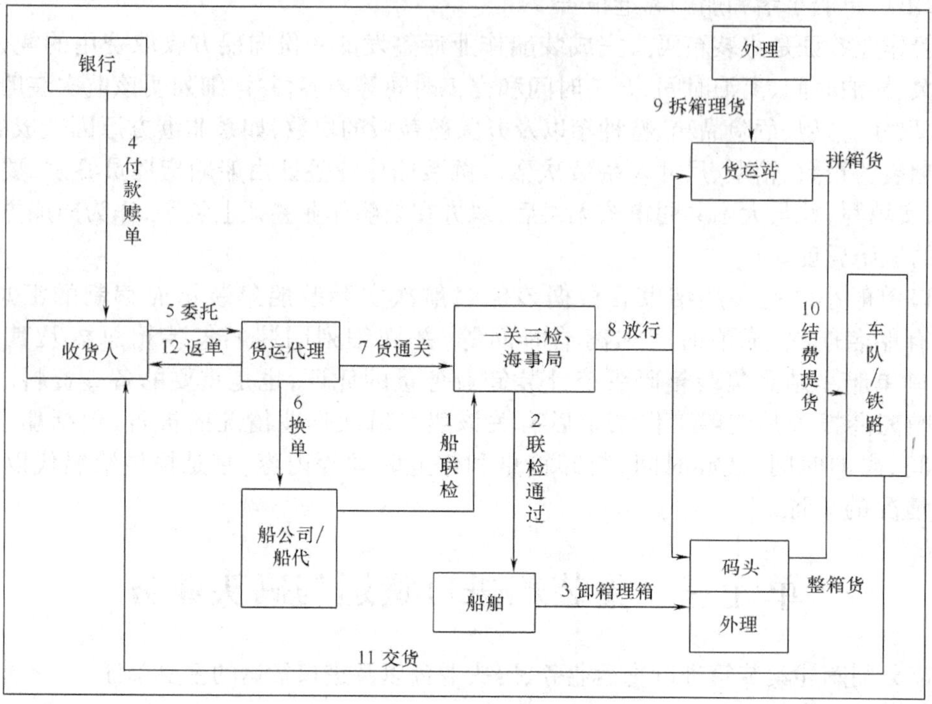

图 8－8　进口货物集装箱运输流程

和提货单办理海关手续后在货运站提取货物[①])→索赔(货物灭失或损坏属于船公司责任的,向船公司或保险公司提出索赔,属于发货人责任的,由收货人提赔)→单证整卷归档。

(二)进口货物集装箱运输的主要运输单证

中国港口集装箱码头进口货运单证流转流程见图 8－9。

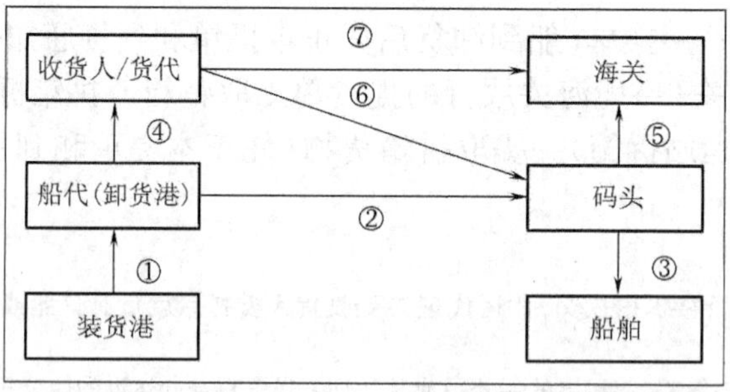

图 8－9　港口集装箱码头进口货运单证流转流程

图 8－9 中各流程涉及的具体单证如下:①实际配载图、舱单和特种箱清单等;②同①,

① 货运代理向货主交货有两种情况:一是象征性交货,即以单证交接,货物到港经海关验收,并在提货单上加盖海关放行章,将该提货单交给货主,即为交货完毕;二是实际性交货,即除完成报关放行外,货运代理负责向港口装卸区办理提货,并负责将货物运到货主指定地点,交给货主。集装箱整箱货运输中货代通常还应负责空箱的还箱工作。以上两种交货方式都应做好交货工作记录。

船代同时提供海关舱单；③卸船顺序单、进口船图，卸船后，外轮理货提供理货计数单；④到货通知书（提单换提货单），收货人；⑤堆存信息，查验监管等；⑥设备交接单、提货单；⑦进口货物海关申报单。

进口货物集装箱运输的主要运输单证是交货记录联单。交货记录联单共五联：到货通知书一联，提货单一联，交货记录一联，费用账单二联。

1. 交货记录联单各单据的作用

（1）到货通知书。到货通知书（arrival notice）是指卸货港的船舶代理人在集装箱卸入集装箱堆场，或移至集装箱货运站，并办好交接准备后，向收货人发出的要求收货人及时提取货物的书面通知。到货通知书是在集装箱卸船并做好准备后，将五联单中的第一联（到货通知联）寄交收货人或通知人。收货人持正本提单和到货通知书到船公司或船代处付清运费，换取其余四联。

（2）提货单。提货单（delivery order）是船公司或其代理人指示负责保管货物的集装箱货运站或集装箱堆场的经营人，向提单持有人交付货物的非流通性单据。收货人或其货运代理凭到货通知和正本提单换取费用账单两联、盖章后的提货单一联和交货记录一联，共四联，随同进口货物报关单到海关办理货物进口通关，海关核准放行后，在提货单上盖海关放行章，收货人或其货运代理再持单到集装箱堆场或货运站，场站留下提货单和二联费用账单，在交货记录上盖章，收货人凭交货记录提货。

（3）交货记录。交货记录（delivery record）是承运人将集装箱货物交给收货人或其代理时双方共同签署的，证明货物已经交付以及该批货物交付时情况的单证。在签发提货单的当时需将交货记录交给收货人或其代理人，再将其出示给集装箱货运站或集装箱堆场经营人。作为船公司代理人的集装箱货运站或集装箱堆场的经营人在向收货人或其代理人交货时，要检查货物的件数和外表状态，如有损坏或灭失等情况，应把损害的内容记载在摘要栏内，双方签字后完成交接手续。在收货人提取集装箱货物时，堆场或货运站的发货人员凭交货记录发放集装箱货物，收货人在交货记录上签收，交货记录由堆场或货运站留存。在集装箱运输中，船公司的责任期间是从接收货物开始到交付货物为止。因此，场站收据是证明船公司责任开始的单据，而交货记录是证明责任终了的单据。

（4）费用账单。费用账单是场站凭此向收货人结算费用的单据。收货人或其代理人结算港口费用，可提取货物。

2. 交货记录联单的流转

交货记录联单的流转如下：

（1）在船舶抵港前，由船舶代理根据装货港航寄或传真得到的舱单或提单副本后，制作交货记录一式五联。

（2）在集装箱卸船并做好交货准备后，由船舶代理向收货人或其代理人发出到货通知书。

（3）收货人凭正本提单和到货通知书向船舶代理换取提货单、费用账单和交货记录共四联，对运费到付的进口货物结清费用，船舶代理核对正本提单后，在提货单上盖专用章。

（4）收货人持提货单、费用账单和交货记录共四联，随同进口货物报关单一起送海关报关，海关核准后，在提货单上盖放行章，收货人持上述四联送场站业务员。

（5）场站核单后，留下提货单联作为放货依据，场站凭费用账单结算费用，交货记录由场站盖章后退收货人。

(6)收货人凭交货记录提货,提货完毕时,交货记录由收货人签收后交场站留存。

3. 交货记录联单的填制要求

交货记录在船舶抵港前由船舶代理依据舱单、提单副本等卸船资料预先制作。到货通知书除进库日期外,所有栏目由船舶代理填制,其余四联相对应的栏目同时填制完成。提货单盖章位置由责任单位负责盖章,费用账单剩余项目由场站、港区填制,交货记录出库情况由场站、港区的发货员填制,并由发货人、提货人签名。

二、集装箱码头的进口业务

在集装箱进口业务中,码头主要负责卸船、箱货的暂时堆存以及箱货的交付等,另外根据需要配合海关的查验等业务。

集装箱进口业务中码头的相关业务主要有:进口准备工作→卸船和理箱→卸船结束工作→提运重箱→归还空箱。

(一)进口准备工作

与出口业务一样,集装箱码头在实施进口作业前也要完成一系列的准备工作。

1. 进口货运资料预到

为确保集装箱船舶能及时靠泊和顺利卸货,船公司或船代在规定的时间内以书面或者 EDI 形式向码头提供船舶动态和相关的进口集装箱单证资料,以便为卸船工作做好充分的准备。

在船舶到港前,集装箱码头通常要求船公司或船代提供以下单证:

(1)船期预报和确报,包括 5 天预报和 24 小时确报。这是集装箱码头安排泊位以及卸船作业的重要依据。

(2)进口舱单。进口舱单(import cargo manifest)是按照提单号序列编制的船舶所载进口集装箱详细内容的汇总资料,它是集装箱码头安排卸船作业的重要单证,也是安排收货人提运作业的原始依据。

(3)进口船图。进口船图列明每一只进口集装箱在船上的具体船箱位,它也是集装箱码头安排卸船作业的重要单证。

(4)装运港理货报告。装运港理货报告是装运港外轮理货根据装船实际情况编制的一份单证,主要作为港船双方划分原残和工残的原始凭证。

2. 编制进口作业计划

编制进口作业计划包括船舶计划、堆场计划和卸船顺序单。其中,卸船顺序单是依据进口船图和进口舱单编制的,它是列明该船所有进口集装箱情况的一览表,也是卸船作业的依据之一。

(二)卸船和理箱

按照各项卸船作业计划,由控制室指挥岸边卸船、水平搬运和堆场堆箱,并对整个作业过程实施实时监控和协调。同时,由外轮理货公司代表船方理箱,并与港方进行集装箱交接。

(三)卸船结束工作

卸船结束后,集装箱码头按卸船作业的实际情况编制相关单证,如卸船作业签证、进口单船小结等。

卸船作业签证是集装箱码头完成卸船作业后签发的一份向船方收取费用的凭证,其内容与装箱作业签证相似。卸船作业签证必须仔细核对,如实填写并与大副共同审核无误后双方签字确认，作为向船方结算卸船费用的原始凭证。

进口单船小结是卸船结束后根据该船实际卸箱情况编制的汇总表，其内容与出口单船小结相似，它是集装箱码头统计业务量的凭证，同时也是与船代核对并更改进口舱单的资料。

（四）提运重箱

根据实际卸船进口集装箱的资料，集装箱码头编制进口集装箱动态表后，便可着手进行收货人进口重箱的提运作业。收货人凭办妥清关手续的提货单，委托集装箱卡车司机到码头进出口受理台申请提运进口重箱手续。集装箱码头受理台业务人员验明提货单是否办妥所有进口手续，并按提单号核对进口集装箱动态表，在收货人付清有关码头费用后，收下提货单，签发提箱凭证交集装箱卡车司机，并在电脑中做出相应的重箱提运计划。集装箱卡车司机凭提箱凭证、设备交接单在检查口办妥提箱手续后，到指定的堆场箱区提运重箱。

中国有的集装箱码头，如上海港，为保证码头堆场作业的有效进行和保证船舶的船期，按有关规定，对到港后 7 天仍未提运的进口箱，有权疏运到港外集装箱堆场，对已疏运到港外堆场的进口重箱，收货人凭办妥清关手续的提货单在集装箱码头受理台结清费用、办妥手续后，凭码头签发的疏港凭证到港外堆场提运重箱。

（五）归还空箱

收货人拖重箱至拆箱点完成拆箱，清扫集装箱后，按规定的还箱期拖运空箱至指定的还箱点，还箱点通常为港外集装箱堆场或集装箱码头。

案例

某码头公司制定了集装箱进口业务专业流程，如图 8－10 所示。

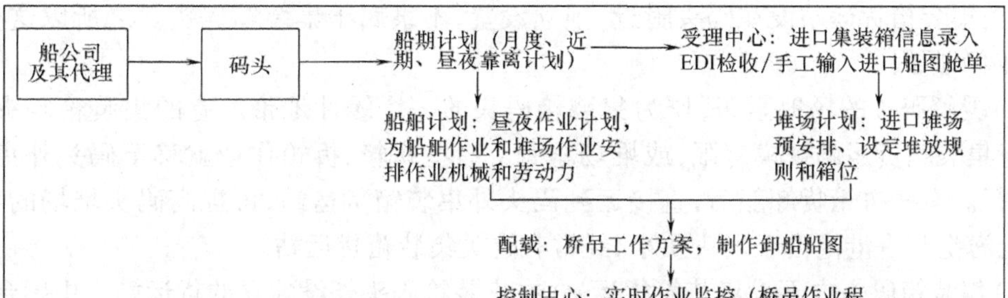

图 8－10　码头集装箱进口业务流程

单元四 集装箱货运站业务

在集装箱运输中，以整箱货方式运输的，需要装箱和拆箱两个作业环节；以拼箱货方式运输的，在发货地需要把不同发货人的货物拼装入一个集装箱，或在收货地把同一集装箱不同收货人的货物拆箱分拨。集装箱货运站（container freight station，CFS）就是以装箱、拆箱和集拼、分拨为主要业务的运输服务机构，同时提供集装箱公路运输、箱务管理、报关报验和洗箱修箱等其他集装箱运输的相关服务。

集装箱货运站是集装箱码头对拼箱货进行收发交接、装箱、拆箱、配载和保管等业务操作的场所①。集装箱货运站一般都设有仓棚、仓库和堆场，便于车辆出入、疏运和操作，还应有海关和检验机构等办公地点以及必要的装卸设备，如叉车、龙门吊、装卸平台和集装箱牵引车等。集装箱货运站在整个集装箱运输和集装箱多式联运中发挥了纽带作用，其主要业务就是集散货物。

一、集装箱货运站的类型与作用

（一）集装箱货运站的类型

集装箱货运站主要可分成三类。

1. 设置于集装箱码头内的集装箱货运站

这类集装箱货运站主要处理各类拼箱货，进行出口货的拼箱作业和进口货的拆箱作业。货主托运的拼箱货，凡是出口的，均先在码头集装箱货运站集货，在货运站拼箱后，转往出口堆箱场，准备装船；凡是进口的，均于卸船后运至码头集装箱货运站拆箱，然后向收货人送货，或由收货人提货。一般的集装箱码头均设有集装箱货运站。

2. 设置于集装箱码头附近的集装箱货运站

这类集装箱货运站设在码头附近，独立设置，不隶属于集装箱码头。之所以这样设置，一般有两个原因：

（1）缓解码头的场地紧张，作为集装箱码头的一个缓冲地带。有的集装箱码头业务繁忙，自身集装箱货运站规模有限，或堆场紧张。有些拼箱、拆箱作业就移至码头外集装箱货运站进行。有些拼箱货卸船后，直接运到码头外集装箱货运站，可提高码头堆场的利用率。例如，上海港与香港港由于码头狭小，经常有这类集装箱货运站。

（2）集装箱码头内不设集装箱货运站，在集装箱码头外设独立的货运站。中国台湾地区的一些集装箱码头有这样的集装箱货运站。

3. 内陆集装箱货运站

这类集装箱货运站设于内陆，既从事拼箱货的拆箱、装箱作业，也从事整箱货的拆箱、装箱作业，有的还办理空箱的发放和回收工作，代理船公司和租箱公司，作为空箱的固定回收点。内陆的拼箱货或整箱货，可先在这类集装箱货运站集货、装货，然后通过铁路和公路运输，送往集装箱码头的堆场，准备装船。从口岸卸下的进口箱，经铁路和公路运输，到内陆集

① 集装箱货运站和传统的件杂货码头的库场有很大的区别。件杂货码头的库场与码头装卸有直接的联系，相当于集装箱码头的箱区堆场；集装箱货运站则主要负责集装箱拼箱货的相关装箱、拆箱、保管和收发等业务，规模比件杂货码头的库场要小。

装箱货运站拆箱，然后送到收货人处。

（二）集装箱货运站的主要作用

设置于集装箱码头内的集装箱货运站的作用主要是拼箱货的拆箱和装箱，同时要负责出口拼箱货的集货和进口拼箱货拆箱后的暂时储存工作。

设置于集装箱码头附近的集装箱货运站的作用除与设在码头内的集装箱货运站相同外，通常还有两个作用：①作为集装箱码头的缓冲堆箱场，在出口箱大量到达与进口箱集中卸船、码头堆场难以应付的时候，成为码头的第二堆场。②代理船公司与租箱公司，作为空箱提箱与交箱的场所。

内陆集装箱货运站除进行集装箱拼箱货的装箱与拆箱外，还充当联系经济腹地的纽带和桥梁，作为某一地区的集装箱集散点，进行一些箱务管理业务和空箱调度业务，加速集装箱的周转，提高整个地区集装箱多式联运的效率。

（三）集装箱货运站的功能

集装箱货运站主要有六个功能。

第一，拼箱货的理货和交接。

第二，拼箱货的配箱积载和装箱。

第三，进口拆箱货的拆箱和保管。

第四，对库存货物的统计和保管。

第五，对口岸单位提出要查验的集装箱进行移箱、查箱、捣箱及归位作业。

第六，代承运人加铅封并签发场站收据等各项单证。

二、集装箱货运站的货运业务

集装箱货运站是集装箱运输的产物，集装箱运输的主要特点之一就是船舶在港时间短，这就要求有足够的货源，一旦卸船完毕后即可装满船开航。集装箱货运站的主要业务就是集、散货物。

（一）集装箱货运站出口货运业务

集装箱货运站出口货运业务流程如图 8－11 所示。

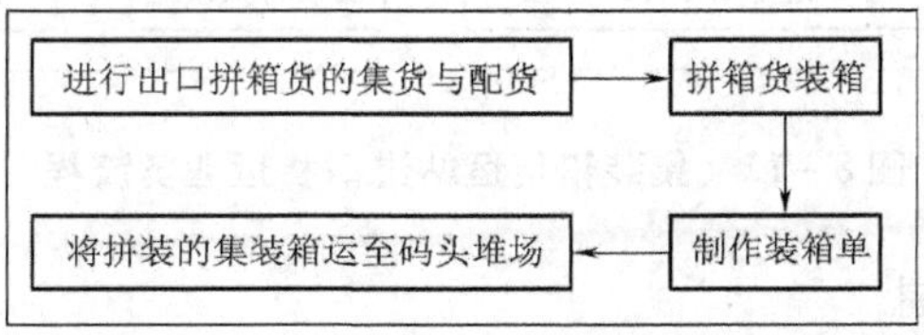

图 8－11　集装箱货运站出口货运业务流程

1. 出口拼箱货的集货与配货

出口拼箱货的集货与配货为拼箱做好各种前期准备工作，主要是要做好货物交接。办理货物交接的步骤如下：

（1）送货人将货物送至集装箱货运站，货运站工作人员根据送货单所提供的委托代理、进仓编号、进仓件数、进仓货名、包装类型、送货单位及送货车号等信息进行受理，根据进仓货物情况及库内货位情况，合理安排进仓预订货位。

（2）理货员根据收货记录要求及货物具体特性督促装卸工及铲车司机按有关货运质量标准进行卸货作业，并填写收货记录。卸货结束后，理货员在收货记录上签字并与送货人办理货物交接手续。

（3）货运站工作人员逐一核查收货记录上的进仓件数及货物唛头和有关残损记录等单证，确认无误后，将收货记录的回执联盖章或签字交送货人。

（4）仓库管理员根据桩脚牌显示的进仓编号、总件数及对应货位等进行核查校对。

2. 拼箱货装箱

应根据货物的积载因数和集装箱的箱容系数，尽可能充分利用集装箱的容积，并确保箱内货物安全无损。具体步骤如下：

（1）业务员根据委托货代提供的预配清单、设备交接单等单证信息安排出口装箱。

（2）业务员及时安排空箱到位，仔细核查装箱单对应进仓编号货物的进仓件数、货号、唛头等与装箱单数据的一致性。按照清单要求进行出口货物配箱，并打印预配装箱单，将预配装箱单、对应的收货记录及对应的铅封装订好，交调度员。

（3）调度员根据装箱单证要求详细了解装箱货物的特性、货物的积载因素等，及时安排装箱理货员及相关作业人员到位，合理地进行装箱作业。

3. 制作装箱单

货运站在进行货物装箱时，应制作集装箱装箱单。制单应准确无误。

4. 将拼装的集装箱运至码头堆场

货运站在装箱完毕后，在海关监管下，对集装箱加海关封志，并签发场站收据。同时，应尽快联系码头堆场，将拼装的集装箱运至码头堆场，以便装船。

（二）集装箱货运站进口货运业务

集装箱货运站进口货运业务流程如图 8－12 所示。

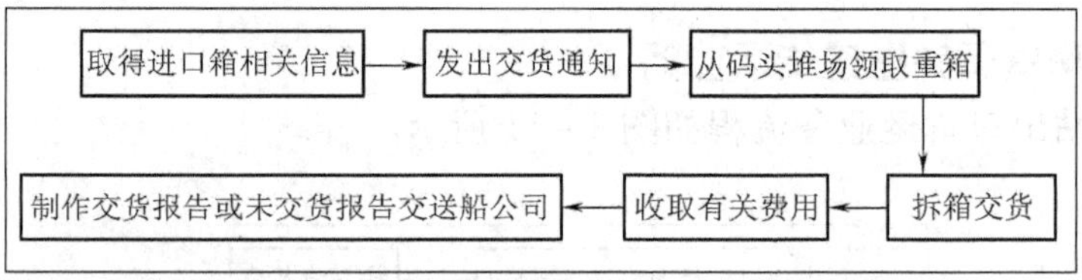

图 8－12　集装箱货运站进口货运业务流程

1. 取得进口箱相关信息

集装箱货运站在船舶到港前几天，从船公司或其代理人处取得相关单证，包括提单副本或场站收据副本、货物舱单、集装箱装箱单、货物残损报告和特殊货物表等。在船舶进港时间、卸船和堆场计划确定后，货运站应与码头堆场联系，确定提取拼箱集装箱的时间，并制订拆箱交货计划，做好拆箱交货的准备工作。

2. 发出交货通知

货运站根据船舶进港时间及卸船计划等情况，联系码头堆场决定提取拼箱集装箱的时间，制订拆箱交货计划，并向收货人发出交货日期的通知。

3. 从码头堆场领取重箱

货运站经与码头堆场联系后，即可以从码头堆场领取重箱，双方应在集装箱单上签字，对出堆场的集装箱应办理设备交接手续。

4. 拆箱交货

货运站从堆场取回重箱后，即开始拆箱作业。具体步骤如下：

(1) 业务员根据委托拆箱申请，落实收取相关费用，按照客户作业要求和货物特性，开具开箱作业单并通知调度安排相应作业计划。

(2) 装卸人员及理货人员配合进行拆箱作业，从箱内取出货物，一般按装箱单记载顺序进行，取出的货物应按票堆存。

(3) 拆箱完毕，业务员根据拆箱计数单、拆箱作业单、收货记录和交货记录等进行计算机拆箱及进库确认，并将单证整理归档。

(4) 拆箱后应将空箱尽快还给堆场，并办理设备交接单或内部交接手续。

收货人前来提货时，货运站应要求收货人出具船公司签发的提货单，经单货核对无误后即可交货，双方应在交货记录上签字。如发现货物有异常，则应将这种情况记入交货记录的备注栏内。

5. 收取有关费用

集装箱货运站在交付货物时，应检查保管费及有无再次搬运费，如已发生有关费用，则应收取费用后再交付货物。

6. 制作报告

集装箱货运站在交货工作结束后，应根据货物交付情况制作交货报告和未交货报告，并寄送给船公司或其他运输经营人，作为他们处理损害赔偿、催提等的依据。

单元五　集装箱箱务管理

随着全球国际集装箱运输的快速发展，每年均需投入大量的集装箱。由于集装箱运输的流程范围极广，很难进行有效的控制，而且集装箱灭失造成的经济损失很大。所以，为了最大限度地减少经济损失，提高集装箱的周转率，最大限度地发挥集装箱的运输能力，防止因各种原因产生的集装箱灭失现象，世界各国都十分重视箱务管理。

箱务管理是集装箱运输系统中极其重要的环节，涉及港、航、路、站等诸多部门，其主要业务为国际集装箱的使用、租用、调运、保管、发放、交接、装卸、中转、堆存、装箱、拆箱、运输、检验、修理、清洗、熏蒸和租赁等。

集装箱代理人既是直接箱务管理者，又是船舶代理人，其对集装箱及其设备的使用、租用、调运、保管、发放和交接行使管理权。

一、集装箱的发放与交接

集装箱的发放与交接应依据出口订舱单、进口提货单、场站收据、出口集装箱预配清单及这些文件内列明的集装箱交付条款，实行集装箱设备交接单制度。

从事集装箱运输业务的单位，必须凭集装箱代理人签发的集装箱设备交接单办理进出口集装箱及集装箱设备的提箱（发箱）、交箱（还箱）、进场（港）和出场（港）手续。

（一）交接责任的划分及注意事项

1. 交接责任的划分

船方与港方交接以船边为界；港方与货方（或其代理人）、内陆（公路）承运人交接以港方闸口（检查桥、大门）为界；堆场、中转站与货方（或其代理人）、内陆（公路）承运人交接以堆场、中转站道口为界；港方、堆场、中转站与内陆（水路、铁路）承运人交接以船边、车皮为界。

2. 交接时应特别注意的事项

集装箱交接时，交接双方应当检查箱号、箱体和封志。重箱凭封志和箱体状况交接；空箱凭箱体状况交接。交接双方检查箱号、箱体和封志后应做记录，并共同签字确认。

集装箱的发放、交接应严格实行集装箱设备交接单制度，从事海上国际集装箱运输业务的各有关单位必须凭设备交接单办理集装箱发放、交接手续，托运人、收货人、内陆承运人或从事集装箱业务的有关单位，不得将集装箱用于集装箱设备交接单规定以外的用途，必须按规定的时间、地点提箱、还箱。

（二）重箱交接

1. 重箱交接标准

重箱交接标准主要有箱体完好，箱号清晰，封志完整，铅封号与单证记载相符；特种集装箱的机械、电器装置运转正常并符合进出口文件记载的要求。

交接过程中，凡不符合交接标准的集装箱及集装箱设备，由外轮理货公司在集装箱设备交接单上签注，并经船上大副或港方确认。

凡卸船前发生的残损应认定为原残，卸船后发生的残损应认定为工残。凡无原残记录的残损一律视为工残。

2. 进口重箱提箱和出场交接

(1)交接时的凭据。进口重箱提离港区、堆场和中转站时，货方（或其代理人）、内陆（公路、铁路）承运人和水路承运人应持海关放行的进口提货单到集装箱代理人指定的现场办事处办理集装箱发放手续。

(2)集装箱代理人应履行的手续。集装箱代理人依据进口提货单、集装箱交付条款和集装箱运输经营人有关集装箱及集装箱设备使用或租用的规定，向货方（或其代理人）、内陆承运人签发出场集装箱设备交接单和进场集装箱设备交接单。

(3)货方（或其代理人）和内陆承运人应履行的手续。货方（或其代理人）、内陆承运人凭集装箱设备交接单到指定地点办理整箱提运手续；凭出场集装箱设备交接单到指定地点提取整箱，并办理出场集装箱设备交接；凭进场集装箱设备交接单将拆空的集装箱及集装箱设备交到集装箱代理人指定地点，并办理进场集装箱设备交接。

(4)收发箱地点应履行的手续。指定的收发箱地点凭集装箱代理人签发的集装箱设备交接单受理整箱提运手续；凭出场集装箱设备交接单发放整箱，并办理集装箱设备交接；凭进场集装箱设备交接单收取集装箱，并办理集装箱设备交接。

3. 出口重箱交箱和进场交接

(1)货方（或其代理人）和内陆承运人应履行的手续。出口重箱进入港区，货方（或其代理人）、内陆承运人凭集装箱出口装箱单、场站收据和进场设备交接单到指定港区交付重箱，并办理进场集装箱设备交接。

(2)港区应履行的手续。指定的港区凭场站收据、集装箱出口装箱单和进场集装箱设备交接单收取重箱,并办理进场集装箱设备交接。

(3)交接双方应履行的手续。出口重箱凡有残损,或船名、航次、提单号、目的港、箱号、封志号与场站收据、集装箱出口装箱单不符,以及与进场集装箱设备交接单列明的箱号不符者,指定港区应拒绝收箱。特殊情况必须征得集装箱代理人同意。因拒绝收箱而产生的费用由责任方承担。

(三)空箱交接

空箱提离港区、堆场和中转站时,提箱人(货方或其代理、内陆承运人)应向集装箱代理人提出书面申请。集装箱代理人依据出口订舱单、场站收据或出口集装箱预配清单向提箱人签发出场集装箱设备交接单或进场集装箱设备交接单。提箱人凭出场集装箱交接单到指定地点提取空箱,办理出场集装箱设备交接,凭进场集装箱设备交接单到指定地点交付集装箱,并办理进场集装箱设备交接。

二、集装箱的堆存与保管

集装箱进入场站后,场站应按双方协议规定,按照不同的海上承运人将空箱和重箱分别堆放,空箱按完好箱和破损箱、污箱、自有箱和租箱分别堆放。

场站应对保管的集装箱和集装箱内的货物负责,如有损坏或灭失由场站承担责任。未经海上承运人同意,场站不得以任何理由将其堆存的集装箱占用、改装或出租,否则应负经济责任。

场站应根据中转箱发送的不同目的地,按船、按票集中堆放,并严格按海上承运人的中转计划安排中转。

(一)重箱的堆存与保管

集装箱港口为了避免集装箱在港内大量积压,一般规定各航班装运的重箱应在指定的入港开始时间和截止时间内[1]运至港区内的指定场地堆存。船公司应与港口箱管部门密切配合,通知货方、内陆运输人将重箱及时运至港内,并做好集装箱设备交接工作。

(二)空箱的堆存与保管

1. 空箱进场操作

码头空箱进场有两种方式:空箱卸船进场和空箱通过闸口(检查桥、检查口)进场。空箱卸船进场前,码头堆场计划员必须安排空箱堆存计划。通过闸口进场的空箱主要有两种:一种为船公司指定的用于出口装船的空箱;一种为进口重箱拆箱后返回码头的空箱。

2. 空箱出场操作

码头空箱出场主要有两种方式:空箱装船出场和空箱通过闸口出场。

装船出场的空箱主要有两种:一种为船公司指定用于出口装船的空箱;另一种为装驳船的空箱。

空箱通过闸口出场主要有三种形式:① 门到门提空箱,主要是出口载货用空箱的提运。② 单提空箱,是指将空箱提运至码头以外的集装箱堆场。③ 因检验、修理、清洗、熏蒸和转运等原因需要向码头提空箱。

---

① 各航班对即将在本港装船的重箱规定的入港开始到截止的那一段时间称为开仓期(receiving dates),通常开仓期为4~7天,各航班接收重箱的截止日期一般称为截关日(closing date)。

三、集装箱灭失、损坏和逾期还箱的处理

（一）集装箱灭失、损坏的处理

海上国际集装箱运输的各区段承运人、港口、内陆中转站和货运站对其所管辖的集装箱和集装箱货物的灭失、损坏负责，并按照交接前由交方承担，交接后由接方承担划分责任。如果在交接后180天内，接方能提出证据证明交接后的集装箱、集装箱货物的灭失、损坏是由交方原因造成的，交方应按有关规定负赔偿责任。

除法律另有规定外，承运人与托运人应根据集装箱货物交接方式按下列规定对集装箱货物的灭失或损坏负责。

（1）由承运人负责装箱、拆箱的货物，从承运人收到货物后至运达目的地交付收货人之前的期间内，箱内货物的灭失或损坏由承运人负责。

（2）由托运人负责装箱的货物，从装箱托运交付后至交付收货人之前的期间内，如箱体完好，封志完整无误，箱内货物的灭失或损坏由托运人负责；如箱体损坏或封志破损，箱内货物的灭失或损坏由承运人负责。

（3）由托运人对集装箱货物申报不实或集装箱货物包装不当造成人员伤亡并且使运输工具、货物自身或其他货物和集装箱损坏的由托运人负责。

（4）由装箱人或拆箱人的过失造成人员伤亡并使运输工具、集装箱和集装箱货物损坏的由装箱人或拆箱人负责。

（二）逾期还箱的处理

船公司使用的集装箱通常分为自有箱和租箱两种。自有箱是船公司自己拥有的集装箱，其一旦投入使用，就开始起算折旧成本；租箱是船公司向箱主公司租赁的集装箱，对于租入的集装箱，船公司需按日支付租金，集装箱一旦被超期使用，将使船公司增加额外成本。因此，船公司必须加强对超期箱的管理，定期清理超期箱。船公司通常都有自己的集装箱跟踪系统，每周清理一次超期箱。船公司制定了集装箱超期使用费（滞箱费）收取标准，采取措施，限令客户尽快归还超期箱。

集装箱发生丢失和推定全损时的赔偿按《集装箱丢失和推定全损赔偿标准》赔偿。国内或国外付费人一律以美元计收。

单元六　集装箱码头检查桥业务

对于进出集装箱码头的集装箱一般只有两条途径：一是在岸边通过船舶装卸进出；二是在检查桥（或称检查口）通过集装箱公路运输进出。进出集装箱码头的集装箱必须进行交接，以划分和明确双方的交接责任。对集装箱卡车进出集装箱码头而言，检查桥就是码头与集装箱卡车进行集装箱交接的场所。此外，无论是空箱还是重箱，无论是进场还是出场，在集装箱交接过程中还须进行必要的单证处理，并记录有关的作业信息。这些单证的处理和相关作业信息的记录也由检查桥承担。

因此，所谓集装箱检查桥是集装箱卡车拖运集装箱进出集装箱码头的必经之处，是集装箱码头与拖箱人进行箱体交接、单证处理和信息记录的一个重要业务部门。集装箱检查桥一般设有集装箱卡车通道、地磅和闸口业务人员的工作室，并配置计算机、视频探头和电话等设备。

集装箱检查桥一般设在码头后方靠近大门处，为方便管理，还可分为进场检查口和出场检查口，每个检查口的集装箱卡车通道视码头规模而定，码头规模小的可设4～5条通道，规模大的有几十条通道。随着计算机信息技术和集装箱运输技术的发展，国外一些先进港口的检查桥已实行无人化自动操作，中国沿海一些国际性大港的检查桥也出现了无人化操作的趋势，尽管如此，检查桥的功能和作用仍未有任何改变。

一、集装箱检查桥的基本职责

集装箱检查桥的基本职责有四项。

1. 检验集装箱箱体，进行集装箱交接

集装箱卡车司机拖箱进入或驶出集装箱码头，必须在检查桥与业务人员共同检验集装箱箱体，并通过集装箱设备交接单（equipment interchange receipt，EIR）完成集装箱交接手续。

设备交接单是集装箱进出港区、场站时，用箱人、运箱人与管箱人及其代理人之间交接集装箱的凭证。设备交接单共6联，进场和出场各3联，分别为管箱人（船公司、船代）联；码头/堆场联；用箱人/运箱人联。集装箱设备交接单是证明双方交接时集装箱状态的凭证和划分双方责任的依据。设备交接单为一单一箱，即一份设备交接单只能用于一个自然箱。设备交接单的主要内容有船名航次、提箱地点、返回/收箱地点、订舱号、箱型、箱主或营运人、用箱人/运箱人、出厂目的/状态和进场目的/状态等。集装箱设备交接单分进场（IN）（见表8－7）和出场（OUT）两种。设备交接单中各栏必须如实填写，正确无误。码头工作人员审核的内容有船名、航次、箱号、箱型、提箱及收箱地点、箱的外表状况和运输集卡牌号等。

2. 审核有关集装箱单证，磅秤进出口箱实际重量

无论是提箱还是进箱，都由检查桥负责装箱单、危险品货物准运单、提箱凭证和进箱凭证等集装箱单证的审核处理。对于出口重箱还应在检查桥过磅，确定出口箱的实际重量，以提供配载准确的数据；同时，集装箱卡车司机向检查桥递交出口集装箱装箱单，业务人员审核后做出相应的信息记录。

3. 配合堆场作业，指定收箱或提箱堆场箱位

在使用计算机管理的码头，收箱进场或发箱出场的堆场箱位均由计算机自动处理，未使用计算机管理的码头或尚未自动化处理的码头，应由检查口业务人员以手工操作指定堆场箱位。

4. 进场、出场集装箱的信息汇总处理

在使用计算机管理的码头，每一只进场或出场的集装箱均由检查桥业务人员在计算机上做出相应的记录，以供各部门实时查询和按需要打印汇总表和分类报表，对尚未实行计算机化的码头，应由检查桥人员手工完成记录工作。

二、集装箱检查桥的一般业务流程

检查桥的工作流程主要包括提箱和进箱的操作流程，集装箱卡车办理设备交接手续。具体工作流程如图8－13所示。

检查桥业务主要包括：提取空箱、重箱进场、提运重箱、回空箱进场、单证审查和整理、箱

IN 进场

No.

表 8－7　集装箱设备交接单

EQUIPMENT INTERCHANGE RECEIPT

<table>
<tr><td colspan="6">用箱人/运箱人(CNTR. USER/HAULIER)</td><td colspan="6">提箱地点(PLACE OF DELIVERY)</td></tr>
<tr><td colspan="6"></td><td colspan="6"></td></tr>
<tr><td colspan="6">来自地点(WHERE FROM)</td><td colspan="6">返回收箱地点(PLACE OF RETURN)</td></tr>
<tr><td colspan="6"></td><td colspan="6"></td></tr>
<tr><td colspan="3">船名/航次(VESSEL/VOYAGE No.)</td><td colspan="3">集装箱号(CNTR. No.)</td><td colspan="3">尺寸/类型(SIZE/TYPE)</td><td colspan="3">营运人(CNTR. OPTR)</td></tr>
<tr><td colspan="3"></td><td colspan="3"></td><td colspan="3"></td><td colspan="3"></td></tr>
<tr><td colspan="2">提单号(B/L. No.)</td><td colspan="2">危品类型(IMCO CLASS)</td><td colspan="2">铅封号(SEAL. No.)</td><td colspan="3">免费期限(FREE TIME PERIOD)</td><td colspan="3">运载工具牌号(TRUCK WAGON BARG No.)</td></tr>
<tr><td colspan="2"></td><td colspan="2"></td><td colspan="2"></td><td colspan="3"></td><td colspan="3"></td></tr>
<tr><td colspan="2">货重(CARGO W.)</td><td colspan="3">出场目的/状态(PPS OF GATE OUT/STATUS)</td><td colspan="4">进场目的/状态(PPS OF GATE－IN/STATUS)</td><td colspan="3">进场日期(TIME－IN)</td></tr>
<tr><td colspan="2"></td><td colspan="3"></td><td colspan="4"></td><td colspan="3">月　日　时</td></tr>
<tr><td colspan="12">进场检查记录(INSPECTION AT THE TIME OF INTERCHANGE)</td></tr>
<tr><td colspan="2">普通集装箱(CP. CNTR.)</td><td colspan="4">冷藏集装箱(RF. CNTR.)</td><td colspan="3">特种集装箱(SPL. CNTR.)</td><td colspan="3">发电机(GEN. SET)</td></tr>
<tr><td colspan="2">□正常(SOUND)
□异常(DEFECTIVE)</td><td colspan="2">□正常(SOUND)
□异常(DEFECTIVE)</td><td colspan="2">设定温度(SKT)
记录温度(RECORDED)</td><td colspan="3">□正常(SOUND)
□异常(DEFECTIVE)</td><td colspan="3">□正常(SOUND)
□异常(DEFECTIVE)</td></tr>
<tr><td colspan="12">损坏记录及代号(DAMAGE & CODE)　　如有异状,请注明程度及尺寸(REMARK)</td></tr>
</table>

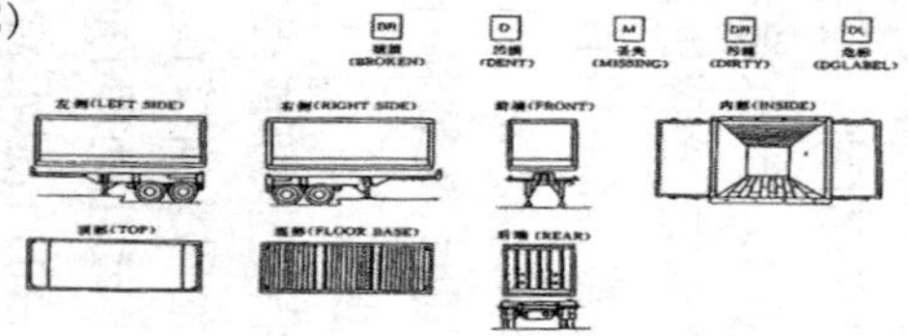

除列明者外,集装箱设备交接时完好无损,铅封完整无误。

CONTAINER EQUIPMENT INTERCHANGED IN SOUND CONDITON AND SEAL INTACT UNLESS OTHERWISE STATED

用箱人/运箱人签署　　　　码头/堆场值班员签署

(CONTAINER USER/HAULIER'S SIGNATURE)　　(TERMINAL/DEPOT CLERK'S SIGNATURE)

______年____月____日　　　　______年____月____日

GB/T 1656—1996 格式印制

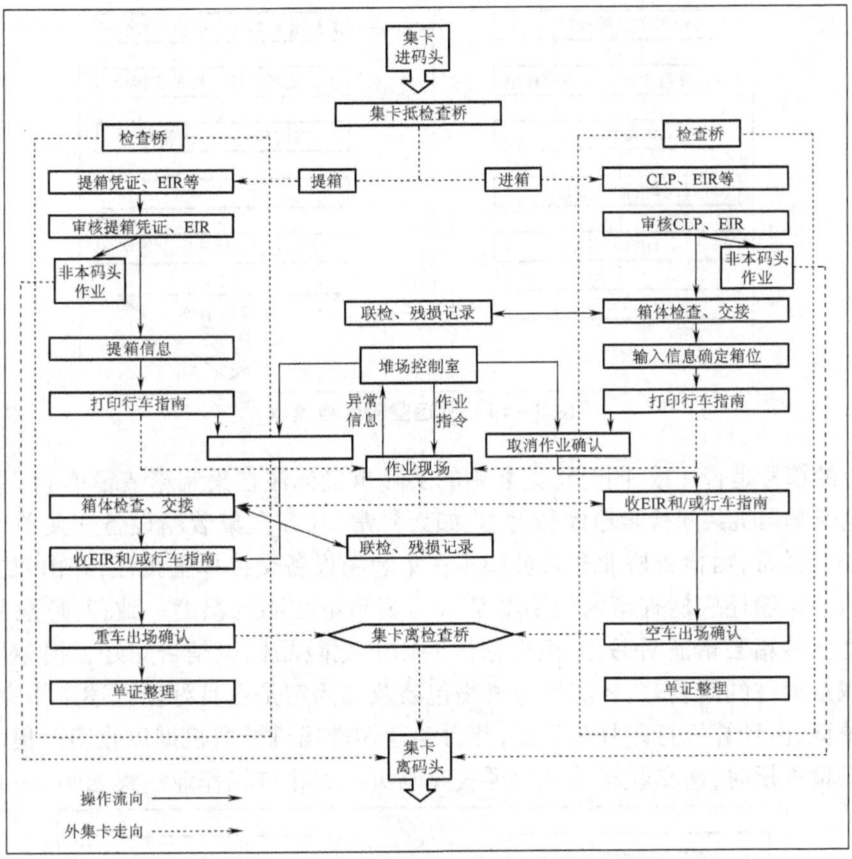

图 8－13　集装箱检查桥的工作流程

体检查、场地核箱和特种箱操作等。下面择其主要业务予以阐述。

1. 提取空箱

发货人根据贸易合同及其装运期，在完成订舱托运和备货后，通常委托集装箱卡车司机凭船公司或船代签发的集装箱空箱放箱凭证到码头办理提空箱手续。集装箱卡车进入检查桥时，司机向业务人员递交提空箱凭证和集装箱设备交接单，检查桥业务人员审核单证后将提运集装箱的箱号、箱型、尺寸以及作业号、集装箱卡车车牌号等信息输入计算机，由计算机自动打印指定堆场箱位的发箱凭证交集装箱卡车司机，同时由计算机系统通知堆场机械司机所发空箱的箱号、堆场箱位和集装箱卡车车牌号。集装箱卡车司机根据发箱凭证指定的堆场位置进行装箱，集装箱卡车装载空箱后驶经出场检查口时，司机递交发箱凭证并与业务人员共同检验箱体，如无异常则双方无批注在集装箱设备交接单上签字确认，集装箱卡车司机拖运空箱驶离码头。如空箱有残损、不适合装货，由检查口业务人员取消该次作业，重新办理提空箱手续。提运空箱作业流程如图8－14 所示。

2. 重箱进场

发货人完成装箱、施封和填制集装箱装箱单后，在装船前三天可委托集装箱卡车司机拖运重箱进场。集装箱卡车司机在检查桥向业务人员递交集装箱装箱单和集装箱设备交接单，检查桥应审核单证是否一致，包括船名、航次、箱号、箱型、尺寸和提单号等，并核对单证上的箱号

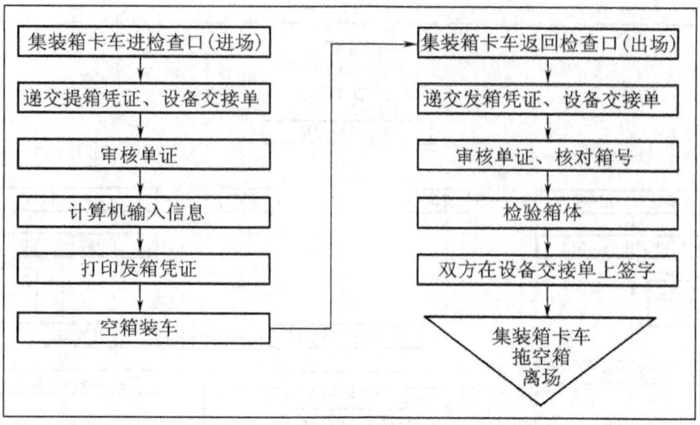

图 8－14　提运空箱作业流程

与集装箱上的箱号是否一致，同时将集装箱的实际重量标注在集装箱装箱单上。检查桥验箱员与集装箱卡车司机共同检验箱体和封志，如无异常，双方在集装箱设备交接单上无批注签字确认。如有异常，由检查桥业务人员如实在集装箱设备交接单上批注，并由双方签字以明确责任。对冷藏箱还应检查箱内的温度是否与装箱单注明的温度一致；对危险品箱还应审核危险货物集装箱装箱证明书，并检查箱体四面的危险品标识是否完好无损；对框架箱、平台箱等装载重大件的集装箱，还应检查货物包装及其固定是否良好。上述工作完成后，业务人员收下单证，由计算机打印收箱凭证，并自动通知堆场机械司机据以收箱。集装箱卡车卸箱后经出场检查桥时，递交收箱凭证后再驶离码头。重箱进场作业流程如图 8－15 所示。

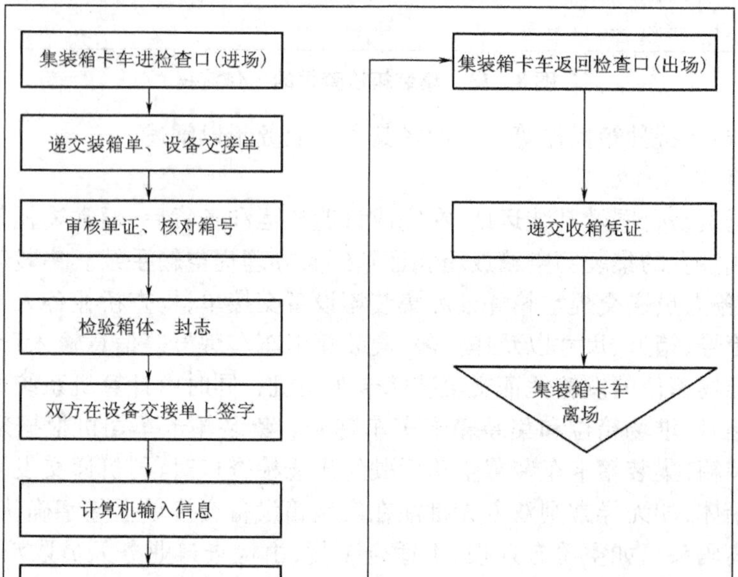

图 8－15　重箱进场作业流程

3. 提运重箱

收货人办妥报关报验等进口手续后，通常委托集装箱卡车司机凭提货单到码头办理提运进口重箱手续，集装箱卡车司机在检查口向业务人员递交提箱凭证和集装箱设备交接单。检查桥审核单证后，将箱号、箱型、尺寸、提单号以及作业号、集装箱卡车车牌号等信息输入计算机，由计算机打印发箱凭证交集装箱卡车司机，集装箱卡车载箱后驶经出场检查桥时，司机递交发箱凭证，检查桥业务人员核对所载运集装箱的箱号，并与司机检验箱体和封志，共同在集装箱设备交接单上签字确认后，集装箱卡车拖重箱驶离码头。提运重箱作业流程如图 8－16 所示。

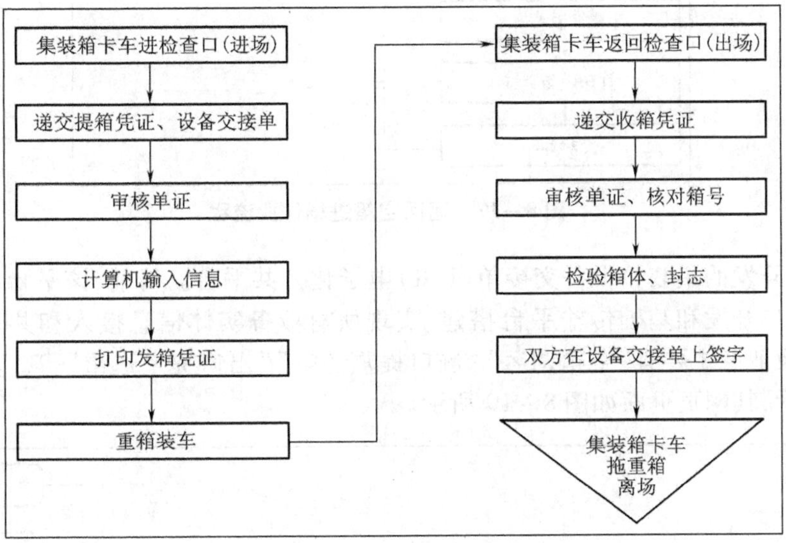

图 8－16　提运重箱作业流程

4. 返回空箱进场

收货人完成拆箱后，还应负责将空箱按时送回指定的还箱点，如还箱点为码头，应由检查桥办理返回空箱进场手续，集装箱卡车司机在检查桥向业务人员递交集装箱设备交接单，检查口将箱号、箱型、尺寸、持箱人以及集装箱卡车车牌号等信息输入计算机，验箱员与集装箱卡车司机共同检验箱体，完成验箱及其单证手续的办理后，由计算机打印收箱凭证交司机，集装箱卡车驶到指定的堆场箱区卸箱后，经出场检查桥时递交收箱凭证，再驶离码头。返回空箱进场作业流程如图 8－17 所示。

三、集装箱设备交接单的电子化

集装箱设备交接单（EIR）在规范集装箱作业方面发挥了重要作用，但随着信息化程度的提高，纸质单证模式已成为提升港口物流效率和降低成本的阻碍。近年来，我国一些港口加快 EIR 电子化公共平台（eEIR 系统）建设，全面实行 EIR 电子化，使得集装箱信息得以高速流转，降低了大量人力和物流成本。

下面以上海口岸 eEIR 平台为例，阐述 EIR 的电子化。

上海口岸 eEIR 平台（http://eeir.sipg.com.cn）是上港集团在上海口岸服务办公室牵头

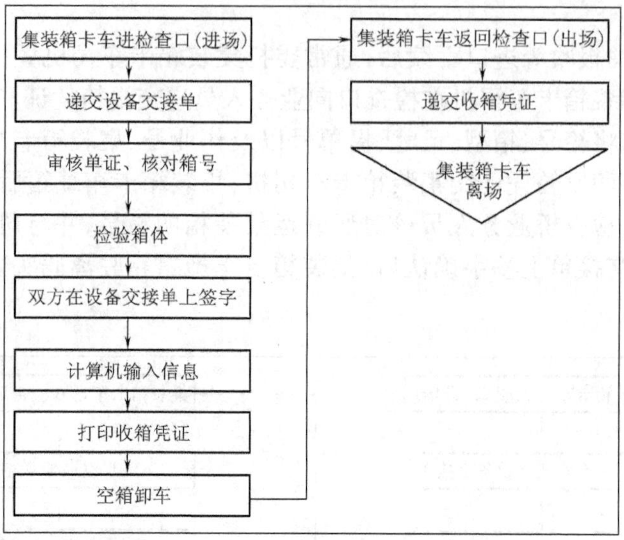

图 8 – 17　返回空箱进场作业流程

组织下,设计开发的集装箱设备交接单(EIR)电子化公共平台。目前,该平台已完成业务标准化、标准接口开发和基础传输平台搭建,实现所有业务实体信息接入和共享的全流程操作。平台涉及业务主要有“空箱调运”“进口提重还空”“出口提空送重”等。其业务功能如图 8 – 18 所示,其网页页面如图 8 – 19 所示。

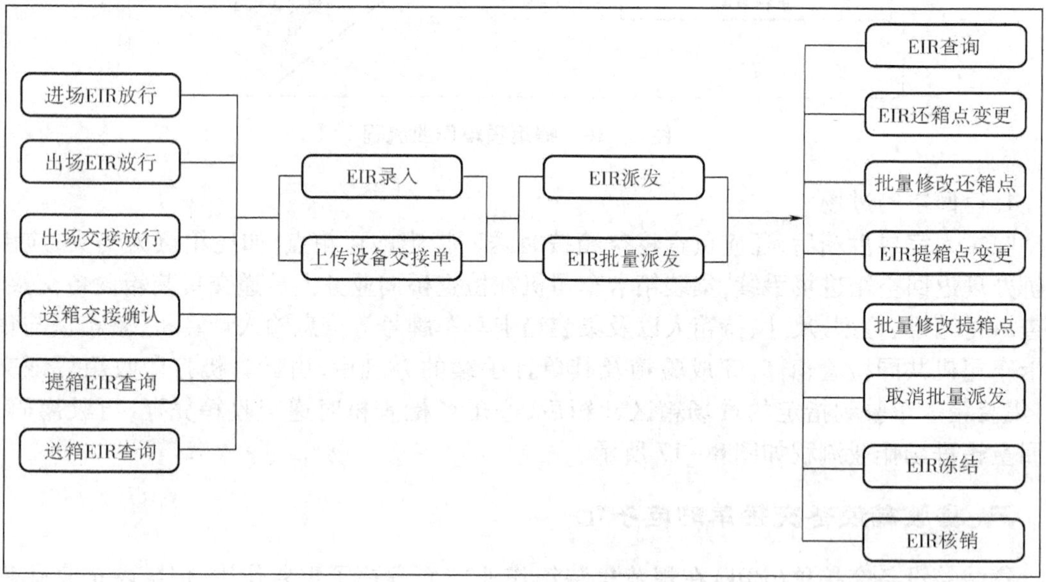

图 8 – 18　上海口岸 eEIR 平台功能

在码头堆场操作方面,上海口岸 eEIR 平台通过构建 eEIR 系统,帮助码头堆场管理员对放箱公司进行统一授权管理,帮助码头堆场工作人员实时、方便快捷地进行进出场交接放行与确认,同时可实时追踪电子设备交接单的录入、冻结、核销等各类情况。

图 8－19　上海口岸 eEIR 平台页面

在放箱公司操作方面，通过构建 eEIR 系统，放箱公司管理员可对放箱申请和电子设备交接单的派发实行统一管理的模式，进一步规范放箱公司的组织运营。帮助放箱公司工作人员实时管理本放箱公司内的所有信息和追踪 EIR 派单等情况。

在卡车司机操作方面，通过构建 eEIR 系统，帮助司机通过手机 App 实时接收已派发的 EIR 订单（如图 8－20），查看 EIR 订单详情；使司机能更快速地通过码头、堆场等道口，降低设备交接单丢失率等。

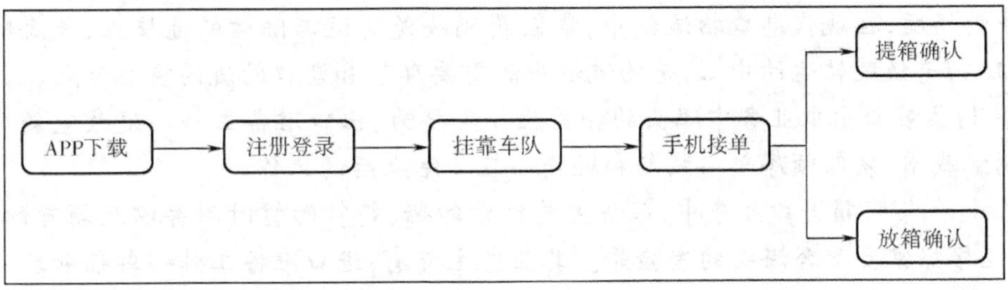

图 8－20　上海口岸 eEIR 平台司机手机操作功能

案例

EIR 纸质单证交接环节多、涉及面广。以进口为例，单证交接一般要经历船公司箱管部门、放箱代理或车队、集卡司机、港口、堆场等环节。上海口岸涉及集装箱单证流转的主体单位包括：60 多家船公司和船代，上港集团 10 座集装箱码头，50 余家社会堆场，3 700 多家车队，5 万多辆（名）集卡和司机。上海口岸全年需流转纸质设备交接单约 1 500 万套，平均每天 4 万至 5 万套。从单证签发到转交至集卡司机，一般经过四次分拣后才能用快递寄到取单点，平均需 6 至 8 小时，单证交接烦琐耗时。同时，集卡司机普遍在 18 时至 19 时到取单点取单，这也造成取单点周边道路拥堵。从费用上看，初步测算，每套单证印制成本约 3 元，打单成本约 5 元，寄送费用约 20 元，全年 1 500 万套单证的费用在 4 亿元以上。此外，纸质单证遗失或内容修改，还存在补单费和改单费。

EIR 电子化可以明显压缩口岸作业时间，对提升上海跨境贸易便捷度有直接的促进作用。以进口为例，目前，“货物抵港到企业申请提箱”时间为 4.5 天，可以压缩半天到 1 天。其次，线上服务后，企业不再需要到窗口现场办理放箱手续，放箱公司或车队与集卡司机之间可以 7×24 小时传递电子单证。

EIR 电子化可有效降低口岸物流成本。对集卡车辆而言，可减少同等运距业务的时间，提高准点率；对港区和堆场而言，避免了集中作业，有效提升堆场运营效率；对船公司及放箱代理企业而言，每年直接降低单证印制成本和寄送费用 4 亿元以上；对社会而言，能够有效缓解道路拥堵状况，提升智慧口岸和低碳环保的发展环境。

任务解析

下面根据上述所学知识对项目情景的任务进行简要解析。

任务 1：集装箱运输的关系人主要包括：货主及其代理人、承运人、无船承运人、集装箱租赁公司、集装箱码头(堆场)经营人、集装箱货运站。

任务 2：集装箱码头通常由泊位、码头前沿、堆场、控制室、检查桥、集装箱货运站和维修车间等设施构成。当前，集装箱码头表现出以下特点：码头作业的机械化、高效化；码头生产管理的计算机化、信息化；码头设施的大型化、深水化。集装箱码头是供集装箱船舶停靠和装卸作业的场所，在现代港口物流链中，集装箱码头是海运与陆运的连接点，是海陆多式联运的枢纽站，是换装转运的中心，是物流链中的重要环节和港口物流的重要节点。

任务 3：集装箱出口业务中码头的相关业务主要为：出口准备工作→发放空箱→重箱进场→编制配载图、装船顺序单→装船和理箱→装船结束后的工作。

任务 4：在集装箱进口业务中，码头主要负责卸船、箱货的暂时堆存以及箱货的交付等，另外，它还根据需要配合海关的查验等。其业务主要有：进口准备工作→卸船和理箱→卸船结束工作→提运重箱→归还空箱。

任务 5：详见单元四的阐述。

任务 6：集装箱检查桥是集装箱卡车拖运集装箱进出集装箱码头的必经之处，是集装箱码头与拖箱人进行箱体交接、单证处理和信息记录的一个重要业务部门。集装箱检查桥的基本职责是：检验集装箱箱体，进行集装箱交接；审核有关集装箱单证，用磅秤称出进出口箱实际重量；配合堆场作业，指定收箱或提箱堆场箱位；汇总处理进场、出场集装箱的信息。

个案分析

1. 索赔

广西某进口公司与香港地区一家公司达成交易，购买镀锌铁皮 150 吨，由香港装船，条件为 CIF 黄埔。该 150 吨铁皮装在 9 个 20 英尺的集装箱内，装船以后，卖方取得清洁提单向在香港地区的中国银行结汇，银行核对单证与信用证相符，给予结汇。该船到黄埔卸货，进口公司提货时，集装箱铅封完整，但拆箱后发现装的是旧铁桶，铁桶内装的不是镀锌铁皮而是污水，当即经商品检验局检验，并做出检验报告。进口公司一方面立即电话香港地区中国银行要求停付，但该批货款早已被卖方提走；另一方面派人去香港找卖方公司索赔，公司也早已人去楼空。该进口公司又向船公司提出索赔。

问题：船公司有无责任？

2. 服装湿损

某年2月，A服装进出口公司委托B贸易运输公司办理600只纸箱的男士服装出口手续。B贸易运输公司将货装上地中海航运有限公司（MSC）所属的"红海"轮，并签发了B贸易运输公司的联运提单，提单上标明货物数量为600只纸箱，分装6只40 ft集装箱。2月27日，该轮抵达目的港日本神户港，同日，集装箱驳卸到岸。3月4日，日方收货人（Fast Co., Ltd.）在港口开箱，由日本诚信公司出具的"拆箱报告"称，箱号为MSCU3784217的集装箱中，有15只纸箱严重湿损，30只纸箱轻微湿损。3月6日，6只集装箱由卡车运至东京某仓库，同日由新日本商检协会检验。该协会于同月11日出具商检报告称：51只纸箱有不同程度的湿损，将湿损衣物的残值冲抵后，实际货损约为32 000美元，湿损系集装箱里档左侧顶部有裂痕所致。

问题：

（1）你认为本案例中集装箱出现裂痕的主要原因是什么？

（2）承运人是否应对收货人进行赔偿？

（3）在集装箱整箱货交接的过程中，所涉及的有关关系方主要有哪些？这些关系方使用什么单证办理集装箱及其集装箱货物的交接，以明确各方的责任？

参考答案

【复习与思考】

一、名词解释

集装箱　集装箱运输　集装箱堆场站（CFS）　集装箱检查桥　整箱货　拼箱货　场站收据联单　集装箱装箱单　到货通知书　交货记录　集装箱设备交接单

二、简答题

1. 简述集装箱运输的特点。

2. 除货主及其代理人外，集装箱运输的关系人还包括哪些？

3. 列举集装箱货物的交接方式（5种以上）。

4. 从货运代理的角度，简述进出口货物集装箱运输的流程。

5. 简述集装箱码头的特点和构成。

6. 简述集装箱码头物流系统的构成。
7. 简述场站收据十联单的流转程序。
8. 分别简述集装箱码头的进出口业务。
9. 简述集装箱货运站的货运业务。
10. 简述进口重箱提箱和出场交接操作。
11. 简述出口重箱交箱和进场交接操作。
12. 简述空箱的堆存与保管操作。
13. 简述集装箱检查桥的基本职责。
14. 分别简述集装箱检查桥提取空箱、重箱进场、提运重箱和回空箱进场的操作。

项目九　港口货物的通关

项目要求

1. 了解口岸检验检疫制度和海关货运监管制度。
2. 了解中国的进出境货物检验检疫通关模式。
3. 掌握进出境货物检验检疫和报检的一般规定。
4. 理解海关对国际货运报关程序的规定并掌握一般货物通关程序。
5. 能够开展集装箱的报检。

项目情景

2022年5月，北京龙口工贸公司与香港TW公司签订一笔3D卡片的出口业务，合同见表9－1，为北京龙口工贸公司供货的是北京东方饰品厂。6月初，北京东方饰品厂已备好货。北京龙口工贸公司委托天津港A货运代理公司将货物从天津港用集装箱海运到香港港。

表9－1　合同

SALES CONTRACT

卖方 SELLER	BEIJING LONGKOU INDUSTRIAL AND TRADING COMPANY NO. 34 HUIXIN ROAD, BEIJING CHINA	编号 NO.	SHC221102
		日期 DATE	MAY. 5,2022
买方 BUYER	HONGKONG TW CORP. RM1102,86 WEALTH STREET,HONGKONG	地点 PLACE	BEIJING
买卖双方同意以下条款并达成交易： This contract is made by and agreed between the BUYER and the SELLER. in accordance with the terms and conditions stipulated below:			
1. 品名及规格 Commodity & Specification	2. 数量 Quantity	3. 单价及价格条款 Unit Price & Trade Terms	4. 金额 Amount

续表

3D CARD ART. NO. 08	180 000 PCS	HKD 1. 50/ PC FOBSHENZHEN	HKD270 000
5. 总值 Total Value	SAY TOTAL HK DOLLARS TWO HUNDRED AND SEVENTY THOUSAND ONLY.		
6 唛头 Marks	N/M		
7. 装运期及运输方式 Time of Shipment & Means of Transportation	NOT LATER THAN JUNE 28, 2022 BY VESSEL		
8. 装运港及目的地 Port of Loading & Destination	From: TIANJIN To : HONGKONG		
9. 保险 Insurance	TO BE COVERED BY THE BUYER		
10. 付款方式 Terms of Payment	BY T /T 30 DAYS AFTER B/L DATE		
11. 备注 Remarks			
The Buyer		The Seller	
HONGKONG TW CORP.		BEIJING LONGKOU INDUSTRIAL AND TRADING COMPANY	

任务1:这批货物如何通关？需要办理哪些手续？

任务2:天津港A货运代理公司代理这批货物通关,何谓代理报检报关？北京龙口工贸公司如何委托天津港A货运代理公司代理报检报关？

任务3:天津港A货运代理公司如何代理报检？

任务4:天津港A货运代理公司如何代理报关？

知识模块

单元一 中国的港口口岸管理制度

所谓口岸,是指为人员、货物和交通工具合法出入国境而设置的港口、机场和车站等跨境通道,拥有基础设施和查验、监督机构,是连接国际经济和国内经济必不可少的通道及窗口。港口是口岸的主要组成部分,港口口岸是港口物流的重要节点。

口岸管理是政府监督管理中的一项重要职能。通过口岸管理,可以保证国家安全,提高货物运转速度,实现经济效益最大化。港口口岸管理制度直接影响港口物流功能的实现。

目前,中国口岸管理实行政府和地方专项管理与各边境口岸职能机构执法行政的制度。国家口岸管理办公室负责研究提出各类对外开放口岸的整体规划及口岸规范的具体措施,指导和协调地方政府口岸工作。各级地方政府设立的口岸管理委员会或口岸办公室,负责本地口岸的管理和协调工作。各地口岸海关,作为口岸查验和监管机构,负责对出入境的货物、交通运输工具和人员进行查验和监管。

中国的港口口岸管理制度主要包括口岸检验检疫制度和海关货运监管制度。

一、口岸检验检疫制度

口岸检验检疫是口岸管理的重要组成部分,其目的是保护国家经济的顺利发展,保护人民的生命和生活环境的安全与健康。口岸检验检疫是指口岸海关依照法律、行政法规和国际惯例等的要求,对出入境的货物、交通运输工具和人员等进行检验检疫、认证及签发官方检验检疫证明等监督管理工作。按照规定,列入《出入境检验检疫机构实施检验检疫的进出境商品目录》的出入境货物,必须进行检验检疫。

(一)法定检验检疫

出入境检验检疫[①],是指作为政府的一个行政部门,以保护国家整体利益和社会效益为衡量标准,以法律、行政法规、国际惯例或进口国法规要求为准则,对进出境货物、交通运输工具、人员及其事项等进行检验检疫、管理及认证,并提供官方检验检疫证明、民间检验检疫公证和鉴定证明的全部活动。我国出入境检验检疫按其业务内容不同,包括进出口商品检验、进出境动植物检疫和国境卫生检疫,俗称"三检"。我国出入境检验检疫工作的主管机构是海关总署。

1. 法定检验检疫的内容

海关检验检疫机构依法进行法定检验检疫。所谓"法定检验检疫",又称强制性检验检疫,是指海关检验检疫机构依照国家法律、行政法规和规定,对必须检验检疫的出入境货物、交通运输工具、人员及其他事项等依照规定的程序实施强制性的检验检疫措施。

法定检验检疫的商品范围包括:有关法规如《出入境检验检疫机构实施检验检疫的进出境商品目录》中规定的商品;对进出口食品的卫生检验和进出境的动植物检疫;对装运出口易腐烂变质食品、冷冻品的船舱、集装箱等运载工具的适载检验;对出口危险货物包装容器的性能检验和使用鉴定;对有关国际条约规定或其他法律、行政法规规定须经检验检疫机构检验的进出口商品的检验检疫。

《出入境检验检疫机构实施检验检疫的进出境商品目录》(简称《实施检验检疫的进出境商品目录》或《法检目录》)是以《商品分类和编码协调制度》为基础编制而成的,包括大部分法定检验检疫的货物,是检验检疫机构依法对出入境货物实施检验检疫的主要执行依据。列入检验检疫《法检目录》的进出境商品,必须经出入境检验检疫机构实施检验检疫和监管。

每条目录均由商品编码、商品名称及备注、计量单位、海关监管条件和检验检疫类别五栏组成(见表9-2)。其中,商品编码、商品名称及备注和计量单位以HS编码为基础,并依

① 也称进出境检验检疫。进境也称入境,出入境也称进出境。我国许多著述和文献中将出入境、进出境、进出口表述混用。出境与出口的含义基本一致,进境、入境与进口的含义基本一致,读者没必要究其表述上的差异。

照最新的海关《商品综合分类表》的商品编号、商品名称、商品备注和计量单位编制。

表9－2 《出入境检验检疫机构实施检验检疫的进出境商品目录》举例

海关商品编号	商品名称	计量单位	海关监管条件	检验检疫类别
08109030	鲜龙眼	千克	A/B	P. R/Q. S
28469029	其他氯化稀土	千克	/B	/N

其中，海关监管条件、检验检疫类别代码含义如下。

海关监管条件代码：

A　表示对应商品须实施进境检验检疫。

B　表示对应商品须实施出境检验检疫。

检验检疫类别代码：

M　表示对应商品须实施进口商品检验。

N　表示对应商品须实施出口商品检验。

P　表示对应商品须实施进境动植物、动植物产品检疫。

Q　表示对应商品须实施出境动植物、动植物产品检疫。

R　表示对应商品须实施进口食品卫生监督检验。

S　表示对应商品须实施出口食品卫生监督检验。

L　表示对应商品须实施民用商品入境验证。

2．法定检验检疫的基本做法

对于法定检验检疫的货物，货主或其代理人应在规定的时限和地点向海关报检。海关依法对指定的进出口商品实施法定检验，检验的内容包括商品的质量、规格、重量、数量、包装及安全卫生等项目。经检验合格并签发证书以后，方准出口或进口。

在出口货物托运环节中，未经检验合格是不能装船出运的，因而在托运的同时应办理报检。出口货物最迟应在出口报关或装运前7天报检，对于个别检验检疫周期较长的货物，应留有相应的检验检疫时间。我国对出口货物检验检疫实行“出口直放”。“出口直放”模式下，出口货物经产地海关检验检疫合格后直接签发相关证书放行，实现跨关区电子通关，口岸海关一般不再实施查验。实施出口检验检疫的货物，企业应在报关前向产地/组货地海关提出申请，海关实施检验检疫监管后建立电子底账，向企业反馈电子底账数据号，符合要求的按规定签发检验检疫证书。企业在报关时应填写电子底账数据号，办理出口通关手续。

海关对进口货物检验检疫实行“进口直通”。“进口直通”模式下，收货人可自主选择在口岸或目的地报检，货物在目的地实施检验检疫。

法定检验检疫的基本流程可归纳为以下几步：

(1)申报。进出口法定检验商品的收货人或者其代理人在进出口时应按照出入境检验检疫报检规定依法向海关申报，并提供必要的证明文件。

(2)检验。海关采用符合性验证、抽样检验、合格保证、登记备案等方式实施检验监管。海关对进出口法定检验商品实施检验的内容包括是否符合安全、卫生、健康、环境保护、防止欺诈等要求以及相关的品质、数量、重量等项目。

(3)合格评定。海关对于仅实施现场检验的进出口法定检验商品，经检验符合相关规定的，可以判定该检验批合格，否则应当判定该检验批不合格；对于抽样送检的，应在现场检验和实验室检测，均符合相关要求的可判定该批合格，否则应当判定为不合格。

(4)不合格处置。进出口法定检验商品经检验，涉及人身财产安全、健康、环境保护项目不合格的，由海关责令当事人销毁，或者出具退货处理通知单；其他项目不合格的，可以在海关的监督下进行技术处理，经重新检验合格的，方可销售或者使用。

(5)监督管理。海关对进出口法定检验商品的收货人及其代理人、进口商及其代理人以及其相关活动应当根据实际工作情况实施监管，必要时可约谈进口工业品的品牌商、制造商、进出口商，以及收(发)货人或其代理人，第三方检验机构等贸易相关方。

(二)我国检验检疫货物通关的基本模式

我国检验检疫货物通关的基本原则可概括为监管有效、便利通关。我国不断深化关检融合，改进海关、检验检疫监管和服务，实现口岸管理部门“信息互换、监管互认、执法互助”，实施“单一窗口”和“一次申报，一次查验，一次放行”的“三个一”通关作业模式，推行检验检疫通关全国一体化，实行“一次申报、分步处置”通关管理模式。

1.“三个一”通关作业模式

“三个一”通关作业模式如图9-1所示。

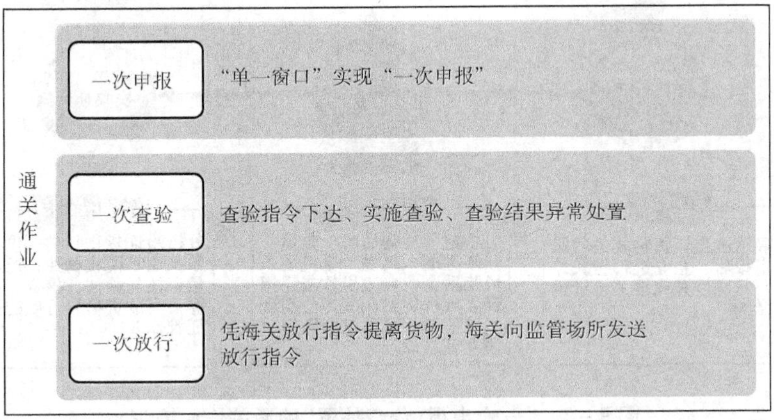

图9-1 “三个一”通关作业模式

(1)一次申报。企业对于依法须报关报检的货物，通过统一录入界面的客户端(如国际贸易单一窗口)，一次录入报关报检数据，向海关申报报检报关电子数据，实现报关和报检录入项目的整合。

(2)一次查验。“一次查验”即一次开箱、海关依法查验/检验检疫。海关接受企业申报后，对需查验的货物，在约定时间内实施一次开箱，依法查验。海关查验指令在电子口岸“一次查验”平台上对碰，码头可立即根据平台的查验指令安排移箱操作。

(3)一次放行。收发货人凭海关放行指令提离货物，海关向监管场所发送放行指令，在放行环节核碰，实现一次放行。

2.“一次申报、分步处置”

我国对全国口岸所有运输方式的进出口商品适用“一次申报、分步处置”的通关管理模式，即企业在货物通关时一次申报，海关分步处置。对进出口货物完成合法进出口等要素甄别后，海关先放行货物，其他手续在通关后完成。

货物放行前，在口岸海关处置安全准入风险；货物放行后，在属地海关开展税收后续管理。海关在“分步处置”模式下，第一步，风险防控中心分析货物是否存在禁限管制、侵权、品名规格数量伪瞒报等安全准入风险并下达布控指令，由现场查验人员实施查验。对于存在重大税收风险且放行后难以有效稽(核)查或追补税的，由税管中心实施货物放行前的税收征管要素风险排查处置；需要在放行前验核有关单证，留存相关单证、图像等资料的，由现场验估岗进行放行前处置；需要实施实货验估的，由现场查验人员根据实货验估指令要求实施放行前实货验估处置。货物经风险处置后符合放行条件的可予放行。第二步，税收征管中心在货物放行后对报关单税收征管要素实施批量审核，筛选风险目标，统筹实施放行后验估、稽(核)查等作业。其重点放在后续的审查和处理上，做到压缩货物在口岸的滞留时间，节省通关时间，降低通关成本。

“一次申报、分步处置”的通关作业流程如图 9－2 所示。

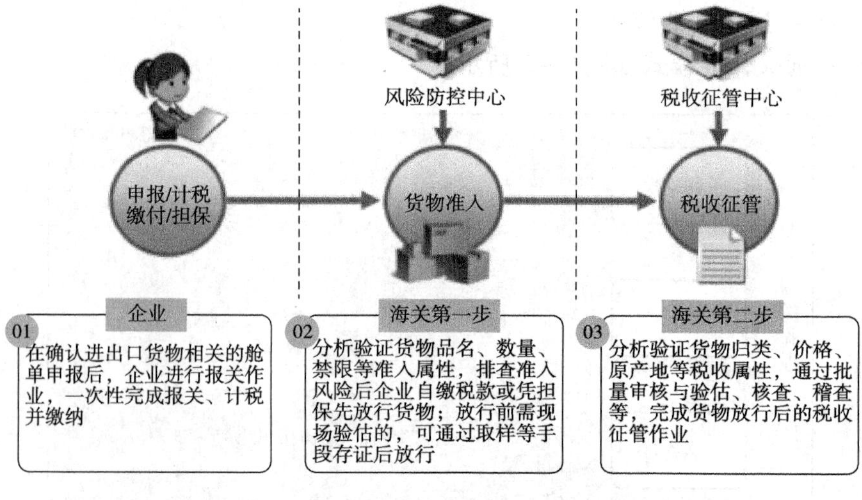

图 9－2　“一次申报、分步处置”的通关作业流程

3. 全国通关一体化

我国实行全国通关一体化。企业可以在任意一个海关完成货物申报、缴税等所有相关海关手续的办理(实货查验、企业注册等必须在口岸、属地海关办理的手续除外)。企业在不同海关面对的是统一的海关监管政策和要求，享受统一的通关便利待遇，无论在哪里通关，海关都是同一个执法口径和标准，全国是一关。

在全国通关一体化模式下，企业拥有更多的自主选择权，无论选择哪个口岸出口，都可以向属地海关报关，可以按照实际物流需求，自主选择通关地点和方式，任意设计最适合自身的物流方案。这种“多地通关，如同一关”的模式，打破了地域限制和关区的行政界线，在简化手续的同时，有效提高物流速度。例如，一家生产机械的重庆企业，需要从我国台湾进口一些零配件，以往的流程是海运到上海港，上海代理报关后办理转关，然后再水路运到重庆。但是，全国通关一体化实现后，货物只要到达上海港，重庆企业可以在重庆海关报关缴税，经过审定后，放行指令就直接传到上海海关，货物直接放行（见图9－3），这样通关成本大幅降低，企业进口成本随之减少。

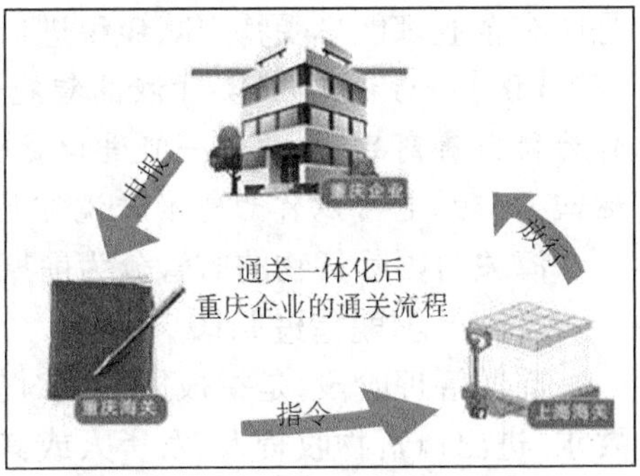

图9－3　全国通关一体化后的通关流程

二、海关货运监管制度

海关货运监管是指海关对进出国境的货物和运输工具的监督管理，是海关的主要任务之一。根据《中华人民共和国海关法》的规定，进出境货物必须通过设有海关的地点进入或离开国境，并接受海关的监管，收货人、发货人凭海关盖有放行章的单据方可办理提货或托运手续。

海关监管货物是指自进境起到办结海关手续止的进口货物，自向海关申报起到出境止的出口货物，以及自进境起到出境止的过境、转运和通运货物等应当接受海关监管的货物，包括一般进出口货物、保税货物、特定减免税货物和暂准（时）进出口货物，以及过境、转运、通运货物和其他未办结海关手续的货物。

一般进出口货物，是指在进出境海关监管环节缴纳了进出口税费，并办结了必要的海关手续，海关放行后不再进行监管的进出口货物。

保税货物，是指经海关批准未办理纳税手续而进境，在境内储存、加工和装配后复运出境的货物。

特定减免税货物，是指经海关依据有关法律准予免税进口的用于特定地区、特定企业和特定用途的货物。

暂准进出境货物，是指经海关批准，凭担保进境或出境，在境内或境外使用后，原状复运出境或进境的货物。

海关主要通过“申报审核、查验检查、结关放行”和“监装、监卸”制度实现货运监管。海关对国际货物的监管依据是：进出口货物的收货人、发货人（或他们的代理人）填写的进出口货物报关单以及商务管理部门签发的进出口货物许可证，或有关主管部门的批准文件以及正常的商务单据。对一般进出口货物，海关依据中国商务部及其授权机关颁发的进出口货物许可证进行监管。对加工装配、中小型补偿贸易等贸易方式进出口的货物，海关依据有关主管部门颁发的批准文件，即许可证件进行监管。所有的进口货物在未办妥海关手续之前，出口货物在运入海关监管区域之后，以及它们在卸装过程中都必须在海关的监管之下。只有经海关办结海关放行手续后，进出口货物方可解除海关监管，办理提货、运输手续，出境运输工具才准予驶往境外。

海关监管职能的实施，要求进出口货物以及运载工具必须办理海关通关手续，从海关规定的地点进出境。

进出口货物海关监管方式是以国际贸易中进出口货物的交易方式为基础，结合海关对进出口货物的征税、统计及监管条件，综合设定的海关对进出口货物的管理方式。中国海关的通关监管方式划分的主要依据，并不是货物本身的自然属性类别，而是主要取决于三个因素:①法律法规的规定,以及货物流动的目的、用途;②进出口收发货人的自身条件(例如,不是所有企业都能享受特定减免税进口货物待遇);③进出口收发货人的意愿。

【例】一台松下47英寸液晶智能电视,当它作为普通进口货物永久地被出售给苏宁电器作为待出售商品时,就是一般进口货物;当它作为科技博览会来华展览的展品(最终还要复运回国)时,它可以作为暂准进境货物通关(这样可以免缴进口关税)。

海关对国际货物的监管分为前期管理阶段、进出境管理阶段和后续管理阶段的监管。

(一)前期管理阶段

前期管理阶段,是指根据海关对保税货物、特定减免税货物、暂准进出口货物等的监管要求,进出口货物收货人、发货人或其代理人在货物进出境以前,向海关办理拟进出口货物合同、许可证等备案手续的过程。前期管理阶段适用于保税加工进出口货物、特定减免税货物、进出境展览品。

在前期管理阶段中,进出口货物收货人、发货人或其代理人应当对以下四大类货物,分别完成相应的工作:

第一,保税货物。进出口货物收货人、发货人或其代理人应当办理加工贸易备案手续,申请建立电子登记手册。

第二,特定减免税货物。进口货物收货人或其代理人应当办理企业的减免税申请、减免税证明的申领手续。

第三,暂准进出口货物。暂准进出口货物中的展览品实际进境之前,进境货物收货人或其代理人应当办理展览品进境备案申请手续。

第四,其他进出境货物中的出料加工货物。在实际出境之前,出境货物发货人或其代理人应当办理出料加工的备案手续。

(二)进出境管理阶段

进出境管理阶段,是指根据海关对进出境货物的监管制度,进出口货物收货人、发货人或其代理人在进口货物进境时、出口货物出境时,向海关办理进出口申报、配合查验、缴纳税费、提取或装运货物手续的过程。进出境管理阶段适用于所有的进出境货物。

接受申报、查验、征税和放行制度是海关监管进出境管理阶段的基本制度。从海关方面看,海关对进出口货物监管的业务程序是接受申报、查验货物、征收税费和结关放行。作为进出境货物的收货人、发货人,其相应的报关手续应当是提出申报、交验货物、缴纳税费、凭单取货或装船出运(如图9-4所示)。

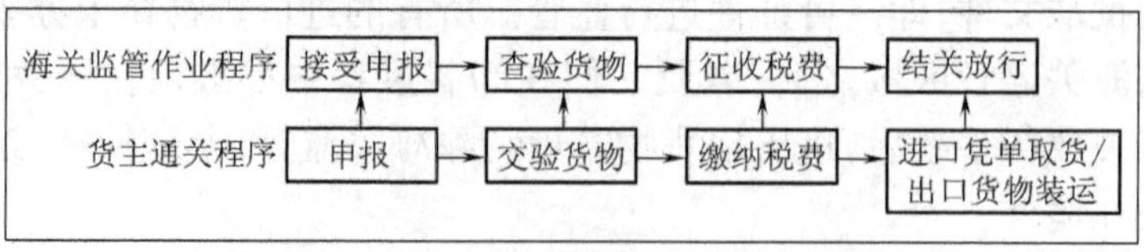

图9-4 进出口货物通关的基本环节

一般进出口货物的通关过程以及通关的后续监管如图9-5、图9-6所示。

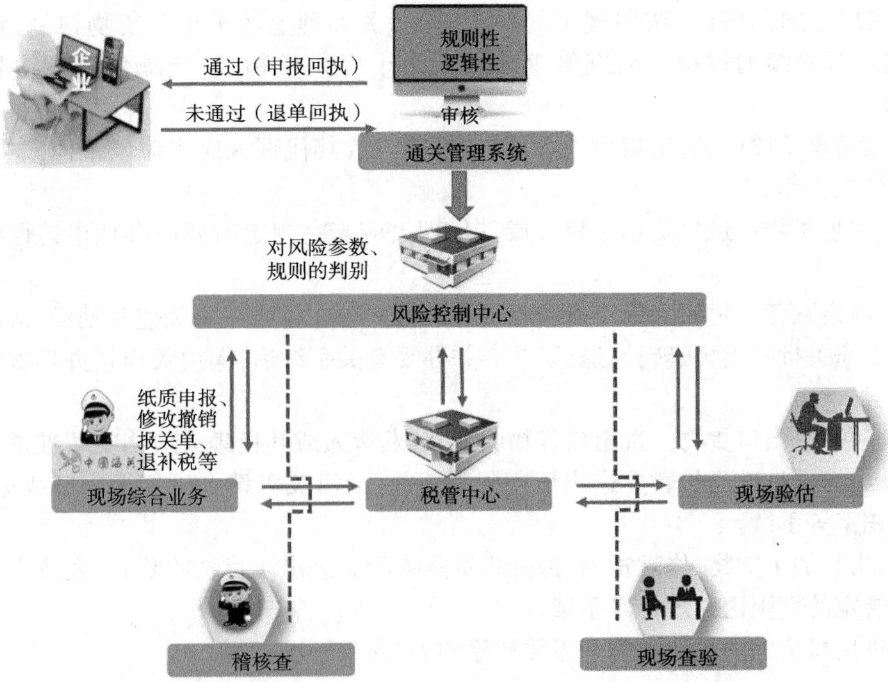

图 9－5　一般进出口货物的通关过程

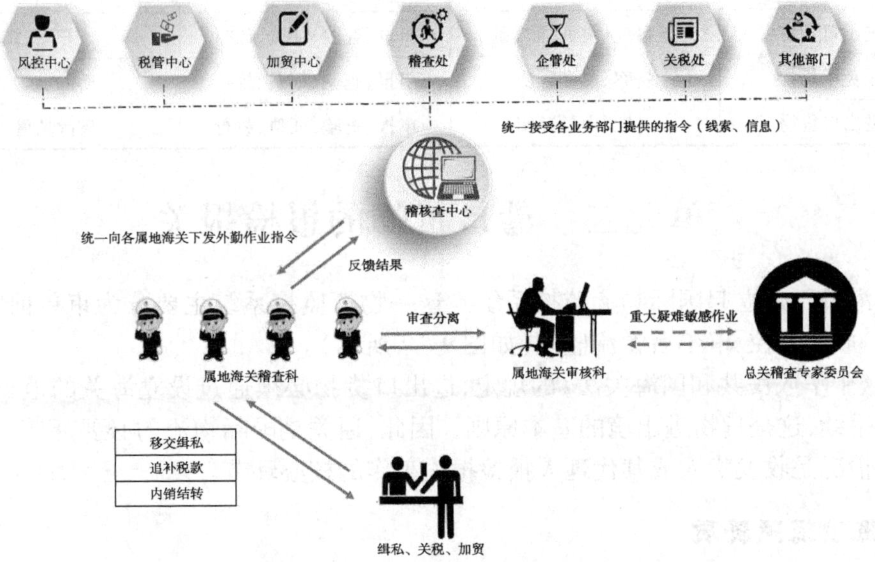

图 9－6　一般进出口货物通关的后续监管

（三）后续管理阶段

后续管理阶段，是指根据海关对保税货物、特定减免税货物和暂准进出口货物等的监管要求，进出口货物收货人、发货人或其代理人在货物进出境储存、加工、装配和使用维修后，在规定的期限内，按照规定的要求，向海关办理上述进出口货物核销、销案和申请解除监管等手续的过程。后续管理阶段适用于保税货物、特定减免税货物和暂准进出境货物。

在后续管理阶段中，进出口货物收货人、发货人或其代理人应当对以下四大类货物，分别完成相应的工作：

第一，保税货物。进口货物收货人或其代理人应当在规定时间内办理申请保税货物核销手续。

第二，特定减免税货物。进口货物收货人或其代理人应当在海关监管期满，或者在海关监管期内经海关批准出售、转让、退运、放弃并办妥有关手续后，向海关申请办理解除海关监管的手续。

第三，暂准进出口货物。进出口货物收货人、发货人或其代理人应当在暂准进出境期限内，或者在经海关批准延长暂准进出境期限到期前，向海关申请办理复运出境或进境，或正式进出口销案等手续。

第四，出料加工货物、修理货物、部分租赁货物等。进出境货物收货人、发货人或其代理人应当在规定的期限内办理销案手续。

总结进出口货物的主要类别和报关程序如表 9－3 所示。

表 9－3　进出口货物的主要类别和报关程序

货物的类别	前期管理阶段	进出境管理阶段	后续管理阶段
一般进出口货物	无	申报、查验、征费、放行	无
保税进出口货物	备案、申领手(账)册	申报、查验、征费、放行	核销、结关
特定减免税货物	备案、申领证明	申报、查验、征费、放行	解除监管、结关
暂准进出口货物	备案、申领证明	申报、查验、征费、放行	解除监管、销案

单元二　港口货物的报检报关

我国海关已建立起国际物流监控系统。这一物流监控系统主要分为审单前物流监控、查验监控、放行监控、审单后物流监控(如图 9－7 所示)。

按照《中华人民共和国海关法》的规定，进出口货物必须通过设立海关的地点进出境并办理相关手续，这是货物进出境的基本原则。因此，通关是国际物流的必要环节。报告进出口货物的情况是收发货人或其代理人报检报关工作的核心环节。

一、报检报关资质

报检也称报验，是指进出口商品的收发货人或其代理人，在海关规定的时限和地点，办理申请检验、配合检验、付费、取得商检单等手续的全过程，是海关受理报检的前提和基础。报关是指进出境运输工具负责人、进出口货物收发货人、进出境物品的所有人或者他们的代理人向海关办理运输工具、货物、物品进出境手续的行为。报关是海关受理进出口货物通关

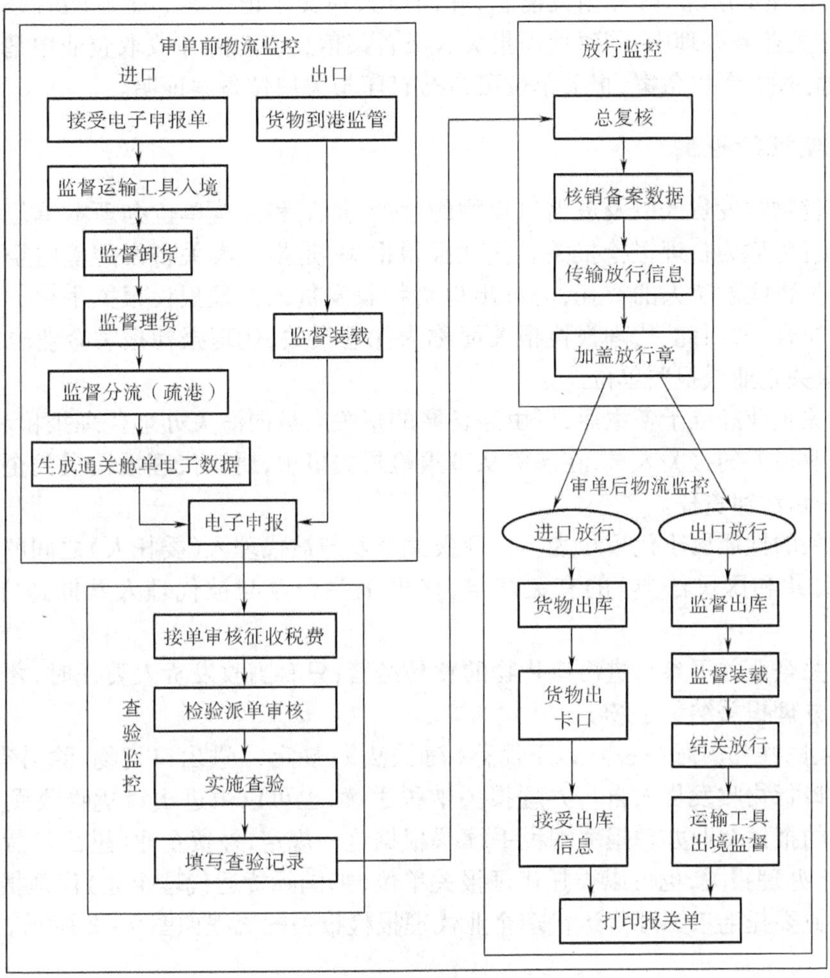

图 9－7　海关对国际物流的监控流程

的前提和基础。

我国对报检报关企业实施备案管理。企业在海关备案后,同时取得报关报检资质;报关人员备案后同时取得报关和报检资质。进出口货物收发货人在海关备案后,同时取得报关和报检资质,可以开展自理报检与报关。检验检疫代理报检企业或报关企业注册登记后,同时取得报关和报检资质,可以开展代理报检报关业务。

因此,港口国际物流企业或国际货运代理企业在海关办理备案手续后,可以开展代理报检报关业务②。国际物流企业或国际货运代理企业可以通过中国国际贸易单一窗口(以下简称"单一窗口",网址:http://www.singlewindow.cn/)"企业资质"子系统或"互联网 + 海

② 我国已将报关单位备案纳入"多证合一"改革。报关单位在办理工商注册登记时需要同步办理报关单位备案的,应按照要求勾选报关单位的备案登记,并补充填写相关备案信息。市场监管部门按照多证合一流程完成登记,并完成与海关总署的数据交换。海关确认接收到报关单位工商注册信息和商务备案信息后对企业备案申请进行审核,企业无须前往海关窗口再办理备案登记手续。

关"的"企业管理子系统"填写相关信息,并向海关提交申请备案。企业同时办理报关人员备案的,在相关业务办理中,同时填写报关人员备案信息。海关在收取企业申请材料后进行审核,审核通过的,予以备案,报关单位可自行打印报关单位备案证明。

二、代理报检报关

进出口货物收发货人以及进出口货物的生产、加工和经营单位办理本单位检验检疫和报关事项的行为称为自理报检报关。代理报检报关,是指经海关备案的境内企业法人依法接受进出口货物收发货人的委托,为进出口货物收发货人办理报检报关手续的行为。由于报检报关资质合一,因此,代理报检报关简称为代理报关,代理报检报关企业也简称为代理报关企业、报关企业或报关单位。

代理报关企业经准予备案后,可由经备案的报关人员向海关办理代理报检和报关业务。代理报关企业指派的报关人员,在海关从事报检报关事项,属该代理报检报关企业的公务活动,并负有一切法律责任。

代理报关的性质属于代理行为。代理报关企业与被代理人(委托人)之间的法律关系适用《中华人民共和国民法典》的有关规定,代理报关企业与被代理人共同遵守海关法律、法规。

代理报关企业并不参与进出口货物的贸易经营,只有当收发货人委托时,才在委托的范围内向海关办理报关纳税手续。

《中华人民共和国海关法》(以下简称《海关法》)规定:"进出口货物,除另有规定的外,可以由进出口货物收发货人自行办理报关纳税手续,也可以由进出口货物收发货人委托海关准予注册的报关企业办理报关纳税手续。"根据这一规定,外贸企业(进出口货物的收发货人)可以自行办理报关,也可以委托代理报关单位(如国际货运代理企业)代理报关。

外贸企业委托港口国际货运代理企业代理报检报关的流程如图 9-8 所示。

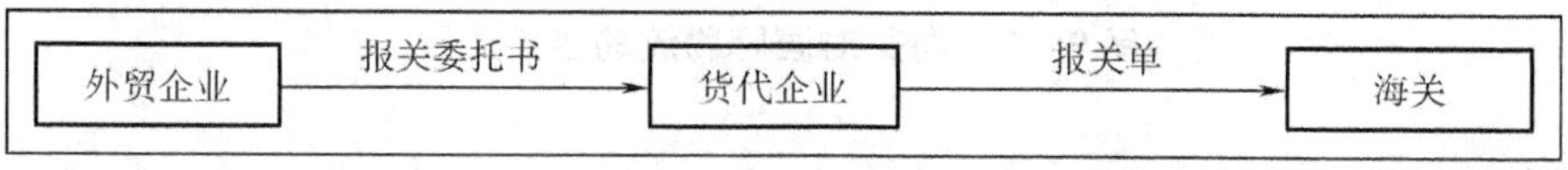

图 9-8　外贸企业委托国际货运代理企业代理报检报关的流程

从图 9-8 来看,外贸企业委托国际货运代理企业代理报检报关的流程主要可分为三步:

第一步,外贸企业在货物装运前委托货运代理公司代办报检报关手续,签订代理报关委托书和委托报关协议,并随附合同、商业发票、装箱单等有关单据。

进出口货物收发货人委托代理报关企业报关须办理报关委托,签订代理报关委托书和委托报关协议。

代理报关委托书和委托报关协议是代理报关时报关单的必备随附单证。当前,进出口货物收发货人(委托方)和报关企业(受托方)主要通过国际贸易单一窗口签订电子代理报关委托书,建立委托关系。外贸企业(境内收发货人)登录国际贸易单一窗口,选择【货物申报】→【报关代理委托】,截图如图 9-9 所示。在【委托关系管理】中选择【发起委托申请】,

输入被委托报关行相关信息后点击【查询】,勾选对应企业,选择【发起委托申请】。勾选相关信息后,点击【发起】按钮,发起委托申请,截图如图 9 - 10 所示。发起委托申请后在【委托关系管理】中选择【确认委托申请】。

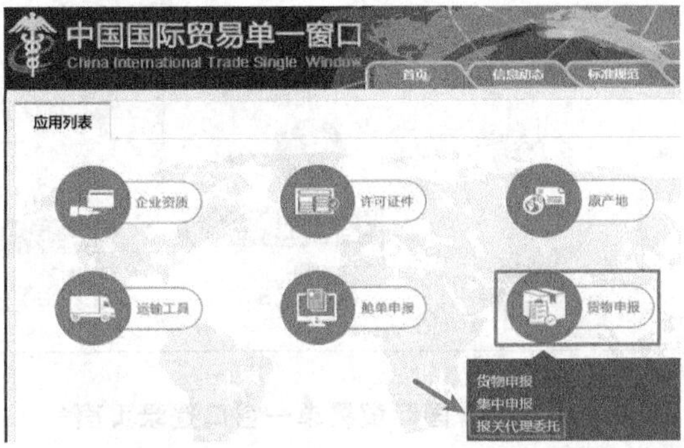

图 9 - 9　单一窗口报关代理委托截图

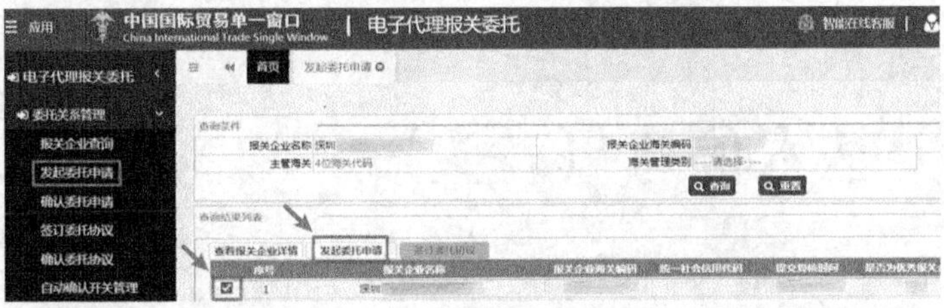

图 9 - 10　发起委托申请截图

第二步,货运代理企业通过国际贸易单一窗口进行货物申报,填制报关单并随附商业发票、装箱单、合同、证书等有关单据电子文件向海关办理进出口货物报检报关手续。

我国实行关检融合"整合申报项目",报关单、报检单合并为一张报关单。报关报检面向企业端整合形成"四个一",即"一张报关单、一套随附单证、一组参数代码、一个申报系统"。其中"一个申报系统"就是指中国国际贸易单一窗口。申报人通过国际贸易单一窗口(https://www.singlewindow.cn)(见图 9 - 11)标准版完成货物报检报关数据申报。

方式一,登录后点"标准版应用"/货物申报/报关单录入。

方式二,登录后点"我要办事"/选择地区(省份)/中央标准版应用/货物申报/报关单录入。

电子报关单货物申报数据录入项目,包括基本申报项目、表头折叠项目和表体折叠项目。其中,基本申报项目包括表头项目、表体项目、集装箱项目、随附单证项目;表头折叠项目和表体折叠项目为检务申报项目,如图 9 - 12 所示。

表头项目主要包括:申报地海关;申报状态;统一编号;预录入编号;海关编号;进出境关别;备案号;合同协议号;进出口日期;申报日期;境内收发货人;境外收发货人;消费使用/生产销售单位;申报单位;运输方式;运输工具名称;航次号;提运单号;监管方式;征免性质;许可证号;启运/运抵国(地区);经停/指运港;成交方式;运费标志;运费/率;运费币制;保险费

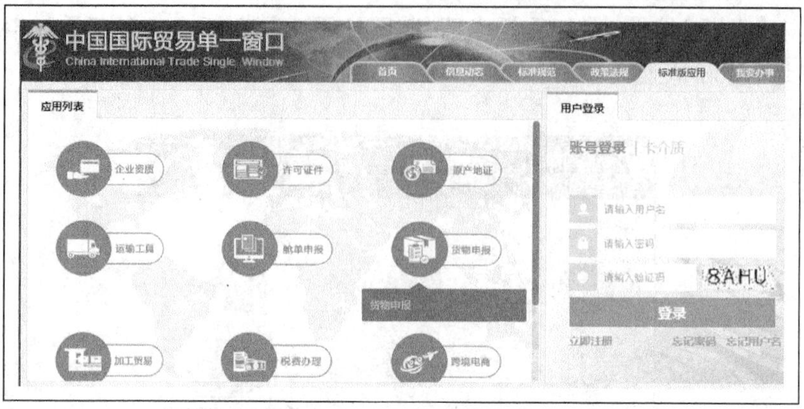

图 9－11　国际贸易单一窗口登录页面

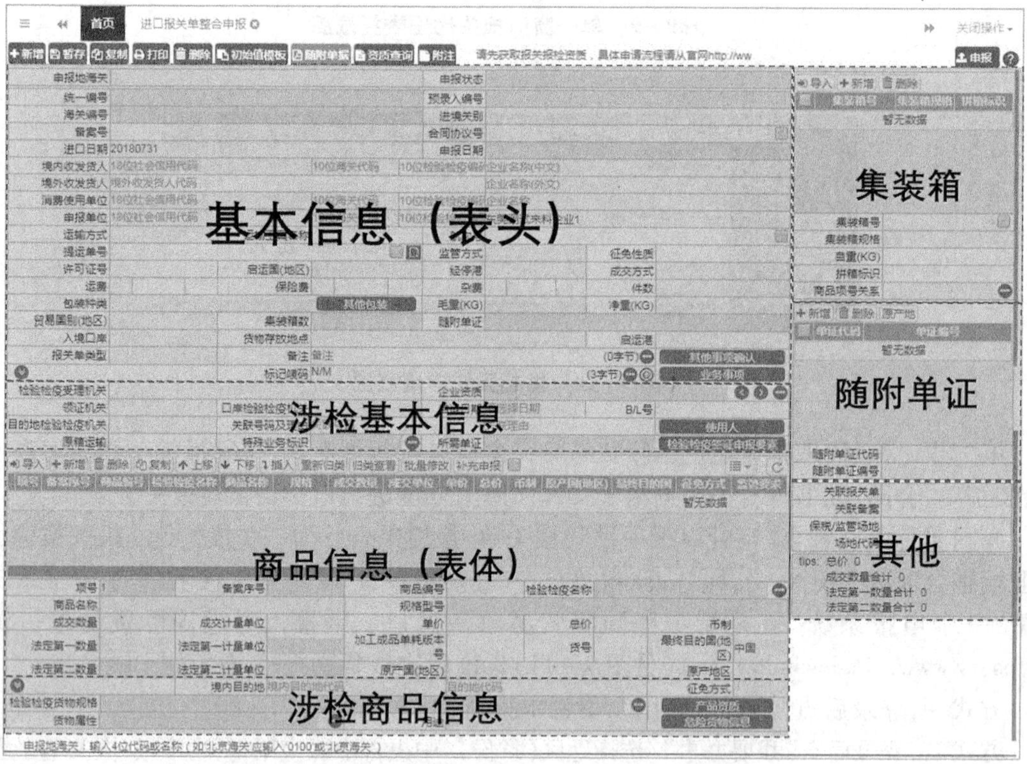

图 9－12　国际贸易单一窗口货物申报进口报关单申报页面结构

标志；保险费/率；保险费币制；杂费标志；杂费/率；杂费币制；件数；包装种类（其他包装）；毛重；净重；贸易国别（地区）；集装箱数；随附单证；入境/离境口岸；货物存放地点；启运港；报关单类型；备注；特殊关系确认；价格影响确认；与货物有关的特许权使用费支付确认；标记唛码。

表体项目主要包括：商品编号；检验检疫名称；商品名称；规格型号；成交数量；成交计量单位；单价；总价；币制；法定第一数量；法定第一计量单位；最终目的国（地区）；法定第二数

量;法定第二计量单位;原产国(地区);加工成品单耗版本号;货号;原产地区;境内目的地/境内货源地;征免方式。

集装箱项目主要包括:集装箱号;集装箱规格;自重(kg);拼箱标识;集装箱商品项号关系。

随附单证项目主要包括:随附单证代码;随附单证编号;关联报关单;关联备案;保税/监管场地;场地代码。

表头折叠项目主要包括:检验检疫受理机关;企业资质类别;企业资质编号;领证机关;口岸检验检疫机关;启运日期;B/L 号;目的地检验检疫机关;关联号码及理由;使用单位联系人;使用单位联系电话;原箱运输;特殊业务标识;所需单证;检验检疫签证申报要素。

表体折叠项目主要包括:检验检疫货物规格;产品资质(产品许可/审批/备案);货物属性;用途;危险货物信息。

以上各栏目数据的填报可按照海关总署发布的《海关进出口货物报关单填制规范》《进出口货物申报项目录入指南》填报。通关参数可以登录海关总署网站(http://www.customs.gov.cn)查询。目前的查询路径为:海关总署门户网站(首页/在线服务/在线查询/通关参数/"关检融合部分通关参数查询及下载")。填制内容必须真实,做到"单证相符"和"单货相符",即所填报关单各栏目必须与商业发票、装箱单、批准文件和随附单据相符,必须与实际进出口货物情况相符。不同批文的货物、不同合同的货物、同一批货物中不同贸易方式、同一批货物不同运输方式、同一批货物相同运输方式但航次不同的货物,均应分单填报。报关单填报不正确,一是影响通关速度;二是影响税率的计征;三是影响企业的出口退税和收结汇核销。

单证电子化

在实际操作中,一般通过国际贸易单一窗口先申报电子数据报关单,再视海关要求打印纸质报关单以及随附相关单证提交给海关。纸质报关单并不是电子报关单所有数据的打印版,纸质报关单的主要内容见表 9-4、表 9-5。

表 9-4　出口货物报关单

中华人民共和国海关出口货物报关单

预录入编号:　　　　　　　　　　　　　　　　海关编号:

<table>
<tr><td colspan="2">境内发货人</td><td colspan="2">出境关别</td><td colspan="2">出口日期</td><td colspan="2">申报日期</td><td>备案号</td></tr>
<tr><td colspan="2">境外收货人</td><td colspan="2">运输方式</td><td colspan="2">运输工具名称及航次号</td><td colspan="3">提运单号</td></tr>
<tr><td colspan="2">生产销售单位</td><td colspan="2">监管方式</td><td colspan="2">征免性质</td><td colspan="3">许可证号</td></tr>
<tr><td colspan="2">合同协议号</td><td colspan="2">贸易国(地区)</td><td colspan="2">运抵国(地区)</td><td colspan="2">指运港</td><td>离境口岸</td></tr>
<tr><td colspan="2">包装种类</td><td>件数</td><td>毛重(千克)</td><td>净重(千克)</td><td>成交方式</td><td>运费</td><td>保费</td><td>杂费</td></tr>
<tr><td colspan="9">随附单证及编号</td></tr>
<tr><td colspan="9">标记唛码及备注</td></tr>
<tr><td colspan="9">项号　商品编号　商品名称及规格型号　数量及单位　单价/总价/币制　原产国(地区)　最终目的国(地区)　境内货源地　征免</td></tr>
<tr><td colspan="9"></td></tr>
</table>

续表

<table>
<tr><td colspan="3"> </td></tr>
<tr><td colspan="3"> </td></tr>
<tr><td colspan="3">特殊关系确认：　价格影响确认：　支付特许权使用费确认：　自报自缴：</td></tr>
<tr><td>报关人员　报关人员证号
电话
申报单位</td><td>兹申明对以上内容承担如实申报、依法纳税之法律责任
申报单位(签章)</td><td>海关批注及签章</td></tr>
</table>

表 9－5　进口货物报关单

中华人民共和国海关进口货物报关单

预录入编号：　　　　　　　　　　　　　　　　海关编号：

<table>
<tr><td>境内收货人</td><td colspan="2">进境关别</td><td colspan="2">进口日期</td><td colspan="2">申报日期</td><td>备案号</td></tr>
<tr><td>境外发货人</td><td colspan="2">运输方式</td><td colspan="2">运输工具名称及航次号</td><td colspan="2">提运单号</td><td>货物存放地点</td></tr>
<tr><td>消费使用单位</td><td colspan="2">监管方式</td><td colspan="2">征免性质</td><td colspan="2">许可证号</td><td>启运港</td></tr>
<tr><td>合同协议号</td><td colspan="2">贸易国(地区)</td><td colspan="2">启运国(地区)</td><td colspan="2">经停港</td><td>入境口岸</td></tr>
<tr><td>包装种类</td><td>件数</td><td>毛重(千克)</td><td>净重(千克)</td><td>成交方式</td><td>运费</td><td>保费</td><td>杂费</td></tr>
<tr><td colspan="8">随附单证及编号</td></tr>
<tr><td colspan="8">标记唛码及备注</td></tr>
<tr><td colspan="8">项号　商品编号　商品名称及规格型号　数量及单位　单价/总价/币制　原产国(地区)　最终目的国(地区)　境内目的地　征免</td></tr>
<tr><td colspan="8"> </td></tr>
<tr><td colspan="8"> </td></tr>
<tr><td colspan="8"> </td></tr>
<tr><td colspan="8"> </td></tr>
<tr><td colspan="8">特殊关系确认：　价格影响确认：　支付特许权使用费确认：　自报自缴：</td></tr>
<tr><td colspan="3">报关人员　报关人员证号
电话
申报单位</td><td colspan="4">兹申明对以上内容承担如实申报、依法纳税之法律责任
申报单位(签章)</td><td>海关批注及签章</td></tr>
</table>

我国全面实行两步申报。“两步申报”是进口货物“概要申报、完整申报”的简称，是海关为适应国际贸易的特点和安全便利的需要所采取的一项重要通关改革措施。海关特殊监管区域境外入区货物也适用“两步申报”。

在“两步申报”通关模式下，企业不需要一次性提交全部申报信息及单证，整个提交过程可以分两步走。

第一步，企业凭提单信息提交口岸安全准入申报需要的相关信息，进行“概要申报”。货物如果不需要进一步查验，就可以马上被放行、提离。涉税的货物，在提供了税款担保以后，也可以被放行、提离。

第二步，货物在口岸放行后的 14 天内，企业补充提交满足税收征管、合格评定、海关统计等整体监管所需要的相关信息和单证。

企业可自主选择 “两步申报”或“一次申报”模式。采用两步申报后通关的基本流程如图 9 – 13 所示。

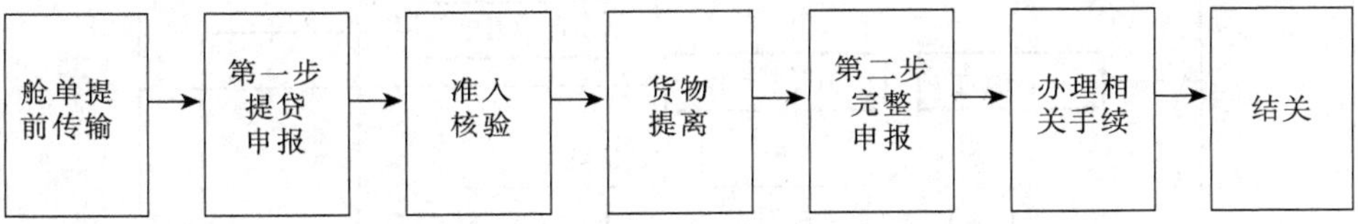

图 9 – 13　“两步申报”通关的基本流程

第三步，海关集中审单、检验检疫、查验、征税、办理货物放行手续，报关企业从计算机上自行打印海关通知放行的凭证，凭以提取进口货物或将出口货物运到运输工具上离境。

海关采用报关自动化系统进行作业处理。海关利用通关系统可实现无纸审单、放行。一般进出口货物的通关流程可细分为电子申报、集中审单、现场通关—接单、现场通关—查验、现场通关—税费征收、现场通关—单证放行、口岸通关—实货放行、进出口货物报关单签证或打印等八大环节（如图 9 – 14 所示）。

案例

上海申步公司进口零部件一批，包括灌装机用电气开关、硅胶胶水等，海关监管条件为法定检验、3C 证书免办证明、两用物项和技术进口许可证，并采用运保费到付。

上海申步公司如果选择“一次申报”模式，则需取得全部监管证件和单据，其中运保费需货物到港后才能确定，无法提前申报。如果采取“两步申报”，则货物在运输途中，企业获得提单、进口许可证信息后即可提前报关。其中，第一步只需概要申报，上海申步公司录入提单号、HS 编码、监管方式、监管证件号等概要信息，确认由提单号关联的相关信息，并提供税款担保，货物到港后如无须口岸查验，即可提离。在运输工具进境申报后 14 日内上海申步公司进行第二步完整申报，即在第一步申报信息基础上补全报关单其他信息，提交运保费证明、3C 免办证明等，并配合海关检验。

两步申报的好处是申报人可以在货物提离以后 14 天之内，按照规定完成相关手续，既保障了企业权益、降低了企业成本，又提高了通关效率。此外，如果选择“一次申报”模式，企

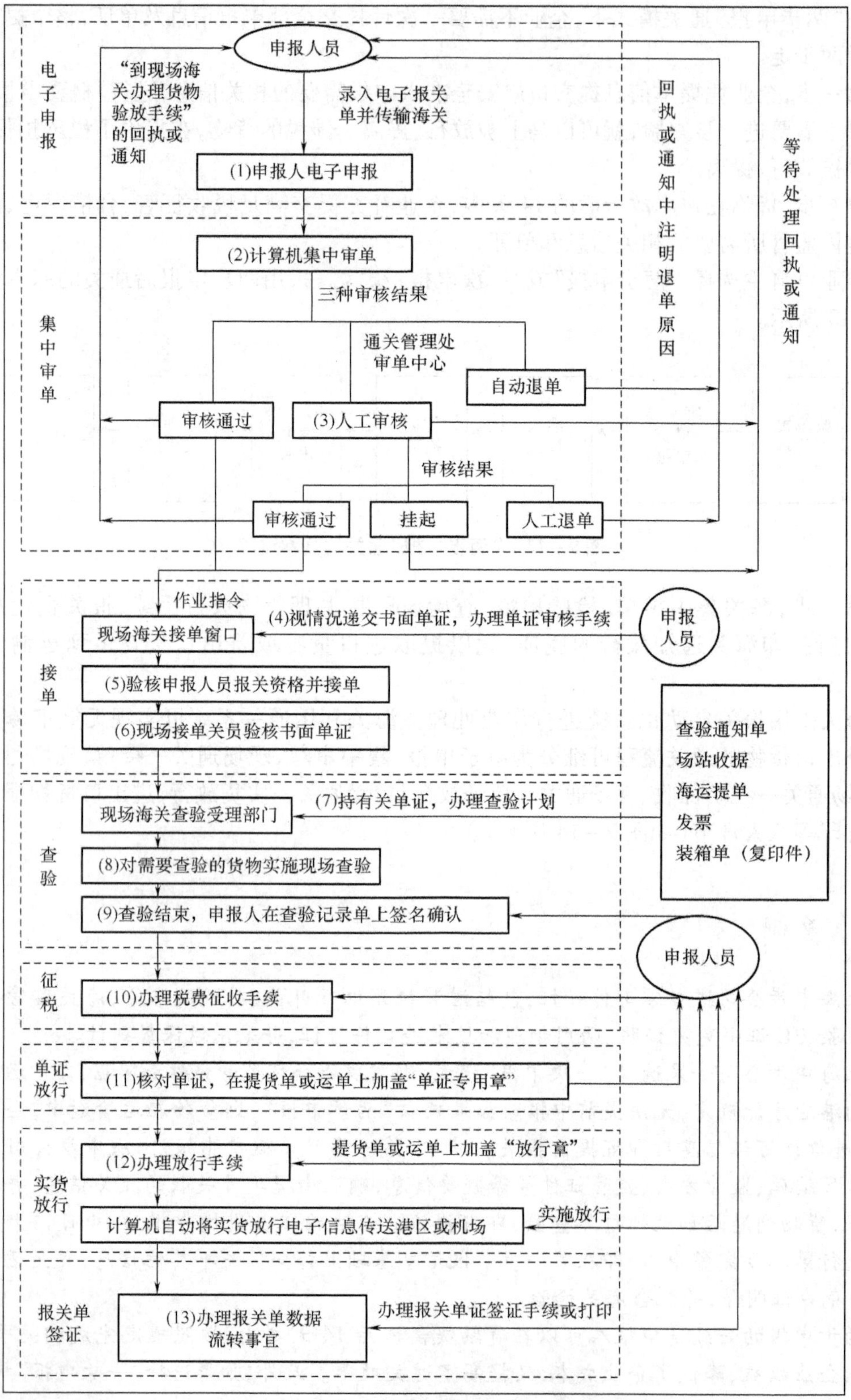

图 9－14　进出口货物的自动化通关流程

业需一次性提交全部相关信息，信息验证以后才能提离货物，而货物申报时难免出现错报、漏报，需要进行修改和调整，货物通关时间较长。如果采取两步申报则可有效降低上述申报过程中的风险。

单元三　出入境集装箱的报检

集装箱作为一种特殊的装载容器或运输设备，反复装运并往返世界各地，集装箱箱体内很可能带有病媒生物，植物危险性病、虫、杂草以及其他有害生物，疫情疫病通过集装箱传入的风险不断提高。目前，对集装箱实施检疫已得到世界各国的普遍认同和高度重视，澳大利亚、新西兰和美国等发达国家都对集装箱检疫做出了严格规定，甚至将集装箱监管上升到国家安全和反恐的高度。我国十分注重对出入境集装箱的检验检疫。

一、集装箱检验检疫的内容与要求

出入境集装箱是指国际标准化组织所规定的集装箱、包装入境、出境和过境的重箱及空箱。《出入境集装箱检验检疫管理办法》规定的集装箱检疫范围是：①对装载出境植物、动植物产品和其他检疫物的出境集装箱，实施动植物检疫。②所有入出境的集装箱，都应向检验检疫机构申报，实施卫生检疫。③凡装载动植物、动植物产品和其他检疫物的入境（含过境）集装箱。④来自动植物疫区的集装箱（含空箱和重箱）应实施动植物检疫。⑤箱内带有植物性包装物或铺垫物的入境集装箱。

集装箱在出入境前、出入境时或过境时，承运人、货主或代理人，必须向检验检疫机构报检。检验检疫机构按照有关规定对报检集装箱实施检验检疫。中国对出入境（含过境）集装箱（包括重箱和空箱）实施卫生检疫、动植物检疫以及装运出口易腐烂变质食品、冷冻品集装箱的适载性能检验。

（一）集装箱检验检疫的内容

集装箱检验检疫的内容可分为三类。

1. 强制性检验

检验范围：对装运出口易腐烂变质食品、冷冻品的集装箱，在装运前实施清洁、卫生、冷藏效能和密固状况等适载性检验。

检验内容：箱体、箱门完好，箱号清晰，安全铭牌齐全；箱体无有毒有害危险品标志；箱内清洁、卫生、无有毒有害残留物，且风雨密状况良好；箱内温度达到冷藏要求，符合《中华人民共和国商检法》及其实施条例的规定。

2. 非强制性检验鉴定

非强制性检验鉴定包括集装箱载损鉴定、集装箱货物的装箱鉴定、集装箱货物的拆箱鉴定、集装箱承租鉴定、集装箱退租鉴定和集装箱的单项鉴定。

3. 集装箱检疫

集装箱检疫主要是检查集装箱是否来自疫区；是否被人类传染病和动物传染病病原体污染；是否带有植物危险性病、虫、杂草以及其他有害生物；有无啮齿动物、蚊、蝇和蟑螂等病媒生物；是否被有毒有害物质污染；是否清洁；是否带有土壤、动植物残留物；有无废旧物品、特殊物品、尸体和棺柩等，并按规定实施卫生除害处理。

（二）集装箱检验检疫要求及检验方法

1. 集装箱检疫要求

集装箱检疫要求如下：

（1）集装箱箱体表面标有集装箱所用裸露木材已按照有关规定进行免疫处理的免疫牌（标志）。

（2）集装箱未携带啮齿动物及蚊、蝇、蟑螂等病媒昆虫。

（3）集装箱未被人类传染病和国家公布的一、二类动物传染病和寄生虫病病原体污染。

（4）集装箱未携带植物危险性病、虫、杂草以及其他有害生物。

（5）集装箱未携带土壤、动物尸体和动植物残留物。

2. 集装箱检验方法

集装箱检验方法主要有箱体外表检疫查验和箱内检疫查验。

（1）箱体外表检疫查验的方法。

①以目视方法核查集装箱箱号，查看集装箱箱体是否完整。

②检查集装箱箱体是否有免疫牌。

③检查集装箱外表是否带有土壤、非洲大蜗牛等。携带土壤的，清除土壤并进行卫生除害处理。

（2）箱内检疫查验的方法。

①检查箱内有无啮齿动物、病媒昆虫或其粪便、足迹、咬痕、巢穴以及其他有害生物等，若有，要采样。

②检查箱内有无植物危险性病、虫、杂草、土壤、动物尸体和动植物残留物等，若有，要采样并进行卫生除害处理。

③检查箱内有无被病原微生物或理化因子污染的可能，如发现，采样送实验室检验，并作消毒处理。

（三）集装箱检疫结果及处理办法

集装箱检疫结果及相应的处理办法如下：

（1）法定措施。装载有废旧物品的必须实施卫生处理，对国家禁止进口的废旧物品，如旧麻袋、旧服装禁止入境。对有严重污染的废旧物品如有毒有害化学物质、放射性物质和生活垃圾等，应与有关部门联系，就地销毁或令其离境。

（2）卫生处理调查。有啮齿动物、病媒昆虫或污染嫌疑的，必须实施卫生处理；有垃圾污物、动物尸体、粪便的，必须实施卫生处理；必要时进行致病菌检测。

（3）鉴定种类。收集医学昆虫和啮齿动物，送实验室鉴定种类，并对鉴定结果进行登记。

（4）对虫害、杂草、蜗牛、动植物残留物和土壤，经检疫不合格的作检疫处理。

（5）装载动植物、动植物产品和其他检疫物以及植物性包装物、铺垫物的进境集装箱，一般在入境口岸随同货物一起实施动植物检疫或检疫处理。

（6）装载动植物、动植物产品和其他检疫物的过境集装箱，在入境口岸实施箱体检疫或防疫性消毒处理，出境时不再检疫。经检疫发现国家规定的危险性病虫，须作检疫处理或不准过境。

(7)装载易腐烂变质食品、冷冻品、动植物、动植物产品和其他检疫物以及输入国家或地区有检疫要求的出境集装箱,依据输入国家或地区的检疫要求、贸易合同等实施检疫,未经检疫或检疫不合格的集装箱,不得装运出口。

(8)需实施卫生处理的,货主或代理人应填写申报单,检疫人员向货主或代理人签发卫生处理通知书。不需实施卫生处理的,国家允许进口的货物,检疫人员签发入境卫生检疫许可证,给予放行。

集装箱卫生除害处理

【例】某年6月5日,海关在对来自美国的装载废五金、杂件的8个进口集装箱实施检验检疫时,发现其中5个集装箱带土近1吨。检验检疫人员即按规定作了封存退货处理。6月12日,该5个集装箱在检验检疫人员的监督下装船退运。

【例】某年4月1日,海关在对一批来自象牙海岸的进境集装箱及所载原木实施检验检疫时,在集装箱内截获中国禁止进境二类危险性有害生物——非洲大蜗牛。检验检疫人员立即用溴甲烷对该集装箱及货物实施了熏蒸灭虫处理,防止了疫情的传入。

二、出境集装箱适载检验

装运出口易腐烂变质食品、冷冻品的集装箱应实施清洁、卫生、冷藏、密固等适载检验。

申请人通过国际贸易单一窗口货物申报/出境集装箱适载申报录入报检信息并发送电子报检数据(见图9-15)。填报报检数据时需明确“预检日期”“场站登记号”“报检单位”“集装箱箱型”“集装箱数量”“集装箱规格”“集装箱箱号”等几个重要数据项。对于需录入的集装箱箱量较多时,可通过导入功能实现相关集装箱信息的上传。填报时需提供集装箱照片(含箱号和箱内全景)。

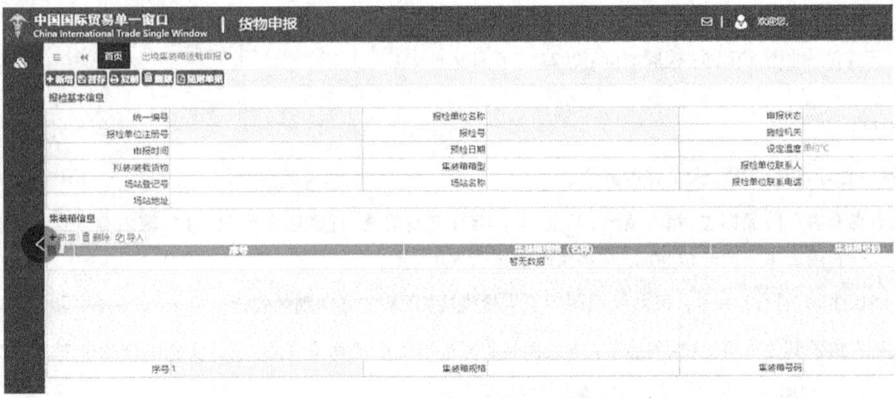

图9-15 出境集装箱适载申报页面

海关根据有关工作规范、企业信用类别、产品风险等级,判别是否需要实施现场查验,对无须现场查验的,审核报检资料后出具相关证明文件;对需要进行现场查验的,查验合格的出具相关证明文件(如集装箱检验检疫结果单)。

任务解析

下面根据上述所学知识对项目情景的任务进行简要解析。

任务1:我国对列入《出入境检验检疫机构实施检验检疫的进出境商品目录》范围内的进出境货物(包括转关运输货物),必须实施检验检疫和监管。该批3D卡片的HS编码是39199090,查询得知其检验检疫的监管要求为非法检货物,因此只需对出境装载货物用的集装箱进行报检后,对该批货物报关。

任务2:代理报检报关,是指经海关备案的境内企业法人依法接受进出口货物收发货人的委托,为进出口货物收发货人办理报检报关手续的行为。北京龙口工贸公司委托天津港A货运代理公司代理报检报关,应网上签订代理报关委托书、委托报关协议。

任务3:天津港A货运代理公司可以这样代理报检:

(1)办理报检报关资质。

(2)与北京龙口工贸公司签订代理报检委托书。

(3)在装货前向天津口岸海关进行集装箱报检。

(4)电子申报。申报人打开国际贸易单一窗口标准版门户网站(http://www.singlewindow.cn),登录后进入"货物申报"页面,点击左侧菜单栏"货物申报——其他报检",展开后点击"出境集装箱适载申报",进行报检单的相关信息录入以及随附单据的上传,点击【申报】蓝色按钮,数据被发送到海关相关业务系统。

(5)联系施检。经检验检疫合格,获取集装箱检验检疫结果单(见表9-6)。

表9-6 集装箱检验检疫结果单

编号:A85902678

申请人:北京龙口工贸公司

集装箱数量:4×20GP 箱型:20GP

拟装/装载货物:3D卡片 运输工具:

检验地点:天津滨海集装箱码头 检验时间:2022年6月9日

检验检疫结果:

☑ 箱体、箱门完好,箱号清晰,安全铭牌齐全。

☑ 箱体无有毒有害危险品标志;箱内清洁、卫生,无有毒有害残留物,且风雨密状况良好;箱内温度达到冷藏要求,符合《中华人民共和国进出口商品检验法》及其实施条例的规定。

☑ 未发现病媒生物,符合《中华人民共和国国境卫生检疫法》及其实施细则的规定。

☑ 未发现活害虫及其他有害生物,符合《中华人民共和国进出境动植物检疫法》及其实施条例的规定。

规格	集装箱号码
5.897米×2.348米×2.385米	GESU7120230
5.897米×2.348米×2.385米	GESU7120231
5.897米×2.348米×2.385米	GESU7120232
5.897米×2.348米×2.385米	GESU7120233

签字: 日期:2022年6月11日

任务4:天津港A货运代理公司可以按如下程序代理报关:①与北京龙口工贸公司签订代理报关委托书和委托报关协议,并收取随附合同、商业发票、装箱单等有关单据。②办妥报检手续后,制作报关单并随附商业发票、装箱单、合同或检验检疫证书等有关单据向天津海关申请办理出口货物报关手续。③海关核准后,在报关单和装货单上盖放行章,港口凭装货单装船。

个案分析

1. 报检

河北T公司出口一批本地生产的芦笋罐头。合同规定,该批货物应于5月1日前装运,公司备好货是4月25日,为不延误船期,该公司直接将货物运至出口口岸青岛港。青岛港的W货运代理公司于4月28日持合同、发票、装箱单、厂检单、包装性能检验结果单和卫生注册证书副本等单据向青岛口岸海关办理有关报检手续。

问题:本案中,在办理检验业务时有哪些不正确的地方?

2. 检疫检验

报检员王东现有装运服装、木材、设备和盐湿牛皮四类集装箱报检业务,王东分析后认为:

(1)装运服装的出境集装箱不需要进行卫生检疫;

(2)装运木材的出境集装箱不需要进行动植物检疫;

(3)装运设备的进境集装箱需要进行卫生检疫;

(4)装运盐湿牛皮的进境集装箱需要进行卫生检疫和动植物检疫。

王东关于集装箱检验检疫的分析,你认为不正确的是哪几项,为什么?

3. 报关

深圳港G物流有限公司代理报关服务部小王要处理货物的报关和如下事项:①加工贸易合同申请备案;②加工贸易合同申请核销;③暂时进出口货物申请销案;④特定减免税货物申请签发征免税证明;⑤无代价抵偿货物;⑥出料加工货物;⑦一次性按货物实际价格缴纳税款的租赁进口货物;⑧进出境修理货物。

问题:上述哪些事项属于小王应向海关办理的海关前期管理阶段的报关事务?需要海关后续管理的货物有哪几项?

参考答案

【复习与思考】

一、名词解释

报检　代理报检报关　检验检疫　口岸　报关

二、简答题

1. 简述法定检验检疫的基本做法。
2. 简述“三个一”通关作业模式。
3. 简述“一次申报、分步处置”的通关管理模式。
4. 简述海关物流监控系统的主要内容。
5. 简述两步申报的基本做法。
6. 简述代理报检报关的基本做法。
7. 国际贸易单一窗口货物申报的登录方式有哪几种？

项目十　港口保税物流

项目要求

1. 了解保税货物的分类、特点及海关监管特征和报关的基本程序。

2. 理解保税物流的特点及保税物流的主要业务功能。

3. 了解中国保税物流的发展过程及理解中国保税物流的结构体系。

4. 了解中国保税物流的主要形式。

5. 掌握保税仓库和出口监管仓库、保税物流中心、区港联动——保税物流园区和保税港区各自的功能、政策优势和监管要求。

项目情景

盐田港保税区物流园区实行“区港联动”政策后，因其实行保税区政策及出口加工区的政策，同时还拥有港口功能，而使很多加工企业改“香港一日游”为“国内一日游”，降低了运输成本。过去，加工企业因生产需要需向国内购买部分料件，但来料加工企业没有资格进行国内购买，进料加工企业涉及税务问题，故采用先将国内购买料件出口至香港再用手册申报进口。现在，盐田港保税物流园区的成立，使加工企业将“香港一日游”改为“国内一日游”，获得了“香港一日游”的效果，也解决了保税区不能退税的问题。料件进入物流园区视同出口，可办理报关手续，实行退税。

加工企业往往有相应的驻外机构进行国际采购与国际销售，现在，加工企业大多利用盐田港保税区物流园区的便利，先行将其驻外机构国际采购的货物进口到国内，并放入园区保税仓储，根据企业的要求进行配送分拨，同时也可以将需出口的货物先行出口至物流园区，完成相关的海关申报及退税手续，再进行拼柜或拆柜处理，完成符合要求的国际配送。

深圳盐田港保税区物流园区设有两个卡口:1 号卡口与港区直接相连，为区港直通卡口;2 号卡口为物流园区与国内非物流园区通行卡口，实现区域管理、卡口管理、港区管理“三位一体”的监管模式和一次申报、多次使用、信息共享的通关模式。

深圳盐田港保税区物流园区通过电子设备与监控设备等监管设施联动，对进出园区的货物自动采集、核对有关数据，实行严密完善的人工监控措施和规范严格的业务操作流程，确保严格监控。对园区企业采用通关、账册电子化管理等先进手段，货物可在园区内自由转让、在区港间 24 小时直通、到港后船边提取直接入区和分批进入园区集中报关。

任务1:保税货物具有哪些基本特点?

任务2:保税物流具有哪些主要功能?

任务3:除文中提到的“保税物流园区”外,我国还有哪些保税物流形式?

任务4:结合本案例简述保税物流园区的政策优势及海关对保税物流园区的监管。

任务5:结合本案例简述“境外一日游”业务。

任务6:何谓文中提到的“区港联动”? 如何运作保税港区的业务?

知识模块

单元一　保税货物与保税物流

“保税”,从字面上理解,即海关对货物“保留征税权”,是指经海关批准,对进口货物暂不征税,而采取保留征税予以监管,货物进口后,暂不缴纳相应关税的一种状态。保税制度①,是指经海关批准的境内企业所进口的货物,在海关监管下在境内指定的场所储存、加工和装配,并暂缓缴纳各种进口税费的一种海关监管业务制度。保税制度能够使出口企业简化出口手续,减少因纳税而造成的资金占用和利息成本,有利于国内出口加工企业的开办和经营,也有利于实行保税制度的口岸城市的繁荣。

保税“保”的是什么税

一、保税货物的特点、分类及海关监管

《中华人民共和国海关法》(以下简称《海关法》)对保税货物(bonded goods)的定义是:“经海关批准未办理纳税手续进境,在境内储存、加工、装配后复运出境的货物。”海关对保税货物进境时暂缓征税,待货物进境储存或加工后的去向确定,再决定征税或免予征税。如果储存或加工的成品在海关规定的期限内复运出境,则免税;如转为在境内销售,海关则补征税款,如图10-1所示。

(一)保税的形式

海关保税制度的形式主要有两种:一是海关保税储存制度;二是保税加工制度。在这一制度下,货物暂准进口的目的虽各不相同,但原则上都要复运出口:既可加工为新产品出口,也可原状复出口。保税的形式主要分为保税储存和保税加工。

1.保税储存

保税储存是指进口货物在海关监管下储存于指定场所,并暂缓缴纳进口税的一种保税形式。保税储存的目的在于使进口货物在暂缓缴纳进口税的状态下暂时存放于保税仓库,等待最终进入贸易或生产环节。因此,保税储存是一种以仓库为依托,以储存为基础的保税形式。根据中国海关规定,货物以寄售、维修、免税销售、转口和结转加工等为目的的临时进口,可以存放于经海关注册登记的保税仓库,再根据经营需要提离仓

① 保税制度最早产生于中世纪诸侯分立的欧洲。在16世纪中期,意大利的里窝那港口成为世界上第一个实行保税制度的城市,并产生了最初的保税形式——保税储存制度。

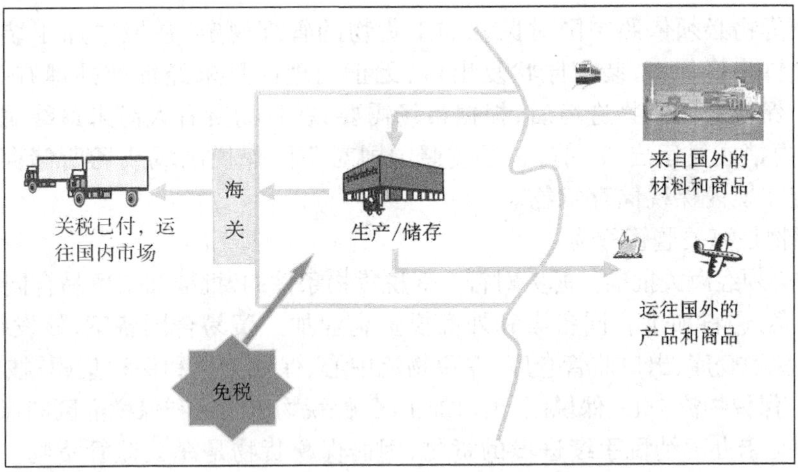

图 10－1 保税货物的海关监管示意图

库，实际用于上述目的。如果在储存期内无法实现上述经营目的，可将货物复运出境或办理进口手续后转为内销。

2. 保税加工

保税加工是指拟用于制造、加工的货物在海关监管下暂缓缴纳进口税，作为原料、材料、辅料、零部件、元器件、配套件和包装物料及半成品临时进口，经加工后复运出口的一种保税形式。

（二）保税货物的基本特点

1. 特定目的

中国《海关法》将保税货物限定于两种特定目的而进口的货物，即进行贸易活动（存储）和加工制造活动（加工、装配）。将保税货物与为其他目的暂时进口的货物（如工程施工、科学实验、文化体育活动等）区别开来。

2. 暂免纳税

《海关法》第 59 条规定："经海关批准暂时进口或暂时出口未离境的货物，以及特准进口的保税货物，在货物收货人、发货人向海关缴纳相当于税款的保证金或者提供担保后，准予暂时免纳关税。"保税货物未办理纳税手续进境，属于暂时免纳，而不是免税，待货物最终流向确定后，海关再决定征税或免税。若经批准转为内销，则必须缴纳关税和进口环节税，保税加工货物还须加收缓税利息。

3. 复运出境

复运出境是构成保税货物的重要前提，保税加工货物一般必须复运出境，经批准方可转为内销。从法律上讲，保税货物未按一般货物办理进口和纳税手续，因此，保税货物必须以原状或加工后产品复运出境，这既是海关对保税货物的监管原则，也是经营者必须履行的法律义务。保税货物的通关与一般进出口货物不同，它不是在某一个时间上办理进口或出口手续后即完成了通关，而是从进境、储存或加工到复运出境的全过程，只有办理了全部过程的各种海关手续后，才真正完成了保税货物的通关。

4. 在境内储存或加工、装配

保税加工货物必须依照中国对保税加工货物的管理规定，在境内加工装配后复运出口。一般不允许未经加工、装配原状复出口，无正当理由且未经批准办理有关内销手续，不允许内销。保税仓储货物进境后，根据市场需要，在货物所有人尚未最终确定货物的实际流向（办理内销或复运出口）前，必须按照中国对不同保税区域或场所储存保税货物的有关管理规定在境内保税储存货物。

5. 保税货物是海关监管货物

保税货物必须经海关批准。海关对符合保税货物条件的，批准加工贸易合同备案，包括来料加工合同备案、进料加工合同备案和外商投资企业加工贸易合同备案，核发《加工贸易手册》；批准设立保税仓库、出口监管仓库、保税物流中心、保税工厂和保税集团；核准保税仓库、出口监管仓库、保税物流中心、保税区、出口加工区、保税物流园区和保税港区的保税业务等。

保税货物是未办理纳税手续进境的货物，因而保税货物是海关监管货物。保税货物自进境之日起就必须在海关的监管之下，其在境内的运输、储存、加工和装配都必须接受海关监管，直到复运出境或改变性质办理正式进口手续为止。

当保税货物失去保税条件时，海关则有权依法对该保税货物进行处理。

（三）保税货物的分类

根据中国海关保税制度的两种形式，按货物流通的目的以及是否改变基本物质形态，保税货物可以划分为保税物流货物和保税加工货物（见图 10－2）。

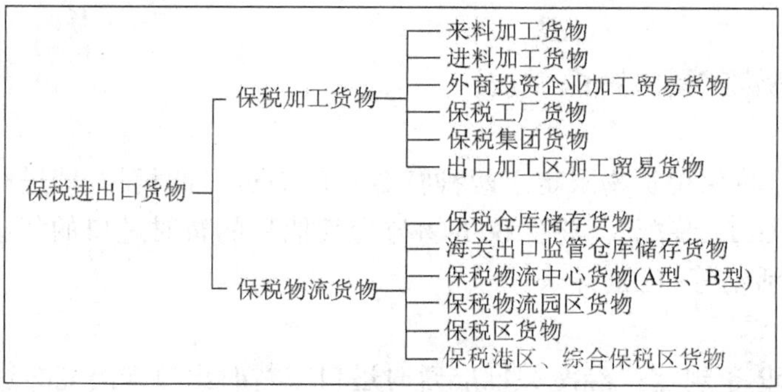

图 10－2　保税货物的分类

保税物流货物，是指经海关批准未办理纳税手续进境而在境内储存后复运出境的货物，也称为保税仓储货物，这类货物在保税存储期间不得进行实质性的加工。

保税加工货物，基本上是专为开展实质性的加工贸易而进口的料件、包装物和半成品，以及加工后的产成品，但其通关手续以及会计处理要比保税物流货物复杂。

（四）保税货物的监管特征和报关的基本程序

1. 保税货物的监管特征和要求

保税货物的海关监管特征可以概括为批准保税、暂缓纳税、监管延伸和核销结关。其监管要求可见图 10－3。

保税加工货物、保税物流货物的保税期限及核销期限见表10－1。

保税货物海关监管要求
- 向海关申请批准保税
- 进口时暂缓办理纳税手续
- 除特殊商品外暂时免受进出口国家管制
- 海关通关现场放行后，货物尚未结关
- 货物的最终去向确定，办理相应海关手续
- 申请海关核销后结关

图 10－3　保税货物的监管要求

2. 保税货物的基本报关程序

保税货物的通关与一般进出口货物不同,其报关程序除了和一般进出口报关程序同样有进出境报关阶段以外,还有海关前期监管阶段,即备案申请保税阶段和海关后续监管阶段,即申请报核结案阶段。

保税货物的报关程序可以概述为三大步骤:备案申请保税→进出境报关→报核申请结案。

表 10－1　保税加工货物、保税物流货物的保税期限及核销期限

保税货物种类		保税期限	核销期限
保税加工	加工贸易保税货物	一般保税期限为一年,经批准可以延长一年	按照保税期限到期后 30 天内或合同期满或最后一批成品出口后 30 天内
	出口加工区保税货物	从进境进区起至出区出境或出区办结海关手续止	每半年一次,分别为每年 6 月底前和 12 月底以前
保税物流	保税仓储货物	从进境入库至出库办结海关手续为一年,经批准可以延长一年	为每月 5 日前,每月一次
	出口监管仓库货物	入库储存期限为 6 个月,可以延长 6 个月	海关凭入出库清单实行动态核销
	保税物流中心	A 型中心保税期限一年 B 型中心保税期限两年	联网监管、动态适时核销
	保税区保税货物		每半年一次,分别为每年 6 月底前和 12 月底前
	保税物流园区	不设储存期限	每年报核一次

(1)备案申请保税。备案是保税货物向海关办理的第一个手续,须在保税货物进口前办妥。它是保税业务的开始,也是经营者与海关建立承担法律责任和履行监管职责的法律关系的起点。

(2)进出境报关。保税货物从境外进入境内时,在海关进出境现场监管阶段,享受的是暂缓征税的待遇,海关放行后在加工储存期间仍是海关监管货物,当最后的流向是运往境外,海关免于征税;当最后的流向是进入境内销售,应按照用途向海关办理相应的报关手续。因此,保税货物的进出境报关分为两种情况:第一,保税货物与境外间的进出境报关;第二,

保税货物与境内间视同进出口报关。

(3)报核申请结案。保税货物应在海关规定的时限内向海关办理核销结案手续,这是海关后续管理阶段的监管内容。具体办理核销结案的环节是:企业申请报核—海关受理—实施核销—结关销案。

案例

山东某纺织品进出口有限公司某年5月从韩国进口混纺面料3 000米,加工成男式风衣销往瑞士;7月又从韩国进口尼龙面料2 000米,加工成滑雪衣销往国内。

问题:这两次报关手续一样吗?

案例分析:

这两次报关手续不一样。从韩国进口混纺面料加工成成衣销往瑞士是保税加工贸易,应按加工贸易的程序进行报关,即要进行前期备案、申报、查验、征税、放行和核销这几个步骤;销往国内的滑雪衣业务是一般贸易,应按一般贸易的报关程序,即申报、查验、征税和放行这几个步骤进行报关。

二、保税物流

保税物流是国际物流的重要组成部分,是指保税状态下货物在保税监管区域、场所或网点间的流动以及为实现这一流动而进行的计划、管理和控制过程。保税物流活动包括保税货物在供应销售链上的采购、存储、简单加工、增值服务、检测、维护、配送、分拨、分销、运输、流转和调拨等,不含加工贸易企业生产链上的物流和传统的口岸通关物流。

三、保税物流的特点和功能

(一)保税物流的主要特点

保税物流与一般的国际物流没有本质区别,同样追求降低运营成本、提高运作效率与反应速度。但货物在进出口过程中处于保税状态,是在海关的监管下进行运输、存储和加工等物流活动。

保税物流的主要特点有七个。

1. 属于制度物流

保税物流是因保税制度引致的物流,因保税制度的建立发展而产生、发展,是物流的一种特例,其活动要符合国家的保税管制规范。

2. 系统边界交叉

保税物流货物在地理上是在一国的境内(领土),从移动的范围看应属于国内物流,但保税物流却具有明显的国际物流的特点,例如,保税区、保税物流中心及区港联动皆具有“境内关外”的性质,所以可以认为保税物流是国际物流与国内物流的接力区物流,是国内物流和国际物流在海关特殊监管区域及场所的延续。保税物流的活动区域是海关特殊监管区域及场所,是国际物流与国内物流的特殊连接点。

3. 流体特殊

国际物流的流体,即国际贸易货物,进入一国海关时,因监管不同,分为一般贸易货物和保税货物。一般贸易货物在进境结关后即可自由流动,而保税物流的流体是保税货物,虽然通关放行了,但因缓税缓征,属于尚未结关的货物,还是海关监管的货物。所以,保税物流是不完全自由的物流,其货物的运输、仓储、加工和增值服务等活动,以及为上述物流活动提供的设施等均要经海关审批,向海关申报,接受海关监管,才能够进行物流活动。

4. 流向既定

保税货物从口岸海关验货场经海关验放后,处于保税状态,尚未缴纳关税,尚未办结海关手续,但可以在一定的保税条件下继续流转,这“一定条件”就是指必须在海关监管下,只能在海关监管区域或场所进行物流活动。其流动范围仅限于海关监管的区域场所,包括进口货物在口岸与海关特殊监管区域、海关保税场所之间或在海关特殊监管区域与海关保税监管场所内部和这些区域、场所之间,以及境内区外出口货物与海关特殊监管区域、海关保税监管场所之间的流转。

5. 全过程管理

一般贸易货物的通关基本程序包括申报、查验、征税和放行,是“点式”管理,而保税货物是从入境、储存或加工到复运出口的全过程,货物入关是起点,核销结案是终点,是全过程的“线性”管理。

6. 物流要素扩大化

物流的要素一般包括运输、仓储、信息服务和配送等,而保税物流除了具有这些物流的基本要素外,还包括海关监管、口岸、保税、报关和退税等关键要素。这些要素紧密结合构成完整的保税物流体系。保税物流是加工贸易企业供应物流的末端和销售物流的发端。保税物流的运作效率直接关系到企业正常生产与供应链正常运作,构建通畅、高效率的保税物流系统是海关、政府、物流企业和口岸等高效协作的结果。完善的政策体系、一体化的综合物流服务平台必不可少,例如,集成商品流、资金流和信息流的保税物流中心或保税物流园区是发展保税物流的主要模式之一。

7. 需要海关审批备案和海关监管

保税货物必须经海关批准或许可,按海关要求进行储存和加工等物流活动。储存或加工保税货物的企业及其仓库和管理制度都有特殊要求,达到海关监管条件,并要经过海关批准和验收方可接受保税业务。保税物流的运输企业和运输工具需向海关备案,接受海关监管,运输企业要承担保税货物运输途中非不可抗力因素引起货物毁损灭失的缴税义务等,而普通物流的运输企业和运输工具,只要符合所装运货物的物理要求即可投入营运。

在信息共享方面,一般物流信息处理只是在物流活动利益攸关方,即物流活动当事人之间进行,包括运输方、仓储方、供应方和需求方之间的信息传递处理,但保税物流的信息处理除了上述几方当事人之外,还要增加监管方,即海关。海关对保税物流及其保税货物实行全程监管,所以,随保税货物的物流活动所产生的信息,包括仓储方、运输方、需求方和供应方等的信息都应传递到海关监管信息平台,接受海关监管,对海关公开信息。

在海关的监管下进行物流运作是保税物流不同于其他物流的本质所在。海关为了达到监管的效力,严格的流程、复杂的手续、较高的抽查率必不可少,但这与现代物流追求便捷、高效率、低成本的运作要求相悖,物流效率与海关监管效力之间存在“二律背反”。在保税需求日益增长的情况下,海关的监管效力成为保税物流追求效率的瓶颈问题。

（二）保税物流的主要业务功能

保税物流主要是保税加工货物、保税仓储货物和出口监管货物的物流活动，是以保税加工和仓储为目的在海关监管区域或场所进行的物流活动，其主要业务功能包括：保税运输；保税仓储；保税加工；流通性简单加工（增值服务）；国际贸易、转口贸易和国际中转；进口分拨与出口集拼；国际采购、分销和配送；商品展示服务；检测、维修服务等加工和物流活动。

1. 保税运输

保税运输又称监管运输，是指经海关批准的保税货物可以在保税监管区域或场所之间（仅限于这些场所间）原封不动地运输，即在海关监管下保税货物的运送活动。保税运输的主要功能是提高保税仓库的利用率，实现保税货物的移动。

2. 保税仓储

保税仓储是指进出口货物在保税状态下，运至保税监管区域或场所进行保管、储存或流通性加工的经营活动。在保税储存期间，不征收进口关税，免交进出口批文，不受配额及许可证限制，可以节约大量税金，增加资金流动性。

保税仓储是所有保税区的一项基本功能，也是其他区内业务的基础。保税仓储业务的内容如表 10－2 所示。

表 10－2　保税仓储业务的内容

业务			主要内容
进货	进货检查	商品检查	1. 进货商品与进货清单的核对 2. 数量核对
		入库准备	1. 质量检查 2. 保管条形码
	入库作业	保管场所标示	1. 在流动场所置货时，输入入库商品的货架号之后保管 2. 在固定场所置货时，在贴附条形码的货架中保管
保管	保管业务	数量管理	1. 检查在库数量是否适当（补充发货等） 2. 保持正确的账单记录（核查账单与实物是否一致）
		质量管理	检查是否存在长期滞留品
	发货准备	流通加工	1. 按照客户的要求，进行包装作业 2. 根据客户的要求，贴附价格标签
发货	发货作业	备货	1. 根据装箱商品与小件商品分类备货 2. 与客户订单核对（商品号、数量、配送对象）
		分拣包装	1. 根据不同的配送对象分拣包装 2. 发货单、运送单等单据的制作
	配送	配车安排	1. 安排与发货预订数量相符的车辆 2. 配载

保税物流入库业务流程主要是：客户提供所需单证→保税仓库审核加盖公章→海关审

批后同意入库并盖章→保税仓库报关人员代办通关手续→海关放行→货物入库→单货相符收货(单货不符要报告海关)→在报关单上签章并且提交海关→台账、实物账核销。入库所需单证主要有:货主或其代理人(外商)与保税仓库需要签订仓储协议、货物发票、提单、装箱单、卫生证或其复印件、产地证或其复印件、海关及检验检疫部门需要的其他单证。

保税物流出库业务的流程主要是:客户提供所需单证→保税仓库审核加盖公章→海关审批后同意出库并盖章→保税仓库报关人员代办通关手续→海关放行→单货相符,货物出库→台账、实物账核销。出库所需的单证主要有:原货物发票、提单(重新制作)、原装箱单、入库时的进口报关单、场站收据、海关及检验检疫部门需要的其他单证。

3. 保税加工

保税加工是指经营企业进口全部或者部分原辅材料、零部件、元器件、包装物料(以下简称“料件”),经加工或者装配后,将制成品复出口的经营活动,包括来料加工和进料加工。

4. 流通性简单加工

除保税储存进出口货物及其他未办结海关手续的货物之外,保税物流园区还可以对所存货物开展流通性的简单加工与增值服务,即不改变货物化学性质的服务作业,包括分级分类、分拆分拣、分装、组合包装、改换包装、打膜、加刷条码、刷贴标志、拼装等具有商业增值的辅助性作业等。但是,园区内不得开展商业零售、加工制造、翻新、拆解,以及其他与园区无关的业务。

5. 国际转口贸易

国际转口贸易是指进口货物在保税区存储时,可经简单加工后,即转手出口到其他目的国和地区;充分利用保税区内免领进出口许可证、免征关税和进口环节增值税等优惠政策,利用国内外市场间的地区差、时间差、价格差、汇率差等,在保税仓内实现货物国际转运流通加工贴唛,贴标签,再包装,打膜等,最终再运输到目的国。其操作流程如图 10－4 所示。

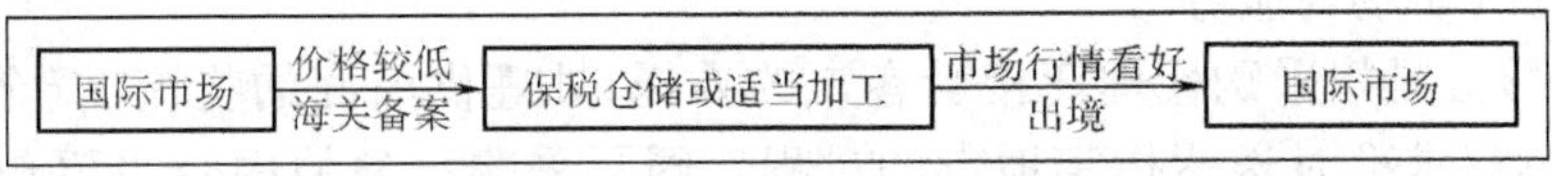

图 10－4　转口贸易操作流程

6. 国际中转

国际中转是指由境外启运,经中转港换装国际航线运输工具后,继续运往第三国或地区指运口岸的货物运输。

7. 进口分拨与出口集拼

进口分拨是指利用保税区“境内关外”的特性与“免税、免证、保税”的优惠政策,将货物直接从境外“备案”后运进保税区内仓库,经过存储、分拣或者简单加工等不改变货物海关编号的操作之后,根据国内、国外不同客户的需求,办理进口至国内的出库手续。此种模式既可以是全部进口分拨,也可以是部分进口分拨、部分分拨出境。该模式具有以下各项特点:一是进口环节大批量,而进入国内市场则采用“多批次、小批量”的方式;二是物流运作的主体比较多元化,既有跨国公司与专业化国际企业在保税物流园区设立的分支机构,也可以由其中国的代理商负责,或委托保税物流园区内的物流企业进行物流运作。

进口分拨业务流程如图 10－5 所示。

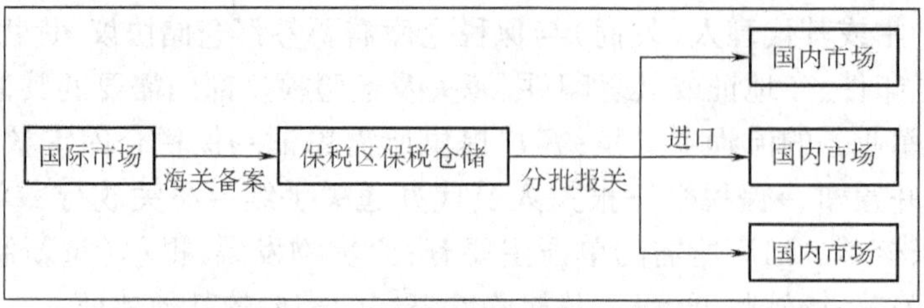

图 10－5　进口分拨业务流程

出口集拼是指多家供应商货物出口到保税物流园(港)区,进行集拼之后,出境到国外客户,其操作流程如图 10－6 所示。此种模式下国内出口商品进入保税物流园区的是少品种、大批量的物流,而离境的物流则是经过集配与优化运输选择的多品种、大批量、多方向的物流。

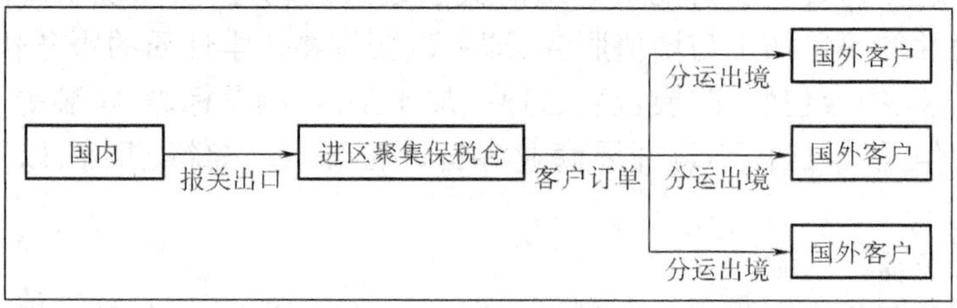

图 10－6　出口集拼流程图

8. 国际采购

国际采购又称全球采购,是利用全球的资源,在全世界范围寻找供应商,寻找质量最好、价格合理的产品(货物与服务)。

国际采购服务是指采购代理商接受客户的委托,处理供应商的物流、资金结算、供应商管理,按照订单需求准时送达指定地点的过程。国际采购服务的内容主要包括以下各项:①采购商导找,即帮助国内制造商找到更多海外采购商。②供应商管理,即跟进供应商的进度,保证交货时间。③采购执行服务,即为企业寻找最合适的供应商、最优的运送公司,降低企业的国际采购成本。④资金结算,提供在国际采购中的币种兑换、前期资金垫付等服务。

9. 商品展示服务

商品展示服务是指国外大宗商品如设备及原材料等,可存放在保税区域或保税仓库,进行保税存放,并可常年展示。展示结束后直接运回原地,可以避免高昂的关税和烦琐的报关手续。

10. 检测维修服务

检测维修服务是指发往国外货物因品质或包装退运,须返回工厂检测或维修的。可利用保税区域或保税仓库的保税功能,简化报关程序,不用交纳进口税,待维修完毕后,直接复出口。

保税物流相关的企业

单元二　保税物流的形式与体系

中国保税物流发展很快，基本形成了保税物流园区、保税物流中心（A型、B型）、保税港区、跨境工业区、保税区、出口加工区、保税仓库和出口监管仓、自由贸易试验区等多种海关特殊监管区域和保税物流场所，并初步形成了以区港联动为龙头、以保税物流中心（A型、B型）为枢纽，以优化的公共型、自用型保税仓库和出口监管仓库为网点、以自由贸易区为试验的多元化保税仓储物流监管体系。

一、中国保税物流的发展

我国保税物流的发展过程如图10－7所示。

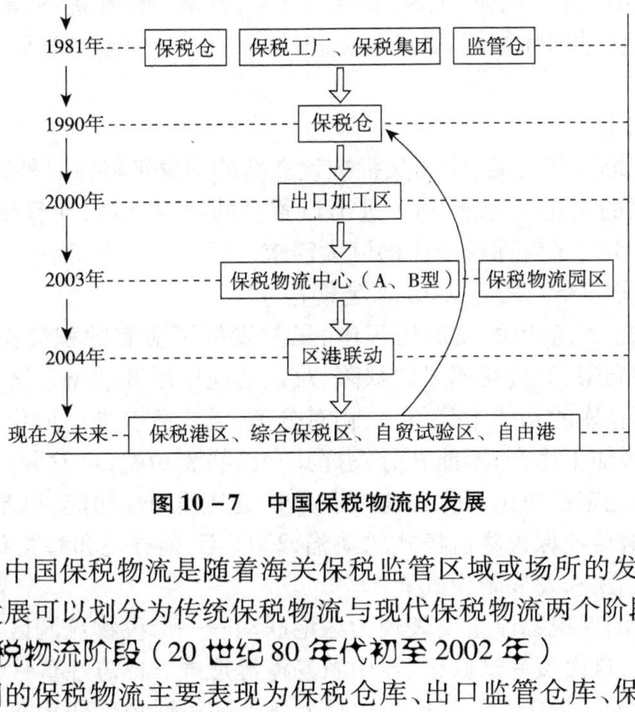

图10－7　中国保税物流的发展

从图10－7看，中国保税物流是随着海关保税监管区域或场所的发展与改革创新而逐步成长起来的，其发展可以划分为传统保税物流与现代保税物流两个阶段。

（一）传统保税物流阶段（20世纪80年代初至2002年）

这一阶段，中国的保税物流主要表现为保税仓库、出口监管仓库、保税区和出口加工区等形式。标志性事件主要有以下几项。

1. 推行保税仓库制度

20世纪80年代初，中国开始实行对外开放政策。为了鼓励企业开展进出口贸易，中国开始推行保税仓库制度，专门为进口企业提供保税仓储服务。这是中国保税物流的雏形，主要对进境货物起暂存保税的作用。1981年，中国制定并颁布了《中华人民共和国海关对保税货物和保税仓库监管暂行办法》，该办法是具有中国特点又比较接近国际通行作业规范的保税制度，包括保税仓库制度、保税工厂制度、加工贸易货物保税监管办法、进料加工集团保税制度和保税生产资料市场管理办法等。

2. 试办出口监管仓库

为了适应出口贸易不断增长的需求，1989年，中国海关总署批准在深圳、上海、天津和青岛等沿海口岸试办出口监管仓库，以满足出口企业的物流仓储需求。由于出口监管仓库一般只在沿海口岸及边境口岸设立，内地和未设关地点并不设立，因而这种仓库数量很少，且经营面积十分有限。

3. 建立保税区

1990 年 9 月，国务院批准建立了第一个保税区[①]，即上海外高桥保税区，专门提供出口加工、国际转口贸易和仓储物流、商品展示等贸易服务。此后，中国相继建有上海外高桥、天津港、深圳福田、深圳沙头角、深圳盐田港、大连大窑湾、广州、张家港、海口、厦门象屿、福建马尾、宁波北仑港、青岛、汕头和珠海等保税区。保税仓储、转口贸易和商品展示功能有了不同程度的发展，具备了一定规模的国际物流基础。这些保税区一般与外贸港口距离较近，按照国际惯例运作，具有进出口加工、国际贸易和保税仓储商品展示等功能；实行"免证、免税、保税"政策，开展"境内关外"的运作方式。保税区在连接国内外市场、促进国际贸易、引进外资和技术与促进中国经济适应全球化等方面发挥着重要作用。

保税区的"免证、免税、保税"政策

4. 设立出口加工区

继保税区之后，2000 年开始，中国又批准设立新的国家级特殊对外开放区域——出口加工区[②]。出口加工区的设立，不仅推动了进出口贸易的快速发展，而且带动了与出口加工相关的保税物流发展，引发了对保税物流的巨大需求。

（二）现代保税物流阶段（2002 年至现在）

传统保税物流在 20 余年的发展历程中，虽然发挥了应有的积极作用，但由于制度、政策、功能和区位等的局限，又具有明显的缺陷，难以适应中国开放型经济的快速发展。例如，保税仓库、出口监管仓库的功能十分单一、相对分离，无法适应进出境货物整合配送的需要；保税区主要从事保税加工生产，不能充分发挥其仓储物流功能，对发展国际物流的局限性很大；出口加工区的功能定位决定了保税物流服务只是其辅助性功能，也难以满足不断增长的保税物流需求。针对传统保税物流模式的缺陷，2002 年，国务院和海关总署开始积极探索保税物流管理制度的创新和发展新模式。

这一阶段，中国的保税物流主要表现为区港联动——保税物流园区、保税物流中心和保税港区、综合保税区、自由贸易试验区、自由贸易港等形式。标志性事件主要有六个。

（1）区港联动试点。2003 年，国务院批准上海外高桥保税区作为第一个区港联动试点，专门进行货物采购与分拨等保税物流服务；2004 年，国务院又批准青岛、宁波、大连、张家港、厦门象屿、深圳盐田港、天津港保税区及其邻近港区作为第二批区港联动试点，开始探索保

---

① 保税区（bonded area）又称保税仓库区，是海关所设置的或经海关批准注册的，受海关监督的特定地区和仓库。外国商品存入保税区内，可以暂时不缴纳进口税；如果再出口，不缴纳出口税；如果要运进所在国的国内市场，则须办理报关手续，缴纳进口税。运入区内的外国商品可进行储存、改装、分类、混合、展览、加工和制造等。

② 出口加工区（export processing zone）是指一个国家或地区为利用外资、发展出口导向型工业和扩大对外贸易而设立的以制造、加工或装配出口商品为主的特殊区域。中国的出口加工区是经国务院批准，由海关监管的特殊封闭区域，货物从境内区外进出加工区视同出口和进口，海关按进出口货物进行监管。出口加工区的功能比较单一，仅限于产品外销的加工贸易，区内设置出口加工企业及其相关仓储、运输企业。中国加入世界贸易组织（WTO）后，出口加工区的政策吸引力下降，而且面临有悖于国民待遇原则、外资本土化和提高区内技术知识密集型企业比例的压力。

税物流园区发展的新模式。

(2)建立保税物流中心。2005年6月,海关总署颁布了《中华人民共和国海关对保税物流中心(A型)的暂行管理办法》《中华人民共和国海关对保税物流中心(B型)的暂行管理办法》,旨在改变保税仓库、出口监管仓库分别专门存放进境、出口货物且相互分离的状态,以集成、拓展二者的功能。

由于保税物流中心(A型、B型)的设立没有区位的限制,只要具备物流需求相对强烈、加工贸易企业比较集中和交通便利等条件即可,因此有利于内陆地区发展国际物流。

从功能上看,保税物流中心同保税物流园区一样,也可以开展保税仓储、流通性简单加工和增值服务、国际物流配送、国际采购、进出口贸易、国际中转、转口贸易和物流信息处理等活动,而且也具备保税物流园区的口岸功能,中心内的企业可以直接在中心主管海关办理报关手续,中心内货物能直接辐射国际、国内两个市场;境内货物进入中心视为出口,享受出口退税政策,并在进入中心的环节退税,境外货物进入中心予以保税;中心内货物内销境内时,办理进口报关手续;中心内货物可在中心企业之间及中心与保税区、出口加工区、保税仓库和出口监管仓库等其他特殊监管区域或场所之间进行自由转移、跨关区报关提取等。海关总署的这种创新,把保税物流园区区港联动的区位优势、功能优势和政策优势从港口转移到内陆保税物流中心,使内陆地区也具备了从事相关国际物流的基础条件。

(3)建设保税港区。2005年6月,国务院新批准设立国内首个保税港区,即上海洋山保税港区,实现了港口物流功能和保税区特殊政策的结合。在政策上,保税港区实现了出口加工区、保税区和港区的“三区合一”;在功能上,实行以国际贸易为导向,以物流为基础,具有装卸运输、保税仓储、出口加工和转口贸易等各种功能。保税港区的设立,不仅是一种概念上的创新,而且从空间上延伸了区港联动政策,是中国港区逐步接近自由贸易港目标的一种创新。

(4)建设综合保税区。综合保税区是设立在内陆地区的具有保税港区功能的海关特殊监管区域,和保税港区一样,是我国开放层次最高、优惠政策最多、功能最齐全、手续最简化的海关特殊监管区域。综合保税区执行保税港区的税收和外汇政策,集保税区、出口加工区、保税物流区、港口的功能于一身,可以发展国际中转、配送、采购、转口贸易和出口加工等业务。综合保税区和保税港区的功能和税收政策相同,不同之处在于保税港区毗邻港区。目前,全国现有综合保税区140多个。

(5)设立自由贸易试验区。中国于2013年设立了中国(上海)自由贸易试验区,2015年,中国(广东)自由贸易试验区、中国(天津)自由贸易试验区、中国(福建)自由贸易试验区相继成立。2016年9月,中共中央、国务院决定,在辽宁省、浙江省、河南省、湖北省、重庆市、四川省、陕西省设立7个自贸试验区,这7个自贸试验区大多布局在中西部地区,对接“一带一路”特别是丝绸之路经济带。2018年,国务院批复同意设立中国(海南)自由贸易试验区。2019年国务院同意设立中国(山东)自由贸易试验区、中国(江苏)自由贸易试验区、中国(广西)自由贸易试验区、中国(河北)自由贸易试验区、中国(云南)自由贸易试验区、中国(黑龙江)自由贸易试验区。

(6)建设自由贸易港。2018 年 4 月 13 日,习近平总书记在庆祝海南建省办经济特区 30 周年大会上郑重宣布,党中央决定支持海南全岛建设自由贸易试验区,支持海南逐步探索、稳步推进中国特色自由贸易港建设,分步骤、分阶段建立自由贸易港政策和制度体系。2020 年 6 月 1 日,中共中央、国务院印发了《海南自由贸易港建设总体方案》。中国海南自由贸易港将在海南全岛建设自由贸易试验区和中国特色自由贸易港,建成特色鲜明、世界著名的现代化自由贸易港,形成高度自由化、法治化、国际化、现代化的制度体系。

二、中国保税物流的主要形式

中国保税物流发展很快,从中国保税物流发展的历史沿革看,保税物流的发展有三个特点:一是保税物流的发展与加工制造业的发展密切相关;二是海关以监管的主动转型来适应外界形势发展的不断变化;三是中国保税物流的发展呈现出需求旺、变化快、新情况多的特点,正进入发展的快速成长期。

目前,中国已基本建立起以保税加工、保税仓储和区域保税为主要内容的具有中国特色的保税制度,形成了保税仓库、出口监管仓库、跨境工业区、保税区、出口加工区、保税物流园区、保税物流中心(A 型、B 型)和保税港区、综合保税区、自贸试验区等多种海关特殊监管区域和保税物流场所。目前中国的保税物流体系结构如图 10 - 8 所示。

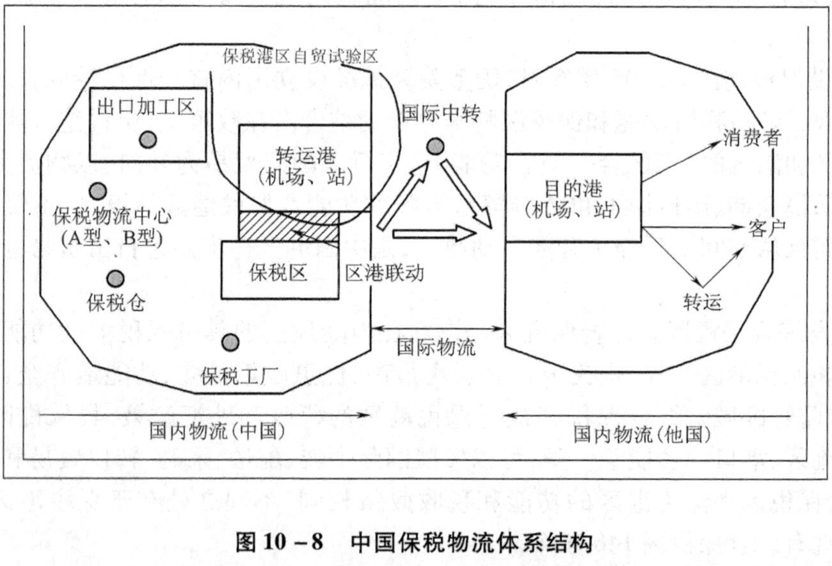

图 10 - 8　中国保税物流体系结构

中国不断完善保税物流信息监控系统(见图 10 - 9),实现监管区域、场所的物流企业和加工贸易企业与海关联网,及时了解保税货物进、出、转、存等物流信息,对保税货物物流进行全过程、动态的监管。

三、中国保税物流的主要形式

保税物流的活动区域是海关特殊监管区域及场所,按海关特殊监管区域及场所划分,中国保税物流的主要形式见表 10 - 3。

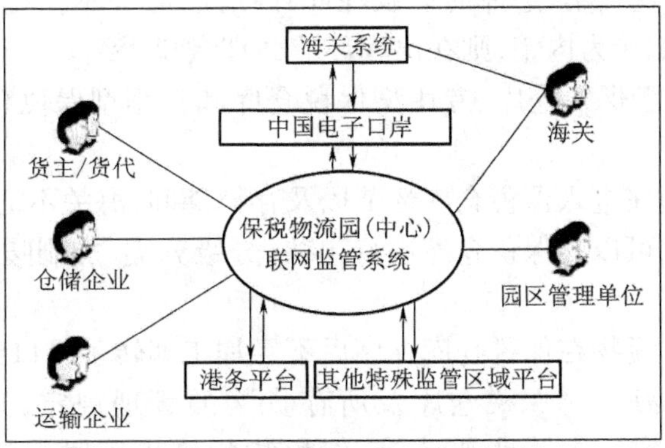

图 10－9　中国保税物流信息监控系统

表 10－3　中国保税物流的主要形式

形式	两仓		保税物流中心		区港联动——保税物流园区	保税港区综合保税区	自由贸易试验区
	保税仓库	出口监管仓库	保税物流中心（A 型）	保税物流中心（B 型）			
功能定位	存放进口保税货物	存放出口货物	保税仓库和出口监管仓库的整合、优化、提升	B 型是 A 型的集约化监管	依托保税区和港口，发挥保税区和港口的功能优势	加工、贸易、仓储、展示	国际贸易、金融服务、航运服务、物流服务、专业服务、高端制造
退税政策	无	货物离境退税	入中心退税		入区退税	入港(区)退税	实施促进投资和贸易的税收政策，对涉及的所得税、进口环节税收、出口退税采取特殊的税收政策
审批政策	直属海关		海关总署		国务院		全国人民代表大会授权国务院

（一）保税仓库和出口监管仓库

保税仓库和出口监管仓库（简称“两仓”）是中国最基本、应用最广泛的保税物流形式之一。目前，中国约有 700 家保税仓库和出口监管仓库。

1. 保税仓库

保税仓库，是指经海关批准设立的专门存放保税货物及其他未办结海关手续货物的仓库。存入保税仓库的保税货物,进库时以及在库存期间,海关不征税;出库时如转运出口或转加工贸易也不征税,如转为内销,则在出库环节办理缴税手续。

保税仓库分为公用型保税仓库、专用型保税仓库和自用型保税仓库三种。其功能与政策优势如下。

(1)保税仓储:货物在进入保税仓库环节以及存储期间,海关不征收进口税。

(2)简单加工:货物可以在保税仓库进行包装、分级分类、加刷唛码、分拆和拼装等流通性加工。

(3)转口贸易:进口货物在保税仓库存储后不经加工即转手出口到其他目的国和地区。

《中华人民共和国海关对保税仓库及所存货物的管理规定》(海关总署 105 号令)规定:海关对保税仓库实行电子账册监管,保税货物进出库时,保税仓库经营单位凭电子账册直接向海关监管现场办理通关手续,无须事先逐批由海关保税部门审批。保税仓库定期向海关申报保税货物进、出、存、转情况。出库保税仓储货物批量少、批次频繁的,经海关批准可以办理集中报关手续。保税仓库货物存储期限为 1 年。特殊情况,可以延期。

2. 出口监管仓库

出口监管仓库是指经海关批准设立,对已办结海关出口手续的货物进行仓储、保税物流配送、提供流通性增值服务的海关专用仓库。出口监管仓库是海关监管场所。存入出口监管仓库的货物,视为正式出口货物。出口货物存入出口监管仓库后,货物所有权属外商。

出口监管仓库的功能与政策优势如下。

(1)保税仓储:货物在出口监管仓库存储期间,海关不征进口税或出口税。

(2)简单加工:货物可以在仓库内进行品质检验、分级分类、加刷唛码、刷贴标志、打膜和改换包装等流通性加工。

(3)国际配送:对国内货物进行分拣、分配或进行简单的临港增值加工后向国内外配送。

(4)出口监管仓库之间、出口监管仓库与保税港区、保税区、出口加工区、保税物流园区、保税物流中心和保税仓库等特殊监管区域、场所之间可以进行货物流转。

(5)出口退税。

《中华人民共和国海关对出口监管仓库及所存货物的管理办法》规定:海关对出口监管仓库实施计算机联网管理。出口监管仓库经营企业应当编制仓库月度进、出、存情况表和年度财务会计报告,并定期报送主管海关。对批量少、批次频繁的入仓货物,经海关批准可以办理集中报关手续。对已卖断给外商的出口监管货物如转境内销售,按国货复进口办理。出口监管仓库所存货物存储期限为 6 个月,特殊情况,可以延期。

(二)保税物流中心

由于"两仓"(保税仓库、出口监管仓库)受政策限制且功能较为单一,相互分离,无法适应现代物流运作和加工贸易发展的需求,保税物流中心应运而生。保税物流中心主要以整合"两仓"功能为基础,打破保税仓库和出口监管仓库分别专门存放进境、出口货物且相互分离的状态,实行"两仓"合一,集成口岸、商检、税务和外汇结算等功能,解决了对外贸易的四个问题:①一般贸易出口商品入区退税问题;②一般贸易进口商品保税问题;③加工贸易中深加工接转货物“境外一日游”；④物流与保税功能结合。

保税物流中心分A型和B型两种。A型保税物流中心，是指经海关批准，由中国境内企业法人经营、专门从事保税仓储物流业务的海关监管场所；B型保税物流中心，是指经海关批准，由中国境内一家企业法人经营，多家企业进入并从事保税仓储物流业务的海关集中监管场所。下面主要以B型保税物流中心为例，阐述保税物流中心的功能与业务。

1. 可以存入保税物流中心的货物

(1)国内出口货物。

(2)转口货物和国际中转货物。

(3)外商暂存货物。

(4)加工贸易进出口货物。

(5)供应国际航行船舶和航空器的物料、维修用零部件。

(6)供维修外国产品所进口寄售的零配件。

(7)未办结海关手续的一般贸易进口货物。

(8)经海关批准的其他未办结海关手续的货物。

2. 保税物流中心的功能

保税物流中心是封闭的海关监管区域，具备口岸功能，其主要功能有国际中转、国际配送、国际采购和国际转口贸易。

国际中转：对国际、国内货物进行分拆、集拼后，转运至境内其他目的港。

国际配送：对国内货物进行分拣、分配或进行简单的临港增值加工后向国内外配送。

国际采购：对采购的国内货物和进口货物进行综合处理和简单的临港增值后向国内外销售。

国际转口贸易：进口货物在区内存储后不经加工即转手出口到其他目的国和地区。

案例

湖南A公司是做硫酸钴等钴盐的企业，产品原料是从非洲等地购进的，一次都是上百吨，而钴的价格走势如同股票市场，最高时每吨可达80万元，低时每吨只有20多万元。于是，A公司在价格低时一次性购进大批原料，存到长沙保税物流中心，在价格上升时，A公司到国际上寻找买家，转手卖掉原来存放的原料，赚取了巨额差价。

保税物流中心的定位应为跨国企业的“采购中心、配送中心、分销中心”，有利于吸引跨国公司将其地区总部、研发中心、采购中心和分拨中心等迁移到中国境内。

3. 保税物流中心经营企业的业务

保税物流中心经营企业可以开展以下业务：

(1)保税存储进出口货物及其他未办结海关手续的货物。

(2)对所存货物开展流通性简单加工和增值服务。

(3)全球采购和国际分拨、配送。

(4)转口贸易和国际中转业务。

(5)经海关批准的其他国际物流业务。

4. 保税物流中心的政策优势

保税物流中心的政策优势主要包括：

(1)境外货物进入保税物流中心，海关给予保税。

(2)境内货物进入保税物流中心视同出口，享受出口退税政策，并在进入中心环节退税。

(3)物流中心与境外间进出的货物，一般不实行进出口配额和许可证管理。

(4)物流中心内货物出保税物流中心进入境内的，视同出口，海关根据货物出保税物流中心的状态和贸易方式，按照进口货物的有关规定办理报关验放手续；维修所需零部件，国际船舶和航空器的物料等特定货物从物流中心进入境内时征免关税和海关代征税。

保税区一日游

(5)保税物流中心内的货物可以在保税物流中心企业之间，保税物流中心与保税区、出口加工区、保税物流园区、保税仓库、出口监管仓库和其他保税物流中心等海关监管区域、场所之间进行自由转移。

(6)保税物流中心不得开展保税区和出口加工区的加工贸易业务，也不享受两区的税收优惠政策。

单元三　区港联动——保税物流园区、保税港区和自由贸易试验区

区港联动——保税物流园区是指经国务院批准在保税区的规划面积或者毗邻保税区的特定港区内设立的、专门发展现代国际物流业的海关特殊监管区域。区港联动试点一般以保税物流园区命名，因此，区港联动——保税物流园区也简称保税物流园区，其定位为国际中转、国际配送、国际采购和国际转口贸易等。中国区港联动试点在功能政策、管理方式和开放程度等方面与自由贸易区有较多差异，具有明显的过渡性，将逐步过渡到保税港区和自由港、自由贸易区。

一、区港联动

区港联动是指整合保税区的政策优势和港区的区位优势，在保税区和港区之间开辟直通道，将物流仓储的服务环节移到口岸环节，拓展港区功能，实现口岸增值，推动转口贸易及物流业务的发展。

区港联动是发展自由贸易区的国际通行模式，也是中国保税区和港口谋求通过区港一体化向自由贸易区转型的产物。实践证明，设立区港联动——保税物流园区，有助于保税区与港口在产业规划、产业布局和产业联动等方面的功能整合，实现海关监管模式的突破，对港口和保税区的发展均有重要的意义。

(一)区港联动的内涵

从系统科学的角度分析，“区港联动”属于协同学的概念，是保税区与港口两个子系统整体协同的组织过程。就其内涵而言，可以用“政策叠加、优势互补、资源整合、功能集成”十六字概括，它体现了保税区与港区在区域、资产、信息和业务等方面的联动发展。

1. 政策叠加

保税物流园区除继续享受保税区在免征关税和进口环节税、海关特殊监管等方面的政策及港区原有的政策外，在税收政策上还叠加了出口加工区的政策，即实现国内货物的进区退税，从而改变了保税区现行的“离境退税”方式，降低了企业的运营成本。在中转集拼方面，中转集装箱在保税物流园区可以进行拆拼箱，从而改变中转集装箱在港区只能整箱进出的现状。集装箱在保税物流园区堆存无时间限制，从而改变集装箱在港区有 14 天报关期限的现状。政策叠加的结果对货物的流动来说，“一线放得更开，二线管得严密”，区内真正实现货物的自由流动。

2. 优势互补

将保税区在税收、海关监管等方面的政策优势与港区在航运、靠泊和装卸等交通便利的区位优势相结合，实现航、港、区一体化运作，集装箱综合处理与货物分拨、分销和配送等业务的联动，既是优势互补，也是优势组合，这使上海外高桥保税物流园区成为长三角地区支线箱源和国际中转箱源的集散地。

3. 资源整合

保税区和港区在形态、资源上的整合、集成，促进货物在境内外快速集拼、快速流动和快速集运，带动信息流、资金流和商品流的集聚和辐射。“港”和“区”的资源在保税物流园区项目中形成了优化组合。

4. 功能集成

实施区港联动的保税物流园区将集成国际中转、国际配送、国际采购和国际转口贸易“四大功能”。

案例

南宁保税物流园区距离广西三大优良港口——防城港、北海港、钦州港均在 200 千米以内，而这一运距正是港口公路集疏运的最佳运距。北海、钦州和防城港作为中国—东盟自由贸易区中重要的外贸港口，将是南宁保税物流园区货物进出的主要通道。

南宁与钦州保税港区、凭祥综合保税区和北海出口加工区一同构建起完善的广西北部湾经济区保税物流体系，实现了南宁与钦州、北海、防城港的区港联动。区港联动后，货物在南宁报关后就已视同出口，再去钦州出口海外时则不需要再进行查验或抽检，可以直接办理登船手续。这意味着“口岸分拨、多点申报、一次放行”的大通关、大物流模式成为现实。

（二）区港联动的内容

区港联动可以实现保税区与港口在六个方面的联动。

1. 规划建设联动

保税区与港口协调规划建设，使区港联动形成“前港后区”紧密联系的格局，体现出海关“一线放开、二线管住、贸易便利、流动自由”的监管特点。

2. 政策功能联动

区港联动将保税区政策优势和港区区位优势相结合，有利于促进贸易便利化战略的实施，为进出口企业提供快捷有序的国际物流发展环境。

3. 经济利益联动

区港联动的保税政策可以增强港口对国际大型船公司和国际贸易货主的吸引力，有利于吸引更多的国际与国内物流企业进入区内，区港之间这种相互创造需求的关系会使其经济利益连成一体。

4. 服务营运联动

实施“区港联动”政策以后，保税物流园区内的物流活动将变成区内不同企业之间的分工，港口的运输功能和保税物流园区的转口、贸易等功能可以相互补充。在管理方面，保税物流园区将按照“管理与服务合一”的模式，提供海关、工商、税务和外汇等一站式服务和保税物流园区内营运操作服务的联动。

5. 信息共享联动

保税物流园区依托电子口岸，可以实现生产营运、海关监管、政府政务以及电子商务的网络化、平台化运作，形成全程全网、全面链接、以信息管理为支撑的业务流程和监管流程。

6. 资源统筹联动

通过信息流、资金流和商品流的辐射，联动各经济区域的物流网络，联动国际枢纽港和自由贸易区的物流节点，便于开展国际国内中转和快速集拼业务。

二、区港联动——保税物流园区

区港联动——保税物流园区，简称“保税物流园区”，是指经国务院批准，在保税区规划区域内或者毗邻保税区的特定港区内设立的、专门发展现代国际物流业的海关特殊监管区域，是在保税区和港区之间开辟直通道，在实现保税区的政策优势和港口的区位优势互保的基础上，拓展港区功能而建立起来的。

保税物流园区与保税物流中心无论是在运作上还是在海关监管上，都有着本质上的不同，主要表现在性质界定、行为主体、选址范围、退税规定、仓储时限、注册资本底线、业务范围等方面。保税物流园区与保税物流中心的比较见表 10－4。

表 10－4　保税物流园区与保税物流中心比较

项目	保税物流园区	保税物流中心
性质界定	保税物流园区是专门发展现代国际物流业的海关特殊监管区域。保税物流园区与保税区同为国家级特殊经济区域	保税物流中心与保税仓库，出口监管仓库及其他保税监管场所均为经海关总署批准设立的保税监管场所
选址范围	保税物流园区设立在保税区规划面积或者毗邻保税区的特定港区内	保税物流中心选址在靠近海港、空港、陆路交通枢纽及内陆国际物流需求量较大，交通便利，设有海关机构且便于海关集中监管的地方
行为主体	保税物流园区的申报主体是所在地省级人民政府，批准主体是国务院办公厅，行政管理主体是所在地的保税区管理委员会	保税物流中心的设立需得到国家海关总署的批准。保税物流中心的管理与经营者是物流中心经营企业，是经工商行政管理部门注册登记，具有独立企业法人资格，且注册资本不低于5 000万元人民币，具备对中心内企业进行日常管理的能力和协助海关对进出物流中心的货物和中心内企业的经营行为实施监管的能力的企业

续表

项目	保税物流园区	保税物流中心
退税规定	依据《保税物流园区管理办法》的规定，从区外进入园区供园区行政管理机构及其经营主体和园区内企业使用的国产基建物资、机器、装卸设备、管理设备等，海关按照对出口货物的有关规定办理，并签发出口货物报关单证明联（办理退税）	《保税物流中心税收办法》中规定：对物流中心外企业销售给物流中心内企业并运入物流中心供其使用的进口机器、装卸管理设备、检验检测设备、包装物料，海关不予签发出口货物报关单（出口退税专用），税务部门不予办理退（免）税
仓储时限	保税物流园区货物对存储期限没有任何限制	物流中心内货物保税存储期仅为两年，除特殊情况外，延期不得超过一年
注册资本底线	保税物流园区在注册资本底线方面没有明确限制：在实际操作中，只要求达到工商部门对贸易企业的注册资本额即可	物流中心内企业应为具有独立法人资格的企业，且注册资本最低限额为500万元人民币，属企业分支机构的，该企业注册资本不低于1 000万元人民币
业务范围	保税物流园区企业除可以存储进出口货物及其他未办结海关手续货物，对所存货物开展流通性简单加工和增值服务，从事进出口贸易，转口贸易，国际采购，分销配送和中转业务，还可以开展检测与维修业务：但保税物流园区内不得开展商业零售、加工制造、翻新、拆解及其他与园区无关的业务	保税物流中心内企业不得从事维修以及其他与物流中心无关的业务

（一）保税物流园区的功能

保税物流园区的功能如图10－10所示。

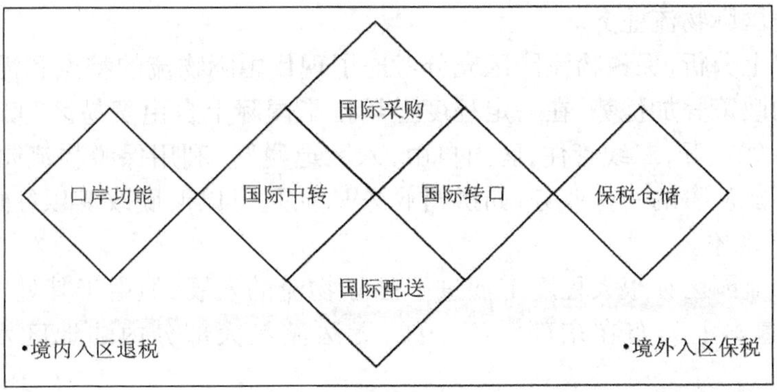

图10－10　保税物流园区的功能

保税物流园区主要具备国际中转、国际配送、国际采购和国际转口贸易四大核心功能，以及保税仓储、口岸功能和其他一些功能。

1. 国际中转

区港联动为整合国际中转、转运和转口贸易提供了操作平台。中转集装箱在园区内可以自由拆拼箱,并且堆存无时间限制,有利于吸引支线箱源和国际中转箱源的集散。园区的国际中转功能较好地解决了"出口复进口业务",即过去的"境外一日游"业务。过去的"境外一日游"业务,大多通过香港等地来完成,现在通过物流园区中转,不仅节约了时间,又降低了成本。货物可以从国内进入物流园区,然后再进入国内。

2. 国际配送

进入园区的境外和国内货物,经进出口集运的综合处理或增值加工,向境内外分销和配送。

3. 国际采购

保税物流园区为跨国公司在中国从事国际采购业务提供了低成本、高效率的解决方案。中国以前的国际采购业务都是由各供应商直接从最临近的口岸出口至国外,运至当地物流中心后进行上架前的准备工作。对于供应商来说,必须等到货物离境后才能完成货权的转移并取得退税凭证。现在通过物流园区的政策应用和功能开发,重点引进跨国公司采购中心,依托经济腹地的地理优势和国际枢纽港的口岸优势,由各供应商集中运至物流园区,即实现货权的转移并取得退税凭证,便于国际物流供应商将跨国采购中的增值服务转移到物流园区,以园区为节点开展门到门的国际物流全程服务。

4. 国际转口贸易

园区企业可以开展进出口贸易、转口贸易,园区与境外之间的货物贸易及服务贸易。

5. 保税仓储

园区可以保税存储进出口货物及其他未办结海关手续的货物。

6. 口岸功能

企业可直接在保税物流园区所在地主管海关报关。

7. 其他物流服务

对所存货物开展流通性简单加工和增值服务;设备检测与维修服务;商品展示服务;经海关批准的其他国际物流业务。

从功能优势上分析,保税物流园区充分考虑了现代国际物流的特点和需求,具有保税区和出口加工区的政策叠加优势,在一定程度上具备了国际上自由贸易区"境内关外"的基本特征,即实行"一线放开,二线管住,区内自由,入区退税"。利用保税物流园区的政策,企业可以开展过去不能从事的一些业务,如拼箱业务①,而且可以彻底改变以往加工贸易中存在的"境外一日游"现象。

尽管保税物流园区在很大程度上促进了国际物流的发展,但由于其处于设有保税区的港口区域,而且基本上分布在东部沿海一线,无法满足大部分内陆地区发展国际物流的需求。

(二)保税物流园区的政策优势

保税物流园区实行鼓励进出口的税收导向政策。除享有保税区"免证、免税、保税"等政

① 拼箱业务是指从境外启运的国际集装箱中转货物,在中转港存放期间由保税物流园企业或保税仓库经营企业根据收发货人指令进行流通性简单加工和增值服务,或者与中转港所在国、地区的其他进口或者出口的原材料、半成品和成品等货物,汇集至物流园区或保税仓库存储,再按销售合同组合成不同的集装箱后,再次装船集中运往境外客户指定目的港的物流活动。

策外，国内货物进区视同出口，可以办理出口退税，区内交易免征增值税，基本实现了物流无税或者保税运作。具体来说，保税物流园区内除继续执行现有的保税区政策（如境外货物进入园区实行保税；园区内货物之间流转不征收增值税和消费税；对园区与境外之间进出的货物一般不实行进出口配额和许可证管理；园区货物可在其他海关监管区域、场所之间进行流转和跨关区报关提取）外，还享受以下三项配套政策：

（1）对进入保税物流园区的国内货物实行进区退税。比照出口加工区，对从区外进入保税物流园区的国内货物实行进区退税。若进入保税物流园区的国内货物重新回到区外，就严格按照货物的实际状态办理货物的进口手续，改变了保税区现行的离境退税方式，降低了企业运营成本。

（2）给予区内企业在税费政策和市场准入方面的国民待遇。区内企业无论什么性质，都享受统一的税费政策和市场准入待遇。取消对国内企业征收监管手续费的政策，取消对区内企业在货代、船代和外贸经营权等多个领域方面的限制。

（3）适度放宽外汇管理。货物在保税物流园区与境外之间流动，区内企业不需办理出口收汇和进口付汇核销手续；货物在保税物流园区与境内之间流动，由区外企业按照规定办理出口收汇和进口付汇核销手续；区内企业办理进出口收付汇核销后，与区外企业的（无进出口经营权）结算以人民币计价。

（三）海关对保税物流园区的监管

海关在园区派驻机构，并对进出园区的货物、运输工具、个人携带物品及园区内相关场所实行 24 小时监管。海关借助区域化、网络化和电子化通关管理手段，采用全封闭电脑网络监控、电子卡口和企业联网等方式进行监管，体现“一线放开，二线管住，区内自由，入区退税”的原则。

（四）保税物流园区的业务运作

图 10－11 简明地显示了保税物流园区的业务运作。

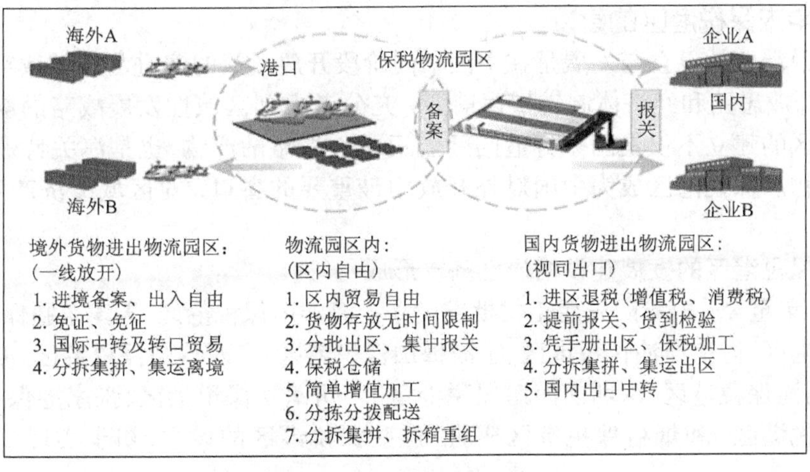

图 10－11　保税物流园区的业务运作

出口货物在保税物流园区可实行进区出口退税、分拆、集拼和集运离境的物流运作：国内采购货物以视同出口方式先进入物流园区实现退税(增值税、消费税),经过货物的物流增值服务和综合处理,通过园区外卡口的海运直通道装船离境。其操作流程见图10-12。

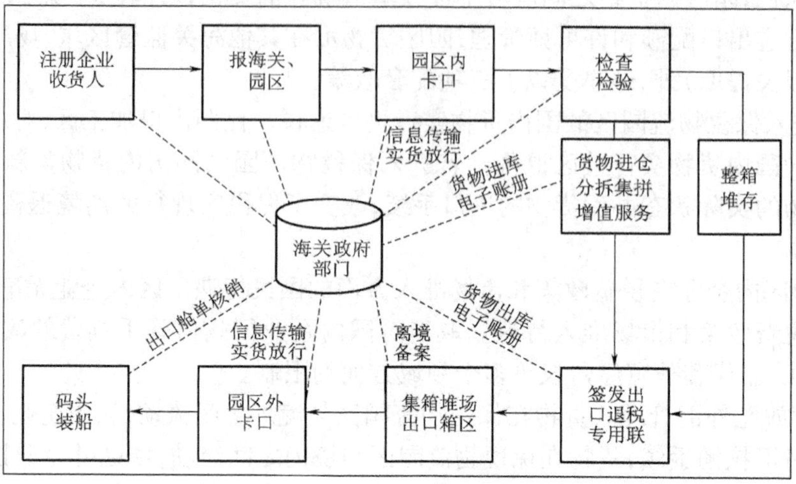

图10-12 保税物流园区的物流操作流程

三、保税港区

根据《中华人民共和国海关保税港区管理暂行办法》,保税港区是指"经国务院批准，设立在国家对外开放的口岸港区和与之相连的特定区域内，具有口岸、物流、加工等功能的海关特殊监管区域。"这一定义涵盖了保税港区的性质、审批权限、区位和功能四个要素。

保税港区是中国在对外开放进程中的一种海关特殊监管模式，是自由港的雏形。保税港区是中国目前开放程度最高、政策最优惠、功能最齐全和区位优势最明显的海关特殊监管区。保税港区享有保税区、出口加工区、保税物流中心和保税仓叠加的优惠政策。

(一)中国保税港区的建设

中国保税港区的设立与发展是在中国不同阶段开放政策的演进与区域战略安排的指导下，在渐进开放思路和经济体制转型背景下，充分考虑到区域性发展战略的前提下提出来的。保税港区的建立不仅是国家打造国际航运中心战略的产物,也是海关特殊监管区域进行整合的产物。保税港区成为中国对外开放中最重要的窗口，对区域经济产生重要的"增长极"作用。

1.中国保税港区的发展建设格局已基本形成

从2005年至今，国务院先后正式批准设立上海洋山保税港区、天津东疆保税港区、大连大窑湾保税港区、海南洋浦保税港区、宁波梅山保税港区、广西钦州保税港区、厦门海沧保税港区、青岛前湾保税港区、深圳前海湾保税港区、广州南沙保税港区、张家港保税港区、重庆两路寸滩保税港区①和烟台保税港区②等。这些保税港区的设立，初步实现了在长江三角

① 重庆两路寸滩保税港区是中国唯一一个位于内陆地区的保税港区,是第一个采取"水港+空港"模式的保税港区。

② 烟台保税港区是中国第一家以出口加工区和临近港口整合后转型升级形成的保税港区。

洲、环渤海、华南沿海、西南沿海和东南沿海设立保税港区的构架设想，从南到北的中国保税港区战略布局已基本完成。

上海洋山保税港区的设立，意在帮助上海确立国际航运中心地位，提升长江三角洲乃至整个中国经济的国际参与度；天津东疆保税港区是国家作为推进滨海新区开发开放的一项重要措施而批准设立的，旨在使滨海新区早日建成北方国际航运中心和国际物流中心，从而带动环渤海和中国北方经济的崛起；大连大窑湾保税港区则寄托了东北老工业基地振兴和建设东北亚国际航运中心的希望，帮助大连成为东北地区国际物流服务中心，占领东北亚地区航运制高点。正是看到保税港区所带来的这些巨大的经济拉动与政策倾斜，许多港口城市正在积极申请设立保税港区。

2. 中国保税港区设立的目标

保税港区是中国国内继经济特区、经济技术开发区、保税区、出口加工区和保税物流园区之后，新设立的对外开放层次最高、具有真正意义上与国际接轨的自由贸易港内涵的海关特殊监管区域，是世界自由港在中国的一种特殊表现形式。

保税港区作为保税区向自由贸易区发展阶段中的重要环节，具有承上启下的关键作用。其设立的目标是实现区港功能的互相结合，区港联动、滚动开发；形成区港统一的行政管理机构，统筹资源、优化配置、科学管理和统一调度；落实“前港后区”的发展格局，除了港口作业区、保税物流园区和临港工业区的建设之外，各种功能小区也要互相促进、联动发展；实施“一次规划、分期建设、滚动落实”的方针，逐步推进和扩大自由港区的范围。

（二）保税港区的功能

“保税区”与“保税港区”虽一字之差，但内涵相去甚远。从功能上讲，保税港区叠加了保税区、出口加工区、保税物流园区和港口各项功能，保税港区实现了保税区域与港口的实质联动。

保税港区以发展现代物流作为区和港之间的结合点，具备港口、物流和加工三大基本功能，重点发展港口作业、保税仓储、国际贸易、国际中转、国际配送、国际采购、加工制造、检测维修和商品展示等功能性业务，并拓展金融贸易、信用保险等相关功能。

保税港区与出口加工区、保税区、保税物流园区的功能比较见表10－5。

表10－5　四区的功能比较

功　　能	出口加工区	保税区	保税物流园区	保税港区
仓储物流	否	是	是	是
对外贸易	否	否	是	是
国际采购	是	是	是	是
分销和配送	否	是	否	是
国际中转	否	否	是	是
研发、加工、制造	是	是	否	是
港口作业	否	否	是	是
检测和售后服务及维修	是	是	是	是
商品展示	是	是	是	是

（三）保税港区的政策优势

保税港区既不同于“港”，也不同于“区”，而是兼有“港”和“区”的特性。

保税港区作为贸易自由化与便利化的先行区，与其他区域相比具有更大的开放度，在免征关税方面更加完善，在实施贸易与投资自由化方面更能率先与世界贸易组织（WTO）的规则全面接轨。

保税港区在区域政策上叠加“入区退税”政策，实现与出口加工区、保税物流园区在政策上的统一，享有保税区、出口加工区、保税物流中心和保税仓的优惠政策叠加。

保税港区主要税收政策是“境内关外、适当放开”：国外货物进入保税港区保税，国内货物进入保税港区退税，货物在区内交易不征增值税和消费税。

保税港区的政策优势主要表现在五个方面。

1. 保税港区实行备案制管理

货物可自由地从境外运入区内或由区内运往境外，货物进出时只需向海关备案。

2. 区内享受免税政策

对生产所需的机器、设备、模具及其维修用零配件以及建设厂房、仓储设施所需的基建物资予以免税。

3. 不限投资企业性质

对入区企业无资本金、来源地和股权比例等歧视性或差别性政策待遇。

4. 税收优惠，无配额制

境外入区和销往境外的货物免征关税和消费税，区内生产和加工的产品免征增值税和消费税，区内销售的货物免征增值税和消费税；区外货物入区退税，境内区外采购的国产料件入区加工组装时不影响退税。境外货物进出区而不进关时，不实行进出口配额和许可证管理。

保税港区与出口加工区、保税区、保税物流园区的税收与外汇政策比较见表 10－6。

表 10－6　四区税收与外汇政策比较

税收与外汇政策	出口加工区	保税区	保税物流园区	保税港区
国外货物入区保税	否	是	是	是
国内货物入区按出口实行退税	是	否	是	是
区内货物内销按进口报关征税	是	是	是	是
区内货物允许生产性加工	是	是	否	是
区内交易不征增值税和消费税	是	是	是	是
相对宽松的外汇管理政策	否	否	否	是

5. 仓储转口便利

利用免税、免证和保税仓储时间不设限等政策，国外产品既可快速进入中国国内市场，又可方便地转口，发往其他国家。

从运作实践看，保税港区为现代物流业的发展提供了一个良好的政策空间，顺应了航运、港口和现代物流一体化的发展趋势，满足了跨国公司普遍采用的零库存、及时生产和供应商管理库存等现代化的生产方式、管理方式、运输方式、营销方式和贸易方式，推动了港口和现代物流业的协调发展。

（四）保税港区的监管

在监管模式上，保税港区实行“一线放开，二线管住，区内自由”的监管模式，营造出便利、高效的运营环境。

保税港区的设立由省级人民政府向国务院提出申请，由国务院审批。当地人民政府要严格按照土地利用总体规划确定保税港区的具体位置，严格控制规划用地面积，依法履行用地报批手续，并拟定保税港区建设的实施方案。实施方案经海关总署会同有关部门审核同意后，由当地人民政府组织隔离监管设施的建设，待条件具备后，由海关总署会同有关部门按照出口加工区的建设标准联合验收。

保税港区的选址设定在对外开放的口岸。这意味着保税港区主要设立在沿海、沿江和边境城市的对外开放口岸，尤其是海港。

保税港区由海关实行封闭监管。港区和陆地区域参照出口加工区的标准建设隔离监管设施，货物和车辆通过时要有必要的监管设施和监管措施，并采取有效措施保证社会车辆通过。保税港区的监管手段包括物流围网和信息围网。《中华人民共和国海关保税港区管理的暂行办法》第 4 条规定：“保税港区实行封闭式管理。保税港区与中华人民共和国关境内的其他地区之间，应当设置符合海关监管要求的卡口、围网、视频监控系统以及海关监管所需的其他设施。”第 10 条规定：“海关对区内企业实行计算机联网管理制度。”

（五）保税港区的业务运作

保税港区作为国际物流和航运中心，可以通过推动区港联动，实现一体化运作。在保税港区内提供现代的、专业化的物流服务，适应现代物流和供应链管理发展的需要，有助于跨国公司降低经营成本，其产生的聚集效应能带动区内仓储业、运输业、海运服务业、贸易业、金融业、保险业和信息业等多种现代服务业的发展。

保税港区的基本功能（国际中转、国际配送、国际采购）业务运作见图 10－13。

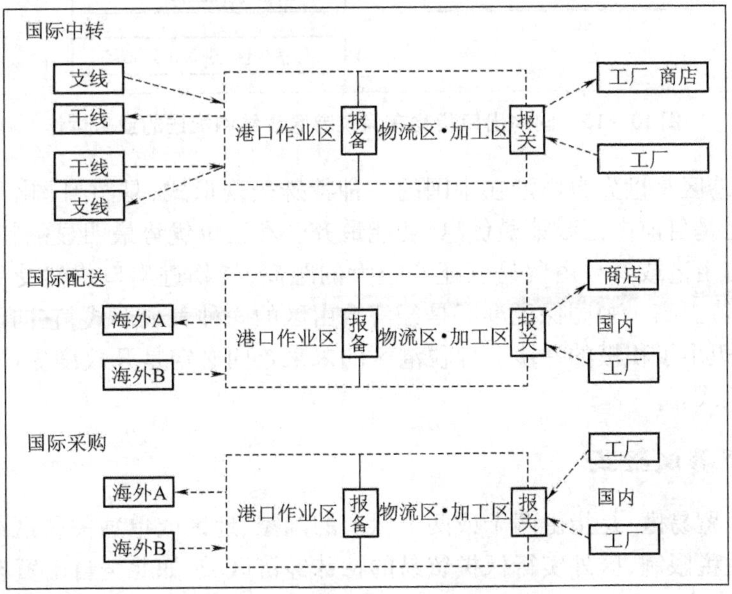

图 10－13　保税港区基本功能业务运作

保税港区进出口货物的基本业务运作见图 10－14 和图 10－15。

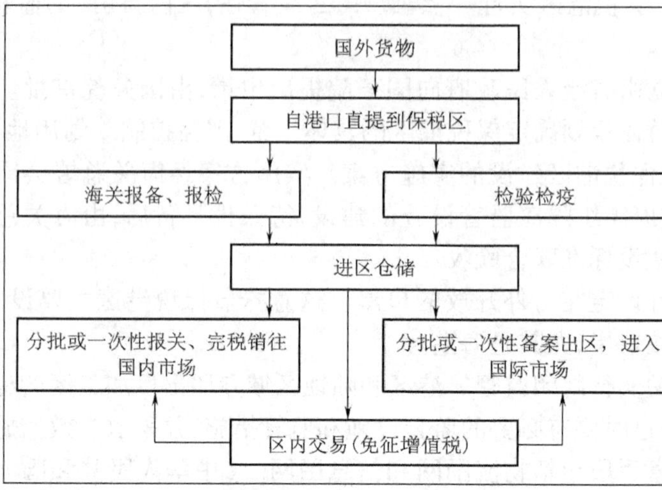

图 10－14　国外进口货物在保税港区集结和配送的业务运作

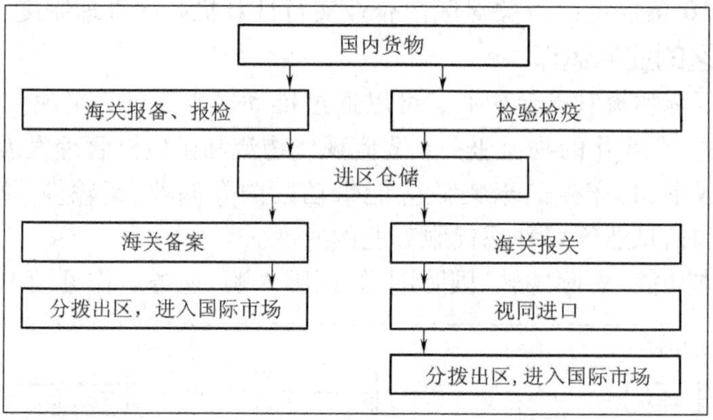

图 10－15　国内出口货物在保税港区集结和配送的业务运作

总之，保税港区是世界自由港在中国的一种特殊表现形式，是“中国化”的自由贸易港。虽然保税港区已是目前中国政策最优惠、功能最齐全和区位优势最明显的特殊功能区，但离真正意义上的自由港或者自由贸易区还有很大的距离，货物进出口仍然受到海关的严格监管，自由度还有待提高。中国保税港区是经济自由区的一种表现形式，它向国际先进的自由港、自由贸易区迈出了积极的一步。保税港区的未来走向必定是开放度更高、优惠政策更多的贸易自由港模式。

四、自由贸易试验区

广义的自由贸易区，是指由两个或两个以上的国家、地区或单独关税区组成的区内取消关税和其他非关税限制，区外实行保护贸易的特殊经济区域，如北美自由贸易区（包括美国、加拿大、墨西哥）、东盟自由贸易区等。狭义的自由贸易区，是指在一个国家或单独关税区内设立的置于海关管辖之外的特殊经济区域，通常设在港口的港区或邻近港口的地区。区内运入的任何货物就进口关税及其他各税而言，被认为在关境以外，并免于实施惯常的海关监管制度，如巴拿马科隆自由贸易区、德国汉堡自由贸易区和美国纽约1号对外贸易区等。

自贸试验区建设最根本的目的是为全面深化改革和扩大开放探索新途径、积累新经验。我国已有自贸试验区18个。

中国(上海)自由贸易试验区(简称"上海自贸区"或"上海自贸试验区")包括综合保税区片区、陆家嘴金融片区、世博片区、金桥开发片区、张江高科技片区，以制度创新为核心加快发展国际贸易、金融服务、航运物流服务、专业服务、高端制造产业集群。其中，综合保税区片区包括外高桥保税区、外高桥保税物流园区、洋山保税港区、浦东机场综合保税区。外高桥保税区依托区域先发优势，联动森兰区域，成为以国际贸易服务、金融服务、专业服务功能为主，商业、商务、文化、休闲多元功能集成的综合性功能集聚区；外高桥保税物流园区依托外高桥港区和外高桥保税区，成为国际物流服务功能区；洋山保税港区充分利用洋山深水港得天独厚的深水岸线和航道条件，联动临港地区(包括南汇新城)，依托自由贸易试验区和国际航运发展综合试验区的政策叠加优势，成为具有全球竞争力的国际航运服务和离岸服务功能区；浦东机场综合保税区充分依托浦东国际机场的亚太航空枢纽地位，发挥国际客流、商流、物流密集的独特优势，与周边国家旅游度假区等区域联动发展，其在强化国际航空服务功能的同时，拓展高端商业、贸易等功能，成为具有全球竞争力和吸引力的国际航空服务和现代商贸功能区。

中国(广东)自由贸易试验区面积为116.2平方千米，涵盖三个片区：广州南沙新区片区60平方千米(含广州南沙保税港区7.06平方千米)，深圳前海蛇口片区28.2平方千米(含深圳前海湾保税港区3.71平方千米)，珠海横琴新区片区28平方千米。

中国(天津)自由贸易试验区是设立在天津市滨海新区的区域性自由贸易园区，试验区总面积为119.9平方千米，主要涵盖3个功能区：天津港片区、天津机场片区以及滨海新区中心商务片区。中国(天津)自由贸易试验区着力将自身打造成为北方国际航运中心和国际物流中心，其在国际船舶登记制度、国际航运税收、航运金融业务和租赁业务四个方面推行政策创新试点，积极进行建设中国特色自由贸易港区的改革探索。

中国(福建)自由贸易试验区总面积为118.04平方千米，包括平潭、厦门、福州3个片区。其中，平潭片区43平方千米，厦门片区43.78平方千米，福州片区31.26平方千米。平潭片区重点建设两岸共同家园和国际旅游岛，在投资贸易和资金人员往来方面实施更加自由便利的措施。厦门片区重点发展两岸新兴产业和现代服务业合作示范区、东南国际航运中心、两岸区域性金融服务中心和两岸贸易中心。福州片区重点建设先进制造业基地、21世纪海上丝绸之路沿线国家和地区交流合作的重要平台、两岸服务贸易与金融创新合作示范区。

中国(辽宁)自由贸易试验区的实施范围为119.89平方千米，涵盖三个片区：大连片区59.96平方千米(含大连保税区1.25平方千米、大连出口加工区2.95平方千米、大连大窑湾保税港区6.88平方千米)，沈阳片区29.97平方千米，营口片区29.96平方千米。按区域布局划分，大连片区重点发展港航物流、金融商贸、先进装备制造、高新技术、循环经济、航运服务等产业，推动东北亚国际航运中心、国际物流中心建设进程，形成面向东北亚开放合作的战略高地；沈阳片区重点发展装备制造、汽车及零部件、航空装备等先进制造业和金融、科技、物流等现代服务业，提高国家新型工业化示范城市、东北地区科技创新中心发展水平，建设具有国际竞争力的先进装备制造业基地；营口片区重点发展商贸物流、跨境电商、金融等现代服务业和新一代信息技术、高端装备制造等战略性新兴产业，建设区域性国际物流中心和高端装备制造、高新技术产业基地，构建国际海铁联运大通道的重要枢纽。

中国（浙江）自由贸易试验区的实施范围为119.95平方千米，由陆域和相关海洋锚地组成，涵盖三个片区：舟山离岛片区78.98平方千米（含舟山港综合保税区区块二3.02平方千米），舟山岛北部片区15.62平方千米（含舟山港综合保税区区块一2.83平方千米），舟山岛南部片区25.35平方千米。按区域布局划分，舟山离岛片区鱼山岛重点建设国际一流的绿色石化基地，鼠浪湖岛、黄泽山岛、双子山岛、衢山岛、小衢山岛、马迹山岛重点发展油品等大宗商品储存、中转、贸易产业，海洋锚地重点发展保税燃料油供应服务；舟山岛北部片区重点发展油品等大宗商品贸易、保税燃料油供应、石油石化产业配套装备保税物流、仓储、制造等产业；舟山岛南部片区重点发展大宗商品交易、航空制造、零部件物流、研发设计及相关配套产业，建设舟山航空产业园，着力发展水产品贸易、海洋旅游、海水利用、现代商贸、金融服务、航运、信息咨询、高新技术等产业。

中国（河南）自由贸易试验区的实施范围为119.77平方千米，涵盖三个片区：郑州片区73.17平方千米（含河南郑州出口加工区A区0.89平方千米、河南保税物流中心0.41平方千米），开封片区19.94平方千米，洛阳片区26.66平方千米。按区域布局划分，郑州片区重点发展智能终端、高端装备及汽车制造、生物医药等先进制造业以及现代物流、国际商贸、跨境电商、现代金融服务、服务外包、创意设计、商务会展、动漫游戏等现代服务业，在促进交通物流融合发展和投资贸易便利化方面推进体制机制创新，打造多式联运国际性物流中心，发挥服务"一带一路"建设的现代综合交通枢纽作用；开封片区重点发展服务外包、医疗旅游、创意设计、文化传媒、文化金融、艺术品交易、现代物流等服务业，提升装备制造、农副产品加工国际合作及贸易能力，构建国际文化贸易和人文旅游合作平台，打造服务贸易创新发展区和文创产业对外开放先行区，促进国际文化旅游融合发展；洛阳片区重点发展装备制造、机器人、新材料等高端制造业以及研发设计、电子商务、服务外包、国际文化旅游、文化创意、文化贸易、文化展示等现代服务业，提升装备制造业转型升级能力和国际产能合作能力，打造国际智能制造合作示范区，推进华夏历史文明传承创新区建设。

中国（湖北）自由贸易试验区的实施范围为119.96平方千米，涵盖三个片区：武汉片区70平方千米（含武汉东湖综合保税区5.41平方千米），襄阳片区21.99平方千米（含襄阳保税物流中心〔B型〕0.281平方千米），宜昌片区27.97平方千米。按区域布局划分，武汉片区重点发展新一代信息技术、生命健康、智能制造等战略性新兴产业和国际商贸、金融服务、现代物流、检验检测、研发设计、信息服务、专业服务等现代服务业；襄阳片区重点发展高端装备制造、新能源汽车、大数据、云计算、商贸物流、检验检测等产业；宜昌片区重点发展先进制造、生物医药、电子信息、新材料等高新产业及研发设计、总部经济、电子商务等现代服务业。

中国（重庆）自由贸易试验区的实施范围为119.98平方千米，涵盖3个片区：两江片区66.29平方千米（含重庆两路寸滩保税港区8.37平方千米），西永片区22.81平方千米（含重庆西永综合保税区8.8平方千米、重庆铁路保税物流中心〔B型〕0.15平方千米），果园港片区30.88平方千米。按区域布局划分,两江片区着力打造高端产业与高端要素集聚区,重点发展高端装备、电子核心部件、云计算、生物医药等新兴产业及总部贸易、服务贸易、电子商务、展示交易、仓储分拨、专业服务、融资租赁、研发设计等现代服务业,推进金融业开放创新,加快实施创新驱动发展战略,增强物流、技术、资本、人才等要素资源的集聚辐射能力;西永片区着力打造加工贸易转型升级示范区,重点发展电子信息、智能装备等制造业及保税物流中转分拨等生产性服务业,优化加工贸易发展模式;果园港片区着力打造多式联运物流转运中心,重点发展国际中转、集拼分拨等服务业,探索先进制造业创新发展。

中国(四川)自由贸易试验区的实施范围为119.99平方千米,涵盖三个片区:成都天府新区片区90.32平方千米(含成都高新综合保税区区块四〔双流园区〕4平方千米、成都空港保税物流中心〔B型〕0.09平方千米),成都青白江铁路港片区9.68平方千米(含成都铁路保税物流中心〔B型〕0.18平方千米),川南临港片区19.99平方千米(含泸州港保税物流中心〔B型〕0.21平方千米)。按区域布局划分,成都天府新区片区重点发展现代服务业、高端制造业、高新技术、临空经济、口岸服务等产业,建设国家重要的现代高端产业集聚区、创新驱动发展引领区、开放型金融产业创新高地、商贸物流中心和国际性航空枢纽,打造西部地区门户城市开放高地;成都青白江铁路港片区重点发展国际商品集散转运、分拨展示、保税物流仓储、国际货代、整车进口、特色金融等口岸服务业和信息服务、科技服务、会展服务等现代服务业,打造内陆地区联通丝绸之路经济带的西向国际贸易大通道重要支点;川南临港片区重点发展航运物流、港口贸易、教育医疗等现代服务业,以及装备制造、现代医药、食品饮料等先进制造和特色优势产业,使其建设成为重要区域性综合交通枢纽和成渝城市群南向开放、辐射滇黔的重要门户。

中国(陕西)自由贸易试验区的实施范围为119.95平方千米,涵盖三个片区:中心片区87.76平方千米(含陕西西安出口加工区A区0.75平方千米、B区0.79平方千米,西安高新综合保税区3.64平方千米和陕西西咸保税物流中心〔B型〕0.36平方千米),西安国际港务区片区26.43平方千米(含西安综合保税区6.17平方千米),杨凌示范区片区5.76平方千米。按区域布局划分,自贸试验区中心片区重点发展战略性新兴产业和高新技术产业,着力发展高端制造、航空物流、贸易金融等产业,推进服务贸易促进体系建设,拓展科技、教育、文化、旅游、健康医疗等人文交流的深度和广度,打造面向"一带一路"的高端产业高地和人文交流高地;西安国际港务区片区重点发展国际贸易、现代物流、金融服务、旅游会展、电子商务等产业,建设"一带一路"国际中转内陆枢纽港、开放型金融产业创新高地及欧亚贸易和人文交流合作新平台;杨凌示范区片区以农业科技创新、示范推广为重点,通过全面扩大农业领域国际合作交流,打造"一带一路"现代农业国际合作中心。

中国(山东)自由贸易试验区的实施范围为119.98平方千米,涵盖三个片区:济南片区37.99平方千米,青岛片区52平方千米(含青岛前湾保税港区9.12平方千米、青岛西海岸综合保税区2.01平方千米),烟台片区29.99平方千米(含烟台保税港区区块二2.26平方千米)。济南片区重点发展人工智能、产业金融、医疗康养、文化、信息技术等产业,开展开放型经济新体制综合试点试验,建设全国重要的区域性经济中心、物流中心和科技创新中心;青岛片区重点发展现代海洋、国际贸易、航运物流、现代金融、先进制造等产业,打造东北亚国际航运枢纽、东部沿海重要的创新中心、海洋经济发展示范区,助力青岛打造我国沿海重要中心城市；烟台片区重点发展高端装备制造、新材料、新一代信息技术、节能环保、生物医药和生产性服务业，打造中韩贸易和投资合作先行区、海洋智能制造基地、国家科技成果和国际技术转移转化示范区。

中国（江苏）自由贸易试验区的实施范围为119.97平方千米，涵盖三个片区：南京片区39.55平方千米，苏州片区60.15平方千米（含苏州工业园综合保税区5.28平方千米），连云港片区20.27平方千米（含连云港综合保税区2.44平方千米）。南京片区建设具有国际影响力的自主创新先导区、现代产业示范区和对外开放合作重要平台；苏州片区建设世界一流高科技产业园区，打造全方位开放高地、国际化创新高地、高端化产业高地、现代化治理高地；连云港片区建设亚欧重要国际交通枢纽、集聚优质要素的开放门户、“一带一路”沿线国家（地区）交流合作平台。

中国（广西）自由贸易试验区的实施范围为119.99平方千米，涵盖三个片区：南宁片区46.8平方千米（含南宁综合保税区2.37平方千米），钦州港片区58.19平方千米（含钦州保税港区8.81平方千米），崇左片区15平方千米（含凭祥综合保税区1.01平方千米）。南宁片区重点发展现代金融、智慧物流、数字经济、文化传媒等现代服务业，大力发展新兴制造产业，打造面向东盟的金融开放门户核心区和国际陆海贸易新通道重要节点；钦州港片区重点发展港航物流、国际贸易、绿色化工、新能源汽车关键零部件、电子信息、生物医药等产业，打造国际陆海贸易新通道门户港和向海经济集聚区；崇左片区重点发展跨境贸易、跨境物流、跨境金融、跨境旅游和跨境劳务合作，打造跨境产业合作示范区，构建国际陆海贸易新通道陆路门户。

中国（河北）自由贸易试验区的实施范围为119.97平方千米，涵盖四个片区：雄安片区33.23平方千米，正定片区33.29平方千米（含石家庄综合保税区2.86平方千米），曹妃甸片区33.48平方千米（含曹妃甸综合保税区4.59平方千米），大兴机场片区19.97平方千米。雄安片区重点发展新一代信息技术、现代生命科学和生物技术、高端现代服务业等产业，建设高端高新产业开放发展引领区、数字商务发展示范区、金融创新先行区。正定片区重点发展临空产业、生物医药、国际物流、高端装备制造等产业，建设航空产业开放发展集聚区、生物医药产业开放创新引领区、综合物流枢纽。曹妃甸片区重点发展国际大宗商品贸易、港航服务、能源储配、高端装备制造等产业，建设东北亚经济合作引领区、临港经济创新示范区。大兴机场片区重点发展航空物流、航空科技、融资租赁等产业，建设国际交往中心功能承载区、国家航空科技创新引领区、京津冀协同发展示范区。

中国（云南）自由贸易试验区的实施范围为119.86平方千米，涵盖三个片区：昆明片区76平方千米（含昆明综合保税区0.58平方千米），红河片区14.12平方千米，德宏片区29.74平方千米。昆明片区加强与空港经济区联动发展，重点发展高端制造、航空物流、数字经济、总部经济等产业，建设面向南亚东南亚的互联互通枢纽、信息物流中心和文化教育中心；红河片区加强与红河综合保税区、蒙自经济技术开发区联动发展，重点发展加工及贸易、大健康服务、跨境旅游、跨境电商等产业，全力打造面向东盟的加工制造基地、商贸物流中心和中越经济走廊创新合作示范区；德宏片区重点发展跨境电商、跨境产能合作、跨境金融等产业，打造沿边开放先行区、中缅经济走廊的门户枢纽。

中国（黑龙江）自由贸易试验区的实施范围为119.85平方千米，涵盖三个片区：哈尔滨片区 79.86 平方千米，黑河片区 20 平方千米，绥芬河片区 19.99 平方千米（含绥芬河综合保税区 1.8 平方千米）。哈尔滨片区重点发展新一代信息技术、新材料、高端装备、生物医药等战略性新兴产业，科技、金融、文化旅游等现代服务业和寒地冰雪经济，建设对俄罗斯及东北亚全面合作的承载高地和联通国内、辐射欧亚的国家物流枢纽，打造东北全面振兴、全方位振兴的增长极和示范区；黑河片区重点发展跨境能源资源综合加工利用、绿色食品、商贸物流、旅游、健康、沿边金融等产业，建设跨境产业集聚区和边境城市合作示范区，打造沿边口岸物流枢纽和中俄交流合作重要基地；绥芬河片区重点发展木材、粮食、清洁能源等进口加工业和商贸金融、现代物流等服务业，建设商品进出口储运加工集散中心和面向国际陆海通道的陆上边境口岸型国家物流枢纽，打造中俄战略合作及东北亚开放合作的重要平台。

中国海南自由贸易港在海南全岛建设自由贸易试验区和中国特色自由贸易港，是党中央着眼于国际国内发展大局，深入研究、统筹考虑、科学谋划做出的重大决策。中国海南自由贸易港分步骤、分阶段建立自由贸易港政策和制度体系。规划于 2035—2050 年，建成特色鲜明、世界著名的现代化自由贸易港，形成高度自由化、法治化、国际化、现代化的制度体系，使之成为中国实现社会主义现代化的标杆和范例。

自由贸易试验区能够极大地提高当地港口的进出口货量以及相关产业链的整体升级。一方面，自由贸易试验区内便利的通关条件以及优惠政策刺激了口岸的进出口贸易，带来本港、中转的货物增量。另一方面，自由贸易试验区的业务范畴已从原先保税区简单的商品储存和转运，扩展到包括工业、贸易、运输等多方面，这将有效拉动港口物流、服务行业的需求，加快本地港从传统复合型港口向综合服务类港口迈进。

任务解析

下面根据上述所学知识对项目情景的任务进行简要解析。

任务 1：保税货物是经海关批准未办理纳税手续进境，在境内储存、加工、装配后复运出境的货物。具有以下特点：①特定目的；②暂免纳税；③复运出境；④在境内储存或加工、装配；⑤保税货物是海关监管货物。

任务 2：保税物流主要是保税加工货物、保税仓储货物、出口监管货物的物流活动，是以保税加工和仓储为目的在海关监管区域或场所进行的物流活动，其主要业务功能包括保税运输，保税仓储，保税加工，流通性简单加工（增值服务），国际贸易、转口贸易、国际中转，进口分拨，国际采购、分销和配送，商品展示服务，检测、维修服务等加工和物流活动。

任务 3：我国保税物流的主要形式有：保税仓库、出口监管仓库、保税物流中心、区港联动——保税物流园区、保税港区。

任务 4：保税物流园区具有政策叠加的优势，除继续享受保税区在免征关税、进口环节税和海关特殊监管等方面的政策及港区原有的政策外，在税收政策上，还叠加了出口加工区的政策，即实现国内货物的进区退税，从而改变了保税区现行的“离境退税”方式，降低了企业的运营成本。如本案中的很多加工企业改“香港一日游”为“国内一日游”。海关对保税物流园区的监管采用“一线放开，二线管住，区内自由，入区退税”的原则，区内真正实现货物的自由流动。例如，本案中深圳盐田港保税物流园区通过电子设备与监控设备等监管设施联动，自动采集核对有关数据，对进出园区的货物实行严密完善的人工监控措施和规范严格的业务操作流程，确保严格监控。同时，货物可在园区内自由转让、在区港间24小时直通、到港后船边提取直接入区和分批进入园区集中报关。

任务5：我国保税区采用“离境退税”的原则，境内保税区区外企业通过保税区出口货物，必须在货物全部实际离境后才能办理出口退税。在不能确保进入保税区的所有货物完全离境前，将无法实现退税。因此，区外企业为了实现出口退税，解决退税难题，往往采用“出口复进口”的方式，即所谓的货物“境外一日游”，如本情景中很多加工企业的“香港一日游”。

任务6：区港联动是指整合保税区的政策优势和港区的区位优势，在保税区和港区之间开辟直通道，将物流仓储的服务环节，移到口岸环节，拓展港区功能，实现口岸增值，推动转口贸易及物流业务的发展。保税港区作为国际物流和航运中心，可以通过推动区港联动，实现一体化运作，在保税港区内提供现代的、专业化的物流服务，适应现代物流和供应链管理发展的需要，帮助跨国公司降低经营成本，其产生的聚集效应能带动区内仓储业、运输业、海运服务业、贸易业、金融业、保险业、信息业等多种服务业的发展。保税港区具体的业务运作如图10－13、图10－14、图10－15所示。

个案分析

福田保税区东起皇岗口岸，北邻广深珠高速公路，南沿深圳河，西至红树林自然保护区，毗邻深圳地铁与香港西北铁路接驳的皇岗地铁总站。某跨国公司在中国境内有遍布各地的数十个原材料供应商，它选择了福田保税区作为东南亚地区的配送中心。每天用国内车辆将各地供应商的货物或转关（国外运到广州、上海或其他海关到福田保税区的货物称为转关）或直接出口。货至保税区存放，而海外供应商的货物则由香港拖车经一号通道入境交至保税区。所有的货物在这里根据全球各地工厂的需要整理、重新包装后，装入集装箱交深圳或香港码头后装船送达世界各地。

问题：（1）结合本案简述保税区（保税仓库区）的国际配送功能。

（2）结合本案简述保税区（保税仓库区）的主要业务运作。

参考答案

【复习与思考】

一、名词解释

保税　保税制度　保税货物　保税储存　保税加工　保税物流　保税仓库和出口监管

仓库　转口贸易　保税物流中心　国际配送　区港联动——保税物流园区　保税港区　自由贸易区

二、简答题

1. 简述保税制度的作用。

2. 简述保税的主要形式。

3. 简述保税货物的基本特点。

4. 简述保税货物的基本报关程序。

5. 简述保税物流的特点。

6. 保税物流的主要业务功能有哪些？

7. 中国保税物流基本形成了哪些海关特殊监管区域和保税物流场所？

8. 简述中国保税物流的结构体系。

9. 简述保税物流的监管手段。

10. 分别简述保税仓库和出口监管仓库、保税物流中心、区港联动——保税物流园区和保税港区各自的功能、政策优势和监管要求。

11. 如何理解区港联动的“政策叠加、优势互补、资源整合、功能集成”？

12. 列举中国已建设的保税港区(6 个以上)。

13. 列举中国已建设的自由贸易试验区。

主要参考文献

[1]申习身.集装箱运输实务[M].北京:对外经济贸易大学出版社,2011.

[2]孙铮,张明齐.港口企业装卸实务[M].北京:对外经济贸易大学出版社,2010.

[3]孙家庆,刘翠莲,唐丽敏.港口物流理论与实务[M].北京:中国物资出版社,2010.

[4]李文锋,汪长江.港口物流学[M].杭州:浙江大学出版社,2010.

[5]付海箐.港口物流管理实务[M].广州:广东高等教育出版社,2010.

[6]王斌义.港口物流[M].北京:机械工业出版社,2011.

[7]程言清.港口物流管理[M].北京:电子工业出版社,2007.

[8]王任祥.现代港口物流管理[M].上海:同济大学出版社,2007.

[9]张丽君.现代港口物流[M].北京:中国经济出版社,2005.

[10]真虹.港口管理[M].北京:人民交通出版社,2003.

[11]顾亚竹.港口物流园区战略管理[M].北京:中国物资出版社,2008.

[12]赖玛.广西北部湾港口物流发展战略研究[M].北京:中国经济出版社,2009 .

[13]王学峰.现代港口物流管理[M].上海:同济大学出版社,2007.

[14]刘善平.港口装卸工艺[M].北京:人民交通出版社,2010.

[15]杨茅甄.港口企业装卸实务[M].北京:中国物资出版社,2009.